国学篇

王 杰◎主编

领导干部
国学大讲堂

李瑞环

中共中央党校出版社
The Central Party School Publishing House

目录 | CONTENTS

国学篇

【香港】饶宗颐 003
　　我和敦煌学

余敦康 011
　　《周易》中的决策管理思想

杨力 041
　　《易经》的智慧

程水金 082
　　《诗经》的文化意蕴及其现代价值

吴如嵩 103
　　《孙子兵法》军事思想及现代价值

葛荣晋 117
　　《孙子兵法》与"情绪管理"

冯其庸 131
　　漫谈《红楼梦》

I

霍松林 154
　　论绝句的起源、类型、特征及艺术鉴赏

叶嘉莹 168
　　当爱情变成了历史——晚清的史词

杨义 189
　　重绘中国文学地图

楼宇烈 211
　　玄学与中国传统哲学

姜广辉 225
　　儒家经学中的十二大价值观念

张希清 250
　　"清、慎、勤"——为官第一箴言

孙家洲 261
　　汉武盛世的历史透视

邢福义 278
　　国学精魂与现代语学

朱汉民 295
　　书院精神与中国文化

王宁 320
　　汉字与中华文化

李致忠 ⋯⋯⋯⋯⋯⋯⋯⋯⋯⋯⋯⋯⋯⋯⋯ 335
　　中国书籍的起源及其形制的演变

彭　林 ⋯⋯⋯⋯⋯⋯⋯⋯⋯⋯⋯⋯⋯⋯⋯ 359
　　礼与中国人文精神

刘笃才 ⋯⋯⋯⋯⋯⋯⋯⋯⋯⋯⋯⋯⋯⋯⋯ 380
　　中国古代的法律体系：形式与内容

郭齐家 ⋯⋯⋯⋯⋯⋯⋯⋯⋯⋯⋯⋯⋯⋯⋯ 403
　　论中国古代教育思想的特点

董光璧 ⋯⋯⋯⋯⋯⋯⋯⋯⋯⋯⋯⋯⋯⋯⋯ 415
　　中国科学传统及其世界意义

王渝生 ⋯⋯⋯⋯⋯⋯⋯⋯⋯⋯⋯⋯⋯⋯⋯ 442
　　中国古代科技与传统文化

孙小淳 ⋯⋯⋯⋯⋯⋯⋯⋯⋯⋯⋯⋯⋯⋯⋯ 459
　　天人之际：中国古代的天文学

国学篇

我和敦煌学

【香港】饶宗颐

饶宗颐，1917年8月9日生于广东潮安。字固庵，号选堂，广东潮州人。幼耽文艺，18岁续成其父所著《潮州艺文志》，刊于《岭南学报》。以后历任无锡国专、广东文理学院、华南大学等院校教授。1949年移居香港，任教香港大学，并先后从事研究于印度班达伽东方研究所，又在新加坡大学、美国耶鲁大学、法国高等研究院任职教授。1973年回香港，任香港中文大学讲座教授及系主任。1962年获法国汉学儒莲奖，1982年获香港大学颁授荣誉文学博士，后任香港中文大学艺术系荣誉讲座教授。1993年为上海复旦大学顾问教授。其学术范围广博凡甲骨文、敦煌学、古文字、上古史、近东古史、艺术史、音乐、词学等，均有专著，出版书40种，学术论文过300篇。艺术方面于绘画、书法造诣尤深。绘画方面，擅山水画，写生及于域外山川，不拘一法，而有自己面目。人物画取法白画之白描画法，于李龙眠、仇十洲、陈老莲诸家之外，开一新路，影响颇大。书法方面，植根于文字，而行草书则融入明末诸家豪纵韵趣，录书兼采谷口、汀洲、冬心、完白之长，自成一格。家中"天啸楼"藏书达十余万卷为当时粤东最富盛名的藏书楼。

敦煌学在我国发轫甚早。我于1987年写过一篇《写经别录》，指出叶昌炽在《缘督庐日记》中，他已十分关注石窟经卷发现与散出的事情，有许多重要的报道。近时荣新江兄发表《叶昌炽——敦煌学的先行者》一文，刊于伦敦IDP News 1997年第7期，说得更加清楚。

20世纪80年代以后至今，国内敦煌研究，寖成显学，专家们迎头赶上，云蒸霞蔚，出版物包括流落海内外各地收藏品的影刊——英京、俄、法以至黑水等处经卷的整理集录，令人应接不暇，形成一股充满朝气的学术生力军。以往陈寅老慨叹敦煌研究为学术伤心史，现在确已取得主动地位，争回许多面子。此后，海外藏品，陆续影印出来，学者们不必远涉万里重洋，人人可以参加研究了。

我一向认为敦煌石窟所出的经卷文物，不过是历史上的补充资料，我的研究无暇对某一件资料作详细的描写比勘，因为已有许多目录摆在我们的面前，如英、法两大图书目录所收藏均有详细记录，无须重复工作。我喜欢运用贯通的文化史方法，利用它们作为辅助的史料，指出它在某一历史问题上关键性的意义，这是我的着眼点与人不同的地方。

张世林先生两度来函，要我写《我与敦煌学》一文，万不敢当，久久不敢下笔。我本人过去所做的敦煌研究，荣新江兄已有文评述，见于复旦大学出版的《选堂文史论苑》(265—277页)，我的重要著述和对学界的影响，详见该文，不必多赘。现在只谈一些值得记述的琐事，追忆我如何对敦煌资料接触的缘遇。

我最先和敦煌学结缘是因为从事《道德经》校勘的工作。1952年我开始在香港大学中文系任教，那时候《正统道藏》还是极罕见的善本，我还记得友人贺光中兄为马来亚大学图书馆从东京购得小柳气司太批读过的《正统道藏》，价值殊昂，当时香港及海外只有两部道藏，无异秘笈。我因代唐君毅讲授中国哲学的老、庄课程，前后三载，我又研究索纮写卷(有建衡年号)，做过很详细的校勘工作。我和叶恭绰先生很接近，他极力提倡敦煌研究，他自言见过经卷过千件，对于索纮卷他认为绝无可疑(可参看他的《矩园余墨》)。以后我能够更进一步从事《老子想尔注》的仔细探讨，实导源于此。正在这时候，日本梗一雄在伦敦拍制Stein搜集品的缩微胶卷，郑德坤先生方在剑桥教书，我得到友人方继仁先生的帮助，托他从英伦购得了一部，在20世纪50年代，我成为海外私人唯一拥有这部缩微胶卷的人物。我曾将向达《唐代长安与西域文明》中的伦敦读敦煌卷的初步记录核对一遍，这样使我的敦煌学知识有一点基础。我讲授《文心雕龙》亦采用英伦的唐人草书写本，提供学生参考。1962年，香港大学《中文学会年刊》印行的《文心雕龙研究专号》最末附印这册唐写本，即该缩微影本的原貌。当时我已怀疑梗氏拍摄的由第一页至第二页中间，摄影有夺漏。1964年我受聘法京，再至伦敦勘对原物，果有遗漏。这一本专号所复印，实际上是唐本的第一个(有缺漏的)影印本，如果要谈《文心雕龙》的版本，似乎应该提及它，方才公道。

所谓"变文"，本来是讲经文的附属品，源头出于前代陆机《文赋》"说炜晔而谲诳"的"说"，与佛家讲诵结合后，随着佛教在华的发展，逐渐形成一崭新的"文体"的变种。但从"变"这一观念加以追寻，文学有变种，艺术亦有变种，两者同时骈肩发展，和汉字的形符与声符正互相配合。文字上的形符演衍为文学上的形文，文字上的声符演衍为文学上的声文。刘勰指出的形文、声文、情文三者，形与声二文都应该从文字讲起。所谓变文，事实上应有形变之文与声变之文二者。可是讲变文的人，至今仍停留在"形"变这一方面。古乐府中仍保存"变"的名称，声变则凡唱导之事皆属之。试以表示之如下：

$$变文 \begin{cases} 形文 \longrightarrow 变相 & \text{图像之属} \\ 声文 \longrightarrow 字音节奏 & \text{韵律唱腔之属} \end{cases}$$

　　我写过一篇从《经呗唱导师集》第一种《帝释天乐般遮琴歌呗》加以说明的文章。姜伯勤兄因之撰《变文的南方源头与敦煌唱导法匠》，唱导是佛经唱诵音腔的事，我所说变文的声变之文应该是这一类。大家热烈讨论形变之文的变相，只讲到"变文"的一面，对于声变之文这另一面则向来颇为冷落，甚至有误解。王小盾博士对这一点有深刻的认识，可惜不少人至今尚不能辨析清楚。南齐竟陵王萧子良在鸡笼山邸与僧人讲论的是"转读"问题，即谋求唱腔的改进，与声调完全不相干。到了唐代教坊有大量的"音声人"，音声人还可以赏赐给大臣。《酉阳杂俎》记玄宗赐给安禄山的物名单，其中即有音声人一项，《两唐书·音乐志》音声人数有数万人之多。敦煌的乐营有乐营使张怀惠(P·四六四〇)与画行、画院中的知画都料董保德(S·三九二九)相配合，一主声变的事务，一主形变(变相)的事务，两者相辅而行。变文之音声部分，还须再作深入的研究。敦煌乐舞方面，亦是我兴趣的重点，我于1956年初次到法京，看了P·三八〇八号原卷，写有专文补正林谦三从照片漏列的首见乐曲的《品弄》谱字，由于我在日本大原研究过声明，又结识林谦三和水原渭江父子，对舞谱略有研究。我于1987年初提出研究舞谱与乐谱宜结合起来看问题，我讲敦煌琵琶谱，仔细观察法京原件及笔迹，事实是由三次不同时期不同人所书写的乐谱残纸，黏连在一起，把它作为长卷，长兴四年才写上讲经文，可以肯定琵琶谱书写在前，无法把它作为一整体来处理。叶栋当它全部视为一套大曲是错误的。我这一说已得到音乐界的承认。我主张乐、舞、唱三者应该联结为一体之说，引起席臻贯的注意，他力疾钻研乐舞，把它活现起来，因有乐舞团的组织，我忝任顾问，他二度到香港邀我参观，深获切磋之乐。1994年9月6日我到北京，在旅馆读China Daily的文化版得悉他病危的噩耗，十分痛惜。1995年7月，敦煌乐舞团随石窟展览莅港表演，我追忆他写了一首律诗云："贺老缠世所夸。紫檀拨出琵琶。新翻旧谱《胡相问》，绝塞鸣沙不见家[①]。孤雁忧思生羯鼓，中年哀乐集羌笳。潜研终以身殉古，叹息吾生信有涯。"表示我对他的哀悼。

敦煌各种艺术尤其是壁画，我是最喜欢的，由于长期旅居海外，无条件来作长期考察，无法深入研究，只得就流落海外的遗物作不够全面的局部扪索。我所从事的有画稿和书法二项。我们深感唐代绘画真迹的缺乏，所谓吴道子、王维都是后代的临本。1964年我在法京科学中心工作，我向戴密微先生提出两项研究工作，其一是敦煌画稿，后来终于写成《敦煌白画》一书，由远东学院出版。我年轻时学习过人物画像的临摹，有一点经验，我特别侧重唐代技法的探索，粉本上刺孔的画本，法京有实物可供研究，亦为指出，我方才明了到，布粉于刺孔之上留下痕迹断续的线条便于勾勒，这样叫做粉本。近日看见胡素馨（S. F. Fraser）的《敦煌的粉本和壁画之间的关系》一文（《唐研究》三期），文中在我研究的基础上归纳出粉本草稿有五种类型，计壁画、绢幡画、藻井、曼陀罗四类，绢幡画则可分临与摹二类。实则临与摹二者，临是依样而不遵照准确轮廓，摹则依样十足。这些画样，画人运用起来可以部分摹、部分临，亦不必限于幡画。

书法的研究，我在接触过Stein全部微卷之后，即加以重视，立即写一篇《敦煌写卷的书法》附上《敦煌书谱》，刊于香港大学1961年的《东方文化》第五卷。后来居法京排日到国家图书馆东方部借阅敦煌文书。先把法京收藏最早的北魏皇兴五年书写的《金光明经》和永徽年拓本的唐太宗书《温泉铭》作仔细的研究。以后遍及若干重点的经卷写本，作过不少专题研究，除作解题之外还注意到字体的花样，1980年秋后在日本京都讲学，承二玄社邀请为主编《敦煌书法丛刊》，分类影印，从

①庄严所藏敦煌《浣溪沙》佚词，起句云"万里迢亭不见家，一条黄路绝鸣沙"。

1983年起，月出一册，共二十九册，前后历时三载。每一种文书都作过详细说明或考证。由于翻成日文，在国内流通不广，周绍良先生屡对作者说"各文书的说明，极深研几，应该合辑成一专书，独立出版"。至今尚无暇为之。本书又有广东人民出版社刊印本，题曰《法藏敦煌书苑菁华》共八册。

我于1963年出版《词籍考》一书，戴密微先生了解我对词学薄有研究，约我合作写《敦煌曲》，由于任老旧著《敦煌曲校录》录文多所改订，与原卷不相符，须重行勘校，我又亲至英伦检读原件，时有弋获，如《谒金门》开于阗的校录、五台山曲子的缀合等等。任老后出的《总编》和我有一些不同看法，特别对《云谣集》与唐昭宗诸作，我有若干专文进行讨论，已收入另著《敦煌曲续论》中（台湾新文丰出版公司，1995）。《昭明文选》的敦煌本，亦是我研究的专题，我首次发表敦煌本《文选》的总目和对《西京赋》的详细校记，我现在汇合吐鲁番写本另附精丽图版与详尽叙录勒成专书，将由中华书局印行。

《文选》序有"图像则赞兴"一句话，我作了详考，在《敦煌白画》里面，我有一章讨论邈真赞的原委。法京友人陈祚龙君从敦煌写本邈真赞最多的P·三五五六（九人）、三七一八（十七人）、四六六〇（三十九人)三卷及其他录出，辑成《唐五代敦煌名人邈真赞集》一专书，开辟一新课题，继此有作，得唐耕耦、郑炳林二家。1991、1992年间余复约项楚、姜伯勤、荣新江三君合作重新辑校，编成《敦煌邈真赞校录并研究》，方为集成之作。

所谓敦煌学，从狭义来说，本来是专指莫高窟的塑像、壁画与文书的研究，如果从广义来说，应该指敦煌地区的历史与文物的探究。汉代敦煌地区以河西四郡为中心，近年出土秦汉时期的简册为数十分丰富，尚有祁家湾的西晋十六国巨量陶瓶。又吐鲁番出土文书中有敦煌郡所领的冥安县佛经题记。所以广义的敦煌研究应该推前，不单限于莫高窟的材料。

　　1987年得到香港中华文化促进中心协助，与中文大学合作举办敦煌学国际讨论会。1992年8月，该中心帮助我在香港开展敦煌学研究计划，在中文大学的新亚书院成立敦煌吐鲁番研究中心，延揽国内学人莅港从事专题研究，由我主持出版研究丛刊，主编专门杂志。先时于《九州学刊》创办《敦煌学专号》，出过四五期。后来与北京中国敦煌吐鲁番学会、北京大学中古史研究中心、泰国华侨崇圣大学中国文化研究院合作，办一杂志即《敦煌吐鲁番研究》，由季羡林、饶宗颐、周一良主编，每期三十万字，至今已出版第一卷（1996）、第二卷（1997），第三卷正在排印中。此外香港敦煌吐鲁番中心复出版专题研究丛刊，由我主其事，先后出版者有八种。我提倡辑刊《补资治通鉴史料长编》，用编年方法，把新出土零散史料加以编年，使它如散钱之就串，经过数年工夫，已稍有可观。

　　兹将香港敦煌吐鲁番中心已出版《敦煌吐鲁番中心研究丛刊》开列如下：

　　（1）饶宗颐主编：《敦煌琵琶谱》。

　　（2）饶宗颐主编：《敦煌琵琶谱论文集》。

　　（3）饶宗颐主编：项楚、姜伯勤、荣新江合著《敦煌邈真赞校录并研究》。

　　（4）荣新江编著：《英国图书馆藏敦煌汉文非佛教文献残卷目录》。

　　（5）张涌泉著：《敦煌俗字研究》。

　　（6）黄征著：《敦煌语文丛说》（获"董氏文史哲奖励基金"一等奖）。

　　（7）赵和平著：《敦煌本甘棠集研究》。

　　（8）杨铭著：《吐蕃统治敦煌研究》。

　　（9）饶宗颐主编：《敦煌学文薮》。

　　《补资治通鉴史料长编稿系列》，由饶宗颐主编，已出版及排印的有八种：

(1)王辉著：《秦出土文献编年》。

(2)饶宗颐、李均明著：《敦煌汉简编年考证》。

(3)饶宗颐、李均明著：《新莽简辑证》。

(4)王素著：《吐鲁番出土高昌文献编年》。

(5)王素、李方著：《魏晋南北朝敦煌文献编年》。

(6)刘昭瑞著：《汉魏石刻编年》。

(7)陈国灿著：《吐鲁番出土唐代文献编年》。

(8)李均明著：《居延汉简编年》。

其他在撰写中有下列各种：

胡平生著：《楼兰文书编年》。

姜伯勤著：《唐代敦煌宗教文献编年》。

荣新江、余欣著：《晚唐五代宋敦煌史事编年》。

莫高窟储藏的经卷图像早已散在四方，据粗略统计有数万点之多，目前正在清查，作初步比较可靠的全盘统计。这些秘笈为吾国文化史增加不少的研究新课题，同时开拓了不少新领域，为全世界学人所注目。近日欧洲方面，特别在英京已有《国际敦煌学项目通讯》（Newsletter of The International Dunhuang Project，缩写为IDP）的刊物。我和日本藤枝晃教授被推为资深Editor人物之一，殊感惭愧。目前我所从事的研究工作，还有甲骨学、简帛学部分，忙不过来，只好挂名附骥，聊尽推动之责。我于上文列出的各种工作，我要衷心感谢得到国内多位年轻有为学者的支持，还希望有力者对我们鼎力充分的饮助，使我能够继续完成这一心愿。以渺小之身，逐无涯之智，工作是永远做不完的，我这一点涓滴的劳绩，微不足道，匆促写出，倍感惶悚，就到此为止，算是交卷了吧。

《周易》中的决策管理思想

余敦康

余敦康，湖北汉阳人，1930年出生，中国社会科学院世界宗教所研究员，中国社会科学院研究生院教授、博士生导师。兼任中国孔子基金会理事、中国周易研究会副会长、中国文化书院导师等职。是中国人民政治协商会议第八届、第九届委员。

主要著作有《易学今昔》、《周易现代解读》、《汉宋易学解读》、《何晏王弼玄学新探》、《内圣外王的贯通——北宋易学的现代阐释》、《中国哲学史教学资料汇编》（承担先秦、两汉、魏晋、隋唐四卷八册）、《中国哲学发展史》（主要执笔人之一）、《中国佛教史》（主要执笔人之一）。

我们可以把《周易》的哲学思维分为三个层次：宏观、中观、微观。这三个层次虽然非常分明，但是它们的内涵却非常高深。我在这里所讲的，一定程度上把它们庸俗化了。我们思考天道，观察世界，首先需要有非常宏远的、开阔的眼光，这是宏观的层次。一个哲学家最重要的就是要有宏观的眼光，看整个宇宙，看整个世界，看整个民族。政治家不关心宇宙，他们关心一个国家，关心一个区域，这就是中观。具体到某一个人就是微观。实际上这三个层次是不能分割的，而是应该把这三方面合而观之：既有宏观，又有中观，也有微观，合而观之，才是完整地解决问题的方法。

❖ 中西方对宏观的不同看法 ❖

(一)宇宙是生命不断生、长、收、藏的一个过程

中国人往往把整个宇宙看成一个在阴和阳推动下不断发展的过程，这就是有机的宇宙观。孔子看了整个世界，得出"元、亨、利、贞"四个字。只要懂得"元、亨、利、贞"这四个字的内涵，就能够理解中国有机的世界观、宇宙观的含义。

"元、亨、利、贞"在《周易》中原来没什么解释，孔子后来从义理哲学上解释说，这四个字表示：春、夏、秋、冬。元，就是天要它生，就是一个有机的生命体的诞生。春天万物生，但只是生而已，只是处于萌芽状态。到了夏天怎么样？万物生长，长得非常茂盛。到秋天结果子了，就收起来了，就是秋收。到了冬天，就把果子放在仓库里藏起来，就是冬藏。春生、夏长、秋收、冬藏，这就是"元、亨、利、贞"所表示的意思。从宇宙论来说，这四个字就表示宇宙的"生"。《周易》解释宇宙，用了"天地之大德曰生"这样一句话，最重要的一个字就是"生"，"生命"的"生"。中国人从一开始，就没有把宇宙看成一个机器，而是看成一个生命不断生、长、收、藏的过程。

如果春、夏、秋、冬这么循环发展下去，到了冬天是不是就到了世界末日呢？不会的。冬天来了，春天还会远吗？中国人永远对未来、对宇宙抱着一种乐观的态度，这叫"贞下起元"。整个宇宙就是这么发展的：元、亨、利、贞；元、亨、利、贞……因为"贞下起元"，到了贞的时候又来个元，这叫"生生不已"，从来都不会停止的，如此

循环往复，"变化日新"。

(二)西方"世界末日"的概念

中国人真像不倒翁，在历史上几经磨难，都没有倒下。中国几千年的文明薪火相传，一直传承到现在，是因为中国人有一颗乐观的心。这和西方不一样。比如2000年中国搞了一个千禧年，其实中国从来都没有这个概念，这是基督教的概念，换世纪、换一个千年，就叫"千禧年"，"禧"是赎罪的意思，表示世界到了末日。

基督教说世界是由上帝创造的。上帝辛辛苦苦工作了六天，造出了世界。到了第七天，他累了，要休息，所以就有了星期日。上帝是怎么造人的呢？先造了个男人，叫亚当。没有女人怎么办呢？就拿亚当的一条肋骨，造了一个女人，叫夏娃。亚当、夏娃生活在一个叫伊甸园的乐园中，稀里糊涂的。有条蛇要诱惑亚当、夏娃，就告诉他们，某棵树上的果子很好吃，吃一吃吧。亚当、夏娃天真无邪，幼稚无知，听从了蛇的蛊惑，就摘树上的果子吃了。吃完以后，看到自己的裸体，就有了羞耻之心。看到上帝后，就拿树叶把身体遮起来。这就意味着人产生了智慧，人有了智慧就会堕落。上帝一生气，把亚当、夏娃赶出伊甸园，赶到人间来了。

所以人类从一开始就是有罪的，为什么？因为吃了智慧之果，懂得了羞耻和道德。这么一来，在上帝的支配之下，人类的历史发展到一千年，世界就到了末日了，要毁灭。为了不至于让世界毁灭，人类就向上帝来赎罪。因为人一生下来是有罪的，只有集体赎罪，上帝才允许人类有第二个千年，这叫"千禧年"。从基督教产生到公元1000年，相当于中国宋朝的时候，西方政府文件都是由这句话开始的："世界现在到了末日了，我们要怀着真诚的心向上帝忏悔赎罪。"然后才讲下面的话。我们中国的皇帝诏书是这么说的："奉天承运，皇帝诏曰。"这和西方大不一样。

(三)中国人"贞下起元"的乐观态度

中国人是"元亨利贞，贞下起元"，永远抱着一种乐观的态度。在抗日战争时期，北平沦陷了，被日本占领了。清华、北大被迫南迁，迁到湖南，又从湖南迁到了昆明，在昆明与南开大学组建成了西南联大。当时冯友兰先生就写了一本书，他说，中国人虽然到了最危险的时候，但是我们有一种自强不息的精神，绝对会打败日本帝国主义。他把自己写的这本书叫《贞元六书》，就用了"贞下起元"这句话。结果他的说法很快就应验了，没过几年中国就把日本打败了。

"文革"期间，中国也是到了一个很危险的阶段。后来十一届三中全会召开了，搞了家庭联产承包责任制，提出实践是检验真理的唯一标准，这才有了三十年的改革开放。

感谢《周易》里的"贞下起元"！这种观念很重要，代表中国人永远是乐观者。到了最困难的时候，中国人也不讲什么"世界末日"，这就是宏观的视野。当然，即使是乐观，也并不是不知道困难，中国人也是很理性的，懂得怎么样排除困难。

(四)中国人"物极必反，否极泰来"的辩证思想

中国人抱着"物极必反"的信念，认为事物发展到极点必然会回过头来，这就是"否极泰来"。"否"是不好的意思，"泰"是好的意思。"否"到了极点一定会转化为"泰"。这种观念使中国人无论身处何种艰难的境地，都能激发起发愤图强的意志。中国人是乐观的，又不是盲目的乐观，这和老子所说的"祸兮福所倚，福兮祸所伏"的思想是相通的。所以中国人明白趋吉避凶，转祸为福。明明下面一个火坑，中国人不会还往里面跳。中国人"趋吉"，哪里日子好，我们就去哪里，哪个地方凶，就避开它。明明是一个祸，实在躲不开也没关系，"祸兮福所倚"，祸福会再进行转化，转祸为福。这就是《周易》的宏观层面所告

诉我们的宇宙论的原理，它能鼓起我们的信心。

◈ 企业家对中观的看法 ◈

但是政治家、企业家说宏观视角太抽象，他们要考虑更具体的中观：国家，局势，部门，等等，只有考虑好这些具体的东西，才能制定详细的政策。所以除了宏观视角之外，我们还必须有一个中观视角，甚至《周易》宏观、中观、微观这三个角度都要考虑到才行。"中观"是什么意思？中观就是六十四卦。六十四卦的每一卦都是一个中观，我把它叫做"时态模型"，表示一种时态。这种时态可以分为两种：一种是好的，一种是不好的。也就是说，有顺有逆，有吉有凶。每个卦都有六个爻，六十四卦总共有三百八十四爻，每六个爻又构成了一个系列。

（一）既济——管理决策中的理想模型

既济卦是一个模型，里面有很高深的哲学，想比较透彻地理解，需要稍微懂得一点象数。"既济"，意思是说，所有的事情都已经圆满地完成了。"既济"这个卦是由坎卦和离卦组成的。

坎卦水

离卦火

下面这个卦是离卦，上面这个卦是坎卦。离卦象征火，坎卦象征水。火在下面烧，水在上面，这不就把水煮开了吗？烧开了可以泡茶，所以结果就是大吉大利，就是既济。如果是火在上面，水在下面，那么水永远就烧不开，这一卦就是未济。

未济

既济卦的六爻，初九、六二、九三、六四、九五、上六，从下到上，阴爻和阳爻之间组成了一种非常协调的关系。怎么协调的呢？《周易》的规定是一个象数的规定——"相应"。"相应"是协调，必须是"一"和"四"相应，"二"和"五"相应，"三"和"六"相应。如果两爻都是阴，能不能相应？两爻都是阳，能不能相应？不行，必须是一个阴爻和一个阳爻才能相应。同性相斥，异性相吸。阳爻为九，阴爻为六，那么初九和六四正好是阴阳相应，六二和九五也是阴阳相应，九三和上六，还是阴阳相应。所以既济卦里的各爻之间都达到了一种阴阳相应的关系。

在中观这个层次中，一个时态组成上，有一个主要领导者，还有一个次要的辅佐者。如果领导者是皇帝，那么就要有一个宰相；如果领导者是总经理，那么就要有一个副总经理，这就是"五为君位，二为臣位"的意义。既济的六二爻，代表的是一个臣，他的任务是辅助君，辅助九五的阳刚之君，处于九五的君主得到了六二臣的辅助，这就是阴阳相应。一个企业里的一把手，比如董事长或者总裁之类的，就相当于一个"君"。在企业里作为一个"九五之君"，下面有没有一个"六二之臣"能够全心全意地辅助你，并且你与他们达到了一种默契的程度？没有的话赶紧找一个，孤军作战可不行。既济各爻的相应就是这个意思。

六二和九五两爻的相应还有一个很好的内涵，即当位。既济六爻在数字上是分单双的。凡是单的就是阳位，凡是双的就是阴位，所以九五"以阳居阳"，是阳爻，居在阳位，六二"以阴居阴"，是阴爻，居在阴位，就叫当位，表示行为很正。九五这一爻在后三爻的中间，六二这一爻在前三爻的中间，"中"就是折中的意思，做事不偏在一边，很符合中道，另外"中"还有公平的意思。

"五为君位"，是正中，"二为臣位"，是正中，一方面阴阳相应，一方面在行为上又没有什么道德缺陷，简直是无可挑剔，所以六二和九五两爻象征着"泰"，即好的意思。一个单位、一个团队，能够达到这样一种水平、这样一个境界，就能无往而不胜。这是中观所考虑的。

日本人很讲团队精神，什么叫团队精神？我们利用《周易》相应的原理来说明。团队就是像我们上面讲的：九五之君有正中之德，下面是非常得力的一个臣子，六二之臣，也是正中，能够和九五之君配合得天衣无缝。在其他方面包括各个部门、每个员工都是阴和阳相应的，没有阴和阴、阳和阳互相斗、互相扯皮的现象。所以整个团队步调一致，配合协调，那么这个团队的力量是非常强大的！

（二）决策管理中的剥卦和复卦、否卦和泰卦的相互转化

但是既济不常有。想作为一个理想的领导，作出理想的决策，实际上是很难的。六十四卦有六十四种不同的情况。这六十四种不同的情况，有吉有凶，有好有坏。把凶和吉两个方面进行对比，我们就会发现一些有意思的东西。比如说剥卦和复卦这两个卦：

剥卦　　　　复卦

剥卦下面五个阴爻，开始是一个阴爻，后来还是阴爻，一直到第五爻都是阴爻，即初六、六二、六三、六四、六五。这五个阴爻的势力非常强大，就把最上面的一个阳爻即上九给颠覆了，剥卦是一个不

好的卦。在这种情况下，《周易》告诉我们并不是不要无所作为，等待着命运的评判，而是要具体分析，采取一定的方法扭转颓势。因此我们要相信"物极必反"，剥卦必然会转成复卦。

复卦六爻中只有初九的位置有一个阳，势力很微弱，上面有五个阴爻，即六二、六三、六四、六五、上六。这一个阳爻的势力能不能把这五个阴爻的势力颠覆呢？有没有信心？有！星星之火可以燎原！哪怕在中国革命形式最黑暗的时候，毛主席在井冈山上仍然满怀信心地说星星之火可以燎原。经过若干年的努力，终于扭转了革命形势。所以复卦蕴涵的精神力量很厉害！我们通过这种精神、这种观念不断产生信心。信心也一定有理性，根据这种理性进行分析。这不就是中观吗？

否卦（"否"读pǐ）、泰卦之间的转化也非常有意思。这两个卦都是由乾、坤二卦组成的，乾在上、坤在下，还是乾在下、坤在上，就会形成两个不同的组合，整个形势也就截然相反，比如说乾是天，坤是地。天在哪儿？上边。地在哪儿？下边。这不是很自然的吗？天上地下。可是《周易》说不好，否了，为什么唱反调？《周易》自有《周易》的道理。

从表面现象来说，天在上地在下，好像不可颠倒。但是如果天在上地在下，天地不交，不相来往，阴和阳不相交。因为天的气往上走，地的气往下降，上下背道而驰。既然是背道而驰，万物不生，宇宙不通，就是否，就不好。就社会系统来说，一个领导高高在上，不体察下情，下面的员工只是埋头干活，上下不交，这样的企业能搞好吗？肯定不行。明朝嘉靖皇帝掌权四十多年，几乎没有上过朝，大臣无法与他沟通。结果朝政昏暗，奸臣当道。还出现了一个至今令我们都津津乐道的故事：海瑞大骂嘉靖帝。

作为君主，本来要体恤下情，可是嘉靖帝却反其道而行之，所以结果就很糟糕，明朝的政治就很混乱，否卦就是说整个社会上下不交不行，天地不交也不行。必须翻过来，天在下地在上，这才是"泰"。"泰"是通的意思，现在我们还经常使用的一个成语叫"天地交泰"，就是由此而来的。

所以在分析事物的各个方面时，我们可以根据卦象得到启示，分析哪是吉卦，哪是凶卦；什么是好的形势，什么是不好的形势。《周易》的卦还有一个特点，即使在它是吉卦的时候，也总是不断地警告我们不要得意忘形，所以吉卦多凶辞。比如，泰卦是一个吉卦，天地交泰，可是泰卦里告诉我们这也不能做，那也不能做，需要怎样做才对，不断地警告我们。否卦是个不好的卦吧，可是它劝诫我们不要灰心丧气，不断地鼓励我们这样或那样做，做完了就会有转机，提高我们的信心。明朝宰相张居正为什么天天读《周易》呢？因为他碰到为难的事情就能从中找到启发。即使事情处理得很漂亮，他也知道居安思危。这就是中观！

宏观阐述的是大道理，我们一看就明白。而中观则侧重于具体的运用，所以我们要特别注意。哈佛大学的MBA课程，像"管理学原理"这样性质的课很少，大多是案例分析的课程，真正掌握了MBA知识的工商管理者必须懂得案例分析。老师经常会拿出一个案例，问学生这种情况如何处理？启发学生们去找解决问题的办法。针对学生不同角度的回答，老师会说这个有道理，那个也有道理，重点在启发学生的应变能力上。工商管理的案例各种各样，千奇百怪，还可以不断补充。而《周易》中有多少个案例呢？答案是六十四个。只要我们把六十四卦学会了，就可以处理好多问题。六十四卦就是给我们一个中观的思想。

还有一个微观，从这个层次看问题更为重要。微观是什么意思？就是我们要设身处地地想一想，自己是哪一爻？爻就是人，就是我们自己，假如当我们处于某个爻的位置，而这一爻的爻辞又都是凶辞时该怎么办？这就要求我们把自己摆在那个时态模型中具体考虑，这里面既有思维模式也有价值理想，也有实际的操作。我们参与进去以后，加上自己的行为，就可以使事业取得相应的成果。

（三）《周易》的核心思想——阴阳之道在管理中的运用

《周易》的核心思想就是阴阳之道，而且它有三"易"：变易、不易、简易。说起来很简单，易知易行，可是真正到了易知易行的时候，我们就要具体分析。只讲阴阳之道，是不可能把问题都解决了的。要根据宏观的考虑，建立一个宇宙论的原理，对事物、对历史充满乐观的信念，不屈不挠，而且相信物极必反，什么事情都会转化。经济这样一种宏观的哲学的指导再进入六十四卦分析，这就是中观的考虑。

中观对形势的分析，简单地说就是分析六个爻不同的排列组合。每一卦的六爻基本上都是阴和阳的排列组合，有的是优化的组合，像既济卦的六爻排列组合就是最好的。可是能永远像既济卦六爻那样排列吗？不可能。有的时候产生一种矛盾，像剥卦那样，阴爻多了，阳爻少了，"五阴剥一阳"，非常危险。有的时候阳爻很少，阴爻很多，但是阳从下面升起来的时候，"一阳来复"，新生的事物是不可阻挡的，星星之火可以燎原。有些卦可以进行转化，如否卦和泰卦。

有人可能会产生疑问：讲这么多六爻之间的排列在管理中能有什么作用呢？依我看来，作用太大了，学《周易》绝对能让一个人把事业越做越大。一个人能够在顺境中居安思危，在逆境中转危为安，这样才能在现代化的全球竞争中发挥中国人的智慧，而立于不败之地。同时，学《周易》还能使个人心安理得。心态的问题太重要了！我们都知道，现在做事业很累，要保持一个平衡的心态其实是很困难的。要想做到孔子说的"从心所欲，不逾矩"的最高境界，学习《周易》，按照《周易》所说的去做，就可以达到。学习《周易》不仅能够把事业做大做强，还能够调整自己的身心，达到平衡。

《周易》其实是一本薄薄的书，总共也就两万多字，如果翻阅的话，两个小时就可以看完。可是这本书在中国流传了两千多年，历代都有注释，都有大学者来研究它，现在研究《周易》的著作大概有三千多部。

每一代人都把本时代的心得体会写到里面去了，汉代人有汉代人的体会，魏晋人有魏晋人的体会，唐代人有唐代人的体会，宋代人有宋代人的体会，都和我们现在的体会不同。至于有多少学者研究《周易》，没有写成一本书，只写了几篇短短的文章，就更不计其数了。可见《周易》不仅是一本书，如果把历代三千多部研究著作成果加起来，就是一座智慧的宝库。

时代不同了，过去是农业社会、封建社会，现在是工商社会、全球竞争的社会，所以我们要根据现在的问题重新解读《周易》，直接搬用、套用古人的东西是不行的。我们需要带着自己的问题意识去读，读的是现代人的《周易》。我告诉大家读《周易》的一些基本知识和最简单的法门，以便帮助大家更好地了解《周易》。相信你们精研《周易》之后，在事业上绝对会有一个大的发展。

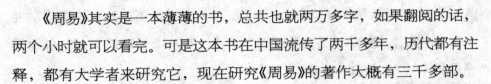

朱熹《周易本义》中的歌诀阅读

《周易》，先要认识八卦，有一个歌诀可以帮助我们非常轻松地记住八卦，内容是：乾三连，坤六断，震仰盂，艮覆碗，离中虚，坎中满，兑上缺，巽下断。这个歌诀是宋朝的朱熹首创的，用来教刚开始学《周易》的学生。朱熹是个伟大的教育家，他的易学造诣达到非常高的境界，在他那个时代，可以排第一。他写了本书，叫《周易本义》，是明朝的标准教科书，人人都读，从小孩就开始读，一直到考上举人、进士。张居正做了宰相以后，五十多岁了，还读呢。朱熹生活在公元12世纪，这在欧洲还叫做"中世纪"，是一个黑暗的世纪。那时候全欧洲只有一本书，就是《圣经》。

乾卦，"乾三连"，三爻都是连着的。坤卦，"坤六断"，三爻都是断开的。乾卦都是阳爻，坤卦都是阴爻，阴爻是双，是偶数。"震仰盂"，盂就是杯子，好像把一个杯子仰在那里了。下面一阳爻好像是杯子底，上面两个阴爻是断开的，好像是空着的。艮卦，"艮覆碗"好像碗倒过来了，最上面的一阳爻是碗底，下面两断爻就是空着的碗。"离中虚"，离卦中间是个阴爻，就像虚的一样。"坎中满"，坎卦的中间是个阳爻，就像满的一样。"兑上缺"，兑卦的上面是个阴爻，就像缺少了什么。"巽下断"，巽卦下面是阴爻，断开了。这个歌诀很上口，我们记住后，就能一下子认识八卦了。

☰ 乾三连

☷ 坤六断

☳ 震仰盂

☶ 艮覆碗

☲ 离中虚

☵ 坎中满

☱ 兑上缺

☴ 巽下断

八卦有八种最基本的象征，当然还可以象征其他的事物。乾是天，坤是地，震是雷，艮是山，离是火，坎是水，兑是泽，巽是风。天地雷山火水泽风，代表自然界八种自然物质。这又叫八个基本卦。八个基本卦两卦一重，就成了重卦，重卦就有八八六十四卦。比如乾坤两卦就存在两种不同的重卦。一种重卦就是乾在上，坤在下，这是否卦，反过来就是泰卦。不断地重来重去，相互补充，就成为六十四卦。

八卦的亲密关系：乾坤六子

八个基本卦之间有什么关系呢？乾、坤是父母，万物之主，所有的东西都是从乾、坤两卦来的。它们生了六个子女，生了谁呢？三个儿子三个姑娘，叫"乾坤六子"。

☰	乾　父
☷	坤　母
☳	震　长男
☴	巽　长女
☵	坎　中男
☲	离　中女
☶	艮　少男
☱	兑　少女

乾是父亲，纯阳。坤是母亲，纯阴。我们看纯阳和纯阴相交。首先纯阳的第一个爻和纯阴的第一个爻相交，就成了震卦，震卦是雷，是长男。纯阴的第一个爻和纯阳的第一个爻相交，就成了巽卦，是长女。乾卦的第二个爻和坤卦的第二个爻相交就成了坎卦，是老二，中男。坤卦第二个爻和乾卦的第二个爻相交，就成了离卦，中女。艮卦和兑卦也一样，是乾卦和坤卦的第三个爻相交产生的，分别是少男和少女。

乾坤作为父母，阴阳相交，生出了三男三女，分别为老大、老二和老三。这三对男女组成了一个大家族，在乾坤父母的领导之下，配合默契。

这就是中国几千年以来的宇宙观，与西方的观念是截然不同的。

宋朝有个哲学家叫张载，写了一篇文章，叫《西铭》，才两三百字。这篇文章开头说"乾称父，坤称母"，乾是父，坤是母。"予兹藐焉"，我是个渺小的个体。"乃混然中处"，处在整个宇宙大家庭中。把整个宇宙看成父母，生生不已。既然是生生不已，那么我就是以乾坤天地为父母生下来的一个渺小的个体。虽然我很渺小，但是我的人格素质不渺小。

"故天地之塞，吾其体"，我身上的阴阳二气是从天地来的，这是我的身体。"天地之帅，吾其性"，指导天地的和谐的根本原理，就是我的人性所在。我的人性从哪里来的，从天地来的。尽管我是一个个体，在乾坤宇宙大家庭中是很渺小的，但是我的人格和天地同在，这样就把伟大和渺小结合起来，落实到每一个人身上。我们每一个人都很渺小，是乾坤父母之所生，尽管如此，但我们身上的天地之气是从天地而来的。我的精神，我的人格，我的人性是"天地之帅"，是很伟大的。

还有两句话现在大家都知道了，是"民吾同胞，物吾与也"，"与"是同类的意思。所有的人，不分中国人、外国人，都是我的同胞；所有的事物，不管是猫、狗、人，都是我的同类。我们讲生态平衡，不能虐待动物，是因为我们有哲学根据。中国人早在《周易》中就以乾坤为父母，产生了非常广阔的宇宙观，包容了整个宇宙。所有的人类、物类都是天地所生，都是乾坤父母所生的。也就是说，天地是万物之主，万物都是自然而然地由天地而生成的，这就是宇宙。

《周易》读法：以"玩"的态度，由乾坤两卦入门

有人觉得《周易》太难了，那些古里古怪的卦爻，看起来就像天书。现在我告诉大家一个最简单的读法，一下子就能入门，就能读得懂。《周易》分上经、下经两部分，上经三十卦，下经三十四卦，加起来共六十四卦。上经从乾卦、坤卦开始。乾、坤是天地万物之始，讲天道。下经以咸卦、恒卦开始，是夫妇人伦之始，讲人道。所以六十四卦包括了天地人文之理。《周易》中的原理有宏观的，有中观的，有微观的，六十四卦就是中观的。古人说，读六十四卦，只要把乾卦和坤卦读懂，其他的就都可以读懂了。乾、坤这两个卦是进入《周易》的大门。

用什么方法来读呢？《周易》告诉我们：用"玩"的态度来读。不抱着玩的态度，根本读不进去。"玩"就是玩味、体会，要把自己的经验加进去，和《周易》文本结合在一起，产生自己的理解和心得，也可以算算卦。这就是《周易》所说的："观象玩辞，观变玩占。"

每一个卦、每一个爻都有一个象。我们看这个象，还有卦辞、爻辞，这和我们有什么关系呢？其实把自己摆进去，设身处地地想一想，把每一个卦、每一个爻都说成是我们自己，这就是玩。玩的过程中产生了很高的趣味，逼得我们不断地玩下去，就玩上瘾了，一上瘾我们就能玩一辈子。

不仅"观象玩辞"，还有"观变玩占"。六十四卦怎么个变法？怎么占卦？这一卦怎么变成那一卦，我究竟处于哪一爻的位置？在每一个变卦里，我找到哪个具体的、变化的爻才是最重要的？我们先讲乾

卦。乾卦讲的道理是我们每一个人的体验。如果能把乾、坤两卦读懂，其他的以此类推，那么《周易》绝对是可以玩下去的。

（一）对乾卦的解读

乾卦开始是这么说的："乾，元亨利贞。"其中"乾"是卦名，"元亨利贞"四个字是乾卦的卦辞。卦名加上卦辞就是《易经》，解释《易经》的文字就属于《易传》。孔子解释了"元亨利贞"这四个字，我们才明白，原来这里蕴涵着如此高深的道理。如果没有孔子的解释，"元亨利贞"是很难懂的。解释卦辞的，就叫《彖传》，"彖"字读tuàn。每一个卦都有一个卦辞，所以每一卦都有一个"彖曰"。

"元亨利贞"，首先是个"元"字。"大哉乾元"，"元"就是乾元，就是天道。整个宇宙都是由"乾元"来统帅的。为什么是"大哉乾元"呢？这是表示宇宙之间存在一种阳性势力，这种纯阳势力，就起到了一种统帅的、创始的、领导的、主导的作用。没有乾元统帅，宇宙就不存在。既然是乾元统帅天，天上下雨了，下雨万物就生长了。有了乾元的统帅，马上促使万物生长，宇宙滋生，那也就是"亨"了。"亨"就是亨通、通达。万物生长以后马上就结了果子，就有利于我们人类的生存，这就是"利"，这是大自然对我们的恩赐。既然如此，我们就要好好地珍藏它，这就是"贞"。"元亨利贞"所表示的就是这么一个过程。

"乾道变化，各正性命"，万物都有性命，这就组成了一个和谐的整体。"保合太和"，整个宇宙都是和谐的，人类社会也是和谐的，所有的一切都是和谐的，这是最根本的原理。"乃利贞"，只有和谐才能够有利，才能贞。

"首出庶物，万国咸宁。""庶物"是各种各样的物质，就自然而言，由于乾元在推动万物生长：使我们受到大自然的恩赐，使自然界物产丰茂。同时，另外一个方面，"万国咸宁"，指社会都得到安宁。其实这就是联合国的使命，联合国没有一万个国家，也就一百多个国家。

可是我们中国古时候有万国的说法，"万国"是多的意思。这里指不仅使一个国家，而且使全天下都得到安宁，这就是大同。这就是"元亨利贞"四个字的内涵之一，这样的解释很有哲学味道。

我们前面讲了"元亨利贞"代表"春夏秋冬"四季的循环。"春夏秋冬"，只是就自然而说的。就人类社会来说，对应"元亨利贞"有四种道德规范：

元——仁　　　亨——礼　　　利——义　　　贞——智

"元"相当于儒家的"仁"，仁爱之心。如果天不仁爱，它还生这种生物干吗？因此，天具有一种仁爱之心。既然天生了这种生物，还要让它长起来，得到一种亨通，这就相当于儒家的"礼"。古时候，经礼三百，曲礼三千。各种各样的礼表示我们达到了一个很高的文化程度，具有很好的修养。某些生物到了秋天，就要收割，不收割就会烂在田里，所以这就符合儒家的"义"。"义"是正当的意思。然后人们把果子收藏起来，就是"智"，智慧。所以"元亨利贞"一方面代表天道的变化，有一个"太和"的原理，另外一方面也代表我们人类社会的四种道德规范：仁、礼、义、智。如此看来，"元亨利贞"的内涵真是深刻啊！

每一卦都有一个象征。乾卦象征龙，六条龙。龙也是我们中国人的象征，我们都是龙的传人。六条龙一起在天上飞，景象多么壮观！经过孔子的解释，整个乾卦里就有了很高深的哲学内涵。"元亨利贞"就是春夏秋冬，春生、夏长、秋收、冬藏，四季循环。然后贞下起元，生生不已。而且"元亨利贞"又体现了"仁礼义智"四种品德。所以，在"元亨利贞"这四个字中，科学的、人文的内涵都结合在一起了，而且以龙为象，也就是说乾卦表示六条龙在天上自由地飞，不是龙和龙相斗，而是达到了一种"太和"的境界。然后达到"首出庶物，万国咸宁"的结果，自然是风调雨顺，物产丰茂，而且万国都是和谐的，都得到安宁。

解释整个乾卦的卦象，叫大象。解释每一个爻的象叫小象。乾卦的象是："天行健，君子以自强不息。"我们不是说观象玩辞吗，看到乾卦之象，我们就能体会到，原来宇宙是这个样子的：它的运动是健动不已的，有一种阳刚的精神，勇往直前，这是自然界的运行。君子观看了这个卦象之后，要自强不息，永不休止。像天道那样运行，健动不已，身上体现出阳刚之气。不仅是男人，女人也要有阳刚之气。

从哲学的意思上说，并不是女人一定是阴，男人一定是阳。女人观看乾卦也要自强不息，克服各种困难。天天观看乾卦，就会得到自强不息的鼓舞，就有心得，有体会了。"天行健，君子以自强不息"是中华民族的典型精神。

怎么样才是自强不息？装个样子就自强不息了？不是。自强不息要根据我们特殊的地位、条件，也包括年龄在内。比如说现在的年轻人跑马拉松，我这个老头子也自强不息一把，去跑马拉松，跑到半途我就倒了，心脏病发作。这就不是自强不息了。我们每个人得根据自己具体的条件自强不息，对不对？象的卦辞就说了，整个卦好像是六条龙，实际上是一条龙。一条龙，在不同的条件下有不同的行为方式。这一点特别重要。

就乾卦六爻来看，龙有一个发展过程，没有这样一个过程龙就会摔跤，就会变成虫。所以乾卦的六个爻，对我们来说非常重要。

我们从下往上看乾卦的六爻，这是一个逐次上升的过程，象征一条龙从地下往天上升。升到天上，就到了高峰，但是如果不戒骄戒躁的话，到了天上还是会摔跤的。

初九："潜龙勿用。""潜"，还在地下，象征你这条龙还在深渊里挣扎。这个时候你应该怎么办呢？要"勿用"，不要有所作为，不要表现自己，不要以为自己有多么厉害。你虽然是一条龙，但是由于位卑身贱或其他原因，只要你一表现，就会犯错误，或者遭到打击。

九二："见龙在田，利见大人。"到了九二的时候，潜龙由地下升到地上来了，人生有了转机。"利见大人"，有一个大人来下面视察，提拔了你。过去你埋在群众中间，虽然是一条龙，但是没有人认识你。这个大人来了，看到你不错，就提拔上来，让你当个科长，这只是一个基层干部，还达不到很高的层次。

九三："君子终日乾乾，夕惕若厉，无咎。"到了九三阶段，你成了中层干部。乾卦的六爻，上面的两个爻代表天，天道；下面两个爻代表地，地道；中间两个爻代表人，人道。天、地、人，人是夹在天、地之间的。因此我们说一个企业或一个组织的中层干部处境最为困难，上不在天，下不在地。搞不好上面的领导批评你，下边的群众不服你，你左右为难。在这种情况下，你哪怕是一条龙，还得要警惕。所以君子"终日乾乾"，"乾乾"就是勤勉努力的意思。"夕惕若厉，无咎"，晚上还要警惕呀。"若"是语助词，"惕"就是警惕的意思，随时反省，就可以做到无咎，免得犯错误。哪怕是一条龙，处在九三的地位，也只是不犯错误而已。真是难呀。

九四："或跃在渊，无咎。"它的处境和九三一样，这两爻是乾卦六爻中处境非常糟糕的一种位置。什么叫"或跃在渊"呢？就是说中层干部有的人能跳得上去，有的人又会摔下去，掉到深渊里去。中层干部处在这个位置，是可上可下的。中层干部要尽量不犯错误，才可能有继续高升的机会。

九五："飞龙在天，利见大人。"这是一个人所能达到的最佳境界了。经过了九二、九三、九四的磨炼、考验，好些人受不起这个考验，下去了，而你是真金不怕火炼。到了九五，就飞上天了，这个时候利见大人。可是九二时也有"利见大人"，两个"利见大人"有什么不同吗？九二时的"利见大人"是你利见另外一个大人。九五时的"利见大人"，是你本身就是大人，是"九五之尊"，他们利见你。皇帝为什么称自己为"九五之尊"？因为他是一条龙，经过这么一些曲曲折折的过程，到了九五，他已经飞龙在天了。

上九："亢龙有悔。"你这条龙骄傲了，得意忘形了，没有记住"两个务必"，这就糟糕了。"亢龙有悔"的"亢"是骄傲的意思，骄傲的龙必然是要后悔的。

乾卦六爻从由下到上的一个发展过程演绎了一个卓越的领导人的成功之道，其实我们每个人都能够结合乾卦六爻来描述自己的经历。大学毕业的时候，找的工作不好，去企业做个基层的员工，埋在广大群众中间，或者刚刚创业的时候，一分钱没有，请别人凑两三万块钱，你觉得自己是一条龙，可是别人根本不认识你。你想表现自己，越表现却越糟糕。

在这个阶段，你需要磨炼自己的意志，磨炼自己"不易乎世，不成乎名"的独立人格。也就是说你不是随风倒的人，不是看领导的意思行事的人，你有你的主见，别人怎么说你不管。哪怕别人不认识你，不了解你，没关系，"不成乎名"。在潜龙阶段，通过这样的磨炼以后，你的人格就得到了很好的锻炼。这就为你后来的成才、上天，做了很好的准备。

要耐心等待机遇，可能等一年，可能等两年，也可能等个七八年，也可能只是等两个月。但你不需要去考虑，因为你不追求这个东西。你有一个理想，有一种根本的追求。有朝一日你碰到一个大人，非常赏识你，就把你提拔起来了，这是很有可能的。

到了九二，你开始做一个基层干部，但你不是一般的基层干部，不是为了有份工资养家糊口，舒舒服服地过一辈子。因为你是一条龙，关心的是大事，关心国家、社会、事业发展。所以，在九二这个阶段，你要"进德修业"，提升自己的道德品质，修炼自己的业务水平。

拿破仑说："一个不想当将军的士兵不是一个好士兵。"一个干部如果不想当领导，不想上进，不想当CEO，那么也不是一个好干部，胸无大志怎么行呢？所以九二"见龙在田，利见大人"，在这个时候进德修业，好好地磨炼自己，培养自己的君德，有德才能有地位。当你没有地位的时候，却有君德，不是也挺不错吗！

在九三、九四阶段，也要继续像在九二阶段那样，"君子终日乾乾，夕惕若厉，无咎"。每天保持警惕之心，使自己不犯错误，想一想自己哪些地方做得对，哪些地方做得不对，怎样处理上下级的关系。而且在这个阶段，你也要进行决策层面的思考，不要以为中层干部就可以少负责任，少管事，你要以卓越领导者的标准来要求自己。你关心整个企业的总体目标，随时给领导提合理化的建议，进行企业战略层面的思考。

另一方面，你觉得自己提的建议被领导采纳了，领导离开你这件事情就办不成了。如果你有这样的想法，领导同样也不会喜欢你。"居上位而不骄，在下位而不忧"，地位的升降没有什么关系，你关心的是事业本身，这是你在九三、九四这两个阶段必须要经历的磨炼。而且在这两个阶段，你的处境很危险，随时都有可能被炒鱿鱼。也许不是你的错，是领导不对，但他就炒你的鱿鱼。此处不留爷，自有留爷处，你换一个地方照样也可以干，总之这个时候你是一个人才，注意把自己本分的事做好，不要犯错误，最后必然能飞龙在天。

古人把"飞龙在天"理解为做了皇帝，拥有很大的权力。现在我们把"飞龙在天"进行普及化，认为只要是事业成功，做了企业的高层领导，都可以叫做"飞龙在天"。你的名片上印有总经理、总裁的头衔，你不是龙是什么呢？

《周易》说的好："云从龙，风从虎。"有龙就有云，有了老虎就有风。反过来理解这句话，也就意味着没有团队来支持你，你这条龙就飞不起来。"同声相应，同气相求"，你和你的兄弟们结合成一个团队，一起克服了各种困难，是他们的拥护，让你飞了起来。而你获得了九五的地位，就不能背弃那些帮助你的兄弟们，不要以为自己当了龙就了不起了。

秦朝末年，陈胜、吴广是农民起义军的领袖。过去他们是农民的时候，和一群人一起干活，一起喝酒，称兄道弟。后来陈胜当了王了，乡下的穷哥们跑来找他，老远就喊哥们儿。陈胜就不高兴了，心想，我是皇帝，见了我是要磕头的，竟然喊我哥们儿，就把他们给杀了。其实，这就是陈胜起义失败的一个重要原因。"飞龙在天"的条件是"云从龙，风从虎"，团队的力量很重要。如果你骄傲了，脱离群众，自高自大，觉得自己了不起了，那么你就成了"亢龙"，就会"有悔"。当然，"亢龙"不一定只是骄傲，也包括你忘了群众，忘了团队，忘了自己的哥们，忘了你成功的条件。

唐明皇在位时有两个年号，一个叫开元，一个叫天宝。开元年间，唐明皇继承了唐太宗时期的治国政策，重用贤臣，实现了"开元之治"，使唐朝达到了鼎盛阶段。我们都知道古代有四大美人，其中之一就是杨贵妃，本来是他的儿媳妇。唐明皇一看，这么美，算我的了，就从他儿子手上夺过来了。从此以后，他就不理朝政，和文臣武将都疏远了。后来他还重用杨贵妃无能的哥哥杨国忠，让他做宰相，同时还罢免了一些贤臣良相。另外，他还重用李林甫。李林甫是个口蜜腹剑式的人物。恰好北边的胡人安禄山也不安分，结果就引起了安史之乱，一下子把唐朝大好的江山给败坏了。

古往今来，这样的故事太多了，最伟大的人往往犯最愚蠢的错误。我们企业家犯这种错误的例子还少吗？我看也不少，好些人犯错误也是因为成功之后的骄傲。要想守住自己的成功，想一直飞龙在天，那就不要脱离群众，不要脱离贤臣。因为你一个人打不了天下，而得了天下把功臣杀了，叫孤家寡人，你非完蛋不可。我劝大家最好把《周易》乾卦的《文言》当做格言抄在自己的笔记本上，每天看一看，品味成功之道。

　　乾卦六爻可以作为一个人成功的发展历程，但这只是从微观的层次出发的，你还要在中观的层次上体会这六爻的内涵。六个爻是六条龙，你要在这六条龙中间保持合理的定位。比如你的单位里有三五百人，总有不少的潜龙在里头。你作为一个大人，经常看一看，观察一下，有些人表现不错，就提拔起来当个基层干部。这就是用人，人才是企业最好的资源。你招聘的一些大学生，他们不都是"潜龙"吗？你作为一个"飞龙在天"的CEO，应该关心他们，让他们不只是"潜龙"而已。在他们"见龙在田"的时候，应该安排他们做基层干部，磨炼他们，然后一步一步地提拔他们。这样的用人策略，不仅能提高你的管理水平，同样也为你的企业培养了大批人才。

　　就过程来说，我们必须体会到乾卦六爻里蕴涵的非常深刻的人生哲理，它讲的是成龙之道、成功之道，一个人一步一步地成长的历程。它不是随便说说的，而是总结了无数的经验教训，还有历代不同的注释家对六爻进行的注释，值得借鉴的东西很多。管理学就是人才学，而乾卦六爻在如何使自己成为人才和使用人才上，都蕴涵着高明的道理，值得我们琢磨。

　　乾卦的六爻一个爻一个爻地解释完了以后，后面又有一个文言，全面地、反复地解释乾卦所蕴涵的哲理。《象传》最后总结说，学了乾卦以后，我们每一个人都应该学会怎么样当一个卓越的领导者。《周易》称之为"大人"，大人就是伟大的人，在企业里，当然就是指卓越的领导者、最高的决策者。

　　"大人"最高的境界是什么呢？是"与天地合其德，与日月合其明，与四时合其序，与鬼神合其吉凶"。"与天地合其德"，要和天地的道德相符合；"与日月合其明"，像太阳、月亮一样那么光辉，那么明亮；"与四时合其序"，和春夏秋冬循环的次序那样，符合自然规律，井井有条，有序运转；"与鬼神合其吉凶"，鬼神是管吉凶之道的，只要知道吉和凶，就能够进行调控。

《乾卦·文言》的解释还有两句话，我们需要注意，叫"先天而天弗违，后天而奉天时"。头一句的意思是：当客观形势还没有呈现的时候，我却作出了预见，天都不能违反我。当客观形势呈现之后，我就依靠天的指示来行事。这话听起来很神秘，实际上并不神秘。诸葛亮借东风的故事大家都知道，他早就预测东风要吹来了，他就说要借，这就是"先天而天弗违"，果然那天刮了东风。"后天而奉天时"，事情发展了，结果我的所作所为和天时合拍，和客观规律一样。这不是算命，不是占卜，而是一种哲学思考。作为一个领导者，没有高层次的哲学思考，是达不到最高境界的。

《乾卦·文言》的最后说："'亢'之为言也，知进而不知退，知存而不知亡，知得而不知丧，其唯圣人乎！知进退存亡，而不失其正者，其唯圣人乎！"为什么有的人从"天上"掉下来，变成"亢龙有悔"了呢？因为是"知进而不知退"，只知道往前进而不知道往后退；"知存而不知亡"，只知道生存的现状而不知道灭亡的苗头，居安而不思危。总的来说，就是既不先天，也不后天。"亢龙有悔"不一定就是个人的骄傲或者贪污腐败，还可能是智力不够，判断力不强，"知进而不知退，知存而不知亡"。这都是由于理性不够，哲学修养不高，导致决策失误。

乾卦讲的这些道理其实都挺好懂的，也不神秘。读懂了乾卦，就读得懂坤卦。以此类推，后面的卦就更容易理解了。

（二）对坤卦的解读

乾、坤两卦是《周易》的门户，读懂了这两卦以后，别的卦就好懂了，这是从《周易》的基本原理的角度来说的。《周易》的基本原理是阴阳之道，乾卦是纯阳之卦，坤卦是纯阴之卦。其他的卦都是阴爻和阳爻不断进行各种复杂的组合而形成，有的是优化组合，是个吉卦，有的则是阴爻和阳爻不当位，是个凶卦，情况很复杂。但是只要我们知道乾的原理是什么，坤的原理是什么，看到其他卦时，就心中有数，了然于胸了。

乾卦体现了自强不息的精神、阳刚的精神，鼓励我们奋发有为，迎难而上，勇敢地作出决断。但是它又告诉我们，要根据客观规律来解决问题，不要鲁莽行事。

可是事物也不可能总是体现乾的精神。天下的事物有阴必有阳，有阳必有阴，这叫"乾坤并建"，一个乾、一个坤共同构成这个宇宙。如果总是把乾的地位提得很高，把坤的地位压得很低，后患就会无穷。男人的一半是女人，没有女人，男人也无法取得成功。宇宙是这样，人类社会是这样，我们进行决策也是这样。

就我们个人来讲，如果我是个中层干部，那么既是领导者又是被领导者；如果我是一个总统，就是一个领导，而领导要受群众的监督，因此还是一个被领导者。领导和被领导的关系就是一阴一阳的关系。所以我们要懂得乾，还要懂得坤，就是说我们做领导者的同时还要做一个很好的被领导者。不具备一个被领导者的修养，领导肯定也做不好。

凡是最高级的领导，往往都是从基层开始做起的，只有做了很多年的被领导者，才知道甘苦，熬出来的媳妇才能变成婆婆。坤讲的就是怎样做媳妇、怎样做被领导者的道理。

坤卦的卦辞为："元、亨，利牝马之贞。"坤卦的象征是牝马。"牡"代表公，"牝"代表母，牝马就是母马，是阴，要履行被领导的职责。接下来是"象曰"，它说："至哉坤元，万物资生。"乾卦说的是"大哉乾元，万物资始。"一个"至"，一个"大"；一个"万物资生"，一个"万物资始"，这中间有一点差别。

"万物资始"和"万物资生"是乾卦和坤卦宇宙论原理最根本的不同点。这就是说，乾起着创始的、发动的、主导的作用，是领导者的作用；坤卦也是了不起的，是"至哉"的，万物只有靠坤才能产生。别以为这是很高深的原理，其实古人想的问题都很朴素。就好像生孩子一样，男性不负责十月怀胎的事，所谓"资始"，他只是起了一种创始的作用，创造了精子和卵子的结合，这个作用完成以后他就不管了。而女性要忍受十月怀胎之苦，所谓"资生"，结果就生了个小孩。作为被领导者，即坤卦来说，是要顺承天的，即乾卦，这就是"乃顺承天"，和天达到一种合作默契的程度。

自然宇宙是这样，社会也是如此。作为管理者，提出了一个很好的决策，如果这个决策不靠部门经理以及广大职工来协助完成，显而易见，那不就落空了吗？如果领导和被领导者之间达到一种最佳的配合，是最好不过的了。如果说乾卦是天道，坤卦就是地道。有天而无地不行，有地而无天也不行。也就是说，阴和阳、领导和被领导必须默契地合作才行。

《周易》的哲学原理，就是阴与阳之道，按照乾卦和坤卦的意思来说就是两个"元"，一个"乾元"，一个"坤元"，"元"就是源头。宇宙就是靠这两个本原运转，而不是一个本原。没有坤，乾就不存在；没有乾，坤也就无法存在。所以要"乾坤并建"。古时候盛行大男子主义，男尊女卑，但是从哲学的角度来说，绝对是男女平等。

坤卦的象曰："地势坤，君子以厚德载物。""坤"是顺的意思，大地的整个地势是顺的。坤卦的象是说大地要宽厚，要包容，把所有的物都承载起来，这样的大地才是伟大的。城市里每天生产那么多垃圾，大地都给消解了，好的、坏的大地都承受。这种包容、宽厚之心，真是像母亲一样伟大。所以坤卦的德行是大地之德、宽容之德、包容之德，能容纳一切。

清华大学把"自强不息，厚德载物"作为校训，凡是在清华大学学习的学生，都应该用这两句话来要求自己，作为自己修养的目标。一方面要自强不息，另一方面还要有一种宽容、包容之心。刚中有柔，柔中有刚，阴阳协调，刚柔并济，容纳一切。不仅清华大学是这样要求学生的，我们中华民族的精神也是这样的。

我们中国人就讲两方面，既是自强不息，又是厚德载物。这种精神既是一种人格的精神，也是一种宇宙的精神。我们把乾看做父亲，把坤看做母亲，两个人互相配合。父亲是自强不息，母亲是厚德载物，整个宇宙井然有序地发展演变。在家里也是这样，父母一个唱红脸一个唱白脸，把家庭搞得井井有条。如果一家人，男人充满阳刚之气，女人也缺乏阴柔，天天你不服我，我不服你，那就只好吵架啦！如果男女双方都是以阴柔之气为主，这个家我看也不行，没什么出息，受气包。也不是说男人非阳刚不可，女人非阴柔不可，比如说上海男人阴柔之气就很多，会做家务，其实就是"乾坤并建"，就是"和"，家和才能万事兴，也是我们前面说的"仇必和而解"。男女双方一定要协调默契，互相忍耐，互相妥协，达成共识。达成共识并不是一种消极的退让，而是达到一种平衡，这样才能把事情办好。

　　具体到企业经营管理来说，一定要乾元、坤元并建。管理者不能都是强者，总得有一个很好的辅佐者、执行者、被领导者。而且作为被领导者，应该心甘情愿地辅佐领导者，积极献计献策。所以企业在选人、用人的时候，要注意人员配合默契的问题，在各个方面都能够刚柔并济，有刚有柔，只有这样才能促进企业的发展。

　　坤卦六个爻都是阴，阴用数字"六"来表示。初六："履霜，坚冰至。"意思是踩着寒霜，你就知道未来一定会结冰。其实这也蕴涵着从量变到质变的意思。霜冻的还不太厉害，只是霜而已，但是量变一定会引起质变，达到坚冰的程度。所以我们一定要注意量变，注意事物变化的苗头。

　　如果我开始做一件好事，积攒起来得越多，就会得到好报。如果从一开始就小偷小摸，以为这是小事，没什么了不起，积累到一定程度以后，就会"坚冰至"。所以古人说"勿以善小而不为，勿以恶小而为之"，《周易·系辞下》也说："善不积不足以成名，恶不积不足以灭身。小人以小善为无益而弗为也，以小恶为无伤而弗去也，故恶积而不可掩，罪大而不可解。"所有的"报"都是由小事开始的，我们应该抓住事物发生的苗头，未雨绸缪。这些都属于先机的问题。

六二："直、方、大，不习，无不利。"在《周易》的卦爻里，凡是处于二和五的位置，都还不错，因为二是下卦中间的一爻，五是上卦中间的一爻，这就说明处于这个位置符合中道。六二既是中又是正。为什么叫正呢？因为二是个阴位，阴爻居阴位，恰得其所，是当位。又正又中，就非常吉利。"不习，无不利"，不用学习，什么事都能成功。"直"、"方"、"大"，这三个字，都是说一个人品德很好。唱戏有主角有配角，好配角"不习，无不利"，你是一个好的配角。

六三："含章可贞，或从王事，无成有终。""章"是很美的东西，"含章可贞"，是说你内心具有一种美德，含而不露。"或从王事"，就是跟着领导一块做事。"无成有终"，就是说你跟着领导做事的时候，成功了，要把成果归于领导，不要归于自己。这样说是不是有点滑头啊？其实古时候就是这样，领导老是害怕手下的人功高震主，往往妒忌被领导者的才能。哪怕大领导也逃不过此道，像刘邦、朱元璋都杀戮了很多功臣。

曹操为什么要杀杨修？是因为杨修太有才华了，能猜中曹操的心事。

有一次，曹操在汉中与刘备打仗，老打不赢，想着放弃汉中。手下一个将士问，今夜军营中下什么军令？曹操随口说"鸡肋"，就是鸡的肋骨。当成口令传出以后，将士们都说"鸡肋"。当时担任主簿的杨修听到这个口令以后，便开始收拾行装准备撤退。众人都不理解，问他是怎么知道曹操要撤兵。杨修说："鸡肋这东西，食之无肉，弃之可惜，曹公用它来比喻汉中，所以我知道要撤兵了。"结果，曹操非常生气，自己的心事居然被杨修猜出来了，本来曹操就是一个比较猜疑的人，于是就找了个罪名把杨修给杀了。

作为一个被领导者，如果具有像杨修一样的才华，确实很好，但是不能像杨修那样行事。一个项目成功了，任务顺利完成了，绝对是领导总揽全局的功劳。作为被领导者，无非是提了一个比较好的建议，起了一点作用罢了。被领导者不要居功，才能够善终，所以，被领导者不是那么好当的。我们要懂得人心一方面是善良的，另一方面也是险恶的，要懂得人世的艰辛。

六四："括囊，无咎，无誉。"六四这个位置不好，因为它接近第五爻的位置，也就是近君之位。"括囊"，就是把嘴封起来，把袋子系起来。祸从口出，作为被领导者，应以少说话为佳，多干实事。在这个阶段，被领导者要安于此位，不要过分地炫耀自己的才能，尽量保证自己少犯一些错误。这是做被领导者的难处。

六五："黄裳，元吉。"六五这一爻很好，是六五之君，是"黄裳，元吉"。黄是尊贵的颜色，裳是裙子，上衣下裳。它表示一个人做了君主，穿着象征着最尊贵颜色的裙子，正好符合六五这个地位，所以是"元吉"。

到了上六的时候就糟了："龙战于野，其血玄黄。""龙战于野"，意味着马和龙打起仗来了。龙表示阳，马代表阴，阴阳在一块不协调，反而还打起仗来，就"天玄地黄"了。玄是黑色，黄是黄颜色，正是天地的正色，可是龙战于野，玄色和黄色混合在一起了，成了杂色，事情就败坏了。假如一个企业的领导和被领导者天天闹矛盾，被领导者总是不服气，觉得自己当领导也不错，于是总与领导发生冲突，那么我们敢断言，这个企业肯定无法发展。

作为一个管理者，不是算个卦就能解决企业管理问题的。所谓的管理智慧，就是有高瞻远瞩、明察秋毫的本领，能把各种各样的事情了然于心，善于进行自我克制，进行宏观的调控，使各个方面的势力处于一种"各正性命"、各得其所的状态，这样才能使整个企业保持一种和谐的局面。我们学《周易》，就是要学这些深刻的道理。

上面我们介绍了读乾坤两卦的方法，剩下的六十二卦也都可以这样读，全本《周易》也可以这样读。我们读《周易》，主要的根据是朱熹的《周易本义》。我从事这方面的一些研究，就我自己的体会来说，我觉得《周易本义》最好，其他很多研究《周易》的著作，只会让人越看越糊涂。

《易经》的智慧

杨 力

杨力，中国中医科学院研究生院教授，北京《周易》研究会会长。中医养生专家、著名中医学家、著名易学家、作家、历史文化学者、中国医易学创始人，易经养生法开创者，中国象数科学提出者，中医疾病预测学创始人。杨力教授行医四十年，主讲研究生《易经》、《黄帝内经》教学近三十年。

主要著作有：《周易与中医学》、《杨力讲〈易经〉》、《中医运气学》、《中医疾病预测学》、《杨力养生23讲》（养生总原则）、《杨力四季养生》增补本、《杨力抗衰老36计》、《杨力讲疾病早发现》、《杨力讲饮食与营养》、《杨力心理养生忠告》、《杨力揭秘〈易经〉养生智慧》、《阴阳平衡、健康一生》、《中华五千年文化经典》、《中华五千年科学经典》、《中华五千年文学经典》、《千古王朝》、《千古绝恋》、《千古传奇》、《千古一帝》、《千古孔子》、《千古智圣》、《千古英雄》、《千古汉武》、《千古名门》等。

一、《易经》是中国人智慧的宝藏

《易经》是中国人智慧的宝藏，她不是一人所写，也非成书于一个朝代，而是"历更三圣"千千万万中国人智慧的结晶。

博大精深的《易经》，像一口永不枯竭的井泉，汲之不竭，又像一口无底的宝洞，取之不尽……

《易经》是中华文化群经之首，是经典中的元典，是中国文化的母亲河，是中华民族智慧的结晶。

可是，许多人都不懂《易经》，一提到《易经》就联想到在马路边用八卦算命的"算命先生"，完全不清楚《易经》到底是部什么书。其实，大家都生活在《易经》之中，只不过"百姓日用而不知"。

那么，《易经》究竟是部什么书？为什么我要提出让中国人都懂点《易经》呢？因为《易经》和《诗经》、《书经》一样，是中国传统的"五经"之一，是中国文化的源头。

博大精深的《易经》是中国文化史上影响最深、流传最广的经典，以易学为核心的儒学、经学，曾经是中国传统文化的主干，其包含的哲理、事理和物理，令人叹为观止，几千年来，对中国文化的影响是无以伦比的。所以一部易学史，其实就是一部中国文化史，要了解中国的历史文化，怎么能不懂点《易经》？！

古老而灿烂的中华文化曾经为中国及世界文化的发展作出了卓越的贡献，毫不夸张地说，其中最辉煌的部分莫过于《易经》。

中国的诸子百家，包括孔孟儒家、老庄道家无不上溯于《易经》。

《易经》是中国文化的代表，尤其是阴阳文化的摇篮，奠定了东方文化的独特魅力。

《易经》不仅是一部伟大的科学巨著，也是一部伟大的哲学巨著，哲学是自然科学的灯塔；《易经》独特的思维模式，是自然科学的导源。

《易经》更是一条智慧的长河，是中华文化几千年智慧的结晶，其中蕴藏着丰富的治国策略、处事哲理和做人的原则，可谓"一部《易经》治天下"。所以，对于这样的一座宝藏，我深感有必要拨开笼罩在其表面的迷雾和误解，让大家了解《易经》，学点《易经》，用点《易经》的智慧，这是我写这部书的目的。

二、《易经》是部什么书？

《易经·系辞》说："古者包牺氏之王天下也，仰则观象于天，俯则观法于地，观鸟兽之文，与地之宜，近取诸身，远取诸物，于是始作八卦，以通神明之德，以类万物之情。"

伏羲画八卦，意味着伏羲时代《易经》就已经开始孕育了，反应了《易经》这部书的源远流长。

有听众问我，《易经》可不可以讲？我说《易经》为什么不可以讲？关键是看你怎么讲！孔子、诸葛亮、曹操、司马迁、康熙、乾隆……谁不懂《易经》？毛主席还学《易经》呢！而且学得很好。

《易经》是中华民族智慧的结晶，代表了东方智慧，所谓"百姓日用而不自知"，就是说老百姓在生活中天天都在应用《易经》的原理。孔子一生中最崇拜的书就是《易经》，达到了"韦编三绝"的地步（据《史记·孔子世家》记载：孔子晚年很爱读《易经》，翻来覆去地读，使穿连《易经》竹简的皮条都断了好几次）。孔子最崇拜的人是周公，甚至常常会梦见周公，他理想中的社会也是西周。

孔子最推崇《易经》，也是研究《易经》最深入的人，所以要研究孔子，如果不懂《易经》，那么对孔子也只能是知其皮毛，因为《论语》可以说是《易经》的姊妹篇，二者都和孔子及其弟子密切相关，其中《论语》偏重人性，《易经》更偏重智慧。

孔子首先发现《易经》，并把《易经》列为五经之一，他研究《易经》到了"韦编三绝"的地步。他高举《易经》义理，成为了易学义理派的先驱。

《易经》是群经之首，是中国典籍之冠，是中国哲学之父，是中国文化的母亲河，诸子百家的上源，这么重要的一部书，我们能不讲么?! 我还要说：一部《易经》治天下，其实《易经》的道理，几千年来已经在治天下了!

中国的《易经》与基督教的《圣经》、伊斯兰教的《古兰经》、印度的《吠陀》，号称世界四大元典，对人类文化都产生着巨大影响。

《易经》文化，是中国历史上历时最长、影响最深、流传最广的文化现象。

三、《易经》是中华文化的主干

一部易学史可以说是一部中国文化的发展史。《易经》对中国文化的影响是空前的。

《易经》在中国文化中起到了承前启后的枢纽作用。

《易经》在中国文化园中始终处于特殊的历史地位，每一部重要巨著的诞生，几乎都是那一个历史阶段的产物。几千年来，《易经》在中国文化中既是核心，又是枢纽。易学发展史几乎反映了中国的思想文化史。

(一)《易经》是中华文化的母亲河

中华文化，肇始于易。《易经》是中国传统文化的发祥，《易经》是中国文化的总源头，中国的思想文化、社会科学、自然科学都和《易经》有着密切的关系。

所以，"易道广大，无所不包"，博大精深的易学历来被列于诸经之首是有其充分理由的。

《易经》的影响不仅是《易经》、《易传》两部巨著，更重要的是易著三千及受易学滋养和影响而生根发芽的儒家、道家及诸子百家构成了中国文化的涓涓细流，庞大而源远流长的易学体系，如同黄河及她的上源，几千年来像母亲河一样滋润着神州大地而生生不息……

(二)《易经》是中华文化史的缩影

《易经》的伦理及象数，对中国的哲学包括思维方法论等方面都产生了深刻的影响。

《易经》对我国的儒、道、佛及诸子百家都有着深远的影响。

关于这些具体内容我在第二讲中将会有专题论述。

◆ 四、《易经》是一部治国的宝典 ◆

《易经》之所以是一部优秀的治国书，是因为她的成书背景是中国的第一盛世——商周，她反应了中国由弱到强的奋发精神，积累了中国从奴隶制到封建社会崛起的治国智慧，她是中国早期治国经验的集大成。

一部《易经》治天下。

西周：周文王、周武王、周公时代，就是以《易经》治天下的。

汉代：汉武帝时代，董仲舒提出"独尊儒术"，《易经》就成为儒家的元典、治国的经典。

宋代：亚圣朱熹（皇帝的顾问）把《易经》作为理学的经典，科举考试的必读之书！易学成为了官方理朝治国的圭臬。

明清：康熙、雍正、乾隆，同样把《易经》奉为治国之宝。

《易经》治国智慧如镇国之鼎。

那么，《易经》治国有哪些法宝呢？

（一）《易经》主张变革

我们大概不敢相信，三千年前的《易经》就会有这样先进的思想，但这是千真万确的，《易经》说："天地革而四时成，汤武革命，顺乎天而应乎人。"（《易经·革》）

汤武革命指成汤灭了夏，建立了殷商盛世，周武王灭了商纣，开创了西周盛世，中国历史上这两场革命，都是奴隶制向封建制社会的变革。

《易经》认为这两场推翻旧制度的革命是顺天意、合民意的，所以坚决支持和拥护，这充分证实了《易经》是支持社会变革、主张革命的。

《易经》的变革还主张改革，如说："革物者莫若鼎，故受之以鼎。"（《易经·序卦》）

这就是破旧立新，因为鼎是权力的象征，革鼎意味着改朝换代，推翻旧制度，重立新纲纪。这一先进革新思想是《论语》和孔子都无法相比的。

《易经》强调穷则思变，认为"易穷则变，变则通，通则久"。这也是《易经》变革治国思想的体现。

（二）《易经》强调德治

1.《易经》重德治国。

如说："君子以振民育德。"(《易经·蛊》)"君子以果行育德。"(《易经·蒙》)就是突出要以德治国。

2.《易经》强调要以德立人。

如说："立人之道，曰仁与义。"(《易经·系辞》)

以德治国是一个国家文明的标志，如果每一个人都讲文明，那么，这个国家的治理就不难了。

什么叫仁？

《易经》说："守仁曰仁"。就是说，正守其本位，不谋夺非位，谓之仁。

什么叫义？

《易经·系辞》说："理财正辞禁民为非曰义"。就是说，不贪财，能正行利义关系是谓义。

《易经》强调敬德，就是指要行仁义、仁爱。

有人问我，《易经》的思想在几千年前就这样优秀，其原因是什么？

我说，《易经》仁德思想的形成不是偶然的。西周时期，周文王、周公都主张仁德，西周社会是《易经》思想道德形成的大背景，所以要通《易经》必须要了解西周历史。我的历史小说"千古系列"的第一部《千古王朝》，反映的就是商周时期周文王、周武王、周公怎样带领周人崛起、怎样建立起中国第一个西周盛世的。通过创作这部小说，也使得我对于《易经》思想体系形成的社会背景，有了更为深入的认识。

(三)《易经》强调创新

创新是《易经》最突出的精神，即："日新之谓盛德"(《易经·系辞》)。

《易经》主张变革、反对保守，这是《易经》治国最宝贵的经验，因为没有创新，这个国家、这个民族就没有希望。只有创新才有发展。

(四)《易经》强调居安思危

《易经》提出："安而不忘危，存而不忘亡，治而不忘乱。"(《易经·系辞》)这就是说，要有忧患意识、危机意识。这对后世的忧国忧民思想有重大影响。如《左传》就明确提出"居安思危"。

《易经》还说："臣弑其君，子弑其父，非一朝一夕之故，其所由来者渐矣。由辨之不早辨矣"。可见，早警惕、早察觉是居安思危的精髓。

(五)《易经》高度重视家庭

家和万事兴，几千年前的《易经》就十分重视家庭。

《易经》以八卦代表一个和谐的家庭，认为有夫妇然后有父子，有父子然后有君臣……强调没有父母便没有家庭，没有家庭便没有国家、社会，因而特别注重夫妻关系，强调"夫妇之道，不可以不久也。"

(六)《易经》主张和谐是为了国泰民安

《易经》提出的"保合太和，乃利贞……万国咸宁"，就是突出要合和才吉利、才能国泰民安。

《易经》的中和之道，就是和谐社会的基础，也是天时、地利、人和的核心。

(七)《易经》强调礼治

"嘉会足以合礼"(《易经·乾》),强调礼是一个国家庆典最主要的仪式,反对以下僭上的越礼行为,"有上下,然后礼仪有焉"(《易经·序卦》),强调"有君臣然后有上下",突出"知崇礼卑",告诫人们要明确礼仪的尊卑。

(八)《易经》重视"以人为本"

《易经》不仅重视天道、地道,更重视人道。这是很宝贵的。

(九)《易经》重视法治

《易经》贵德治、仁治,但也注重法治。如:"先王以明罚敕法。"(《易经·噬嗑》)

就是说法律既要官方制定,还要张榜公布,让百姓懂法。但是法,不是治国的根本,只是治国的手段。因法贵德才是立国之本,而法只是辅助手段。故《易经》又指出必须慎刑,如:"君子以明慎用刑而不留狱。"(《易经·旅》)

这就是说,三千年前的《易经》已经认识到,治国的原则虽然重在德治,但也必须有一定的法治辅助,即贵在德治和法治的统一。

(十)《易经》的和谐智慧

1.《易经》合和观与和谐社会。

什么是《易经》的合和观?

《易经》合和观在中国思想文化中影响甚大。

和谐思想是中国古代的优秀文化,其最早发祥于《易经》,《易经》合和观在中国思想文化中影响甚大。北京故宫的三大主殿分别为太和殿、中和殿、保和殿,其名就是来自《易经》的"保合大和,乃利贞",

可见在封建时代的君主们就已经意识到合和思想在政治上的重要性了。

中国自古强调礼治、德治重于法治，这也是合和思想的反映。孔子强调"和为贵"，《易经》突出"保合大和"，都是一个目的：希望构建国泰民安的和谐社会。历史上，大凡社会和谐则国泰民安，国家统一，人民安居乐业；反之，矛盾尖锐，两极分化，必然导致战争，引起分裂，人民则苦不堪言。

所以我们党目前提出构建和谐社会，北京2008年奥运会提出"同一个世界，同一个梦想"的口号。和谐社会、和谐世界是人类文明的体现，也是人类为之奋斗的目标。

2．突出"保合大和"的重大意义。

《易经》说："保合大和，乃利贞"，就是说只有做到合和，才能万国咸宁，才能国泰民安。那么，《易经》的"保合大和"是什么意思呢？

合：《易经》的意思是博大、包容，由部分集中为一个整体。

合合璧：合为一体；

合力：齐心协力；

合心：同心同德；

合适：不偏不倚达到同心目的，即同心同德；

和平和：温和平缓；

中和：中行不偏；

谦和：不骄不躁；

和平：和平共处达到和谐目的，即和衷共济；

当然，《易经》强调的是中和之道：包括天时、地利、人和。

五、《易经》是中国最生动的励志书

《论语》教我们怎样做人，《易经》不但教我们怎样做人，更教我们怎样做事。《易经》告诉人们，要做好事，首先要做好人。

(一)《易经》强调以德立人

第一，强调仁道。《易经》提出"立人之道，曰仁与义"，即高度强调仁义道德为做人之本，德之基础。

第二，强调自强不息。《易经》提出"天行健，君子以自强不息"。就是突出要相信自己，要发愤图强。

第三，强调厚德。《易经》提出"地势坤，君子以厚德载物"。就是强调为人要宽容、要厚道，这样才能协调好人际关系。

第四，强调诚信。《易经》提出"中孚"，所谓"孚"就是突出诚信，讲诚信才能被人信任。那为何要"中孚"呢？就是不要老实得太过了。

《易经》在元亨利贞前面常常加上一个孚字，就是说，强调只有诚信才能亨通，不诚信就凶，如"有孚……贞吉。"（《易经·离》）

第五，强调积善。《易经》指出："积善之家，必有余庆，积不善之家，必有余殃。"就是指要行善，这是广济天下的美德。

(二)《易经》倡导建立积极的人生观

第一，强调要胸怀天下。

如说："道济天下"（《易经·系辞》），说的是要关心国家社稷；提出"圣人所以崇德而广业也"，倡导人们崇德，多参加社会工作，就是要"广业"；还要关心民情，如提出"是以明于天之道，而察于民之故"。

第二，强调人生奋斗。

《易经》的"自强不息"、"生生之谓易"、"天地之大德曰生"都说明《易经》"重生"、"重时"，告诫人们人生需要奋斗、需要自强。这无疑是十分宝贵的。

第三，强调要善于变革、敢于创新。

《易经》首先提出革命，《易经》的"易穷则变，变则通，通则久"，"日新之谓盛德"，告诫人们要善于变革，只有变革才能创新，要敢于正对现实。

所以，我们说《易经》是中国古代一部最生动的立人之书、励志之书。

六、《易经》的哲学智慧

《易经》的哲学反应了中国古代文化和智慧。《易经》的哲理，尤其是她的辩证法思想，是中国古代哲理的杰出代表，是东方文明的象征，它的成熟度实在令人惊叹，充分体现了中华民族的大智慧。

《易经》的哲学古朴而优秀。

第一，《易经》的世界观是唯物的，表现在本体论的认识方面，《易经》认为世界是唯物的，是实有的。当同时代的西方认为是上帝创造了人时，我们东方的《易经》早已确信宇宙运动诞生了生命，"天地氤氲，万物化醇"，"男女媾精，阴阳有体"。

第二，八卦的阴阳哲理开创了两分法的矛盾法则。

《易经》的辩证法是唯物的，黑格尔的辩证法虽然精湛，却是唯心

领导干部国学大讲堂

的，相比之下，《易经》的辩证法更优秀。《易经》优秀的世界观决定了《易经》杰出的人生观，我们知道人生观是由世界观决定的，《易经》的世界观是唯物的、实有的，不是唯心的、虚无的，因而决定了自强不息的人生观、有为的人生观、积极的人生观。

第三，《易经》认为事物是不断发展的，变化着的，《易经》的易，就是变易，变易的目的是革命，是创新。"革命"二字最早就出自于《易经》。

第四，《易经》的整体观是"天人合一"，也就是"天道、人道、地道的三位一体"，我们强调的是人与天、地、社会相应，而非天人感应。这在保护生态环境方面也有很重要的启示。

第五，《易经》强调平衡观。这种平衡观是动态的平衡观，太极图就是动态平衡的最朴素、最贴切的缩影。平衡是社会和谐的前提，社会失衡，就不能和谐。

第六，《易经》光辉的矛盾法则。对立统一规则是辩证法的核心，《易经》对哲学最大的贡献在于矛盾法则，也就是辩证法思想，即两分法。

《易经》提出：一阴一阳之谓道。（《易经·系辞》）

这是中国古代辩证法中最光辉的命题，其精髓在于通过阴阳之间的依存、制约关系，揭示万事万物的对立统一规律。这也是中国古代矛盾法则的最早源头。对我国辩证法的形成和发展产生了及其深远的影响。

七、《易经》卓越的方法智慧

中行就是中正，不正则歪，《易经》中行观开了中国人"为人要中正"的先河。

中正，易简，与时偕行，预测先知，取象比类，五大法宝《易经》卓越的方法智慧。

第一，《易经》提出中行观。"中行，无咎"（《易经·夬》），也就是说，走中行、中和、中正的道路可以不犯左、右倾的错误。

第二，《易经》提出易简，在管理学中有重大意义。《易经》提出"易简而天下之理得矣"，"易简之善配至德"（《易经·系辞》）。这对于我们在行政管理方面有很好的启示。执简驭繁，还是烦琐臃肿，是高效率和低效率的分水岭。

第三，《易经》"与时偕行"开创了中国人的时空观。

《易经》强调与时偕行。《易经》提出的与时偕行，包括与自然合拍及与社会同步，这是十分重要的、先进的，这与我们现在所提倡的与时俱进思想不谋而合。

第四，《易经》强调预测先知。这是在忧患意识、居安思危思想指导下的一种生活方式，凡事预则立，不预则废，趋吉避凶，这是《易经》的重要生存智慧。

第五，《易经》突出取象比类。《易经》说："引而伸之，触类而长之，天下之能事毕矣。"告诉我们要善于触类旁通，要会举一反三。

八、《易经》精湛的思维智慧

思维是人脑的高级活动，中国人自古就爱读书，爱思考，尤其爱深夜独立思考，因为智慧就处于思考之中……

《易经》思维是东方思维的象征，无论象数思维、形象思维，还是义理思维，都是中华思维的瑰宝。

（一）《易经》的形象思维

《易经》的思维特色主要是形象思维——《易经》的观象取义是中国人最早的创新思维。

形象就是形状相貌，形象思维就是通过观察整体形象及现象认识事物。《易经》强调的观象取义，就是形象思维的概括。所谓观象取义，就是通过事物的形象认识事物的本质。

《易经》的八卦、六十四卦就是形象思维的开始，这种形象思维已经是直观思维的升华，因为形象思维已不是直观思维简单的照相，而是经过了大脑加工的形象，所以，形象思维中的形象已经是大脑对客观事物的再创造。

天地之间是相互交通的，如"地气上为云"、"天气下为雨"，地气蒸腾而上形成云，天气凝集而下就是雨、雪、霜等有形之物。

代表天地交泰、万物沟通。简单地说，《易经》通过泰卦、否卦表明一个真理：天地相交，万物良性联系是吉，所以称泰卦；反之，天地不交，万物割断联系是凶，所以称否卦。

1．《易经》形象思维是一种创造性思维。

《易经》以形象思维表意象，中华民族几千年前就已经开始用形象思维认识事物。这里的形象思维已经不是简单的直观映象。如我们的先祖已经认识到通过卦象来把握事物的规律。卦象是中华民族最早的形象思维，包括八卦及六十四卦。

中国人最早就是通过形象思维来探索事物的本质、预见未来。比如《易经》有一个卦叫做小畜卦，其中有一句话叫做"密云不雨，自我西郊"，就是说天上的云层集中到一起了，即使当时未下雨，也要考虑到它有可能下雨，并且要考虑可能从哪个方向下雨。小畜卦又说："夫妻反目，不能正室也。"就是说夫妻失和，男子不能规正妻室，那么妻子的正位就有可能保不住。上述说明《易经》的形象思维主张从形象、现象联系到未来，并预测未来。

我举一个例子，《易经》坤卦提出了一句著名的哲理命题："履霜，坚冰至"，就是说，脚踩到霜，就应想到严冬将至，进而要做好防寒的准备。这就是运用形象思维来预测未来，也是一种创新。

《易经》形象思维的一个重要特点是创新。我们根据什么说是创新呢？

因为形象思维的目的是触类旁通。所谓触类旁通，就是《易经》的"取象比类"。何为取象比类？取象就是选择一个形象或现象，比类则是进行演绎，这样我们就可以获得一个新的形象。

比如《易经·未济》中有这样一句话："小狐汔济，濡其尾，无攸利"。汔，音弃，意接近；济，意渡，同舟共济。意思是一只小狐狸过河，不畏惧，敢于涉水，但因不知水的深浅，结果游到中途，尾巴浸在河里，游不过去了。从而比类，任何事情都不能蛮干，只凭勇敢是不行的，应有勇有谋才行。只有刚柔相济、同心协力才能渡过难关。这个卦接着又说："未济，征凶，利涉大川"，就是说有些情况下，明知前面可能会遇到凶象，但还是要过大川，这就比类人必须要具有明知山有虎，偏向虎山行的大无畏精神。

再如否卦又说"其亡其亡，系于苞桑"，意思是说人如果经常有我将亡、我将亡的忧患意识。那就会坚固如系在茂密的桑藤上。这句话与《易传》"故君子安而不忘危，存而不忘亡，治而不忘乱，是以身安而国家可保也"互补，其深意在于比喻人要有居安思危的思想，其居安思危就是创新思维的结果。

所以《易经》形象思维的结果是通过取象比类达到触类旁通而获得的智慧，还如《易经》所说："古者包牺氏之王天下也，仰则观象于天，俯则观法于地，观鸟兽之文，与地之宜，近取诸身，远取诸物，于是始作八卦，以通神明之德，以类万物之情"。其中"以通神明之德、以类万物之情"就是《易经》触类旁通、举一反三思维的概括。

总之，形象思维经过了从远古自然现象到符号文化的形成、贯通和类比思维三个阶段，其中贯通、类比已是形象思维的最高阶段。这里，形象思维已非认识的初级阶段，而是与抽象思维并列的一种理性思维了。

2．象数思维是《易经》的独创，也是《易经》形象思维的特色。

象数思维源于以卦象和爻象进行思维，主要内涵是取象比类。取象就是选择形象；比类就是进行推演，然后得出新的结果。周文王拘而演易经，就是把八卦演绎为六十四卦，这是《易经》最早的演绎。

损卦有一句著名的话叫做"损益盈虚"，旨在借"谦受益、满招损"比喻做什么事、说什么话都不要太满了，要留有余地，否则容易招来损失，告诫人要谦虚。

(二)整体思维是形象思维的核心

注重整体是《易经》形象思维的核心，整体思维的宗旨是必须把世界看作一个整体，也就是说把天、地、人看作一个整体，这个整体是互相联系和互相制约的。

所以研究任何事物都要从整体出发，除了要探索事物本身还要关注事物之间的相关性，这样才能更好地揭示事物的本质。

《易经》中还有一句话叫做"有天地然后有万物，有万物然后有男女，有男女然后有夫妇……"，也反映了事物之间的整体依存关系，蕴含了形象思维的整体内在联系。

第一，《易经》形象思维不只是局限于文艺形象，而且可用于认识事物的普遍规律。第二，《易经》形象思维注意对事物的整体研究，可以弥补逻辑思维之不足。第三，《易经》形象思维的象数思维可以通过取象类比而达到创新，从而使人的智慧得到更完美的发挥。

(三)《易经》辩证思维

辩证思维又叫做易辩，即易学思辨逻辑，是《易经》的精髓，也是中华民族思维智慧的瑰宝。

什么是辩证思维？

辩证思维就是用运动的、互相联系和发展的观点看问题，深入一点说，就是用矛盾的观点看问题。

从《易经》起就已经有大量表示事物矛盾性的内容，如泰否、吉凶、祸福、天地、水火等。到了《易传》，思辨的特点已经明显立足于以阐述阴阳矛盾为核心，即所谓"一阴一阳之谓道"，这一观点与辩证逻辑以对立统一思维规律为基本规律的特点一致，说明易学的思辨逻辑是形象思维向抽象思维的高度发展。

(四)变易思维是《易经》辩证思维的核心

1．什么叫变易思维？——《易经》强调变革开创了中国最早的创新观。

变易思维就是以变化的观点看问题，认为一切事物都处在变化之中，社会、自然和人本身都在不停地变化着。变易是易理最根本的观点，因此，易辩的精髓在于用动态的观点看问题，强调事物的动态观，也就是高度强调事物在不停地变化着、运动着和发展着，这是对客观世界认识的最高理论。《易经》认为天在变、地在变，人也在不断的变化之中。《易经》的名言"易穷则变，变则通，通则久"就是在说万事万物的变化是没有穷尽的。

《易经》有一个卦叫革卦，这个卦是下离上兑，是说水泽居下，火居上，水火不相容，矛盾激烈就必然要斗争、要出新，所以《易经·革》说"革，水火相息"。又说："泽中有火，革。君子以治历明时"，就是说水中有火，矛盾发展到水火不相容的时候，就要革命，进行了革命才能发展到一个新的时代，指出只有变革历史才能发展。

可见，动态观是易辩的精髓，也是易辩的重要特色。由于易理以动态的观点看待事物和认识事物，因此易辩认为事物的本性是在不断的变化和运动着。

2．阴阳变易是变易思维的基础。

第一，《易经》认为万事万物都处在阴阳的变易之中。阴阳相互作用是《易经》变易观的基本元素，《易经》认为阴阳规律是万事万物运动的原规律，也就是说万事万物的运动都是阴阳的运动；还强调阴阳双方处在不断地消长转化之中，事物也就处在不停地变化之中，所以必须动态地认识事物。

第二，易辩与辩证逻辑不谋而合。有矛盾才会有发展变化，易辩认为事物的本性是不断的变化和运动着（"易穷则变"），事物的发展是事物内部的矛盾运动（阴阳矛盾）所推动的，这是易辩的精髓。《易经》这一看问题的观点与辩证逻辑以对立统一思维规律为基本规律的特点相一致。可见，以动态观点看问题是易辩与辩证逻辑的契合。

第三，易辩用两分法看待问题。用两分法看问题是易辩的法宝。什么叫两分法？两分法就是用一分为二、对立统一的观点看问题、看事物，也就是用矛盾的观点认识客观世界，这叫做矛盾法则。

用两分法看问题，源起于《易经》。《易经》早已有了关于一分为二、合二为一的原理，如："是故易有太极，是生两仪"（一分为二）、"阴阳合德而刚柔有体"（合二为一）。再如，泰卦、既济卦分别由天地卦及水火卦组成，象征天地、水火合二为一；反之，否卦、未济卦又是天地、水火一分为二的反映。

历代易学家、哲学家对两分法都做了杰出的发挥。宋代大思想家朱熹强调一分为二，他说道："一分为二，节节如此，以至无穷"（《朱子语录》）。明确提出合二为一的是著名哲学家王夫之，他说："故合二以一者，既分一为二之所固有矣"（《周易外传·卷五》）。

两分法是思维方法，在古代就早已被应用于说辩。如战国时期纵横家的两分法、解析的两可法等，说辩的焦点最后都将对立面作了统一，这些其实都是两分法的杰出应用，可见我国古代两分法的思维方法已经很发达了。

作为古代哲学集大成的《易经》蕴藏的这一光辉原理，为后世两分法思维方式的发展奠定了基础。可见，《易经》对我们思维科学的发展作出了重大的贡献。

3．创新是变易思维的灵魂。

创新是《易经》的灵魂，变易思维的目的是为了发展创新，这是人类智慧发展的宗旨。有变革才能有发展，才会有创新。由于《易经》用动态的、发展的眼光看待事物，所以就不断要求变革、要求出新。也因此，《易经》从来最注重创新，如"日新之谓盛德"就是说每天的太阳都是新的。

因此，易辩是中国辩证思维的典范，是深层次的思维形式，易辩杰出的逻辑思维为中国传统辩证逻辑的发展作出了重要贡献。在中国还是封闭的封建社会，中西方文化沟通不多的时期，易辩的这一优势无疑是极其宝贵的，可以算得上是东方思维体系中的明珠。

易辩的贡献在于，以其著名的动态观思维弥补了中国传统的、封闭的、内倾斜的系统思维的弊端，使中国传统思维不至于过分束缚。易辩的这一动态观的思维优势足以与西方的变动性的、创造性的以及外向性的、求异性的思维相媲美。

九、《易经》神秘的预测思维

"阴阳不测之谓神"，这是《易经》预测的精髓，其宗旨在于事物的变化源于阴阳运动，也就是阴阳相互作用，所以预测之成败也就在于能否掌握阴阳变化的潜规则。

《易经》预测的宗旨是为了居安思危

《易经》占卜系统是古代决疑、决策的先驱

《易经》全息观与预测智慧

预测，是《易经》最神秘的部分，也是《易经》最智慧的内容。不解开这个秘密，算不上了解《易经》。这是许多人想说而又不敢说的内容。其实，《易经》的预测是研究忧患意识及未卜先知，强调"凡事预则立，不预则废"的智慧，而不是去算某个人的命运，更不是去迷信算命先生。

人们都以为诸葛亮的对手是周瑜和曹操，其实错了，是司马懿，诸葛亮和司马懿在年轻的时候都曾去拜师一位易学老者。诸葛亮预测方面学到了家，所以他走一步能看三步。司马懿则学会了变易。诸葛亮如果不是因为吐血而死的话，他也赢不了司马懿，因为司马懿把《易经》的变易学绝了。

（一）全息的原理是《易经》预测的基本原理

什么叫全息？全息是《易经》预测原理的物质基础。全息是认识事物的一种方法，就是说一个小的局部包含着一个大的整体，一个大的整体包含着若干小的局部。

那么，什么叫全息预测？任何事物都可以从它的一个断层面，或者一个小的局部窥测出它的过去、现在和将来，这就叫全息预测。

"一叶而知秋"，就是说在秋分时刻，看见风吹落一片叶子，就应知道这意味着秋风将扫落叶，令大片叶子落光的秋天即将来临。全息预测在《易经》里早已涉及，坤卦的"履霜坚冰至"就是最早的全息原理，意思是你的脚刚踩着霜，就意味着冰天雪地的日子将要来到。

"易道广矣，大矣……以言乎天地之间则备矣。"就是说《易经》广大无所不包，万物俱备，就是因为《易经》是中国古代三千年文化的总结，每一条小小的卦爻辞都具备着全息信息的缘故。

我们知道了《易经》的全息原理，就可以领悟《易经》的预测理论。

两千多年前的《黄帝内经》也指出，人的面部包含着人体五脏的全息："明堂青（鼻），高以起，平以直，五脏次于中央，六腑挟其两侧。"

《易经》为什么能包罗万象？为什么能触类旁通？原因就在于《易经》是一部大全息书，六十四卦辞、三百八十六爻辞都是一个个小全息窗口，《易经》贮备着中国五六千年文明史的前半部，也就是说浓缩着中国古代三千年文化史的全部信息。

《易经》为什么可以趋吉避凶？

第一，把握事物的转化规律才能转危为安。《易经》的太极蕴含着事物转化的规律，即凡事盛极必衰，衰极必盛，否极泰来，这就启示了我们任何事物都存在着转机，那么就意味着一切低谷都可以走出，一切险恶最终都可以避开，趋吉避凶的转机永远存在。

第二，预见事物的发展规律才能居安思危。《易经》的开门两大卦涵盖的就是事物的转化规律，如乾卦的"潜、在、跃、飞、亢、悔"，坤卦的"履霜坚冰至"就是指出事物的波浪式的发展规律，因此事物的发展也就是可以预见的，这就提示我们只有善于预见事物的发展规律才有可能趋吉避凶。

《易经》中高度强调忧患意识，如"安而不忘危，存而不忘亡"，这就是"防患于未然"，也就是"预则立，不预则废"的道理。把握了居安思危这个道理我们才能居安而不危，才能国泰民安。

第三，要善变才能趋吉避凶。我已讲过《易经》这部书就是一部主张善变、应变的书，蜥蜴为何叫变色龙？因为传说它每天随着十二时辰有十二变，它为什么要变？为了使自身的颜色与大自然相一致，从而达到保护自己不被天敌发现的目的。蜥蜴何等聪明啊！人能做到吗？我看人能学蜥蜴善变就很可以趋吉避凶。

第四，《易经》中有许多卦教我们怎样趋吉避凶。比如《易经》著名的遁卦，遁，即隐遁，其中就蕴含有趋吉避凶的智慧，《易经》说："好遁，君子吉，小人否"，这是什么意思呢？就是说，该避开的时候就要避开，不该避时就不避，何时避开，能否把握好避与不避的度，这是君子与小人的区分。

《易经》"一阖一辟谓之变"就是要把握藏与露、开与合的规律。那么这个开合、藏露的规律是什么呢？遁卦告诉我们这个规律就是"与时行"即与时偕行，那就是要掌握好自然规律、寻找转机。

《易经》在坎卦中告诫人们，一旦陷入陷阱或险境要掌握几个脱离凶境的原则：首先要避免陷入；一旦陷入险境，要会静待时机，就是冷静分析，寻找脱险办法，把握脱险的最佳时机。

预测的最高境界是掌握事物的转化规律，把握有利时机，从而促进事物的更新，即创新。

（二）《易经》预测的应用原理

阴阳五行原理。

阴阳的互根理论、阴阳消长转化原理，以及阴极必阳、盛极必衰的理论是《易经》卜筮预测分析吉凶转机的主要理论依据。而五行生克关系更是《易经》预测分析的主要理论分析工具。尤其在结合人的命理方面，五行生克规律往往起着决定的作用。比如，算卦人根据某人的生辰八字算出这个人是金命而且"金"太强，于是就建议起名字时要有火的因素，因为火克金，而若这个人缺金，就要给他补充金的内容。

(三)《易经》预测的方法

预测的方法。

预测就是预知未来，是对事物未来发展趋势或结局的推测和判断。包括两个方法。

第一，从纵向的因果关系进行推测。就是通过纵向的因果联系分析和推测事物的吉凶顺逆。正如《易经》所说："圣人设卦，观象系辞焉，而明吉凶。"因果法是根据因果关系推测事物的方法，主要包括时间因果关系，就是把过去、现在和未来之间相互联系，进行综合分析的方法。这是《易经》占卜中应用较多的方法。

第二，以横向的相关依存关系进行推测。主要包括预兆预测及类推预测、感应预测法等。

事物的规律叫做"有诸内者，必形诸外"，就是说事物内部有什么变化，就会在外部表现出征兆，那么根据这个征兆去预测事物的趋势和发展，就叫预兆预测。

预兆预测方法在疾病预测中应用很多。如中医的面诊、舌诊，就是通过舌象、面象判断疾病。另外，占卜中的面相法，就是能通过观象进行预测，也叫观相取象预测。类推预测，就是根据出现的类似现象进行推测的方法，也是《易经》中常用的方法。感应预测就是通过气功态和类气功态下，进行预测的方法。

十、《易经》的管理智慧——"易简"是中国人最有效的管理方法

创新，是企业的生命，管理的灵魂。《易经》之所以称为《易经》，就是因为她主张贵新，在变化中出新。这就是《易经》的创新观。一个企业，一个单位，没有创新就是僵死的管理，不断创新才能如日中天。

(一)《易经》的经营理念

1.《易经》强调商人要讲信义。

商人要讲信义，对此，《易经》中的中孚卦作了强调，孚(音附)，信也，即诚信之意，文中说："节而信之，故受之以中孚"(《易经·序卦》)就是说办事要守信用，经商当然也不例外，讲信义就决不可以搞欺骗。

2.《易经》更重视商人的义利观。

义和利是辩证的，是对立的统一。义是一种道德规范，利是获得的经济效益，二者互相依存和互相制约，是不可偏废的。所以，我们既要遵守获得经济效益的道德规范，同时又必须获得应有的受益。

我们强调生财要走正道，并不是否定要获得应有的利益。相反，只要走的是正道，获利越大，越代表生财之道的杰出。

(二)易简对商业经营的启示

生财之道要善于经营管理。《易经》的易简提供了一种执简驭繁的经营管理方法。因为市场是纷繁杂乱的，商业经营又是错综复杂的，任何事物既可把它高度复杂化，也可高度简化，易简正是指出执简驭繁地驾驭复杂市场的圭臬。

那么，如何才能执简驭繁？

第一，产品的设计必须精简方便，切忌烦琐复杂。功能只需实用即可，不能太多，不能追求复杂化，否则消费者不买你的账。

第二，机构要精简，人要少而精，而不是多而杂。古谚："一个和尚挑水吃，两个和尚抬水吃，三个和尚无水吃"，这已经足以为训了。人多则互相依赖，所以一个商业公司，人员还是应该越少越好。否则机构臃肿，人浮于事，实在是生产力上不去的致命隐患。

第三，手续简化，是商业经营的一个重要原则，市场竞争是抢时间的，手续烦琐，运转程序复杂的公司是不可能抢占市场的。

《易经》提出"易简而天下之理得矣"，讲的就是要执简驭繁的智慧。"易则易知，简则易从"，"易简之善配至德。"都说明执简是管理的重要原则。

十一、《易经》象数为中医科学正名

（一）《易经》象数科学的特点及优势

象数思维是以象思维为核心，以象数为基础的思维形式，象数思维是《易经》独特的思维方法，也是东方思维的特点。

象数思维是《易经》认识事物的一种杰出的世界观，起源于爻象、卦象及易数。具体包含"观象取义"及"运数取义"，这是一种通过事物的象数来认识事物本质和规律的思维方式。是《易经》从"明"探"幽"的杰出应用。

象数思维是形象思维的抽象化，象数思维比抽象思维更赋予创造力以及预知性，其优势在于通过"观象取义"，"以象测藏"，"取象比类"，而获得联想，从而预测新的事物规律。所以象数思维具有整体性、全息性、预测性的特色和优势。

象数思维的深层次含义在于"观象取义"，也即从"象"到"义"。这是象数思维的宗旨。正如《易经》所说的"象者，像也者"是也，因此象数思维是象数与义理的高层次的统一。

象数思维其实也就是探索事物义理的一种手段，所以象数思维不是孤立的、分割的思维，而是义理的前提，义理之根本。

《易经》象数思维是象数科学的渊源，象数科学是象数思维的杰出应用。

(二)什么叫"观象取意"

我为什么要提出象数科学这个概念，这对中医学有何重大意义？首先，什么叫象数科学？象数科学是以《易经》象数原理为基础的科学，是东方科学的代表，与西方的实验科学绝然不同。象数科学是以《易经》的"观象取意"为核心来认识事物规律的科学。何谓观？观，就是观察，包括外看和内视。何谓象？象包括外象和内象，内象也叫内藏，象包括外象和内象，更重要在于观察内象。外象又叫"形"，就是外象形于外，而内象藏于里，而象是外象和内象的统一。

(三)何谓幽显规律

世界上万事万物的规律并非都是简单的象形于外，而许多却是复杂的幽藏于内。因此，《易经》才提出著名的"知幽明之故，以知死生"之说。所谓"幽明"，就是强调天下的规律有明显的也有幽隐的，所以要通过查外象去查幽隐的内藏，这就是"观象取意"的要旨。中医《黄帝内经》的藏象理论，其"有诸内者，必行诸于外"，"以象测藏"包括著名的中医脉象、脉诊，就是《易经》象数理论的具体应用。

十二、象数科学提出的重大意义

20世纪80年代在拙著《周易中医学》悟出"东方科学"。

如今在《易经》的感悟下首先提出"象数科学"。

在"象数科学"的基础上，我又提出"象数养生"。"象数养生"就是象数原理、象数科学指导下的养生观念。

象数科学将赋予中医学更辉煌的科学性。中医的科学性从此将有了理论依据，不再会被西方的实验科学所绊羁，中医学将会在探索更深层的事物规律方面展示它的魅力。

十三、象数科学与实验科学的区别与互补

（一）象数科学与实验科学的特点与优势

西方的实验科学是用分析的、局部的和实验的方法去观察事物的物质结构和规律，它的对象是实物结构，是在静态和分割状态下的和线性的、低维时空的，甚至是死的实体物质，也就是说是主客绝对二元二分的。其高度强调的是实体对象。所以，西方以伽利略为首开创的实验科学是要在显微镜下能重复观察到实物的科学。而东方以中国《易经》为主的象数科学却是在观象、全息、预感、预测等状态下的探索，其对象是动态的、整体的、活动的，而且是随机的，非线性的，

甚至是高维的，多维状态下的物质结构，是主客一元一体的。

（二）象数科学与实验科学应该怎样互补

博大精深的象数科学，是无垠无际的。寓含着无穷无尽的"象"，和时隐时现的"形"。是《易经》幽显形象的统一体。而实验科学是已显"形"的实物的检验。象数科学包含着实验科学。需要实验科学的辅助，但实验科学绝对替代不了象数科学。所以象数科学不一定事事都需要实验科学的验证。所以东方象数科学不一定也不完全需要在显微镜下找到答案。就像藏象、脉象、经络象，就像气，将永远在显微镜下找不到它们的物质结构一样。以中医学为代表的，以《易经》象数思维为基础的象数科学与西方的实验科学是东西方两种探索事物规律的科学，二者都是科学。而象数科学是更大的科学。

20世纪80年代末，在我的《周易中医学》中，我对这两种科学已经认识到对自然科学的探索不仅存在着以西方为优势的、分析的、局部的和实验的方法，还存在着以《周易》方法论为特色的全息的、综合的、整体的方法。这两条途径应该互补并存，如今中、西医的并重和互补证实了这一真理。随着对《周易》与中医学研究的深入，以中医学为代表的象数科学的发展必将成为自然科学探索新空间的开拓学科。

现在，我更加深刻的感悟到，象数科学将会是更有魅力、更有希望的科学。

十四、象、数、形的关系

(一)象与数的关系

什么是数？天下万物都有象和数。最早的象是龟象，最早的数是筮数。什么叫象？形象、征象之谓，象源于自然，如天象、气象……，《易经》把最基本的象用爻象和卦象概括。

什么是象数？《易经》用奇数一，偶数二，即阴阳数概括数，如奇数为阳数，偶数为阴数，即爻数、卦数。

什么是象？《易系辞》曰："易者象也；象也者像也。"即形容比象之谓，最早为爻像、卦象。《易经》以爻数、卦数概括最基本的数。正是"天下万象生于一方一圆，天下万数处于一奇一偶。"

象与数的关系是象中寓数，数中有象，象数一体，象数共同成为象数科学的内核，其中，数有定位、定性、定量的时空意义。所谓"象以定数"、"数以征象"。象数二者实为一体。如《易经》："天一、地二、天三、地四、天五、地六……"伏羲八卦数：乾卦一数象天，兑卦二数象泽，离卦三数象火，震卦四数象雷，巽卦五数象风，坎卦六数象水，艮卦七数象山，坤卦八数象地。可见每一卦数都代表着方位和物性。再如河图五行数的一数，代表正北方天一生水，二数象征正南方地二生火，三数代表正东方天三生木，四数象征正西方地四生金，五数代表正中央天五生土。

《黄帝内经》同样重视象数，如"东方青色，入通于肝，开窍于目……其数八。南方赤色，入通于心，开窍于鼻……其数七。中央黄色，入通于脾，开窍于口……其数五。西方白色，入通于肺，开窍于鼻……其数九。北方黑色，入通于肾，开窍二阴……其数六。"除中医之外，古天文、干支、历法、历数、堪舆、音律……都与数密切相关，这些数都包含着阴阳消长，气机升降，寒热温凉。

(二)什么叫"运数取义"?

运数取义就是通过运数而达到取义的方法。因为数随着时空和多维的改变而有定性、定位及定量的变化，因而也就赋予了质和形的状态，从而获得形象的含义，这就叫做运数取义。

《老子》"道生一，一生二，二生三，三生万物。"及《易经》"易有太极，是生两仪，两仪生四象，四象生八卦，八卦定吉凶，吉凶生大业。"是运数取义的典范。

象数的哲理是阴阳五行。

从人体的发生学来看，人体胚胎的最早细胞结构与形成竟是按照太极八卦衍生结构进行的，即人的发生过程，从受精卵到合子，从合子到分裂为两个子细胞的分裂球，再到四细胞期，十六、三十二细胞期……正如《易经》所说："太极生两仪，两仪生四象，四象生八卦。"说明了人体的发生过程也是由数到象的象数的演变过程，提示了象数一体，数其实也是象，象生数，数也生象。当然，二者的关系，象应该是第一位的。

当然，《易经》九六二数分别代表阴阳二爻，是象数一体的最基本形式。

(三)数与形的关系

"数"不是计量含义的"数"，也即"数"不是一加二等于三的"数"，"数"其实也是形，也即"数"是一种时空的统一体。数寓于象，在一定的条件下，数也就成为形。

比如上述的河图生数，就是这个道理。当空间方位发生变化后，象征物性的数字也就会相应而变。所以正北方的一数生水，正南方的二数生火，正东方的三数生木，正西方的四数生金，正中方的五数生土。就是数在时空发生变化后所代表的物象也发生改变的典范。

（四）象与形的关系及含义

象、数、形三者是象数科学的基础，象以形象为主，数以抽象为要，其中，数寓象中，象由数变。而象与形的关系是象不等于形，而是象中有形，形在象之中，数与形的关系是数在一定的量化及时空状态下就会成形。

（五）为什么要说"大象"无形亦有形？

无垠无际的象，包含着数不清的"形"，有隐性的，有显性的，我们所掌握的"形"，其实不过是大象中的沧海一粟而已，所以应该说大象无形也有形。

已显之形不过是广袤无际的大象沧海一粟而已，更多的形还期待我们去发现。

广义的象十分博大，不仅包括物象，还包括事象。象与形的规律是象数科学的要素，其要义是大象无形也有形，一般条件下形是隐藏于象中，并不显现，这种象中之形是用显微镜察不见的，只有三种情况下可以发现象中之形。而且往往属于内视。

（六）形在什么情况下显现？

第一，在危急情况下：就是在危急情况下，比如受伤，灾难等时，为调动人体潜能，在紧急状态下的生命应急反应，而有形的显现，如有一位医生在左臂骨折断臂的情况下。危难之中，忽然内视到手少阴心经显现，这条经络从心脏沿着臂内侧走向小指尖端，这位医生并惊奇地注意到心经的颜色是黄绿色的而并非红色，当时她曾惊呼："啊！手少阴心经显现，手少阴心经显现！"可是在场的人却看不见。之后，她的心脏始终没有出现问题（包括断臂复位手术时）。

古书也有记载，在危急情况下，经络显现的情况。可见显现的目的是调动及激活潜能。

第二，有特殊状态的人：如《史记》记载的扁鹊望诊齐桓公及诊病的一些记载，诸如"视见垣一方人，尽见五脏癥结，特以诊脉为名耳等"表明扁鹊可能有特殊功能。所以可以看清墙外病人的五脏。还有华佗也有特殊状态的记载。

古书上记载有特殊功能的人也不少。如《列子·仲尼》载"老聃弟子有亢仓子者，得聃之道，能以耳视而且听，鲁侯闻之大惊。"就是说，这个叫亢仓子的人，能以耳视物。《汉书》载东方朔能猜到汉武帝盖在盒子下的东西是蜥蜴……，以上种种，不胜枚举。

第三，经过修炼之人：就是经过修炼，有了一定功夫，达到了一定的多维或高维状态下能内视或看到一些别人看不到的形象。如《庄子》"庖丁解牛"，庖丁开始时是看不到牛的内部结构的，是经过刻苦修炼后才看到的。

可见博大的象数科学既包括可以用实验科学验证的显而易见的物质结构，更包括用象数科学的规律指示的隐形物质结构。然而，这是一种非线性的，更为复杂的物质结构。

其实，《易经》已经提示我们世界上万物的规律有幽（隐性）的和明（显性）的两大类。那么，揭示这两大类物质的思路，途径和方法也就应该不一样，这两种科学就是实验科学和象数科学的根本区别。

十五、象数科学在中医学的伟大意义

中医学正是象数科学的伟大代表，而经络学说是代表中的典型，经络学说的形态研究曾经经历了几十年的高精尖实验科学手段的探索，但都徒劳无益，然而，经络的疗效确是实在的。那么显微镜下就是找不到它的物质形态，问题在哪里？就在于经络是一种象数科学，它属于隐性形态，它的特点是活的，整体的，动态的，全息的，甚至是随机的，它是不能分割，也不可孤立和静止的。因此用实验科学的方法无法揭示它的物质结构，这就启示了经络学说的研究应该痛定思痛，不要局限于实验科学，而应该在象数科学的方法下研究寻求途径。否则只想用实验科学的方法研究经络学说是永远也得不了诺贝尔奖的。

象数科学与实验科学的关系是博大精深的。象数科学应与先进尖端的实验科学相互补而不是取代，既不能否定实验科学对象数科学的验证，也不能以实验科学取代象数科学。二者都是人类探索事物的两套方法，都是科学方法，二者只有相辅相成，而不是相互排斥，才能从幽显两个角度认识事物。

我们必须注意西方实验科学是与哲学截然分开的，但东方象数科学却是与哲学融为一体的，实验科学遵行的是理性和逻辑思维，而象数科学则是重感性和悟性的形象思维。所以阴阳五行，永远是象数科学的哲学核心，天人合一，永远是象数科学的基础。这是不能否定的，否则，中医学、经络学就是真正被取消了。

其实，在80年代，在我的《周易与中医学》第三版的内容提要，我已写到"作者通过《周易与中医学的研究》得出结论：即探索自然科学的途径不是只有一条，自然科学的探索不仅存在着以西方为优势的、分析的、局部的和实验的方法，还存在着以《周易》方法论为特色的、全息的，整体的和综合的东方研究途径。这两条途径应该是互补并存，而不是要取代的。"现在我的这篇论文无非是在二十年前的基础上更加深入，并明确提出实验科学和象数科学的概念而已。

象数科学包含着显的"形"和隐的"形"，于是也就确定了博大的象数科学需要实验科学来证实已显之"形"。而幽隐之"形"是实验科学解决不了的，必须依靠象数科学来探索。所以象数科学与实验科学的关系是象数科学既依靠实验科学，但是又不能受实验科学的束缚。同样，实验科学在"形"的探索方面陷入困境的时候，也必然要依靠象数科学来指导。二者相辅相成缺一不可。

◆ 十六、启示 ▶

既然东方的象数科学和西方的实验科学截然不同，那么就不能只用同一种方法进行研究，这就启示了中医学的研究方法决不能只用西方实验科学在显微镜下找实体的那一套方法来证实自己是否科学，而应该用东方象数科学的规律和方法进行研究，否则中医学将永远被认为不科学，就像有些提出废医存药者，主张把中医的理论去掉只用显微镜研究中药，其实这就把中医学由复杂的高维降到了简单的低维研究，也即由非线性降低到了线性。也就应了一些人因无法正视中医的科学性只好仅承认中医的疗效一样无奈。其实这都是没有充分认识到中医学的科学性。古代没有显微镜，只有《黄帝内经》、《伤寒论》、《金匮要略》和《温病条辨》……中医学照样救人活人和养人。而现在中医正趋向高度西化，原因难道不是因为没有注意到中医是另外一种科学吗？所以，这就提示我们中医学的天象、藏象、经络象、脉象、舌象、气象（这里指的气象不是天文气象，而是人的气的藏象）……这些"象"的探索就必须要以象数科学为指导。否则，只等待实验科学来证实，中医就将被永远认为不科学。因为这些"形"是"大象"中的时隐时显的"形"，这些"形"的显现，必须按照象数科学的幽显规律来验证。

中医养生学同样应该强调，中医所倡导的养生理念是一种要经过感悟和修炼才能达到高层次的养生法则，根本没有必要去让西医的显微镜指挥我们。所以，无论中医学、中医养生学都应该以象数科学为主要手段。总之，只要我们能够去掉研究手段的束缚，那么我们才能放开步子，大踏步前进。

一句话，中医学不需要西方的实验科学来证实它的科学性，也证实不了。所以，如果中医学摆脱了西方实验科学的束缚，以自己的象数科学为指导。那么，中医学、中医养生学才能焕发本来的伟大魅力。同样，西方实验科学在研究物质形态出现困境时，是否也应该从东方的象数科学中寻找答案。

以上是我研究《易经》、《黄帝内经》近五十年的深刻感悟。的确，不付出这样的心血，是不可能进入这样的深度。

中医象数科学与西方实验科学的区别。

以中医为代表的，以《易经》象数原理为基础的东方象数科学与西方的实验科学是东西方两种探索事物规律的科学，二者都是科学。区别在于：西方的实验科学是用分析的、局部的和实验的方法去观察事物的物质结构和规律，它的对象是实物结构，是在静态和分割状态下的和线性的、低维时空的，甚至是死的实体物质，也就是说是主客绝对二元二分的。其高度强调的是实体对象。所以，西方以伽利略为首开创的实验科学是要在显微镜下能重复观察到实物的科学。而东方以中国《易经》为主的象数科学却是在观象、全息、预感、预测等状态下的探索，其对象是动态的、整体的、活动的，而且是随机的，非线性的，甚至是高维的，多维状态下的物质结构，是主客一元一体的，所以东方象数科学不一定也不完全需要在显微镜下找到答案。就像经络、就像藏象、就像脉象、就像气，将永远在显微镜下找不到它们的物质结构一样。

十七、《易经》太极阴阳平衡奠定了东方养生的总原则

十八、阴阳平衡健康一生之秘

（一）什么是阴阳平衡？

——阴阳平衡是生命活力的根本。

1．什么是阳？

——凡是向阳光的、外向的、明亮的、上升的、温热的、永恒运动的，都属于阳。阳气指人体的各种功能。

2．什么是阴？

——凡是背阳光的、内守的、晦暗的、下降的、寒冷的、相对静止的，都属于阴。阴精指人体的精血津液。

3．阴阳平衡就是阴阳双方的消长转化保持协调，既不过分也不偏衰，呈现着一种协调的状态。

4．生命阴阳平衡包括脏腑平衡、寒热平衡及气血平衡。

（二）阴阳平衡的四大特点

——气血充足

——精力充沛

——五脏安康

——容颜发光

（三）阴阳平衡的三大具体表现

——生命活力强

——生理功能好

——心理承受力强

（四）为什么要维持阴阳平衡？

——阴阳平衡不是静止的、绝对的，而是相对的、动态的。

——阴阳平衡需要呵护，一旦养生不慎，就很容易导致阴阳失衡而危害健康。中医养生和治病都是为了维护和纠正、协调阴阳平衡。

（五）阴阳失衡有什么危害？

——阴阳轻度失衡可导致长期亚健康状态

——阴阳中度失衡导致疾病、早衰

——阴阳重度失衡导致重病

——阴阳离决则生命终止，即死亡

（六）怎样平衡阴阳？

1. 从寒热调阴阳

2. 从气血调阴阳

3. 从燥湿调阴阳

十九、《易经》的天人观，奠定了天人合一养生法则

天人合一养生之秘——《易经》日养生、《易经》年养生

1．什么是天人合一？

——人和天地"同呼吸，共命运"。

——天地是一个大宇宙，人是一个小宇宙。人和天地息息相关。

——《黄帝内经》说"天地和气，命曰人"。

2．天人合一的三个大规律

第一，顺应太极"阳长阴消，阴长阳消"的规律进行养生。

第二，根据气机升降进行养生。

第三，根据天地气化的开闭规律进行养生。

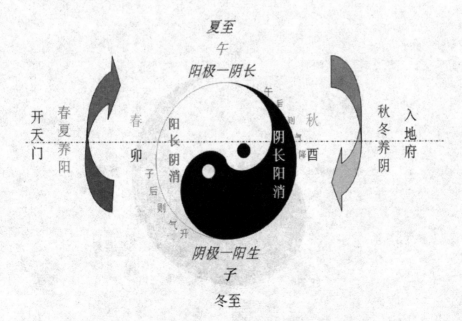

3. 十二时辰养生法(上)

（24小时使用法）

- 子时(23点—1点)胆：子午觉
- 丑时(1点—3点)肝：深度睡眠
- 寅时(3点—5点)肺：平旦脉
- 卯时(5点—7点)大肠：排毒
- 辰时(7点—9点)胃：吃早饭好比吃补药
- 巳时(9点—11点)脾：第一黄金时间

4. 十二时辰养生法(下)

（24小时使用法）

- 午时(11点—13点)心：子午觉
- 未时(13点—15点)小肠：防血粘稠
- 申时(15点—17点)膀胱：第二黄金时间
- 酉时(17点—19点)肾：排毒
- 戌时(19点—21点)心包：第三黄金时间
- 亥时(21点~23点)三焦：阴阳和谐十点半上床睡觉

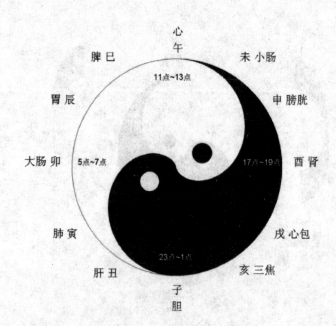

5．十二时辰的用途

(1) 什么时辰？吃什么药？

(2) 十二时辰怎样预测疾病？

(3) 何时是魔鬼时间？

(4) 十二时辰怎样解毒排毒？

6．四季(年)养生

(1) 什么叫法时养生？

(2) 四季养生的三道法宝

① 养阴阳

② 养生、长、化、收、藏

③ 养五脏

肝	心	脾	肺	肾
生	长	化	收	藏
风	火	湿	燥	寒

《诗经》的文化意蕴及其现代价值

程水金

程水金，字行甫，又字二行，别号颜乐斋主。1957年7月14日生，湖北新洲人。南昌大学"赣江学者"特聘教授、南昌大学国学研究院院长。曾任武汉大学中文系教授、博士生导师。

主要从事先秦文化与文学之综合研究，负责承担国家哲学社会科学基金项目及教育部重点人文基地重大项目。

专著《中国早期文化意识的嬗变》第一、二卷（共100余万字）作为《武汉大学学术丛书》与《国家"十五"重点图书》分别于2003年、2004年出版，并于2005年荣获中南地区大学出版社优秀学术专著一等奖，2007年荣获第一届中国出版政府奖图书提名奖。2008年创办同仁学术刊物《学鉴》，担任创刊号主编。近年来，在《汉学研究》、《中国文化论丛》、《中国哲学史》、《文学评论》、《中国典籍与文化》、《武汉大学学报》、《人文论丛》、《诸子学刊》等学术刊物发表学术论文40余篇，在文学、史学与哲学领域皆有较大突破。

《诗经》是中国古代第一部诗歌总集，收录自西周初年至春秋中叶五百年间的诗歌三百零五篇；分为风、雅、颂三个部分。

　　《诗经》的年代上限与下限，是根据《诗经》所收作品来判断的。《诗经》所收作品的年代上限是明确可知的，《周颂》中的作品，是周人"以其成功告其神明者"，基本上是西周初年开国不久而"制礼作乐"时的作品；至于《诗经》作品的年代下限，却要费一番考订功夫。一般认为，《诗经》中比较明确的时代下限，是《陈风》中的《株林》。这首诗的本事，见于《左传》宣公九年、十年。说陈灵公与二位大臣孔宁、仪行父通于大夫夏御叔的妻子夏姬。陈灵公君臣各把夏姬的内衣穿在身上，并公然在朝堂上互相开玩笑。在夏姬的家里饮酒，陈灵公又指着夏姬的儿子夏徵舒对仪行父说："夏徵舒长得就像你！"仪行父对陈灵公说，"他也长得像我们的国君啊！"夏徵舒也是陈国大夫，也是有头有脸的人物，他的年龄与职位表明他不可能是陈灵公或仪行父的私生子。因此，听了这些既侮辱母亲，又侮辱自己的话，他当然很生气。于是趁陈灵公酒足饭饱走出夏府内门之际，夏徵舒便躲在马厩里把陈灵公射死了。《陈风·株林》就是讽刺陈灵公通夏姬的。这首诗，可能大家不太熟悉。诗共两章，前一章说："胡为乎株林？从夏南。匪适株林，从夏南。"后一章说："驾我乘马，说于株野。乘我乘驹，朝食于株。""株林"之"株"即夏姬居住的都邑之名；"林"，国都较远的郊外。《尔雅·释地》说："邑外谓之郊，郊外谓之牧，牧外谓之野，野外谓之林，林外谓之坰。"因此，"株林"与"株野"，都是泛指"株邑"的郊外。"夏南"，即"夏子南"的省称，是夏徵舒的字。古人的名与字在意义上是有关联的。比如孔子的学生冉耕，字子牛；宰予，字子我；曾点，字子皙，《说文解字》解释"點"字说，"小黑也，从黑，占声"；解释"皙"字说，"人色白也，从白，析声"。则"黪"与"皙"，一黑一白，其义相反。韩愈字退之，愈者，进也，进与退，意义也是相反的。那么，夏徵舒为什么字子南？先说这个"舒"字。"舒"是春秋时代比较偏远的南方小国，大概就在安徽的桐城、庐江、舒城一带。除了夏徵舒字子南之外，《左传》襄公二十二年又记楚国有一位公子追舒，也字子南。"追舒"与"徵舒"，意义相同。"徵舒"、"追舒"，王引之《经义述闻·春秋名字解诂》解释说，这是以当时所发生的历史事件作为人名的。这种以当时之事给孩子取名，现代也有。比如"文化大革命"中出生的孩子，有许多名叫"卫东"、"卫革"、"文革"。还有，武汉市1957年前后出生的孩子，不论男的女的，有不少叫"大桥"、"汉桥"、"江桥"、"武桥"。为什么？就因为武汉长江大桥是新中国第一座长江大桥，在1957年建成通车。陈国的夏徵舒与楚公子追舒，也是以当时发生的历史事件作为名字。当时，中原的霸主是齐桓公，他曾联络中原各国对四方蛮夷小国进行过大规模的征讨，所以《诗经·鲁颂·閟宫》说"戎狄是膺，荆舒是惩"。"戎"与"狄"是西方与北方偏远的少数部族，"荆"与"舒"是南方偏远的少数部族。"荆舒是惩"这句诗，在《史记·建元以来侯者年表》中就引作"荆舒是徵"。可见，这个"惩罚"的"惩"字，与"徵召"的"徵"字，在古书里是可以互相通用的。因为"舒"国在荆楚以南，因此，叫"徵舒"、"追舒"的人，他们就都用"子南"为字。这首诗的"夏南"，就是夏子南，也就是夏徵舒。那么"胡为乎株林？从夏南"，是什么意思呢？这是诗人故作问语，说陈灵公为什么跑到株邑的远郊去了呀？哦，原来他是去找夏子南呀！"匪适株林，从夏南"，他可不是到株邑的郊外去干别的什么事呵，他是去找夏子南呵！如果你们已经知道了这首诗的历史背景，你就能体会到这两行诗句的特殊韵味。诗人把讥讽、挖苦与嘲笑，用一种轻描淡写的方式表现出来，让你去联想。尤其是"匪适株林，从夏南"，欲语还休，支支吾吾，让你觉得话中有话，内藏隐情。第二章"驾我乘马，说于株野；乘我乘驹，朝食于株"，马八尺为龙，六尺为驹。大夫只能乘六尺高的马，"乘马"，四匹马拉的车。"驾我乘马"，指陈灵公；"乘我乘驹"，指孔宁与仪行父。"说"，读"税"，意即卸下马车住下来。这里变换叙述角度，以陈灵公与孔宁、仪行父的口气，说："套上我的马车，到株邑的郊外去住一晚；乘上我的马车，到株邑去痛痛快快吃早餐。"应该注意，古人认为早晨的饥饿是最难忍受的，《楚辞·天问》"胡维嗜不同味，而快鼌饱"，意思是说，为什么各人的口味不同，但都以"早晨吃饱"为痛快之事。不过，古人常常以"朝饱"来隐喻性欲的满足。如《周南·汝坟》有诗句说"未见君子，惄调饥"，"惄"字，读"ni"，第四声，饥饿之意。这个"调查"的"调"字，应该读"朝"，这也是古音通假。"调饥"，即早晨的饥饿。"未见君子，惄如调饥"，意思是说，"心上人呀想见又见不到，就像早晨没吃饭，饿得我眼发花心也跳"！因此，古人所谓"朝饥"，意义相当于现代汉语的"性饥渴"。如此说来，"朝食于株"隐含在字面以下的意思，也就可想而知了。陈灵公与孔宁、仪行父私通于夏姬，被夏徵舒所杀，这件事发生在鲁宣公十年，也就是公元前599年。那么，这首诗就可能写于陈灵公在位的晚期。陈灵公在位十五年，从公元前613年到公元前599年，这首诗是《诗经》中可以确定的年代最晚的作品。春秋时代，从公元前770年周平王东迁，到公元前481年鲁哀公十四年春秋记事结束，约三百九十年的历史。而公元前599年正是春秋中期。所以说《诗经》收录了从西周初年到春秋中叶的作品，根据就在这里。

《诗经》在先秦，一般只称为《诗》，或者称《诗三百》，如《论语·为政篇》记载孔子说，"诗三百，一言以蔽之，曰思无邪"；《墨子·公孟篇》也说，"弦诗三百，歌诗三百，舞诗三百"。称之为《诗经》，是从战国末期的荀子开始的，到西汉初年，尤其是汉武帝接受董仲舒的建议，"罢黜百家，独尊儒术"之后，才成为普遍使用的名称。

《诗经》为什么分为风、雅、颂三个部分？这个分类的根据是什么？这个问题，从古到今有多种不同说法。不过，现在学术界关于风、雅、颂的分类，看法比较一致。认为《诗经》的这种分类，是与音乐的特点相关的。因为《诗经》在最初都是可以配乐歌唱的，由于年代久远，乐曲失传，只留下了歌词。而风、雅、颂的分类，正是与音乐的性质相关。所谓"风"，就是地方音乐。《左传·成公九年》记载着一个历史故事。说郑国人抓住了一个楚国俘虏，这个俘虏的先辈是楚国的宫廷乐师，他所擅长的乐器是钟，所以他就以钟为氏，叫钟仪。郑国弱小，依附于晋国，钟仪被郑国人当作战俘送给晋国。晋国人把他五花大绑，囚禁在军器库里三年。有一天，晋景公到军械库，看见了钟仪，就问："南冠而絷者，谁也?"管事的人回答说："郑人所献楚囚也。"晋景公就命为他松绑，解除囚禁。并叫上前来安慰他，问他祖上干什么职业。钟仪说"泠人"，即乐官。于是晋景公问钟仪能不能演奏音乐。钟仪回答说，这是我家祖传的职业，自我的父辈以来，就不干别的事了，会的就是这玩艺儿。于是就给他一把琴，他演奏了一曲南方的乐曲，即"操南音"。后来，晋景公将这事告诉了晋国的执政大臣范文子，范文子评价钟仪说，"乐操土风，不忘旧也"。意思是说，钟仪虽然当了俘虏，但仍然没有忘记自己的祖国，他演奏南方楚地的音乐，就表明了他依恋故国故都的心情。从"乐操土风"这个说法来看，"风"就是"土风"的意思，即具有地方特色的音乐曲调。因此，《诗经》中的"十五国风"，就是具有地方特色的民间歌曲。

《诗经》的"十五国风"包括周南、召南、邶、鄘、卫、王、郑、齐、魏、唐、秦、陈、桧、曹、豳等。不过，所谓"十五国"，并不是指十五个诸侯国。周南、召南是指周公与召公分陕而治所管辖的南方诸国，在江汉汝水一带，相当于现在的河南南部以及湖北、江西等较为宽泛的南方地区。邶、鄘、卫，实际上是殷都朝歌周边的地域。王，是指东迁之后王畿附近一带地方，也就是东都洛邑与王城周边的郊区。至于幽地，在现在的陕西郇邑、彬县一带，是周民族早期居住

领导干部国学大讲堂

地之一，也不是周王朝的封国。既然十五个地名不都是诸侯国的国名，为什么要叫"国风"呢？其实，"国"字的繁体，是一个大囗里面加一个"或"字。按汉字的造字原理，"國"字本来是可以不要这个囗的，"或"字就是"國"字的初文，本意就是用武力圈定一块地盘，从囗从戈从一，一象地，囗读包围的"围"，表示圈起来的一块地盘，用"戈"守着。后来"或"字借为"或者"的"或"，借而不还，于是又在"或"字外边加一个大囗新造一个"國"字，来表示"或"字的本意。由于社会与文化的发展，"国"字具有政治区划即现在所谓"国家"的意义，于是又在"或"字旁边加一个"土"旁，写成"域"字来表示"或"字原来的意思。这样说来，"或"字、"國"字、"域"字，其本意都是地域的意思。因此，"十五国风"，就是十五个地域的乐曲，而"国风"中收录的诗歌，也就是十五个地域的民间歌曲。

"国风"中的民歌，内容十分丰富。有些讽刺统治者荒淫无耻。如上面讲《诗经》年代下限时提到的《陈风·株林》。此外，《邶风·新台》、《鄘·墙有茨》等，都是这方面的例子。如《邶风·新台》：

新台有泚，河水瀰瀰。燕婉之求，籧篨不鲜。

新台有洒，河水浼浼。燕婉之求，籧篨不殄。

鱼网之设，鸿则离之。燕婉之求，得此戚施。

这首诗，根据汉代人的解释，说是讽刺卫宣公的。卫宣公给他的儿子公子伋在齐国说了一门亲事，又听说这位齐国女子长得非常漂亮，卫宣公就想据为己有，于是就派人在黄河边上搭了一座新台，在半路上把她截了下来。因此，卫国的老百姓非常痛恨卫宣公这种荒淫又横蛮的行为，就作了这首诗来讽刺与挖苦他。这首诗用当前事与眼前景作为开端，说"新台有泚，河水瀰瀰"，"泚"，明亮的样子，这个字与"玼"字的意思一样，都是新色鲜亮的意思。"瀰瀰"，盛大的样子。诗句是说，那新搭的高台明亮亮，那黄河大水满荡荡。可是接下来，诗人又说，"燕婉之求，籧篨不鲜"。"燕婉"，美好，英俊，漂亮；

"籧篨"，丑恶，粗糙，臃肿。"鲜"就是《左传》所谓"葬鲜者自西门"之"鲜"，杜预注说，"不以寿终曰鲜"，所以"鲜"有短命，不以寿终，不得好死的意思。这两句诗就是说，可怜那个年轻漂亮的齐国女子呀，本来是要嫁一个英俊潇洒的后生子，却不幸嫁给了这个老不死的丑东西！最后，诗人说，"鱼网之设，鸿则离之，燕婉之求，得此戚施"。"戚施"，癞蛤蟆。"鸿"，由汉唐到明清，学者都解释为"鸿雁"，一种美丽的大鸟。近代闻一多认为"鸿"是"苦龙"的合音，说这个"苦龙"就是癞蛤蟆，与"戚施"是同样的东西。自从闻一多提出这个说法，经过郭沫若的大力煽扬，于是建国以后出版的《诗经》注释本，几乎不约而同地采用了闻一多的说法。事实上，这个说法是不可取的。闻一多在写了《诗新台鸿字说》的十年之后，又在另一篇文章《说鱼》中否定了这一说法。说自己先前把《新台》诗中的"鸿"字解释为癞蛤蟆，当时觉得证据还算坚确，但现在看来，这个"鸿"字仍然以解释为鸿雁为宜。可见闻一多对自己的"《新台》鸿字说"并没有自信。而后来的注家们不问青红皂白，一律盲从，则不免有些势利眼。因此，这个"鸿"字应以汉唐旧说为当，解释为鸿雁。这两句诗与后两句诗形成对照。意思是说，人家张网捕鱼，却捕到了一只美丽的鸿雁，是喜出望外；我本想找一个如意郎，却得到一个挺着肚皮缩着脖子鼓着眼睛的癞蛤蟆，是得非所求！这首诗讽刺统治者的荒淫无耻，非常尖刻。再如《鄘风·墙有茨》：

> 墙有茨，不可扫也，中冓之言，不可道也。所可道也，言之丑也。
> 墙有茨，不可襄也，中冓之言，不可详也。所可详也，言之长也。
> 墙有茨，不可束也，中冓之言，不可读也。所可读也，言之辱也。

这首诗以墙上不能清扫、不能拔除、不能捆束的蒺藜刺为喻，说统治阶级的宫闱丑行，说不完道不尽，不仅说不完道不尽，更难于启齿。

国风中还有些诗歌，是表现劳动生活的。如《周南·芣苢》：

领导干部国学大讲堂

采采芣苢，薄言采之。采采芣苢，薄言有之。

采采芣苢，薄言掇之。采采芣苢，薄言捋之。

采采芣苢，薄言袺之。采采芣苢，薄言襭之。

"芣苢"，车前子。据说车前子能治妇女难产，《本草纲目》也有这个说法。车前子是不是能治难产，不得而知。我想《本草纲目》的说法，大概也是沿袭汉唐经学家的旧说。车前子能不能治难产，这是药物学家们研究的问题。但经学家们说，世道太平，风俗和美，于是妇女希望生孩子，这就不是药物学家的问题，而是文学家关注的问题了。不过，还是宋代的朱熹比较谨慎，他说，"化行俗美，家室和平，妇人无事，相与采此芣苢，而赋其事以相乐也。采之未详何用。或曰其子治难产。"意思是说，车前子有什么用处，不知道，有人说能治难产。但不管车前子有什么用处，就采车前子这件事本身而言，也是有意味的。因为国泰民安，风俗淳美，家庭和睦，妇女在家无事，于是到野外去采采野菜，晒晒太阳，说说笑笑，这是一种美的享受。这就是国家太平、民情安乐、风俗和美的表现。所以朱熹的说法，对于这首诗的理解，还是有意义的。后来，清代有一位叫方玉润的学者，做了一部《诗经原始》，又对这首诗的意境作了很好的发掘性描述。他说，"读者试平心静气，涵咏此诗，恍听田家妇女，三三五五，于平原绣野风和日丽中，群歌互答，余音袅袅，若远若近，忽断忽续，不知其情之何以移而神之何以旷"，又说，"今世南方妇女登山采茶，结伴讴歌，犹有此遗风"。可见，《芣苢》这首诗，反映的是劳动过程中的欢快情景。

如果说《周南·芣苢》再现的是劳动过程，那么《魏风·十亩之间》反映的却是劳动结束之后的轻松与悠闲。诗说：

十亩之间兮，桑者闲闲兮。行与子还兮。

十亩之外兮，桑者泄泄兮。行与子逝兮。

劳动结束了，采桑者轻松愉快地走出桑树林，准备回家了。于是她们呼朋唤侣，结伴而归。说，"走吧，回去吧，我和你一起回家吧！"第二章的"泄泄"，与"詍詍"相通，"詍詍"，就是言语杂沓的意思。这一章是说，这些采桑者，一路上有说有笑，七嘴八舌，说说笑笑，打打闹闹着回家去。《诗经》中这些反映劳动生活的民歌，具有十分浓郁的乡土气息。

国风中还有些民歌，是表现征人思妇题材的作品。如《王风·君子于役》：

君子于役，不知其期，曷至哉？鸡栖于埘，日之夕矣，羊牛下来。君子于役，如之何勿思。

君子于役，不日不月，曷其有佸，鸡栖于桀，日之夕矣，羊牛下括。君子于役，苟无饥渴。

这首诗，描写一位乡村妇女，在日暮黄昏之际，思念自己远役在外的丈夫。说"君子"在外行役，不知道有多长时间了。由于思念之切，就觉得时间格外的漫长。"不知其期"，既是"不知"他走了多少时日，也是"不知"他什么时候才能回来。所以她在心里盼望着，他到底什么时候才能回来呢？你看那家里养的鸡呀，羊呀，牛呀，天黑了都知道回家来，可是我们家的那一位呀，远役在外，怎么能不想念他呀！这首诗意境深远，日落黄昏的景色，禽畜归巢的喧鸣、依门伫望的乡村思妇，构成了一幅生动的乡村思妇图。

如果说《王风·君子于役》描写的是一位乡村妇女对丈夫的企盼，那么《卫风·伯兮》描写的则是一位贵族妇女对丈夫的思念。诗是这样的：

伯兮揭兮，邦之桀兮。伯也执殳，为王前驱。

自伯之东，首如飞蓬。岂无膏沐，谁适为容。

其雨其雨，杲杲出日。愿言思伯，甘心首疾。

焉得谖草，言树之背。愿言思伯，使我心痗。

"伯"是这位贵族妇女对丈夫的称呼。"揭"，勇武的样子。"殳"是一种竹制兵器。这位妇人说，她的丈夫威武雄壮，是国家的杰出人才。现在他武装上阵，作为国王的先锋出征了。她既为自己的丈夫是国家的杰出人才而感到骄傲与自豪，又对丈夫出征打仗夫妻分离而感到刻骨的相思。她说，自从丈夫出发东征之后，她就没有精心梳洗打扮过，头发整天乱蓬蓬的，像个鸡窝。并不是没有洗发水，也不是没有润肤露，因为丈夫不在家，梳洗打扮得再漂亮，又给谁看呢？所以说，"岂无膏沐，谁适为容"。诗的下两章，就描写这位妇女的刻骨相思。"其雨其雨，杲杲出日"，"其"字表示揣度的语气，意思是说，"天是不是要下雨了呢"。"杲杲"，阳光灿烂，光线明亮的样子。"其雨其雨，杲杲出日"，天天盼望着老天爷下雨，可是天天都是阳光灿烂，一丝儿云彩都没有。盼雨就来雨，这是心想事成，天随人愿。盼雨反晴，这是天不作美，事与愿违。因此，这是比喻她"夜夜盼郎归，夜夜郎不归"的相思之情；所以接下来又说，"愿言思伯，甘心首疾"。由于痛切的相思，她头疼，生病了。于是她想摆脱这种痛苦，希望能够找到一种忘忧草，如果能找到它，就把它种在北堂上，它可以缓解我的相思之苦。可是忘忧草找不到，仍然陷入无尽的相思之中，致使她的心发痛。这也是《诗经》中的名篇，从"甘心首疾"到"使我心痗"，宋代女词人李清照《一剪梅》说，"一种相思，两处闲愁，此情无计可消除，才下眉头，却上心头"，就是从这首诗里提炼变化出来的。

国风中表现婚姻恋爱生活的诗篇，也有不少。这些诗歌，多方面地反映了恋爱生活中的各种情境和心理，也反映了一定的社会问题。这些婚恋诗，大都是《诗经》中的名篇。有的描写爱情中的大胆追求；有的描写真挚的相爱与刻骨的相思，有的描写幽期密约的兴奋与不安；有的描写恋人相处的快乐与失恋的痛苦。还有些作品，描写对于外来干涉的反抗情绪，张扬强烈的个性。内容淳朴健康，情感率真热烈。如《邶风·静女》描写一对青年男女的幽会，十分生动有趣。诗总共三章：

静女其姝，俟我于城隅。爱而不见，搔首踟蹰。

静女其娈，贻我彤管。彤管有炜，说怿女美。

自牧归荑，洵美且异。匪女之为美，美人之贻。

第一章说，有位漂亮的姑娘约"我"到城角楼去幽会，"我"兴冲冲地赶到约会地点，她却没有来。"我"左等右等，急得团团转，又是抓耳，又是挠腮，以为她变卦不来。正在"我"焦急无奈、火急火燎的时候，她突然从暗处闪出来。原来，她没有爽约，只是故意捉弄"我"，躲在暗处，瞅着"我"那焦急的样子暗暗好笑。第二章说，这姑娘送"我"一个信物——彤管"，"彤管"是什么，经学家们不得其说，总之，是这位姑娘送给"我"的爱情信物。这个"彤管"闪闪发光，"我"非常喜爱它，高兴地收起来。第三章说，那姑娘又从郊外带给我一枝柔嫩的小草——荑"，这棵小草也生得漂亮而且别致。倒不是这小草真有什么好看的，因为是这漂亮姑娘送我的，它当然就格外地好看了。这首诗描写两情相悦的男女幽会，十分生动。那姑娘的活泼、风趣，还有点小调皮，都历历在目。又如《王风·采葛》描写情别之后的相思，也非常深刻。

彼采葛兮，一日不见，如三月兮。

彼采萧兮，一日不见，如三秋兮。

彼采艾兮，一日不见，如三岁兮。

诗人爱慕那位采野菜的姑娘，一日不见，就如同"三月"、"三秋"、"三岁"那么漫长。

总之，《诗经》国风中的民歌，内容十分丰富，而且自然朴素，没有任何雕琢的痕迹。

"十五国风"是十五个地域的民间歌曲，那么，"雅"呢？所谓"雅"，相对国风而言，就是宫廷乐师们所制作，用之于朝廷大型宴享的乐曲，所以称为"雅"乐。这个"雅"，就是《论语》中"子所雅言，《诗》、《书》执礼"的"雅言"之"雅"。意思是说，孔子平时说话，操的都是鲁国的方言，只是在读《诗》读《书》，还有在做礼仪主持人的时候就用当时的"官话"，这就是"雅言"。当然，当时的"雅言"，是以西周镐京一带的语音为标准的。西周镐京一带的语言为"雅言"，那么西周朝廷所用之乐为"雅乐"，也是顺理成章的。不过，"雅"里面又有"大雅"与"小雅"。其所以"雅"分"大"、"小"，并不是说"大雅"的篇幅长，"小雅"的篇幅短；而是以时代先后为"大"、"小"。"大雅"大部分产生于西周初年，小部分产生于西周末年；"小雅"大部分产生于西周末年，小部分产生于西周初年。西周初年的"雅"诗一般反映出周王朝上升时期励精图治的气象，西周末年的"雅"诗则反映出王朝衰落时期举步维艰的历史。因此，"雅"诗中有不少"史诗"性的作品。这些作品，是研究周代历史的重要资料之一。从文学的角度来看，"雅"诗中的大量政治抒情诗，可以说，奠定了中国古代政治抒情诗的传统。如《小雅》中的《北山》：

陟彼北山，言采其杞。偕偕士子，朝夕从事。王事靡盬，忧我父母。

溥天之下，莫非王土，率土之滨，莫非王臣。大夫不均，我从事独贤。

四牡彭彭，王事傍傍，嘉我未老，鲜我方将。旅力方刚，经营四方。

或燕燕居息，或尽瘁事国，或息偃在床，或不已于行。

或不知叫号，或惨惨劬劳，或栖迟偃仰，或王事鞅掌。

或湛乐饮酒，或惨惨畏咎，或出入风议，或靡事不为。

这首诗是《诗经》中有名的政治抒情诗，表现了西周末年的某些政治状况，也表现了诗人在不公平、不公正的现实政治环境中的苦闷心情。这首诗的抒情主人公，是一位为"王事"也就是为"国事"奔走操劳的一位士大夫。"偕偕士子，朝夕从事"，是说像他这样精明强干的士人，一天到晚都得不到休息。一件事接一件事的奔忙，长时期不能回家，家中的父母也无人照顾。可是"溥天之下，莫非王土；率土之滨，莫非王臣"，王的国家这么大，做官的都是王的臣，为什么偏偏我就一定要努力工作？我一天到晚，马不停蹄，东奔西忙。国王总是说我身体不错，年轻力壮，可以为国家大事奔走，处理各方事务，"经营四方"。但为什么人跟人就这么不一样！有的人不知多么快活，逍遥自在，整天饮酒作乐，游手好闲；或者干脆就躺在床上睡大觉。吃苦受累的事，他不沾边，好处却让他们得尽，风头也让他们出够。而干事的人吃苦受累还不说，还常常忧心忡忡，生怕有个闪失。可见，这首诗的基调，是忧愤而愁苦的，诗人既感到社会的不公，也感到政治的混乱。但是，他不过是发泄一下愁苦以及对同僚的怨愤而已。总之，压抑自己的感情，诉说自己的苦衷，哀怨自己的命运。这种哀而不伤，怨而不怒，可以说，是中国古代士大夫最为典型的情感范式，也是中国古代政治抒情诗的传统。

至于"颂"，就是周王朝进行宗庙祭祀所用的乐歌。郑玄说，"颂者，以其成功告于神明者也。"《说文》解释"颂"字说，"皃也"。"皃"即"貌"字，就是容貌。清代大学者阮元说，"颂"就是"容"，即舞容，也就是跳舞的样子。因为周人举行大型祭祀活动时，往往伴有大规模的歌舞盛会。《论语·季氏》篇说，"季氏八佾舞于庭，是可忍，孰不可忍？""八佾"就是八列、每列八人总共六十四人的舞蹈阵容。因为是祭祀宗庙的乐歌，"颂"诗在内容上往往是赞颂祖先的功德，或者是祈求祖先神灵的福祐。在形式上往往凝重庸容，节奏缓慢。《周颂·有瞽》"喤喤厥声，肃雝和鸣，先祖是听"，说的就是这个意思。由于"颂"诗在内容与形式上跟"风"诗和"雅"诗不同，因此，王国维说，"颂"诗之有异于"风"、"雅"者，虽不可得而知，其可知者，"颂"诗较"风"、"雅"者为缓。所谓"缓"，就是节奏缓慢，《有瞽》"肃雝和鸣"，就是这个意思。所以"颂"诗的篇幅往往短小，多数不押韵，有散文化倾向，在章法上也不重叠。比如《周颂·丰年》：

丰年多黍多稌，亦有高廪，万亿及秭。为酒为醴，烝畀祖妣，以洽百礼。降福孔皆。

这是秋冬报赛的祭歌。粮食丰收了，到处是高高的谷垛子。用这些粮食来酿造好酒，进献给先祖先妣。各种礼节仪式都完成了，祈求先祖先妣在来年降下更多的福分。由这首《丰年》，我们大致可以了解"颂"诗的基本特点。

通过以上的简单介绍，我们已经知道，《诗经》所涉及的时代是相当漫长的，从西周初年到春秋中叶，将近五百年的时间；而《诗经》的总数只有三百零五首，如果加上《小雅》中的《南陔》、《白华》、《华黍》、《由庚》、《崇丘》、《由仪》六篇"有声无词"的笙诗，也不过三百一十一篇，平均每年还不到一首诗。而所涉及的地域也十分广泛，相当于现在大半个中国的广大地域。这些诗歌，如果不经过专门的收集与整理，能够集中在一起，是不可想象的。

汉代的学者认为，先秦有采诗制度，说当时周王朝定期派人到民间去收集民歌，然后一层层地献上去，最后由王朝乐官之长太师，给它们配上音乐，演奏给周王听，让周王知道民情风俗的好坏，并从中了解政治的得失。除了采诗制度之外，当时周王朝的士大夫也可以向周王献诗，以表达自己对政治的看法，甚至也可以对周王或者其他执政大臣提出批评。如《小雅·节南山》最后一章说"家父作诵，以究王讻"，就是名叫"家父"的大臣，作了这首诗来批评周王的错误。

司马迁说，古诗有三千多篇，孔子进行了删订整理。孔子整理《诗经》做了两件事，一是去掉了大部分重复的内容，二是选择其中合于礼仪的诗歌，这样剩下来的就只有三百多首诗了。司马迁的这个说法影响很大，历史上有不少学者愿意接受这种说法。但是，自东汉的《诗经》大家郑玄以及唐代的孔颖达开始，就有些不相信。如孔颖达说，"书传所引之诗，见在者多，亡逸者少，则孔子所录不容十分去九，迁言未可信也。"意思是说，如果孔子在三千多篇诗歌中删掉了十分之九，只录存了十分之一的话，那么先秦文献中所引用的《诗经》情况，就应该是见于《诗经》中的少，而不见于《诗经》中的多，可是事实上恰恰相反，见于今本《诗经》中的多，不见于《诗经》中的少，可见，司马迁的说法是不可信的。再说，根据《左传·襄公二十九年》记载，吴国有一位有名的贤人名叫公子季札，来鲁国作国事访问，鲁国的乐工特地为他举行了一次专场音乐会。当时鲁国乐工所演奏《诗经·国风》的乐曲，与今本《国风》的次序是一样的。而鲁襄公二十九年，孔子还不到十岁，鲁襄公二十一年孔子才出生。一个不满十岁的孩子，是不可能做这样重大的典籍整理工作的。

《诗经》的删订整理工作，不是孔子完成的。但《诗经》又一定是经过加工与整理了的，这个整理者应该是谁，当然是周王朝的太师。因为太师就是宫廷乐师之长，整理歌诗、配乐演奏，都是他的职责。

周王朝花这么大的人力物力来收集整理诗歌，还要一一配上音乐，除了在宫廷的重大典礼仪式上演奏之外，还有一个更为重要的目的，就是"诗教"或"乐教"，即发挥诗歌与音乐陶情怡性的教育作用。所以《周礼·大司乐》的职掌之一，就是"以乐语教国子"。我们知道，周代的教育科目有所谓"六艺"。"六艺"的"艺"字，在甲骨文与铜器铭文中的写法，就是一个人手里拿着一根小树苗跪在地上往土里栽。所以"艺"字的本意就是"种植"、"栽培"的意思，这个意义，现在还保留在"园艺"这个词语里。当然"栽培"、"种植"，需要一定的知识、技术与方法，"艺术"、"手艺"、"工艺"这些词语中的"艺"字，都是这个意思。因此，"六艺"就是用六种科目培养后辈子弟。早期的"六艺"，包括"礼、乐、射、御、书、数"。"礼"，就是各种礼节仪式，每个人都必须按照自己特定的身份地位待人接物、立身行事。这里面除了等级规范之外，还有责、权、利的规定。责任与义务不可推御，权力与利益不可僭越，这就是"礼"！现在有不少学者，满足于一知半解，一提到"礼"，就以为是"等级制度"呀，就是"专制"呀，就是"吃人的礼教"

呀，就是"为统治阶级服务"呀。其实，持有这种看法的人根本就不懂中国传统文化，更不用说理解它的精髓了；不过是道听途说、人云亦云罢了！"乐"，就是音乐，其中也包括诗歌，因为诗与乐是密不可分的，有诗必有乐，有乐必有诗。"射"和"御"，就是射箭与驾车，"书"就是"六书"，是关于文字方面的知识，包括写字认字以及其他语文知识。"数"就是关于算术与数学方面的知识，包括"小九九"、开方、乘方以及勾股计算、商均工程等其他数学知识。因此，"六艺"就是按照这六个方面的知识与技能培养文武兼能的军政两用人才，"出使长之"，"入使治之"。行军打仗，就能担任军队里的各级军帅；战争结束了，就能充任各级政府组织中的管理者。比如晋国的"六卿"或"八卿"，就是晋国的六位或者八位执政大臣，同时也是晋国三军或四军的主帅。三军是中军、上军和下军，再加上新军就是四军，后来中军主帅荀林父与另一位军帅死了，又缩编为三军。因此，以"六艺"培养出来的人才，就具有多方面的素质。因为春秋以前都是车战，战国后期赵武灵王胡服骑射之后才发展了骑兵。所以行军打仗固然要有高超的射箭与驾车的技术，但是平时的政治与外交，能够自如地运用"礼"与"乐"的知识也显得非常重要。

由于列国君臣的文化素养非常高，他们平常的行政与外交，都具有极高的文化内涵。所以《论语·子路》篇记载孔子的话说，"诵《诗》三百，授之以政，不达；使于四方，不能专对，虽多，亦奚以为？"意思是说，如果没有实际应变与运用的能力，让你去做某一方面的行政领导，你做不好，七处冒火，八处冒烟，尽出纰漏；让你到别的国家去办理外交事务，你又不善言辞，不会谈判对话，难以完成使命，就是把《诗经》从头到尾背得滚瓜烂熟，又有什么用呢？这样说来，《诗经》在当时政治军事外交场合的实际作用就非同小可了。

那么如何"用"《诗》呢？《论语·阳货》篇又载孔子告诫他的学生说："小子！何莫学夫《诗》？《诗》，可以兴，可以观，可以群，可以怨。迩之事父，远之事君。多识于鸟兽草木之名"。"迩之事父，远之事君"，"迩"，近的意思。近与远，分指在家与在国，但当时是家国不分的，所以是泛指一切政治事务，与"授之以政"、"使于四方"的范围相等。除了日常政治生活中的用处之外，学《诗》还有一些附带的好处，可以多认识一些花鸟虫鱼的特征与特性，增加博物学的知识。当然"事君"、"事父"是更重要的，如何"事君"、"事父"，那就是所谓"兴"、"观"、"群"、"怨"的基本方法。

"兴"、"观"、"群"、"怨"是什么意思，我们暂时不忙解释概念。先给大家讲个故事，从这个历史事例之中，自然就会明白它们的意思。《左传·襄公二十七年》，记载了这样一件事：晋国的执政大臣赵孟，也叫赵武，"武"是他的名，"孟"是他的排行，在赵氏家族中他是老大。这个人不仅军事上外交上都十分厉害，文化方面的修养也非常高，所以他死后又有个谥号叫赵文子。这位赵武或赵文子代表晋国到宋国去参加弭兵之会，因为这是春秋后期，各国互相征伐，打了一百多年的仗，现在觉得累了，就要求停战，不打了。于是晋国就以盟主的身份在宋国召开"弭兵之会"。为什么到宋国去开这个会，因为宋国是个小国，又地处中心地带，几个大国一打起来，宋国往往就成了战场。所以宋国一位大臣向戌就趁机为自己捞个好名声，也力主"弭兵"。这个"弭兵"大会结束以后，赵文子就经过郑国境内的垂陇(在河南荥阳县东北)回国。郑国也是当时的弱小国家之一，也免不了要做一些迎来送往的接待工作。于是郑简公就率领子展、伯有、子产等七位大臣，在垂陇这个地方宴请赵文子。席间，赵孟就对郑简公的七位大臣说，你们七位先生不辞劳苦，跟随你们的国君来看望我，我感到非常荣幸，可见你们的国君真是给我面子了。那么现在就请你们各赋《诗》一通，我也可以借此知道你们各人心里是怎么想的了。赵武说的意思，就是春秋时代"赋《诗》言志"的方法。于是子展首先赋《召南·草虫》，这首诗的第一章说，"喓喓草虫，趯趯阜螽。未见君子，忧心忡仲，亦既见止，亦既觏止，我心则降"。子展赋这首诗，当然是以赵孟为君子，并暗示郑国对赵孟的依赖之情。从子展的赋诗中，赵孟明白了子展之意在于忧心国事，并表达了作为小国的郑国对强大的晋国的依赖。所以他听了子展的赋诗之后，就说："好啊，有这样的想法，真不愧是百姓的当家人。可是你对我的期待过大，我又怎么经当得起呢！"第二位赋《诗》的是伯有，字良宵，他赋的是《鄘风·鹑之贲贲》。这首诗是这样的："鹑之奔奔，鹊之强强，人之无良，我以为兄；鹊之强强，鹑之奔奔，人之无良，我以为君。""人之无良"，意思是说，那个人不是个好东西，可是我还把他当作哥哥，还把他当作我的君主。伯有赋这首诗，用意在第二章，借以发泄对郑简公的不满。赵孟听了伯有的赋诗之后就说，夫妻两人在枕头边上说的私房话，哪里能走出房门之外来说呢？何况还跑到外人很多的地方说，那就更不成体统了。你的这个想法，不是我这个外国客人所应该知道的。显然，赵孟指责伯有在外交场合当着国宾发泄对本国国君的私怨，这是极为失态失礼的行为。因此，完了之后，赵孟下来对晋国的随行人员叔向说，伯有这个家伙恐怕不得好死，听他赋的诗，就知道他心里想的啥，他老是挖空心思找机会说国君的坏话，并自以公开在国宾面前表示对君主的怨恨为快心得意，这样做，不是找死吗！果然，三年之后，郑国就把伯有给杀掉了。这次宴会上，除了伯有之外，郑国的其他几位大夫所赋的《诗》也与子展一样，都是向赵武表达友好之意，希望能与晋国永远保持友好邦交关系。

从这个故事，就知道所谓"兴"、"观"、"群"、"怨"是什么意思了。具体来说，"兴"，本是站起来的意思，引申为"开头"，又引申为"感发"、"打动"。所以孔子说"《诗》可以兴"，就是指在"赋《诗》言志"的过程中，可以用《诗》去启发对方，让对方知道你的意图。而对方听了你所赋的《诗》后，也就知道你心里在想什么了，这就是"可以观"。因此，"兴"与"观"是相对的，"兴"是"观"的主观前提，"观"是"兴"的客观反应。至于"群"和"怨",则是互为相反。"群",是友好团结,"怨",是指责怨恨。郑国七位大夫所赋的《诗》,只有伯有是"怨",表达自己对郑简公的怨恨,其他六位大夫所赋的《诗》都是向赵孟表示友好,这就是"群"。

当然,所谓"以乐语教国子",《诗》与"乐"是相联不分的。上面讲的这个故事,听起来好像是郑国这几位大臣都在晋国的赵武面前像小学生一样背诵《诗经》,其实不然。因为这种宴会场合,乐队是少不了的。这些大夫只要报个《诗》名,或是哼个曲头,那些乐工自然就给演奏出来了。赵武一听这音乐,也就知道乐工演奏的是什么曲子,歌词是什么内容了。就像现在的年轻人,喜爱流行歌曲,一哼那曲调,就知道是哪首歌。因此,要能够在外交场合"赋《诗》言志",做到"可以兴"、"可以观"、"可以群"、"可以怨",前提就是熟悉《诗经》的每一首诗歌的内容,还要熟悉《诗经》每首诗的音乐曲调,并且能够自由运用,准确理解;否则就会出麻烦。例如,《左传·襄公二十七年》与《左传·襄公二十八年》记载齐国大夫庆封两次来鲁国的事,就是非常典型的例子。襄公二十七年,庆封到鲁国来办外交,鲁国一位大臣叔孙穆子设宴招待。大概这个庆封小时候《礼》与《乐》的学习成绩较差,所以在宴会上举止不太得体,有失礼行为。于是叔孙穆子就命乐工演奏了一首《鄘风·相鼠》。这首诗是这样的:

> 相鼠有皮,人而无仪。人而无仪,不死何为!
> 相鼠有齿,人而无止。人而无止,不死何俟!
> 相鼠有体,人而无礼。人而无礼,胡不遄死!

意思是说,看那老鼠还有张皮,可是人却不懂得起码的礼仪,一个人要是不知道起码的礼仪,不赶快死了拉倒,还活着丢人现眼的干什么呢?显然,叔孙穆子赋这首诗,命乐工演奏这首曲子,无异于指着庆封的脊梁骨严厉痛骂了。可是这位庆封居然不知道乐工演奏的是什么。然而,第二年,这位庆封又因为齐国内乱跑到鲁国来避难。这一次又是叔孙穆子负责接待工作。可这位庆封，仍然像上次一样，不懂礼节。这回叔孙穆子知道他是个乐盲，就不叫乐工演奏音乐了，直接让人给他朗诵《茅鸱》。《茅鸱》这首诗，不在现在的《诗经》里面，因而庆封仍然不知道叔孙穆子在讽刺他。由这两个故事我们就知道，《诗》与《乐》在春秋时代或者在春秋以前，对于一个士大夫来说，是多么重要的一门知识与修养。

战国时代，由于周王朝的衰落，礼崩乐坏了，"赋《诗》言志"的习惯也逐渐淡化以至于没有了。于是《诗经》的音乐曲调虽然还在，但没有人去学习传授，造成了《诗》与《乐》的分离。终于，在秦始皇焚书坑儒和项羽火烧咸阳之后，《诗经》的曲谱就失传了，只剩下人们所能够背诵的歌词——《诗经》的文本本身了。汉代初年，专门传授《诗经》的有齐、鲁、韩、毛四家，其他三家传本汉以后又失传了，现在只剩下《毛诗》了。

《诗经》的音乐失传，不能歌唱，也就成了纯粹案头欣赏的文学作品。可是对于这部文学作品的理解，那就仁者见仁、智者见智了。汉唐经学家，把它作为政治教化的工具，以春秋时代"赋《诗》言志"的方法，从中引申出政治与道德的意义。比如，《诗经》的第一首诗《周南·关雎》"关关雎鸠，在河之洲，窈窕淑女，君子好逑……"可能大家比较熟悉。汉代传授《毛诗》的学者就认为，《关雎》这首诗是讲后妃"乐得淑女以配君子，忧在进贤，不淫其色，哀窈窕，思贤才，而无伤善之心"。意思是说，后妃愿意把娴淑美好的女子选配在丈夫身边，她的心思都放在选择贤惠的女子帮助她共同协助丈夫处理好国事上。而她自己没有伤害贤良的坏心，也不因自己的美色而专宠。她唯一感到忧虑的是，那处在深闺幽邃贞静专一的好女子，没有机会进宫自达于我们的君王。这是《毛诗序》的说法。《毛诗诂训传》也在雎鸠鸟上大做文章，说雎鸠这种鸟虽然感情真挚专一，但睡觉却是各睡各的，从不因感情真挚而贪恋床笫之乐以至于误了事，这叫做"挚而有别"。《毛诗》

的学者这样讲，其他《齐》《鲁》《韩》三家学者的讲法也大致相同，只是认为《关雎》是讽刺诗。如《鲁诗》学者说，周康王有一次与妃子睡觉，起得太晚，误了早朝，于是诗人作《关雎》一诗来讽谏。可见汉代人讲《关雎》，是从"后妃之德"的角度着眼的。而且《毛诗》不仅把《关雎》讲成"后妃之德"，就是讲《周南》与《召南》其他各篇，也都与后妃夫人的品德相联系。可见，汉代人大概是用《诗经》的二《南》来教育皇帝后宫的。到了宋代，朱熹作《诗集传》，虽然也把《诗经》作为政治教化的工具，但他比较强调《诗经》的本义。朱熹讲《关雎》，接着孔子"《关雎》乐而不淫，哀而不伤"的说法，认为作这首诗的人最能得"性情之正，声气之和"。因此，读这首诗可以"即其词而玩其理以养心"，同样是注重《诗》的教化功能。

今天读《诗经》，虽然没有必要像古人那样，在《诗经》中寻找什么"后妃之德"、"王化之基"，对《诗经》作一些穿凿附会的解释；但《诗经》陶情移性的审美教育作用也是不能忽视的。《诗经》中的优秀作品，对于培养我们的情操、处理我们的感情世界是大有好处的。尤其是在当前快餐文化盛行的时代，年轻人不仅情感世界贫瘠，处理情感的方式也极为简单草率，其原因就在于现代人的浮躁与浅薄，缺乏传统文化的起码素养。当然《诗经》不太易读，大多数人没有能力读全本，可以先找比较好的选本，如余冠英的《诗经选》就不错，注解简单易懂，白话翻译也比较到位。希望读读《诗经》的朋友，不妨先从这个选本下手，然后再读全本。全本的《诗经》，现在可以在书店里买到的，有程俊英的《诗经注析》，这个本子对每首诗的思想内容与艺术手法都有注释与讲解，适合于初学。至于要做研究，那就要找更多的本子参照了，不过，这是后话，就不在这里多说了。

《孙子兵法》军事思想及现代价值

吴如嵩

吴如嵩，1940年生，贵州铜仁市人。军事科学院研究员，博士生导师。曾任军事科学院战略研究部研究室主任，兼任军事科学院中研院技术职务评定委员会委员、学位委员会委员，中国孙子兵法研究会副会长。1991年起享受政府特殊津贴。

出版《制胜智慧》、《中华军事人物大辞典》、《中国十大兵书谋略指要》等专著21部，发表论文100余篇，其中《中国古代兵法精粹类编》获全国优秀图书奖；《孙子兵法辞典》获第三届军人喜爱的军版图书一等奖、辽宁省图书特等奖；负责战例审定《孙子兵法连环画》获全国首届"五个一工程"奖；《孙子兵法浅说》获全军图书二等奖；《孙子兵法新说》获军事科学院研究生教学成果奖。

1987年被评为全军优秀科研工作者，1992年当选党的十四大代表，1998年获军事科学院重大贡献奖。

《孙子兵法》号称"武经冠冕"，公元前512年在吴国问世，是世界上公认的最古老的军事理论著作。其作者孙子，名武字长卿，齐国乐安（今山东惠民县）人，被尊为兵学鼻祖。

（一）孙子最理想的战略追求是"不战而屈人之兵"

《孙子兵法》虽然是一部兵书，但是它的最高追求却不是战争，不是追求战争的胜利。它说："百战百胜，非善之善者也。"那么，什么才是它最理想的战略追求呢？它说"不战而屈人之兵"才是"善之善者也"。

通观《孙子兵法》，我们看到，从很大程度上说，它主要讲了两个字(词)：一个是"全"，一个是"破"。"全"是不战而胜，"破"是交战而胜。"全胜"为上，"破胜"次之。

实现"全胜"的方法是"上兵伐谋"、"其次伐交"；实现"破胜"的方法是"其次伐兵"、"其下攻城"。

"伐谋"就是"挫败敌人的战略企图"，也就是说，在敌人的战略企图还没有付诸实施之前就揭露它、破坏它，使之夭折，使之破产。这是一种最省力、最省事、最高明的斗争方法。

在孙子所处的那个春秋时代，这种"伐谋"的方法是确能实现的。说明这一策略最典型的例证无过于与孙子同时代的墨子救宋的故事。

楚国的公输般发明并制作了攻城用的云梯，准备用来作为楚军进攻宋国的利器。楚国强大，宋国弱小。墨子是"非攻"的倡导者，一贯反对非正义战争。当听说楚国要侵宋，急忙来到楚国，劝阻楚王和公输般侵宋，但楚王和公输般依仗拥有新式攻城器具云梯，不为墨子的游说所动。墨子于是同公输般在楚王面前以衣带作城池，以木片作攻守城邑武器，表演了一番楚攻宋守的"作战模拟"。结果"公输般之攻械尽，子墨子之守御有余"（《墨子·公输》），迫使楚王放弃了侵宋的计划。

"伐交"就是通过外交斗争挫败敌人的战略企图，虽然也是不战而胜，但是较之于"伐谋"要欠缺一些，因为外交活动比较费力、费事。春秋战国时代，外交活动十分频繁，特别是战国的合纵连横极大地影响国家的安危。

（二）孙子善战思想的核心，是以小的代价赢得大的胜利

孙子的胜负观，除了"全胜"之外，就是"破胜"。"全"是政治解决问题，"破"是战争解决问题。"全"是不流血的战争，"破"是流血的政治。孙子虽然以"全胜"为其最理想的战略追求，但是他的十三篇中，百分之七八十的篇幅是论述的"破胜"之法。用兵打仗，毕竟是《孙子兵法》的主体内容。

以小的代价换取大的胜利是孙子对交战而胜的追求。孙子关于用兵打仗最根本的指导思想是追求一个"善"字。"全胜"是追求"善之善"，"破胜"是追求"战之善"，即他所一再强调的"善战"。

孙子的"善战"思想其实质仍然是"全胜"思想在作战过程中的延续。他说："善战者之胜也，无智名，无勇功。"为什么善战者打了胜仗却没有智慧的名声，也没有勇武的战绩呢？

因为在孙子看来，真正的善战者他所打的胜仗，决不是那种杀人一千、自损八百的浴血苦战、拼死激战，而是"胜于易胜"——打的是好打易打之敌，"胜已败者"——打的是已经处于失败地位之敌。

军队要想打胜仗，取决于国君要英明，将帅要贤能，士兵要勇武，装备要精良，民众要拥护，保障要充足，联络要通畅，诸如此类，孙子都有不同程度的精辟论述。这里，我只想就孙子战术思想的三大支柱略加阐述。

从作战指挥的角度看，《孙子兵法》也是一部深富创意的兵法，从中可以发现，孙子其人想象很特殊，思维很超常，善于化平常为神奇，以四两拨千斤。他在军事学上，首创了一系列概念范畴，其中"形势"、"虚实"、"奇正"三个范畴构成了孙子战术思想的三大支柱。

我们知道，"形势"是讲军事力量的积聚，"奇正"是讲军事力量的使用，"虚实"是讲军事力量选择的打击目标。这三者是相辅相成、彼此联系的。

一支军队由军队士气和兵力、兵器构成了一种军事力量，这就是"形势"；正确地指挥这支军队并灵活地使其变换战术，这就是"奇正"；根据敌情我情，巧妙地选择这支军队的最佳作战方向，这就是虚实。

其实，古往今来，中西方的战略指导者们，无论是中国的孙子，还是西方的克劳塞维茨都懂得谋略，懂得力量，差异只是表现在对力量的认识和使用上有所不同而已。

孙子以水来比喻"势"，"激水之疾，至于漂石者，势也"。这种水势是一种冲击力，而不是爆发力。爆发力就像火力，猛打猛冲，胜负立见。冲击力就像水力，连续攻击，使敌没有喘息的机会，没有还手的时间，没有变更战术的余地。

在力的使用上，孙子十分重视奇正，重视作战方式，主张"巧能成事"，用巧劲而不是使蛮力。孙子之所以论述"十围五攻"的不同战法就是讲究策略的选择，力争上策，准备中策，避免下策。掌握了事物运动规律的办法就是上策，庖丁解牛，迎刃而解，就是上策。庖丁用的是巧劲，费力少而收功多。打蛇要打七寸，不要对蛇全身乱打，这是孙子的思维。这种思维反映在军事力量的使用上，就要求事半功倍，四两拨千斤，很有些像太极拳的原理，尚柔、尚智、尚谋。

孙子讲"以正合、以奇胜"。从字面上看，是用正兵当敌，用奇兵取胜。其实它还有一层意思，正合是用常法布局，用奇法胜敌。用常法排兵布阵，这是一般规律。然而，运用之妙，存乎一心。如果没有这一条，打仗就成了机器人对垒。正因为有这一条，才有人的因素，人的因素是战争胜负的决定因素。

从作战角度看，"形势"、"奇正"、"虚实"这三者，最吃劲、最较劲的是"虚实"。因为"虚实"问题是要最终实现"攻其无备，出其不意"，敌人无备是虚，敌人不意也是虚。无备和不意都是指敌人的关节点而言。

孙膑指导的齐魏桂陵之战成功地体现了这些原则。

庞涓率魏军从都城大梁(今开封)北攻赵国都城邯郸，赵国向齐国求救。按照通常的思维，救赵的齐军正好利用魏军屯兵坚城、兵疲意沮之机，与赵军联手内外夹击魏军于邯郸城下。但是孙膑否定了这种惯常思维，认为这种方法就像劝解斗殴，自己也参与殴打一样，是笨办法。他主张进攻防务空虚的大梁，迫使庞涓撤围邯郸，回兵自救，然后乘机伏击魏军于归途，打他一个措手不及。战役的过程完全如孙膑所料，赢得了胜利。

孙膑这一"围魏救赵"的打法就是活用孙子"攻其必救"的原则，孙膑形象地称之为"批亢捣虚"，"亢"是咽喉，"批亢"就是打击敌人的咽喉，打击敌人既是要害又很虚弱之处。对于孙膑指导的齐魏桂陵之战，毛泽东予以高度评价，曾写下这样的批语："攻魏救赵，因败魏兵，千古高手。"

(三)"令文齐武"是孙子治军思想的主线

如果说"全"与"破"是贯穿孙子作战思想的一条主线，那么，"文"与"武"就是贯穿孙子治军思想的一条主线。"令之以文，齐之以武"是孙子提出的又一个巨大的思维框架。文武两手包含恩威并用、信赏明罚、爱卒善俘、严格要求等诸多以法治军之义。

指挥作战的主体是将帅，管理军队的主体也是将帅，而《孙子兵法》详细论述了在治军作战中将帅的地位、作用和要求。因此，从这层意义上说，《孙子兵法》又是一部将帅学或统御学的著作。

春秋末期，将军作为一种新生事物刚刚萌芽，孙子敏锐地看到了，给予了高度的评价。他对将帅的地位和作用、选拔和任用、品德和修养等各个方面都作出了一系列精辟的论述，极富指导意义。

孙子认为一个优秀的将帅要有"进不求名，退不避罪，唯民是保，而利合于主"的政治品格，具备"智、信、仁、勇、严"的为将标准，练就"静以幽，正以治"的德才修养，深怀"视卒如婴儿，视卒如爱子"的爱兵情怀。孙子关于将帅诸如此类的要求不仅对于战争形态发生重大改变的春秋时代是至理名言，对于后世治军也是科学的真理。

（四）朴素的军事辩证法思想是《孙子兵法》的灵魂

《孙子兵法》在军事学术上的巨大成就是与它朴素的军事辩证法思想密不可分的。孙子研究战争问题十分注意分析敌我双方的各种矛盾及其矛盾运动，做到"知彼知己"，从实际出发，探索战争的客观规律，从而制定出正确的作战方针和方法。

《孙子兵法》难能可贵之处在于既看到了争取战争胜利的客观条件，又看到了人的因素对战争胜负的重要作用。《孙子兵法》中的"形"论述的就是运动的物质，"势"论述的就是物质的运动。在孙子那里，战争中的一切事物都是运动的而不是静止的。"度、量、数、称、胜"、"五事"、"七计"、"十围五攻"、"逸劳饱饥"等等都是战争的物质力量，通过它们表现出强弱攻守，它们是决定战争胜利的客观基础。孙子看到它们也不是一成不变的，是可以通过人的主观努力能动地促进其转化。他说："乱生于治，怯生于勇，弱生于强"，"敌逸能劳之，饱能饥之，安能动之"。总之，只要知彼知己，战术正确，"胜可为也"，弱军可以打败强军，少兵可以打败多兵。他举例说，如果敌人十倍于我，克敌制胜的办法就是"形人而我无形，则我专而敌分。我专为一，敌分为十，是以十攻其一也，则我众而敌寡。能以众击寡者，则吾之所与战者，约矣。"意思是说，通过战术蒙蔽和兵力佯动诱使敌人分散兵力而我则集中兵力。这样，虽然在全局来看，也就是在战略上我是以一击十，但是在局部、在战术上我是以十击一，是以多胜少，是以强击弱，是以优胜劣。每战如此，便可每战必胜，然后再及其余，各个击破，最后赢得全局的胜利。

诱敌、误敌是以少胜多的克敌之法，打敌要害，避实击虚，也是以少胜多的克敌之法。《九地》写道："敌众整而将来，待之如何？"孙子说："先其所爱则听矣。"意思是说，敌人气势汹汹，大军压境，怎么对付呢？孙子认为只要率先攻击其要害部位就能反被动为主动。

研究《孙子兵法》哲学的义蕴除了它朴素的军事辩证法之外，还要探讨它在思维方式上的特点。这一特点也是中国传统兵学区别于西方军事学的重要标志。

我们知道，西方军事学的理论基础是逻辑思维，西方的军事术语是以概念元素的分解与综合为特征的。与中国传统兵学相比，西方军事思想具有偏重微观的思维特征，强调具体的操作，缺乏长远而宏观的战略意识，这是其明显的缺陷。中国传统兵学的理论基础，是以辩证法为主体的，经验的、非形式逻辑型的思维方式。这种思维方式固然有其弱点，然而与形式逻辑相比，它注重对事物进行整体的、动态的把握，注重事物的普遍联系、能动转化和循环发展，与形式逻辑相比，它更适于从主体的角度来反映和驾驭经验知识，反映和驾驭现实矛盾运动，具有深谋远虑的全局意识和远观意识。这是以《孙子兵法》为代表的中国传统兵学的灵魂所在，是中国传统兵学的长处所在，也是中国传统兵学给我们所留下的丰厚的文化遗产，是必须继承和发扬的。

二

《孙子兵法》问世之后，好评如潮。伴随着中国封建社会和中国封建文化的成熟，北宋时，确立了以《孙子兵法》为首的七部兵书为中国兵学的经典，这就进一步巩固了《孙子兵法》在军事学术史上的崇高地位，直至明清，没有动摇。

（一）以《孙子兵法》为代表的中国传统兵学的近代转型

《孙子兵法》真正受到考验和挑战是中国历史进入近代以后。用李鸿章的话来说，近代中国所遇到的是"数千年来未有之变局"、"数千年来未有之强敌"。在近代军事技术和近代战争样式的冲击面前，包括《孙子兵法》在内的中国传统兵学体系同西方兵学发生了严重碰撞。鸦片战争后，林则徐、魏源等人深切体会到了"技不如人"的现实，提出了"师夷长技以制夷"的战略主张。近代反侵略战争的屡战屡败揭示出一个技不如人的简单的逻辑，而进一步的逻辑则是中国人必须接受近代的军事学体系。传统兵学的时代价值，由此也开始受到人们的怀疑。兵学家陈龙昌一针见血地指出："中国谈兵无虑百数，惟《孙子》十三篇、戚氏《纪效新书》至今通行，称为切实。但孙子论多玄空微妙，非上智不能领会；戚书出自前明，虽曾文正公尝为推许，其可采者，要不过操练遗意，此外欲求所谓折衷戎行，会通今昔守御之要而机宜悉当者，殆不多见。"徐建寅也得出了这样的结论："古来兵书，半多空谈，不切实用，戚氏《纪效新书》，虽稍述事实，而语焉不详，难以取法。"

在这种背景下，中国传统兵学体系开始了它的近代转型，大量引进西方军事理论著作。《战略学》、《战法学教科书》、《战术学》、《军制学》、《兵器学》等反映西方现代军事理论和军事学术思想的著作，基本取代了《武经七书》的地位。

成功的转型需要的是"化西"，而不是"西化"，而成功地"化西"，一要立足于本国的实际，二要立足于批判继承本国的兵学，否则便是无本之木，无源之水。正如鲁迅先生所说的那样："外之既不后于世界之思潮，内之仍弗失固有之血脉，取今复古，别立新宗。"正是在这种背景下，一些兵学家意识到了中国传统兵学的巨大潜在价值。

著名的兵学家蒋百里开始从现代军事学的视角，开始了对《孙子兵法》进行注释工作，并开启了传统兵学研究的"新注释之风"。进入民国之后，以《孙子兵法》为代表的传统兵学的价值进一步为国人所认识。民国兵学家认为，中国传统兵学的特色主要有以下几个方面：中国传统兵学是"以应用为主，指示若干原则或方法以教示其应用的极致"；西方兵学是"以探究兵学乃至兵术的学理为主，其应用是适用于一般学理的理解"。中国传统兵学是"以直观立刻把握住事实的本体"，"求应用之妙，而不拘形式的推理"；西方兵学是"以论理的推理以达到条理的结论"。中国传统兵学受儒学的影响，其所论的范围不仅是关于战略战术，同时对于政治、经济、外交等重要的"国政"方面，"都很明白地指示着在平战两时的准绳"。这是中国的兵书之所以永垂千古而不朽的原因。与西方"只有作兵典的价值"的军事著作相比，中国的兵书"自有一番治国平天下的大经纶的价值"。中国的民族性是爱好和平的，中国的兵学也"处处流露着和平的思想"。这和"列强以侵略主义出发的兵学"是极为不同的，这也是中国传统兵学"所以大放异彩的要因"。中国传统兵学是以"不战而屈人之兵，善之善者也"为用兵的最高原则，是王道主义的兵学；而西方兵学以"直接歼灭敌人"的歼灭主义为用兵的最高原则，是霸道主义的兵学。中国传统兵学讲究"上兵伐谋，其次伐交，其次伐兵，其下攻城"；西方兵学停留在"其次伐兵，其下攻城"的层次，是不健全的。

这些认识，基本上把握住了中国传统兵学的特色及其价值。批判地继承中国传统兵学的优秀遗产，批判地吸收西方现代军事理论的精华，在中西方兵学的交流与融合中，建立一个有中国特色的现代兵学体系，也就成了兵学家们的共识。

不过，民国兵学家们建立中国独立的新兵学体系的设想，很大程度上只是停留在理论的设想这个层次上。从阶级属性上来说，民国兵学家们大多是资产阶级的思想家。中国资产阶级的先天不足，使得他们无论在政治上、经济上、文化上，还是在军事上，都摆脱不了对西方的严重依附，在军事理论上同样也是如此。由此也就决定了资产阶级的兵学家们是无力建立这个新的、独立的兵学体系的。建立新兵学体系的任务，也就历史地落到了无产阶级身上。毛泽东军事思想这个独具中国特色的科学体系，既是马列主义军事理论和中国革命具体实际相结合的产物，也是以毛泽东为代表的无产阶级军事家对中国传统兵学文化批判继承与发展的产物。中国传统兵学文化的精华，在这个新的体系中得到了全面的继承与发展。

（二）《孙子兵法》"伐谋""伐交"的"全胜"思想在20世纪被重新发现

进入20世纪之后，人类历史上空前的两次世界大战，特别是核武器出现之后，将西方军事思想的缺陷暴露无遗。以西方人对克劳塞维茨以来的军事理论进行反思为契机，中国传统兵学的价值，又一次表现了出来。第一次世界大战使英国军事学家利德尔·哈特对拿破仑战争以来的西方军事理论产生了强烈的幻灭感，他确信，"在战争中发生无益的大规模屠杀的主要原因，是由于战争的指导者固执于错误的军事教条，即克劳塞维茨式的对拿破仑战争的解释"。一战结束不久，利德尔·哈特即发表文章，呼吁对"从克劳塞维茨那里继承下来的、流行相当广泛的关于战争目的的观点""加以重新审查"。正是在对西方近代

军事理论的清算过程中，利德尔·哈特发现了《孙子兵法》在战略思维、战略价值观上的重要启发意义，并由此提出了"间接路线战略"。

利德尔·哈特是第一个对西方现代军事理论进行反思的人，但并非最后一个。二战之后，以美国为首的西方接连陷入了朝鲜战争、越南战争的失败，西方军事理论的问题进一步暴露了出来。尤其是越南战争的失败，给了西方人以极大的触动。越南战争，美国人是严格按照西方军事理论来打的，然而在这场历时11年的战争中，美国几乎打赢了每一场战斗，然而却输掉了整个战争。这不但使美军的战场指挥官感到迷惑不解，而且连战争的最高决策者也不得不反思，这场怎么说似乎也该赢的战争到底出了什么问题。在这种大背景下，更多的西方人将眼光投向了《孙子兵法》，希望能从东方古老的智慧中得到启示。结果是不少人得出了这样的结论：西方世界的失败，正是因为违背了孙子的教训。美军侵越作战部队司令威斯特摩兰在《一个军人的报告》中回顾越南战争时，引用了孙子"兵久而国利者，未之有也"的名言，说"进入越南是我国所犯的最大的错误"。前总统尼克松在《真正的战争》中也说："正如2500年前中国战略学家孙子所说的那样：'夫兵久而国利者，未之有也。故兵贵胜，不贵久。'美国在越南中的失败正应了孙子的话。"另一位美国著名的战略思想家柯林斯在他的《大战略》一书中也指出："孙子说：'上兵伐谋'。……美国忽视了孙子的这一英明忠告，愚蠢地投入了战斗。我们过高地估计了己方的能力，过低地估计了敌人的能力。我们热衷于使用武装力量，其结果很快产生了一个不起决定性作用的目标：战场上的军事胜利。"

上世纪70年代末，当西方战略体系面临着严重的"崩溃性危机"的时候，美国人又想到了孙子，并受孙子的"全胜"战略的启示而制定出了所谓的"孙子的核战略"。美军的作战指挥理论，也从《孙子兵法》中吸取了很多东西，以至于澳洲军事作家小莫汉·马利在展望21世纪的军事理论发展时这样预言："正如19世纪的战争受约米尼、20世纪受克劳塞维茨的思想影响一样，21世纪的战争，也许将受孙子和利德尔·哈特的战略思想的影响。"

与近代中国人是被迫接受西方军事理论不同，以利德尔·哈特为代表的现代西方人，却是主动地来引进中国传统兵学的。如果说对于近代中国来说，西学东渐的结果，是一个传统的兵学体系的解体，对于现代西方人来说却并非如此。现代西方的军事理论已经是一个成熟的体系，中国传统兵学的西渐，并没有形成对西方军事理论体系的全面冲击，相反，它更多地表现为对以克劳塞维茨为代表的西方军事理论体系的修正。也正因为如此，西方军事理论对中国传统兵学的吸取，从一开始就不是在低层次上进行的，而是借鉴了中国传统兵学中所包含的思维方式。

（三）《孙子兵法》慎战备战、倡导和平的人文精神在当代国际关系中值得大力张扬

中国传统兵学的伟大之处，不仅在于它揭示和创造了不朽的作战通则，更在于高举义战、慎战的旗帜，反对穷兵黩武。《孙子兵法》开章明义就指出战争是国之大事，必须慎重对待。其后，它又不断强调，对于敌国的威胁，要常备不懈，"无恃其不来，恃吾有以待之；无恃其不攻，恃吾有所不可攻也"，告诫君主和将帅，对待战争要"非利不动，非得不用，非危不战"，兵凶战危，"主不可以怒而兴师，将不可以愠而致战"。

中华民族是爱好和平的民族，中国的兵家文化和中国的儒家文化一样，其根本精神都是和合文化，从来都倡导亲仁善邻、积极防御。《晏子春秋》的论述是有代表性的："不侵大国之地，不耗小国之民，故诸侯皆欲其尊；不劫人以兵甲，不威人以众强，故天下皆欲其强。"（《内篇问上第三》）在战争观上，兵家认为"自古知兵非好战"，儒家主张仁义安天下，墨家主张"非攻"，道家追求建立一种"虽有甲兵无所陈

之"的理想社会，主旨都是相同的。

中国传统兵学强调的是战争必须服从社会道义的法则，而不能仅仅是为了伸张一己之利。军事暴力的运用必须接受人类道德的约束，而不能变得没有限制。军事学并不应该导致人类的自我毁灭，相反，军事学必须有深沉的人道情怀，只有这样，军事学才能给人类的军事行为指出正确的方向，军事学才能成为一门有益于人类进步的、富于理性的科学。在全球化时代的今天，中国传统兵学中的这种人道主义与和平主义的精神，在现代国际生活中尤其值得高扬。

（四）开启《孙子兵法》研究的新局面

我曾在《面临新挑战，开启新局面》一文中指出：面对新军事革命，《孙子兵法》研究不能游离于世界潮流之外，而应有新的观念和理论思想，有新的研究视角和新的研究方法。总之，《孙子兵法》研究必须来一次大的变革。

第一，是研究支点的转移自公元11世纪时北宋王朝把《孙子兵法》尊为经典，列为武经之首，千百年来，校勘其版本、注解其章句、考辨其本事、寻绎其体系的著作，大量涌现。长期以来，这种注经解诂的研究传统一直成为《孙子兵法》研究的支点。这一研究传统固然还应当继承，但是，今天对《孙子兵法》的阐释性工作基本上已经完结。研究工作向新的支点转移，是不可回避的历史课题。我们为寻求新的支点，必须通过《孙子兵法》本体精神的开掘，探究其深层次的文化意蕴。比如，通过"伐谋"、"伐交"这一思想探索当今世界多极斗争的战略策略和地缘战略问题，探索构建和谐世界问题。只有这样，才能使《孙子兵法》研究更加自觉地贴近对现实社会问题的解答和应用。

第二，是研究领域的延伸。《孙子兵法》研究要发展，既要不离传统，又要走出传统。不离传统，是要求我们必须把《孙子兵法》放在中国军事传统文化之中进行综合研究。具体地说，要把《孙子兵法》与中国古典兵学文化诸如历代兵书、儒墨道法联系起来进行研究，廓清"前孙子者，孙子不遗；后孙子者，不能遗孙子"的承传轨迹，从中提炼精华，使之发扬光大。

走出传统，就是要求我们用现代人的知识和手段，以全新的视角，探索《孙子兵法》在军事领域和非军事领域的研究与应用。研究是解决理论问题，应用是解决实践问题，而这两者又是相辅相成的。不解决理论问题，实际应用也是支离破碎的。

第三，研究方法的转型。《孙子兵法》研究要在方法上获得突破，不仅仅需要研究手段的改变，比如电脑检索、互联网交流等，更需要哲学层面的突破，其核心则是创新问题。要很好地解决这个问题，就必须把《孙子兵法》研究置于中西军事文化比较的大背景中。《孙子兵法》的现代价值，只有同西方的所谓强势文化相比较、相融合、相竞争，才能真正凸现出来。

第四，学术层次的增位。《孙子兵法》研究的生命力，是由它的学术地位决定的，而衡量其学术地位的关键是学术层次的高低。

众所周知，面对新军事革命提出的一系列新问题，《孙子兵法》研究不可能也没有必要去一一应对。《孙子兵法》绝不是包治百病的万应灵药。我们可以从中寻求有益的启示，但它不可能为我们提供现成的答案。那种语录式的简单类比的研究和运用方法是肤浅的、不可取的。而要提高学术层次，必须从《孙子兵法》体系入手，特别是从《孙子兵法》范畴体系入手，联系新军事革命所提出的一系列战争新课题，从宏观整体上开掘《孙子兵法》的理论精华，从而达到"古为今用"的目的。

《孙子兵法》与"情绪管理"

葛荣晋

　　葛荣晋，中国人民大学哲学院教授，中国哲学和中国管理哲学博士生导师。兼任中国实学研究会会长、中华孔子学会副会长、中国老子道文化研究会顾问、日本老子学会顾问、中国文化研究院荣誉院士、国际儒学联合会理事等。应邀到美国、德国、日本、韩国、马来西亚、新加坡以及台湾、香港、澳门地区讲学，主持和参加国际学术研讨会，多达50余次。

　　主要著作有：《中国哲学范畴史》、《中国哲学范畴通论》、《中国实学文化导论》、《明清实学思潮史》、《中国实学思想史》、《王廷相和明代气学》等26部。其中管理哲学著作有《道家文化与现代文明》、《儒道智慧与当代社会》、《孙子兵法与企业经营谋略》、《中国哲学智慧与现代企业管理》、《中国管理哲学导论》、《老子的商道》等。特别是《中国哲学智慧与现代企业管理》和《中国管理哲学导论》出版后，被学术界和企业界誉为"中国管理哲学奠基之作"、"中国管理哲学第一人"。多部著作曾多次获得国家图书奖，全国、教育部和北京市优秀著作奖。在海内外重要报刊发表中国哲学与管理哲学论文300余篇。

《孙子兵法》蕴含有丰富的管理之道。企业家根据现代市场经济的需求，不断地吸取与转换《孙子兵法》的"人情之理"，就能够创造出丰富多彩的"情绪管理"，为提高企业家的管理水平、推动企业发展作出重要贡献。

❖ 一、学会控制自己的不良情绪 ❖

　　现代人才学证明，企业家的管理才能是由两部分构成：一是理性因素，如注意力、观察力、记忆力、想象力和思维能力等；二是非理性因素，如冲动性、自控性、独立性、坚持性等。企业家的管理行动，除了理性因素支配外，还往往要受到非理性因素的支配。企业家的管理行为是由理性与非理性两种因素相结合的结果。同一种性格在不同的客观环境和历史条件下，可能会起到不同的作用；即使是一种好的性格在不同的条件下也可能成为缺陷，如冲动性和坚持性对于每个人来说都是需要的，但如果冲动性太强就可能表现为急躁冒进，坚持性太强就可能表现为顽固保守。

　　为了保证战略目标的实现，早在春秋末年，孙武已认识到将帅的性格与情绪对于战略目标的实现有着重要影响，并且对将帅的品德和性格的缺陷作过深刻研究和分析。他在《孙子兵法·九变篇》中指出："故将有五危：必死，可杀也；必生，可虏也；忿速，可侮也；廉洁，可辱也；爱民，可烦也。凡此五者，将之过也，用兵之灾。覆军杀将，必以五危，不可不察也。"这就是说，"勇敢"固然是一种好的品格，但如果有勇而无谋，只知一味地拼死，往往容易被敌方设奇伏诱杀；"贵生"固然是人的一种本性和合理要求，但是将帅如果过于"贪生"而无勇，临阵畏怯，不敢闯战场，也往往容易被敌人俘虏；"杀敌者，怒也"（《作战篇》），对敌人同仇敌忾本是一种可贵的品格，但是性格暴躁、急于求成、易于愤怒的将帅，也容易为敌人所激怒所侮辱，使之轻举妄动，招致失败；"廉洁"本是人的一种好品德，但如果过分地刻意追求个人廉洁之名，就可能因敌人散布的流言蜚语而感到受辱，使之失去理性，舍身而炫名，中敌诡计；"爱民"也是将帅的一种好品德，但是如果对民众过于仁慈，不分"大仁"与"小仁"，就可能会被敌人的一些暴行所烦扰，顾此失彼，忙于应付，疲惫不堪，因不忍"小仁"而危及"大仁"。

在中国历史上，因将帅个人品德和性格的缺陷而导致战争失败的例子是很多的。如公元前615年，晋国大将赵盾根据秦、晋两国的综合实力，采用"深垒固军以待之"的持久防御战术，以抵御秦兵进犯，本是正确的。但是，晋将赵穿因他是国王的女婿而颇受宠幸，为人骄狂，刚愎自用。秦国正是抓住了赵穿这一性格上的缺陷，派兵袭击赵穿所在的上军，诱其脱离筑垒地域，进行野战，结果晋军大败。正因为将帅性格的缺陷，往往会造成"覆军杀将"的恶果。所以，"将有五危"是不可不察的。在这里，孙武明确地指出将帅性格与品德的过度缺陷是导致"覆军杀将"的重要原因，要求将帅以适度原则来控制自己的情绪，使之达到无过无不及的中庸(中和)境界。

根据"将有五危"的理论，孙武特别分析了"怒"的危害及其控制办法。一方面对于敌人要施以"怒而挠之"（《计篇》）之计，设法以各种方法挑逗、激怒敌人，使之丧失理智和决策错误，从而击败它；另一方面对于自己则提出了"主不可以怒而兴师，将不可以愠而致战"（《火攻篇》）的指挥作战原则。这一指挥作战原则，在中国历史上不乏以怒兴师而导致战败的事例。如222年，刘备因"耻关羽之殁"而不顾诸葛亮、赵云和众将的劝告，亲率大军战吴。结果被吴将陆逊以火攻破四十余营，落得个"白帝城托孤"的下场，蜀国也因此一蹶不振。一代英主唐太宗在645年，因好大喜功，不听群臣劝阻，亲率大军进攻高丽，结果以失败而告终。从刘备、李世民的战败中，说明在战争指挥上决不可感情用事。只有善于以理性控制自己情感的人，才是成熟的指挥员。

这一指挥作战原则，同样也适用于企业管理。在企业发展过程中，难免会遇到各种莫须有的罪名和不被人理解的埋怨指责，一个成熟的企业家应该以冷静的态度控制自己的不良情绪，学会冷静地处理各种复杂问题。在遇到逆境时，既不气馁，亦不急躁，努力做到在想发脾气时不发脾气，最终总能被人理解，从逆境走出，闯出一条成功之路。这是企业决策者必备的优良品质，也是一个成熟企业家的重要标志。

在现代商战和管理中，企业家应该有丰富多彩的情感世界，但也要注意加强自己性格的修养，否则就有可能因性格缺陷坠入商战"险境"，从而导致企业失败。例如美国福特汽车公司创始人老福特，因他富有自信心和判断力，富有开拓精神，为福特公司的成功起到了重要作用，但是由于他的心胸狭窄，易于动怒这一性格弱点，不能容忍总经理艾科卡的巨大成功而赢得的世界荣誉，他从这一不健康的情绪出发，采取各种手段逼走了艾科卡，最终导致了福特公司的衰败。这说明，一个企业家即使有超人的分析和判断能力，但如不能以理智驾驭情感，控制情感，轻率地作出决策，势必给企业造成危机和失败。

根据以上对失控情绪危害性的深刻分析，孙子在《九地篇》中对"情绪管理"作出了一个极为重要的结论："将军之事，静以幽，正以治"。这是说，军事指挥官要有大将风度，遇到险情或身陷逆境时要沉着冷静，临危不惧，处变不惊，做到喜怒不形于色，严正而有条理。在战场上，如能处变不惊，从容对敌，就可以化险为夷。诸葛亮的"空城计"，三国陆逊从容退江东，东晋谢安下棋攻苻坚，北宋宗泽静守汴京都，都是这种"静以幽，正以治"的大将风度的表现。

这个道理，同样也适用于企业经营与管理。在企业经营与管理中，面对风云突变的市场，风险之事在所难免；一旦陷入险境，一个成熟的企业家要善于控制自己的感情，以冷静的理性来化解险情。如果不具有这种大将风度，而为不良情感所左右，必将铸成大错，危及企业的生存和发展。

被香港和海外华人誉为"亚洲影业皇帝"的邵逸夫先生，在20世纪80年代，电影业竞争十分激烈，竞争对手抓住邵氏的一个失误，挖走了他手下的一大批明星，致使他每年电影拍摄数量降至6部。邵逸夫先生没有被这一挫折所吓倒，而是以冷静的态度采取了"堤内损失堤外补"的办法，即将投资重点由电影业转向录影带业务，并且开展多元化经营（如地产业等），使他仍然保持着香港影视界"巨头"的地位。

台湾"经营之神"王永庆于20世纪50年代创业的塑胶公司，每月可生产100吨，而台湾的月需求量只有20吨，大量产品积压，股东纷纷要求退股，使公司陷入了困境。王永庆沉着冷静，通过理性的科学分析，认为出路就在台湾岛上。他果断地决定在台湾"再建一个塑胶加工厂"。正是这种"我就是市场"（即把塑胶卖给自己的加工厂，然后出售塑胶成品）的经营决策，使他的台塑企业走向辉煌。

美国波音公司一架波音737飞机在檀香山上空突然爆炸，一名空姐当即被抛出机外，其余89名乘客和其它机组人员无一伤亡。面对这次严重的空难事件，波音公司主管毫不惊慌，马上派出高级技术人员赶赴现场进行调查，冷静地分析事故原因。在深入调查研究的基础上，他们认为飞机过于陈旧、金属疲劳是造成这次事故的主要原因。于是他们借助电台、电视台、报纸、杂志等新闻媒介大造舆论，对空难事件大肆宣传，认为一架已飞行了20年，起降九万多次的陈旧飞机还能保证乘客无一伤亡，这就证明波音公司的飞机质量是可靠的。这样，不但没有损害波音飞机的安全形象，反而使公司因"祸"而得"福"，订货量成倍增加。

由上可见，处变不惊、临危不惧、从容处之的以理制情、以静制动的大将风度，对于企业家的成败是何等的重要！

二、企业家要学会"危机管理"

在《孙子兵法》中，"情绪管理"除了管理者善于控制自己的不良情绪外，还有一个理解和善待被管理者情绪的问题。在这方面，孙武提出的"陷于死地然后生"的"危机管理"，也为现代"情绪管理"提供了重要的文化资源。

"生于忧患，死于安乐"，这是一条颠扑不破的真理。任何人在面临自然灾害（指天灾）和社会灾难（指人祸）时，都会激发出一种巨大的潜能，使其处理问题的速度比平时想象的速度要快得多，发挥出来的能力比平时要大得多，其工作效率比平时也要高得多。动物也有类似的情况。美国科学家做过一个"青蛙反应"实验：把一只青蛙投入沸水锅内，青蛙受到强烈的刺激后，猛地跳出来；然后又将青蛙放入冷水锅里慢慢加温，青蛙意识不到危机将至，既不挣扎，也不跳出，结果被活活烫死在锅里。

孙子早在春秋末年已经领悟到这一真理。他在《九地篇》中指出：在战场上，"兵之情：围则御，不得已则斗，过则从。"这是说，士卒的心理状态是：被敌人重重包围，陷于死地，就会产生出一种协同抵御的能力；处于不得已的险恶之地，就会拼命奋斗；陷入过于危险的死亡之地，就容易听从将帅指挥。又指出："投之无所往，死且不北（败退）。死焉不得，士人尽力。兵士甚陷则不惧，无所往则固，深入则拘，不得已则斗。是故不修而戒，不求而得，不约而亲，不令而信。……投之无所往者，诸（专诸）、刿（曹刿）之勇也。"（《孙子兵法·九地篇》）这是说，只要把士兵投放在"无所往"、"甚陷"、"深入"和"不得已"的死亡之地，使士兵把一切生存希望都寄托在服从命令听指挥，持必死之志，无所畏惧，虽宁战至死也不会败北，连死都不怕，还有什么可怕哪！在这种危难的特殊环境中，士兵就会激发出一种高度自觉性，做到兵不整治而自戒，不索求亦能完成任务，不约束亦能相亲相爱，不命令亦能信守纪律。只要把士兵置于无路可走的绝境，就会出现像吴国专诸、鲁国曹刿那样的勇士。根据上述分析，孙子在指挥作战上，提出了一个著名的原则："聚三军之众，投之于险，此谓将军之事也。"（同上）即把三军投之于危险境地，如"登高而去其梯"、"焚舟破釜"（或"破釜沉舟"）等，使士兵奋力拼战，战胜敌人，这是将帅的责任。

孙子在《孙子兵法·九地篇》中还进一步讲到"围地"和"死地"。什么是"围地"呢？"所由入者隘（狭隘），所从归者迂（迂远），彼寡可以击吾之众者，为围地。"简言之，"背固（险）前隘者，围地也。"什么是"死地"呢？"疾战则存，不疾战则亡者，为死地。"简言之，"无所往（无路可走的境地）者，死地也。"不管是"围地"还是"死地"，说的都是三军处于危险与死亡之地。如何才能使三军摆脱"围地"与"死地"呢？孙子指出："围地则谋，死地则战。"又指出："围地，吾将塞其阙；死地，吾将示之以不活"。意谓陷入"围地"之兵，只有巧设计谋，堵塞其阙，方可摆脱险境；不幸而置于"死地"，只有激励全军奋力作战，方可死里求生。这就是孙子的"投之亡地然后存，陷之死地然后生"的"危机管理"之道。

孙子提出的"危机管理法"，在军队管理中，早已为中国古代杰出的军事指挥员所实践，并且取得了成功。在企业管理中，孙子的"投之亡地然后存，陷之死地然后生"的"危机管理法"，经过现代转换，也已被海内外许多企业家广泛采用。20世纪70年代，日本日立公司为了应付因石油危机而出现的经济萧条局面，于1974年下半年公司决定所属的24个工厂的67.5万人暂时离厂回家待命，并发给97%～98%的工资，使职工有一种危机感；1975年1月公司又对4000名管理干部实行削减工资的措施，使管理干部也有一种危机感；1975年5月，该公司又将新录用的工人推迟20天上班，使新职工从一开始就有一种紧迫感和危机感。公司采取这些加深危机感的措施，促进了全体职工的奋发努力，使该公司的经济状况迅速地得到了恢复，到1975年下半年，日立公司的利润已达到244亿日元，比东芝公司恢复要快得多。日立公司采用"危机管理法"取得了意想不到的成功。

誉满神州的"小天鹅"全自动洗衣机，在荣登"洗衣机大王"的宝座后，以美国IBM计算机公司和三大汽车集团的历史经验为借鉴，在全厂推行"危机管理"，并取得了巨大的经济效益。该厂在生产营销形势如日中天的情况下，提前实施"危机管理"，是一种高明的战略之举。这样，有助于培养企业员工的忧患意识，不断加强深层次的产品质量攻关和新产品开发，切实搞好产品售后服务，调整经营机制和产品结构，以便赢得广阔市场，使企业处于长期良性循环轨道。即使危机一旦降临，也不会束手无策，一筹莫展。

在当今激烈的市场竞争中，企业家如果没有危机感、紧迫感，市场竞争的险象有时也会像一锅"慢慢加温"的水，将其烫死。缺乏危机感，本身就是企业隐藏的一大"危机"。只有长期树立危机意识，才会头脑清醒，视野开阔，催人奋进，使企业充满生机，立于不败之地。"危机管理"是时刻充满险象的现代社会的一个永恒课题。

◆ 三、 善于巧施"攻心夺气"之计 ◆

在《孙子兵法》中，孙子提出的"攻心夺气"的"人情之理"，也为现代"情绪管理"提供了重要的文化资源。

《孙子兵法·军争篇》云："三军可夺气，将军可夺心。是故朝气锐，昼气惰，暮气归。故善用兵者，避其锐气，击其惰归，此治气者也。以治待乱，以静待哗，此治心者也。"

这里所谓"气"，是指士气，即士兵的战斗意志和同仇敌忾的气势。士气是构成军队战斗力的重要精神因素。士气的高低，直接影响着战争的胜负。战士所以能冲锋陷阵而不怕死，乃是高昂的士气所致。所谓"朝气锐，昼气惰，暮气归"，是对军队士气发展规律的理论概括。意谓初战时军队如一日之晨，士气旺盛，锐不可挡，战而必胜；经过一段时间的力量消耗，如同人在白天工作一段时间之后一样，便会逐渐怠惰；到了两军对抗后期，将士力疲思归，如同日落西山那样，士气衰竭，战而必败。只有根据士气发展的这一规律，"避其锐气，击其惰归"，才是善用兵者的"治气"之法。在中国历史上，曹刿避锐击惰胜齐军，汉军四面楚歌败项羽等，皆是"三军可夺气"的典型战例。

这里所谓"心"，主要指指挥员的战斗决心与必胜信心，它是将帅赖以指挥战争的精神支柱。军队的整治与混乱，英勇与怯弱，在很大程度上都取决于将帅的决心和信心。所以，一旦将帅决心和信心发生动摇，就有可能导致战争失败。诸葛亮"七擒孟获"，是"将军可夺心"的典型战例。"以治待乱，以静待哗"是稳定自己军心，动摇敌将决心的有效办法。

就己方而言，商战的"攻心夺气"，就是如何"治气治心"的问题。商战也是一场心理之战。只有善于"心战"的企业家，才能使自己在激烈的市场竞争中稳操胜券。在商战中，竞争对手总是千方百计地动摇我方领导核心的决心，使我方企业决策失误；夺取我方员工斗志，使我方丧失战斗力。所以，要善于治将帅之心，确保领导核心能够及时做出正确决策，实施有效指挥。治将帅之心，就是要求领导核心必须无限忠诚，力戒贪婪之心，谨防竞争对手以官位、利禄、女色将自己拉下水；要求领导核心必须头脑清醒，力戒骄狂之心，谨防对手以美酒、美言、诡诈和各种意想不到的无耻手段把头脑搅乱；要求领导核心必须加强团结，谨防竞争对手施以离间计，制造不和与隔阂。治三军之气，就是要始终保持企业群体的正气、进取心、凝聚力和旺盛的战斗力。

在商战中，"攻心夺气"之争，还往往表现为以各种手法挖走企业的核心人物。美国沃尔特·迪斯尼是一位著名的动画片画家，他制作《爱丽丝梦游仙境》卡通片成功后，他和他的合作伙伴又为环球电影公司成功地推出了《幸运兔子奥斯华》，引起了轰动。为了和环球公司洽谈新的制片业务，迪斯尼和他的夫人一块到了纽约。但是他万万没有想到，环球公司老板米菲已在背后同他的合作伙伴签订了密约。所以，洽谈会进行时，米菲将片酬压得极低，令迪斯尼十分气愤，而米菲却冷笑地说："如果你不接受，我就把你的人全部接过来，我已跟他们签了合约。"并且抢先向世人宣布："奥斯华"一片的所有权属于环球公司，不属于迪斯尼。迪斯尼采取"以治待乱"、"以静待哗"的冷静态度，从愤怒和震惊中清醒过来，在妻子的协助下，决心报仇雪耻，战胜米菲。他决心以"米老鼠"这个新的卡通形象来取代"奥斯华"。在极其保密的情况下，他完成了以老鼠米奇为主角的《疯狂的飞机》和《汽船威利》的卡通片制作。这两部卡通片公映后，老鼠米奇的夸张造型、滑稽的动作和幽默的声音令世人惊叹，各电影公司的老板们纷纷找迪斯尼购买米老鼠动画片。此时，与米菲签订密约的人变成了一事无成的蠢货，米菲的环球公司也顿时黯然失色。迪斯尼最终赢得了这场心理之战的胜利。

治三军之气和治将帅之心，二者是相辅相成的。将帅之心乱则三军必乱，士气必散；士气旺盛，亦利于将帅决策与指挥。两者相较，治将帅之心比治三军之气更为重要。

就彼方而言，"攻心夺气"亦有两方面内容：一是夺竞争对手之心之气，二是夺顾客之心之气。所谓"夺气"，在商战中，就是力求避开竞争对手的锐气，集中力量攻击其惰归。20世纪，日本"精工"大战"瑞士"机械表，实际上就是一场"夺气"之战。驰名于世的瑞士表，其优势在于它的机械表，当时正充满着青春活力，锐不可挡，多年来几乎无人敢于向它挑战。但是到了1967年，日本第二精工舍社长服部一郎先生向瑞士表提出了挑战。他深知瑞士钟表的优势是机械表，所以，要战胜瑞士表，就必须避开它的机械表这一充满锐气的领域，向钟表业的新领域——"石英表"进军。经过多年研究，先于瑞士表的日本精工石英表虽然问世，但服部一郎先生认为，精工表与瑞士表一决雌雄的时机还未成熟，因为精工在技术、人才、资金方面还不是瑞士表的对手。所以，他还不敢把石英表直接投向瑞士手表市场，只是在日本和瑞士以外的国家推销，以免"打草惊蛇"。到了1990年，精工表的产量已跃居世界第一，人才济济，技术先进，资金雄厚，到了向瑞士表发动总攻击的时刻。于是，精工集团以重金买下日内瓦的"珍妮·拉萨尔"手表销售公司，以实用的中、高档手表，以钻石宝石装饰的超高档手表和以黄金装饰的"珍妮·拉萨尔"等新型超级手表，全力扑向早已丧失了警惕性的瑞士表。当瑞士人清醒过来之后，虽多次展开反击攻势，最终还是以失败告终，只好把世界钟表业的第一把"交椅"让给了日本精工表。

"攻心"之战的重要内容之一，就是在商战中极力贬低竞争对手在顾客心目中的形象，不断地塑造自己在顾客心目中的高大形象。通过争取顾客购买之心而赢得企业的丰厚利润。这就是"得人心者得市场"的道理。"可乐大战"即是当今世界商战中的一次著名而"攻心"之战。美国"可口可乐"畅销于世界150多个国家和地区，销售量约占全世界汽水销量的47％，年营业额高达68亿美元，一直雄踞世界软饮料销售榜首。"百事可乐"晚于"可口可乐"问世，它应如何与"可口可乐"相抗衡呢？"百事可乐"公司经过市场调查，发现从60年代以来，美国社会的代沟现象越来越严重，青年人对传统具有强烈的反叛心理。这种反叛心理在消费上的表现，就是以独树一帜的方式有别于老一代。"百事可乐"紧紧抓住美国社会中青年人的这一文化心理变异，采取"夺心"之术，千方百计地把"百事可乐"塑造成代表时代潮流和青春活力的象征，而把"可口可乐"贬低为陈旧、落后、老派的代表。"百事可乐"发动的第一个"攻心"攻势就是广告大战。它的广告主题是："百事可乐，新一代的选择。"为了迎合新一代的逆反心理，打出了"奋起吧！你是百事可乐新生代生龙活虎的一员"的广告口号，以摆脱老一代的生活方式。在电视广告上，还配有青年人喜爱的流行音乐，并聘请了青年人崇拜的流行歌星作广告。在塑造自己的新一代形象的同时，还在电视台播出贬低"可口可乐"的广告，内容是：人手一瓶百事可乐的一群年轻人，簇拥着一位考古学家来到深山，考古学家指给他们看一块泥土包着的化石，砸开一看，原来是一瓶"可口可乐"。他们竭力把"可口可乐"说成是老古董的代表。"百事可乐"发动的第二个攻势是心理攻势。他们举行大规模的"蒙目品味测验"，表明大多数消费者喜欢"百事可乐"。于是，他们大肆宣传这一测验结果，给"可口可乐"造成一种失败的心理压力。"可口可乐"误以为"蒙目品味测验"的失败，是由于产品本身。于是他们急忙改用新配方。这样，反而伤害了许多老客户的情感，收到了许多抗议信和抗议电话。在这种形势下，"百事可乐"又发动了一系列"攻心夺气"的广告攻势。他们制作了一个30钞钟的电视广告，其内容是：一个神情急切的妙龄女郎说："有谁能出来告诉我，可口可乐为什么要改变配方呢？"然后"咔嚓"一声，"他们变了，因为我们开始喝百事可乐了。"在与"可口可乐"的心理大战中，"百事可乐"终于赢得了国际上广阔的市场。

根据"攻心夺气"原则，要求在市场竞争中，要善于"经营人心"。首先要了解与掌握顾客的心理变化，认真研究顾客的消费层次、品位、心理、行为等因素，然后针对顾客的消费心理特点，不断地调整自己的产品结构和经营策略，以满足顾客的心理需求，从而夺取顾客之心，是商家获胜的重要方法。

中国大陆20世纪70年代末80年代初，正值改革开放之初，在消费方式上，人们按照"大陆追港台，港台追日本，日本追欧美"的模式，一味追求洋消费，顿时洋货销售甚为火爆。但是，到了90年代，中国顾客的"怀旧心理"、"回归自然"的需求悄然而生。正是为了适应这种顾客心理的变化，聪明的中国企业家在都市商店里办起了"布鞋"、"老头鞋"、"解放鞋"的专卖店，一度受到冷落的女式喇叭裤、不缝边的风衣和各式礼帽，也备受怀旧者的青睐。购买布料，量体裁衣又成了都市人的一种新追求。

在食物上，当人们吃腻了鸡鸭鱼肉、生猛海鲜之后，又出现了追求自然、回归自然的新要求，一些粗菜淡饭、野菜杂粮（如红薯、玉米、南瓜、高粱、曲曲菜、苦菜等），不但出现在普通人的菜篮子里，而且也端上了大宾馆的餐桌。据初步统计，仅北京市就有老三届知青100多万人，现已进入中年，大多事业有成，每想起二三十岁时的往事，他们多带有浓浓的怀旧心理。于是，在北京城内"老三届"的人又办起了"黑土地酒家"、"北大荒酒家"、"黄土地酒家"、"向阳屯"、"老三届酒家"、"忆苦思甜大杂院"等，服务对象亦多是"老知青"，生意十分红火。在这些酒家中，服务人员多是当年知青的打扮，酒家布置和菜谱也是当年居住环境和饮食条件的再现。如墙上镶嵌着粗糙的树皮，挂着当年的水壶、雨伞、语录、镰刀、麦穗以及知青锄地、收割时的照片等。菜谱上有"忆苦菜"，包括醋泡萝卜条、野菜蘸酱、麻豆腐、菜团子、窝窝头等，也有"思甜菜"，包括鲜鱼、猪肉炖粉条、炸羊肉、炸小鱼等，还有"老三届玉米羹"、"知青大团圆"、"红旗飘飘"、"拨乱反正"等。

在居住上，洋楼住久了的都市人，也开始向往农村的蒙古包、四合院、山庄、农家小舍和小木屋，周末农村旅游已成为当前都市人的一种时尚。乘坐豪华轿车游览观光的都市人，现在也有不少改骑自行车旅游，坐着人力车逛北京胡同等。这些都是都市人"回归自然"心态的一种反映。

在消费层次上，中国改革开放之初，物价涨幅较大，百姓工资普遍低，渴望廉价商品，于是出现了"廉价一条街"，香港出现了"男人街"和"女人街"，商家大发其财；20世纪90年代初，随着人们物质生活水平的不断提高，当广州市大小商场纷纷打出"平价大展销"、"清仓大减价"、"廉价大酬宾"等名称后，顾客对此产生了厌恶情绪。于是，聪明的企业家又办起了"高档商场"，以满足人们的高档需求。这就说明，在现代市场上，随着社会物质生活和文化水平的提高，人们已不再满足于商品的使用价值，得到有形的满足，还要求满足情感上的渴望和心理上的认同，进一步得到无形的满足，情感消费日益成为一种时尚。面对这种新的消费理念和发展趋势，企业家如果单纯依靠商品的质量和价格的诱惑力，已不能满足顾客需求。只有适应顾客情感和心理的变化，创造出"情感化"的商品及营销手段，才能赢得顾客。只有善于抓住这一趋势，才能大发"情"财。美国著名管理大师彼得·德鲁克指出："以前是人要有产品才能生存，现在是产品要有人情才能生存。"

漫谈《红楼梦》

冯其庸

冯其庸，名迟，字其庸，号宽堂，江苏无锡县前洲镇人，1954年8月调中国人民大学，任副教授、教授等职。1986年调任中国艺术研究院副院长。1996年离休，2005年又被聘为中国人民大学国学院院长。2007年起任名誉院长。2010年11月受聘为中国艺术研究院首批终身研究员。

冯其庸以研究《红楼梦》著名于世，著有《曹雪芹家世新考》、《论庚辰本》、《石头记脂本研究》、《瓜饭楼重校评批红楼梦》、《论红楼梦思想》、《八家评批红楼梦》、《脂砚斋重评石头记汇校汇评》、《红楼解梦》等专著三十余种。

1980—1982年，两度赴美在斯坦福、哈佛、耶鲁、柏克莱等大学讲学，获富布莱特基金会荣誉学术证状。1984年12月由国务院、外交部、文化部派往前苏联鉴定列宁格勒藏《石头记》古抄本，任专家组组长、鉴定组发言人，达成两国联合出书的协议。后又历访新加坡、马来西亚、韩国作学术讲演，均获高度评价。1996年又应邀赴德国、法国考察敦煌吐鲁番文献。

冯其庸还研究中国文化史、古代文学史、戏曲史、艺术史等，近20年着重研究中国大西部历史文化艺术，曾十次去新疆，两次穿越塔克拉玛干大沙漠，三次上帕米尔高原：一次上4900米的红其拉甫，二次上4700米的明铁盖达板，发现并确证1300多年前唐代玄奘取经东归的古道并为之立碑记。2005年以83岁的高龄深入罗布泊、楼兰、龙城、白龙堆、三陇沙，在沙漠考察17天，宿营罗布泊、楼兰、龙城等地七天，创造了83岁高龄入罗布泊、楼兰的新记录。冯其庸的西部考察著有大型摄影集《瀚海劫尘》。学术论文《玄奘取经东归入境山口古道考实》、《两越塔克拉玛干》等，均产生了重大影响。

冯其庸在文史研究方面也有突出的贡献，他的《罗贯中考》、《论北宋前期两种不同的词风》、《战斗的思想家李卓吾》、《从"张协状元"到"琵琶记"》、《读传奇精忠旗》、《彻底批判封建道德》、《项羽不死于乌江考》、《大秦景教"宣元至本经"全经的现世及其他》、《曹雪芹家世史料的新发现》、《大金喇嘛法师宝记碑"教官"考论》、《曹李两家的败落和"红楼梦"的诞生》、《解读"红楼梦"》、《千古文章未尽才》等一系列论文，都在学术界产生了重大的影响。

冯其庸现为：中国人民大学国学院名誉院长、中国红楼梦学会名誉会长、中国汉画学会名誉会长、中国炎黄文化研究会副会长、《红楼梦学刊》名誉主编、敦煌吐鲁番学会顾问。

《红楼梦》是一部既浅易又艰深，既易读又难懂的书。二百多年来，《红楼梦》几乎家喻户晓，人人皆读，而且愈演愈烈。一部封建时代的小说，到了社会主义的今天，非但未见冷落，反而比以前更热，这正好说明此书的可读性、易读性。但是，二百多年来关于《红楼梦》的争论，也同样是愈演愈烈，这其间，除了一些人物的爱憎和情节理解上的异见外，也含有对《红楼梦》深层内涵理解上的分歧，而这种分歧是很难取得一致的。曹雪芹自号"梦阮"，"阮"，就是阮籍，他是正始时期的大诗人，他有《咏怀诗》八十二首，世称难读。钟嵘说他"归趣难求"（钟嵘《诗品》），李善说他"常恐罹谤遇祸"，"虽志在刺讥，而文多隐避，百代下难以情测"（李善《文选》注）。曹雪芹自己也说"真事隐去""假语村言"，可见他与阮籍有同样的隐忧。这"真事隐去"，并不是说把"真事"隐没有了，而是说把"真事"隐在"假语村言"的故事里。他还说"满纸荒唐言，一把辛酸泪；都云作者痴，谁解其中味？"这"满纸荒唐言"也就是"假语村言"，可其中却隐着"一把辛酸泪"，"辛酸泪"当然是说自身的悲惨遭遇了。后两句是说怕读者不能理解他的这番苦心，不能看出他"隐"在故事里的种种悲惨的遭遇，感叹后世有谁能理解他的苦心呢？

所以《红楼梦》实际上有两层意思，一层是书面上的故事情节、成败兴衰、悲欢离合，这是大家能看得懂的；另一层是隐在故事背后的情节，而且还只是事实的一点端倪、一鳞半爪，这是人们不易看到的。曹雪芹生怕他苦心隐藏的"一把辛酸泪"，这一鳞半爪的隐情，没有人能看出来，那么他就白费苦心了。但是，刘勰曾经说过"沿波讨源，虽幽必显"（《文心雕龙》），只要沿着水流去寻找源头，尽管最隐避的源头，也能被显示出来。刘勰的话是对的，我们对《红楼梦》的认识，也应当作如是想。

一、《红楼梦》的时代

　　衡量一部作品或者一位作家，首先要确定作品或作家的时代。时代是衡量作品或作家的一个坐标。《红楼梦》的时代，也就是曹雪芹的时代。关于曹雪芹的生卒年和他的年寿，学术界一直存在争论。曹雪芹的卒年，有两种说法，一种是甲戌本上脂砚斋的批语："壬午除夕，书未成，芹为泪尽而逝"，"甲午八月泪笔"。[①]还有1968年北京通县张家湾出土的曹雪芹墓石，上书"曹公讳霑墓壬午"。"壬午"是乾隆二十七年，公元1763年，"除夕"是二月十二日。另一种说法是"癸未"除夕，根据是敦敏《懋斋诗钞》有《小诗代柬寄雪芹》，诗是约曹雪芹于上巳节前三日来喝酒。此诗无署年，但在此诗前三首《古刹小憩》题下有"癸未"两字纪年。"癸未"是乾隆二十八年。癸未说者认为乾隆二十八年春敦敏还邀曹雪芹于上巳节前来喝酒，可见此时雪芹还在。但这条论据十分脆弱，经不起分析：第一，如果雪芹还在，应该有诗答谢，现在却无他的答诗；第二，在《小诗代柬》以下的第三首，就是他们这次集会的诗，到会共七人，都是曹雪芹的朋友，却没有雪芹，则可见雪芹确实没有来，也可能已不在了；第三，从《小诗代柬》以后整整癸未、甲申两年，未见曹雪芹的信息，连其他朋友们的诗集里，再也没有雪芹的踪影了，到了第三年乙酉(乾隆三十年)却又有了关于雪芹的诗，但已经是悼念他的诗了。所以用癸未年的《小诗代柬》来证明曹雪芹死于乾隆二十八除夕，是不可靠的。从当时的通信条件来说，雪芹

[①] 同样的批语，在夕葵书屋本《石头记》卷一上也有，如果算上此条材料，可算有三条证据。但这条批语明显是过录的，故未列入。此条批语的署年是："甲申八月泪笔"，这"甲申"的署年很重要，可证甲戌本此条署年之误。

于乾隆二十七年除夕死去，敦敏到第二年的二月中或末还未知道，中间只隔了一个多月，他还没有得到信息，这是并不奇怪的。因此曹雪芹的卒年，大家认为乾隆二十七年除夕（1763年2月12日）比较可靠。

关于曹雪芹的年寿也有两种说法，一种是敦诚《四松堂集》里的《挽曹雪芹》诗，一开头就说"四十萧然太瘦生"，后来此诗又经改作，首句作"四十年华付杳冥"，诗题下又加了"甲申"两字，这是癸未后的一年，已是雪芹去世一年后的事了。因为两句诗都作"四十年华"，所以有的研究者就认定雪芹只活了四十岁。但是雪芹的另外一位朋友张宜泉的《伤芹溪居士》诗却说"年未五旬而卒"。也就是说还没有到五十岁就去世了。没有到五十岁，也总得有四十七八岁吧。张宜泉的这句话是诗题下的小注，文字准确性较强，敦诚的"四十年华"是诗句，文字受诗律的拘束。坚持"四十年华"的认为活了四十八九岁就不能说整数"四十年华"，这是把大的年岁说小了。最近，沈治钧同志作了统计，年近五十而诗语称四十者并不乏例，所以不能把"四十年华"看死了，何况张宜泉与雪芹同住西郊，用的又是注语，其准确程度应该是可信的，职是之故，目前一般都定雪芹大约活到四十八岁左右，从壬午除夕上推四十八年，则雪芹的生年应该是康熙五十四年（1715年）。关于曹雪芹的父亲，一般认为他是曹颙的遗腹子，是曹寅的嫡孙，但也无确切的根据。另一种看法认为是曹頫的儿子，但也无可靠的证据。所以只好两说并存。

我们用逆推法大体推算出雪芹生活的年代以后，则可以看到他是生活在18世纪初期到中期。

从全世界范围来看，18世纪初期到中期，已经是世界资本主义化的第二次高潮了，第一次是葡萄牙、西班牙、荷兰等国，它们的资本主义化是在康熙之前，到了曹雪芹的时代，18世纪的中期，已经是英国、法国、德国等国的资本主义化了。大概在乾隆二十五（1760）年，也即是《红楼梦》庚辰本的年代，瓦特发明的蒸汽机在英国已大量投入生产，英国的工业革命发展到了高潮，资本主义的制度已经得到了确立，这也就是说，世界上已有若干国家、若干地区，冲破了中世纪封建制度的樊篱，世界的历史已经开始进入资本主义的时代了。这就是《红楼梦》的外部世界，这是非常重要的一个时代特征。

但是，《红楼梦》的内部世界，即当时的中国，却与外部世界大不相同。康、雍、乾的时代，还被称为封建时代的盛世，还在做着封建皇朝的好梦。然而，进一步看，中国封建社会内部，自明中、后期起，已渐渐孳生出资本主义性质的萌芽状态的经济因素，而且到了明代后期有了新的发展。正在这时却爆发了明金战争，在这一场战火中，明代覆亡，后金统一中国，改国号为"大清"。这一场战火，使原来较为发展的经济，特别是东南沿海城市的经济，遭到了严重的破坏，直到经过康、雍、乾三朝的政策调整，百余年的休养生息，到了康熙晚期，社会经济才有了恢复和发展。到康熙末年，社会经济的繁荣已超过了明朝末期，资本主义萌芽性质的经济也有了相应的复苏和发展。这就是说，尽管中国当时从总体来说还是封建社会的盛世，但从微观上来说，社会的经济结构成分，已有了新的经济因素的萌生，社会在开始着缓慢的变化。由于社会经济构成上的新的因素的出现，在意识形态上，自然也相应地出现了反映这种新的经济因素的思想。经济基础和它的上层建筑，并不是等量的、等比例的发展的，而且一种意识形态，一种思想意识，往往会先于经济基础的发展。道理很简单，马克思主义并不是在社会主义制度确立以后产生的，相反，它却是在资本主义社会出现和完成的。所以在封建社会内部，在封建经济的基础上，当新的经济因素出现并发展以后，有反映这种新的经济因素的思想的产生，这是社会发展过程中极为正常的现象，而且，这种微弱的新思想的出现，往往是混杂着传统的旧意识的。我们的研究工作，就要善于去分析这种新旧混杂的思想文化，从中看出哪些是新生的幼芽，哪些是腐朽的旧枝。所以我们在研究《红楼梦》时，一定要认真研究《红楼梦》时代的外部世界和内部世界，分析《红楼梦》一书所反映的复杂的思想状况，从中区别出它的新旧来。

二、曹雪芹的家世和《红楼梦》的诞生

曹雪芹的家世，是一个典型的百年家世，他的六世祖曹锡远(世选)和五世祖曹振彦，是明代驻防在沈阳和辽阳的中下级军官，籍贯是辽阳。曹锡远曾任沈阳中卫指挥。天命六年(天启元年，1621)努尔哈赤攻下沈阳和辽阳，曹锡远和曹振彦归降后金，此后曹锡远即无记载。曹振彦则归后金驸马佟养性管理。佟养性死，曹振彦即转到多尔衮属下，任旗鼓牛录章京(佐领)，是带领三百人的战斗部队的首领。以后就随多尔衮打进山海关到北京。顺治初年，又随多尔衮平定山西大同姜瓖之乱，立功，任山西吉州知州。从此曹家即从武职转为文职。曹振彦此后又任山西阳和府知府、浙江盐法道等职。他的儿子曹玺，曾从征山西，曹玺的妻子孙氏，当了康熙的保母，康熙八岁登基，即派曹玺为江宁织造。曹玺的儿子曹寅，曾为康熙的伴读和侍卫。康熙二十三年曹玺去世，由曹寅接任江宁织造。从曹玺开始曹家即成为康熙的近臣，曹寅则更为康熙所器重，曹家也从此走上了飞黄腾达的仕宦之途。曹寅是一个文武全才的人才，文的方面，诗、词、歌、赋、戏曲、书、画、琴、棋件件皆能，而且办事能力强，在江南和京城，团结了不少遗民和文人，他极为康熙所信任。康熙五十一年，曹寅在扬州病重，康熙特派快马专使送药，限九天送到，但药未到曹寅已去世。曹寅去世后，康熙即命曹寅之子曹颙继任，不想三年后曹颙又病逝。康熙为保全曹家，又亲自命曹寅之弟曹宣的第四子曹

頫过继给曹寅，然后继任江宁织造。康熙于六十一年去世，雍正即位，曹頫仍任江宁织造，直到雍正五年十二月初四"骚扰驿站案"爆发，此案十一天后，即十二月十五，曹頫被革去织造之职，十二月二十四日家产被查封，雍正六年初被抄家迁回北京。当时迁回北京的，有曹雪芹的祖母李氏，曹雪芹(约14岁)和家仆三对，住在崇文门外蒜市口(今磁器口)十七间半房。曹頫则枷号收监，到乾隆元年大赦才获释。曹雪芹的百年家世，从雍正五年十二月被查封，雍正六年二月抄家遣返北京，终于彻底败落，"落了片白茫茫大地真干净"。曹家从天命六年(1621)归顺后金，到雍正六年彻底败落，前后共108年。

在这108年中，曹振彦是以军功起家的，曹玺和曹寅两代，是曹家飞黄腾达，及于顶点的时代。但曹寅的晚年已是曹家败落开端的时代了，到曹頫就彻底败落。曹寅的妻子李氏，既经历了最繁荣的时代，也经历了彻底败落的时代，曹寅的过继子曹頫则经历了一小段败落前的繁荣，但主要是悲剧的承受者，曹雪芹童年的时候，曹家尚未败落，14岁那年抄家北返，从此一直在生活的最底层挣扎。

曹家败落的原因，笼统地说是"织造亏空"，但亏空的原因始终没有人提及，亏空的数字则一直没有一个定数。两江总督噶礼参奏曹寅、李煦亏空三百万两，康熙则说："不至三百万两，其缺一百八十余万两是真。自简用李陈常为运使以来，许多亏欠银两，俱已赔完，并能保全曹寅、李煦家产，商人等皆得免死，前各任御史等亏欠钱粮，亦俱清楚。"[1]康熙为什么对曹、李两家的亏空了解得如此清楚呢？根本的原因是这笔亏空与他的关系最大。康熙六次南巡，后四次都由曹寅、李煦接驾，请想想接待封建皇帝在封建时代还有比这更大的事吗？而且不是接待一次，而是连续接待四次，这笔账如何算得清呢？康熙当然冠冕堂皇地说："明白降旨，……官不宿民房，食物皆由光禄

---

① 见《关于江宁织造曹家档案史料》，中华书局1975年版，第123—124页。

寺买给。"但实际上根本不是那回事。康熙四十四年第五次南巡,曹寅第三次接驾,康熙早在一年前就通知曹寅了,"明春朕欲南方走走,未定。倘有疑难之事,可以密折请旨。凡奏折不可令人写,但有风声,关系匪浅。小心,小心,小心,小心。"①这不明明是示意曹寅、李煦要准备接驾吗? 于是随即就有当年十二月十二日曹寅的奏折,报告康熙:"臣同李煦已造江船及内河船只,预备年内竣工,臣等应于何处伺候,伏俟圣旨,臣等缜密遵行。"还有盐商修建宝塔湾行宫,曹寅、李煦各捐银二万两等的事。②盐商建行宫实际上也是借个名头,真正建行宫还是曹寅、李煦的事。造船建行宫固然费钱,但比起整个接驾全程,那花费又不知要大多少,幸亏有《圣驾五幸江南恭录》作了记录,单是在扬州十一天,就是两次御宴一百桌,还有每天的摆宴演戏,进献古董、器玩、书画,老人恭进万民宴,晚间看灯船,"行宫宝塔湾上灯如龙,五色彩子铺陈古董诗画,无计其数,月夜如昼",这是何等的场面,何等的花费? 此外还有随从人员皇太子、阿哥、嫔妃、宫眷、执事太监、护卫人员等等,都要供张应酬,而且这种需索无止无休,更不能有所凭据,据记载皇太子允礽一次就向曹寅索取六万两银子,其他阿哥等也有索取者。连康熙都说"皇太子、诸阿哥用曹寅、李煦等银甚多,朕知之甚悉。曹寅、李煦亦没办法。"③他还说:"曹寅、李煦用银之处甚多,朕知其中情由。"④可见康熙南巡给曹、李两家带来的亏空是难以想象的,康熙心里是明白的。无怪当时的诗人张符骧要说"三汊河干筑帝家,金钱滥用比泥沙"。"欲奉宸游未乏人,两淮办事一盐臣"了。除了这一笔最主要的亏空外,其次就是曹寅、李煦代表朝廷向商人发放皇恩浩荡的恩贷。康熙四十三年,曹寅的奏折说:"去年圣

① 见《关于江宁织造曹家档案史料》,中华书局1975年版,第23页。
② 以上两条见上书第29—30页。
③ 见《红楼梦学刊》2001年第2期,张书才《曹雪芹家世档案史料补遗》。
④ 同①,第136页。

驾南巡，蒙恩赏借两淮商人库银一百万两。"①这是一种特殊的恩赏借贷，还有两淮盐商平时向曹、李织造借贷的，这也是属于官方与盐商的借贷关系，以示朝廷对盐商的恩庇。但是盐商的借贷，往往拖延归还，甚至久借不还，临到还时还要有各种折扣，如以九十两充百两的，有以八十两充百两的，甚或有七十两充百两的，但曹、李向朝廷交纳的都是足两，历年来这样的折耗也就相当可观了。李煦败落时最后的亏欠是三十八万两，但两淮盐商自愿承担的就有"三十七万八千八百四十两"，名称叫"少缴秤银"。也就是上面所说的各种折扣所短缺的银两。两个数字对照，李煦实际只亏空一千一百六十两。李煦抄家后官方查弼纳的估银是十二万八千余两，李煦的亏欠，连他家产的零头数都用不上，何况这一千余两的亏欠，也没有证明是李煦个人的贪污或挥霍，但是，皇法无情，李煦在雍正元年就被革职抄家了。家属共二百余口，在苏州变卖，后来又弄到北京变卖。李煦本人因为曾为允禩买过苏州女子，被目为奸党，判斩监候，后来又宽免处斩，发往打牲乌拉。雍正五年，七十三岁的李煦被流放到东北，两年后在那里冻饿而死。很明显，曹、李两家的败落，是由于康熙的南巡。从实质上来说，康熙五十一年曹寅去世，曹家已是败落了。曹、李两家的巨额亏空，所有文书里都没有提出亏空的原因，连曹寅的政敌噶礼也只说曹寅的巨额亏空而不说这亏空是怎么造成的。实际上大家很清楚，是康熙造成的，只是不敢说破而已。然而，也不是没有人说破过，康熙第三次南巡，曹寅第一次接驾以后，安徽布政使张四教亏空库银，经两江总督阿山审理，审理结果，阿山说了实话，说是为"供办南巡所致。"奏折上去，遭到康熙一顿狠批，阿山被革职留任，从此就再也没有人敢说亏空的原由了。曹寅在去世前一年，在给康熙的奏折里说："臣身内债负，皆系他处私借，凡一应差使，从未挂欠运库钱粮，臣自

---

① 见《关于江宁织造曹家档案史料》，中华书局1975年版，第26页。

黄口充任犬马，蒙皇上洪恩，涓埃难报，少有欺隐，难逃天鉴，况两淮事务重大，日夜悚惧，恐成病废，急欲将钱粮清楚，脱离此地，敢不竭蝼蚁之诚，以仰体圣明"。①再看看曹寅临终时的情况，曹寅"于七月二十三日辰时身故。当其伏枕哀鸣，惟以遽辞圣世，不克仰报天恩为恨。又向臣言江宁织造衙门历年亏欠钱粮九万余两，又两淮商欠钱粮，去年奉旨官商分认，曹寅亦应完二十三万两零，而无赀可赔，无产可变，身虽死而目未瞑。此皆曹寅临终之言。"②这是李煦向康熙报告曹寅去世的奏折里说的。前段所引曹寅自己说的"臣身内债负，皆系他处私借"，是指曹寅个人和家庭的费用，所负的债项是向朋友商借的，与公款毫无关系。"凡一应差使，从未挂欠运库钱粮"。这是说所有公家常规的差使，从未亏空，也从未动过运库钱粮。这两段话，说得清清楚楚，正常的公事来往，从未有过亏空，个人的私人开支，遇有不足，也是从朋友处商借。那么剩下来的大量亏空，当然只有南巡接驾的费用了。曹寅说"日夜悚惧，恐成病废，急欲将钱粮清楚，脱离此地。"终于一年以后，曹寅病死了，实际上曹寅是被泰山压顶般的债务压死的，他想"脱离此地"，也终未能脱离此地。到雍正五年底六年初曹頫被抄家时，"封其家赀，止银数两，钱数千，质票值千金而已，上闻之恻然。"③实实在在的，曹家早已彻底败落了。雍正原以为他还有多少家产，还防止他转移家产等，抄家的结果，终于使他也"闻之恻然"了！

看了上面这许多材料，我们可以肯定地说，曹、李两家的巨额亏空，实际上是康熙造成的。《红楼梦》里说："也不过是拿着皇帝家的银子往皇帝身上使罢了！谁家有那些钱买这个虚热闹去！"④这看来轻描淡写的一句话，却具有千斤的重量。

① 见《关于江宁织造曹家档案史料》，中华书局1975年版，第82页。
② 同上书第99—100页。
③ 《永宪录·续编》，中华书局1997年版，第390页。
④ 《红楼梦》，人民文学出版社1998年版，第210页。

曹雪芹抄家北归时，是虚岁十四岁，雍正元年李煦抄家，家人二百余口在苏州标价发卖，当时雪芹九岁，雍正五年七十三岁的李煦流放东北时雪芹已十三岁。据说，雪芹幼年，李煦非常喜欢他，那么，李家的败落和自家的败落，两家共四百来口人的飘零星散，包括自家的亲人和舅祖家的亲人，应该都是雪芹所熟知的；还有可能是自己父亲的曹頫被枷号，[①]舅祖李煦的流放和二年后的惨死，这种种惨变，他应该已有很深的感受了。大家知道，曹雪芹的《红楼梦》是以自己家庭的历史和李煦家庭的历史为创作的生活素材的，那么，也就是说，一部《红楼梦》也混和着两家的百年家世和这许多人的血和泪。

曹、李两家的大量亏空，以至于家破人亡，这从根本上来说，是一桩冤案，这些人的彻底被毁灭，也是这桩冤案的结果。那么，作为这桩冤案的残存者，能对这桩冤案无动于衷吗？正是由于这样，这场噩梦式的灾难，就给了曹雪芹创作《红楼梦》的冲动。其实，曹雪芹在《红楼梦》开头的"作者自云"里就把他的创作动机和目的向读者作了交待，不过由于当时的政治环境，文字狱盛行，他不能把话说得那么明白。他说："因曾历过一番梦幻之后，故将真事隐去"，这就是说他的百年世家，经过了一场像黄粱梦一样的变幻，从荣华富贵变成了茫茫白地。他又说："忽念及当日所有之女子"，这就是说他忘不了在这场噩梦般的冤狱中死去的亲人，所以他要"编述一集，以告天下人。"他还说："以往所赖天恩祖德，锦衣纨裤之时，饫甘餍肥之日，"这说明他是经过了一段富贵荣华的日子的，并不是有人说的生于雍正四年，生下来的第二年就抄家了。他还说："背父兄教育之恩，负师友规谈之德。"这更说明抄家之前他已入学读书，他写这本书，是与父兄的教育相悖的。这是一句非常关键的话。父兄的教育是指程朱理学，曹寅曾有诗教训他的子侄"程朱理必探"，[②]一定要学好程朱理学。但曹雪芹在《红

---

① 曹雪芹的生父，一说是曹頫，另说是曹颙，均无确切史料可证实。
② 见曹寅《楝亭集》。

楼梦》里却是大反程朱理学。可见雪芹在他的"作者自云"里交待得非常清楚，他的反程朱理学是自觉的清醒的，是主观作用而不是客观作用。

所以，曹雪芹写《红楼梦》是与康、雍、乾时期政权转移的激烈斗争分不开的，是与曹、李两家的百年家世和蒙冤被毁分不开的，是与他的反程朱理学思想、反正统思想分不开的。他的写作，不是消愁，更不是消遣，而是对社会和现实的批判，对自己新的人生理想的憧憬。

那么，为什么曹雪芹会写出这样一部万古不朽的巨著来呢，我认为是三种因素巧妙的结合造成的：一是曹雪芹所处的外部世界和内部世界的客观条件，这是一个历史转变的时代，使得曹雪芹能得到时代环境、气氛的孕育，尤其是内部世界的新的经济因素的孳生、新的思想意识的孳生和思想界激烈的斗争等等，这对他的影响是很明显的；二是曹、李两家的百年家世的彻底败落，而且是蒙受了重重的冤屈的败落，众多亲旧家人的遭难，为他的写作恰好准备了充分的素材。我们要特别重视甲戌本上脂砚斋的批："能解者方有辛酸之泪，哭成此书。壬午除夕，书未成，芹为泪尽而逝。"这几句批语具有无比的重要性，它告诉我们，曹雪芹是用他的血和泪写成此书的。这一点，从他的"作者自云"里也可以看得很清楚，可以说，没有曹、李两家的败落就没有《红楼梦》。三是曹雪芹的天赋，曹雪芹是天才式的作家，要不是他的天才，也就不会有《红楼梦》，试想曹、李两家败落时，总人口在四百人左右，其中属于主人身份的两家合计也有百来人，这些人都经过了这场惨变，为什么没有第二个人写出这场惨变来呢？这说明曹雪芹确是天才式的人物，历史刚好把这三方面的条件，集中赋予了曹雪芹，由于这三方面的结合，才产生了曹雪芹，才产生了《红楼梦》。所以，伟大不朽巨著《红楼梦》，从根本上来说，是历史的创造，单凭个人的主观创作计划是不可能产生《红楼梦》的。

三、《红楼梦》的思想

　　要准确认识《红楼梦》的思想，必需先明确两个问题，一是《红楼梦》的时代，前面已经说过，18世纪初期，西方已进入资本主义时代，而中国还是封建盛世，但在这个封建盛世的内部，也已孕生了资本主义萌芽性质的经济因素，中国的封建社会，也在缓慢地发生变化，这种变化主要反映在人的思想意识的变化上，产生了前所未有的微弱的新的思想。二是《红楼梦》是一部小说，它不是哲学著作，它是通过故事情节、人物形象、人物语言来表达作者的思想的，因此，作者的真实的政治思想，是用人物的日常生活语言表达出来的，也就是说它的真实的思想是被故事情节、人物的生活语言包裹着的，必须透过这种外部的包装，才能看到它的真实思想。这两点是认识《红楼梦》思想所不可疏忽的。

　　我曾经说过，曹雪芹的"批判是属于他自己的时代的，他的理想却是属于未来社会的。"①所以《红楼梦》的思想，也可以分两个方面来谈，一是他对旧社会的批判，二是他对未来的理想。

（一）曹雪芹对封建社会的批判
1．对至高无上的皇权思想的批判。

　　曹雪芹的时代，是一个文网密布的时代，曹雪芹却用巧妙的办法躲过了文网，并且在《红楼梦》一开头，就借"冷子兴演说荣国府"说闲话的方式，大胆地提出了批判封建皇权的思想。他借冷子兴和贾雨村

---

① 《曹雪芹是超前的思想家》(1997年国际《红楼梦》学术研讨会开幕词)。见《论红楼梦思想》，黑龙江教育出版社2002年版。

闲谈荣国府的情况，提出了"成则王侯败则贼"的说法。这本来是一句俗话，又用两人闲谈的方式说出来，显得非常平常，但实际上这句话是有政治斗争的背景的，清初的黄宗羲就强烈的反对皇权思想，他说："为天下之大害者，君而已矣！向使无君，人各得自私也，人各得自利也。""今也天下之人，怨恶其君，视之为寇仇，名之为独夫，固其所也。"①与他同时的顾炎武则说："天子与公、侯、伯、子、男，一也，而非绝世之贵。"②这就是说天子是与公、侯、伯、子、男一样的一个爵位，并没有什么"绝世之贵"。他还主张要把天子的权分散，不能独裁。他说："所谓天子者，执天下之大权也。其执大权奈何？以天下之权，寄之天下之人，而权乃归之天子。自公卿大夫至于百里之宰，一命之官，莫不分天子之权，以各治其事，而天子之权乃益尊。"③到了比曹雪芹略早一点的唐甄，则说："自秦以来，凡为帝王者皆贼也。"④与唐甄同时的王夫之则更提出了人的天赋自然权利，他说："若土，则非王者之所得私也。天地之间，有土而人生其上，因资以养焉。有其力者治其地，故改姓受命而民自恒畴，不待王者之授之。"⑤与曹雪芹同时的袁枚则提出了反封建皇权的正统观念，他说："夫所谓正统者，不过曰有天下云耳。其有天下者，天与之，其正与否则人加之也。"⑥上引这些材料说明，自清初一直到曹雪芹的时代，思想界一直在批判皇权思想，甚至说到"自秦以来，凡为帝王者皆贼也。"袁枚说的那段话，说白了，就是说，谁当了皇帝，谁就说自己是"正统"，是"受命于天"，究竟是否是"正统"，是否是"天与之"呢？实际上是"人加之也"。这不就是说"成则王侯败则贼"吗？

① 黄宗羲：《原君》。
② 顾炎武：《日知录》卷七《周室班爵录》。
③ 同上书，卷九《守令》。
④ 唐甄：《潜书》下篇下《室语》。
⑤ 王夫之：《噩梦》。
⑥ 袁枚：《策秀才文五道》。

上面是说关于"成则王侯败则贼"的政治思想斗争的背景，这说明曹雪芹在这里用这句话是有深意的。另外，这句话还有更现实的历史背景，这就是雍正即位的斗争。大家知道，康熙晚年，诸王子争位，各立党派，斗争非常激烈，雍正即位后，对与他争位的诸王子，杀的杀，关的关。这事离曹雪芹的时代，才不过二十多年。这件事对于雍正来说，当然是"成则王侯"，但对于允禩、允禵等来说，那就是"败则贼"了。因此，如果说曹雪芹这句话，是针对这段历史来说的，也不是没有根据的。所以《红楼梦》一开头这句看似轻描淡写的话，实际上是有着血腥味的背景的，无怪后来怡亲王府的抄本，要把"王侯"的"王"字改为"公"字，成为"成则公侯败则贼"了，因为他是亲历过这场斗争的啊！还有，雍正的政敌、皇十四子允禵的孙子永忠的《延芬室集》里有三首咏《红楼梦》的诗，永忠的堂叔，乾隆的堂弟弘旿读后，在诗上批了一段话："此三章诗极妙，第《红楼梦》非传世小说，余闻之久矣，而终不欲一见，恐其中有碍语也。"可见，经历了成王败寇的血淋淋的斗争的人，看到这句话，还是有点忌讳，有点恐惧感的。但曹雪芹竟毫无顾忌地把它写进书里了。

2．批判了贾府这个封建贵族官僚大家庭。

封建社会，是以家作为社会的最基层的单位的，曹雪芹选择了一个封建贵族官僚大家庭贾府作为他的特写对象，这样的家庭当然具有更高的典型性，同时与他自己的家世和经历也比较切合。

曹雪芹一开始就提出了"四大家族"，这个"四大家族"，按照门子的说法，"四家皆联络有亲，一损俱损，一荣俱荣，扶持遮饰，俱有照应"，"他的世交亲友都在外者，本亦不少"。而且"各省皆然"。这无异是画出了一张封建社会的政治势力网，而贾府就是四大家族的总代表，也是这张网上重要的一环。

"四大家族"被提出来，是伴随着一桩人命案的，这就使人感到四大家族气焰熏天，权势吓人。在这样的铺垫下，曹雪芹才展开了对贾府的描写。在曹雪芹的笔下，贾府是上通皇帝、下结贪官的一个世家大族。从可卿出丧、元妃省亲两桩大事来看，贾府正是鲜花着锦、烈火烹油之盛，但实际上贾府是用锦缎包裹着的一具腐尸，它的腐烂，首先是表现在贾府的这些人身上。在贾府的男性主子辈中，没有一个像样的男人，淫丧天香楼、正照风月鉴、私会多姑娘、偷娶尤二姐，种种脏事丑事，接连不断。焦大醉骂，是死寂中的一声惊雷，表明这个一贯以诗书礼仪为标榜的官僚家庭，实际上已经腐烂到臭气熏天了。贾府的贾政，表面上是方正不阿，实际上是按照封建主义模子刻出来的，只会打一副官腔，没有一点实际的本领。其他如贾珍、贾赦、贾琏、贾蓉等等，都是腐烂透了的人物。封建社会，是男权社会，曹雪芹写贾府这个贵族官僚大家庭的男主人辈的彻底腐败，是具有典型意义的。清代的二知道人就说："雪芹记一世家，能包括百千世家"。①这就是说，曹雪芹以他生花之笔，真实地再现了清代乾隆盛世时的一个诗礼之家、一个贵族官僚之家的腐朽情况，也就让人认识到，所谓"诗礼"，不过是个虚伪的装饰，而实际上当时上层官僚社会已经普遍的腐朽不堪了。这里既在总体上揭露了程朱理学的虚伪，也在总体上揭露了封建上层官僚的腐朽。

3．对科举制的批判。

《红楼梦》里的典型形象贾宝玉，给人最突出的印象之一，就是不肯读书，坚决不走"仕途经济"之路。所谓"仕途经济"之路，也就是科举考试、读书做官的道路。这是明清以来知识分子人人都走的道路，它是封建政权选拔自己的接班人、巩固自己政权的重要措施。反对科举制度，大家都不参加考试，岂不是让封建政权后继无人。但是科举制度，实在是毒害人心、禁锢思想、扼杀人才的一条害人的道路。因为考试限定在"四书"范围以内，文章有固定的格式(八股文)，这样读

① 二知道人：《红楼梦说梦》，见一粟编《红楼梦卷》第一册，中华书局1963年版，第102页。

书人只要死背"四书"，特别是康熙钦定的朱熹的注，就能博取功名，享受荣华富贵。为了猎取功名，不少人揣摩题目，事先做好几篇文章，夹带入场。有的还把"四书"用细字抄在内衣上，要用的时候随时摘取。这样读书人的头脑便被"四书"和朱注禁锢死了，而且社会风气和学风文风，都充满着虚伪浮夸。因此，明清两代的著名学者都反对科举制度，明末清初的顾炎武甚至说："八股之害等于焚书，而败坏人材，有甚于咸阳之郊所坑者。"①所以曹雪芹笔下的贾宝玉坚决反对"仕途经济"，实际上就是当时社会反科举思潮的曲折反响。

4．反"文死谏，武死战"的忠君思想。

封建社会，忠君思想是至高无上的最高原则，衡量人臣的好坏，"忠"是第一标准，反之，不"忠"就是大罪。但贾宝玉却说：

那些个须眉浊物，只知道文死谏，武死战，这二死是大丈夫死名死节，竟何如不死的好！必定有昏君他方谏，他只顾邀名，猛拚一死，将来弃君于何地？必定有刀兵他方战，猛拼拚一死，他只顾图汗马之名，将来弃国于何地？所以这皆非正死。……

那武将不过仗血气之勇，疏谋少略，他自己无能，送了性命，这难道也是不得已！那文官更不可比武官了，他念两句书汗在心里，若朝廷少有疵瑕，他就胡谈乱劝，只顾他邀忠烈之名，浊气一涌，即时拚死，这难道也是不得已！……可知那些死的都是沽名，并不知大义。②

曹雪芹让贾宝玉这样强烈地反对忠君思想，是为什么呢？要弄明白这一点，还是要从了解当时的社会思潮着手。其实这种反忠君思想，晚明的李卓吾就已经明确的提出来了，他说：

夫君犹龙也，下有逆鳞，犯者必死，然而以死谏者相踵也。何也？死而博死谏之名，则志士亦愿为之，况未必死而遂有巨福耶？③

---

① 《日知录》卷十六：《拟题》。
② 《红楼梦》第36回。
③ 李贽：《焚书》卷一：《答耿司寇》。

又说：

> 夫忠、孝、节、义，世之所以死也，以有其名也。

这两段话的意思，与贾宝玉说的"那些死的都是沽名"的意思完全一样，前面已经引过，清初的黄宗羲也说过"为天下之大害者，君而已矣！向使无君，人各得自私也，人各得自利也。"他还说"天下之人，怨恶其君，视之为寇仇，名之为独夫。""岂天地之大，于兆人万姓之中，独私其一人一姓乎？"与他同时的顾炎武和稍后的唐甄等都有相同的思想。由此可知，曹雪芹通过贾宝玉反映出来的反忠君思想，实际上也是当时先进的社会思潮的反映。

5．反程朱理学。

程朱理学，自明以来，一直被定为国家的统治思想。到了康熙时代，更把朱熹尊为十哲之次，配享孔庙。雍正和乾隆完全继承康熙的做法，有过之而无不及。雍正七年，谢济世撰《大学注》《中庸疏》不遵朱注，以毁谤程朱遂成大狱。乾隆朝的文网更密，其中乾隆十六年的"伪造孙家淦奏稿"案，乾隆二十年的胡中藻《坚磨生诗抄》案，均是雪芹著《红楼梦》之时。在这样的政治气候下，曹雪芹居然还让贾宝玉说："更有八股时文一道，因平素深恶此道，原非圣贤之制撰，焉能阐发圣贤之微奥，不过作后人饵名钓禄之阶。"（第73回）"宝钗辈有时见机导劝，反生起气来，只说'好好的一个清净洁白的女儿，也学的沽名钓誉，入了国贼禄鬼之流。这总是前人无故生事，立言竖辞，原为导后世的须眉浊物。'""因此祸延古人，除四书外，竟将别的书焚了。"（第36回）他还说："除四书外，杜撰的太多。"（第3回）上面所说的"八股文"是科举考试的官定文体，其内容就是依朱注四书阐发成文，所以反对八股科举，自然就是反对程朱理学，下面说的"除四书外，竟将别的书焚了"，这"别的书"也就是指程朱理学之书，因为不好直指，只好采用隐晦曲折的笔法。同样，"除四书外，杜撰的太多"，这"杜撰"也是指

---

① 李贽：《焚书》卷三：《何心隐论》。

的程朱理学。所以上面所引的三段话，似乎词意表达得不很明显，但实际上确是写贾宝玉反对程朱理学，这只要看一看当时思想界反程朱理学的斗争就可以明白了。晚明的李卓吾说："今之讲周、程、张、朱者可诛也。彼以为周、程、张、朱者皆口谈道德而心存高官，志在巨富；既已得高官巨富矣，仍讲道德，说仁义自若也；又从而哓哓然语人曰：'我欲厉俗而风世。'彼谓败俗伤世者，莫甚于讲周、程、张、朱者也。"①康熙时期的颜元则说："千余年来，率天下人故纸中，耗尽身心气力，作弱人、病人、无用人者，皆晦庵为之也。"②他还说："必破一分程朱，方入一分孔孟。"③与曹雪芹同时的戴震则说："宋以来，孔孟之书尽失其解，儒者杂袭老释之言以解之。"④"其所谓理(理学)者，同于酷吏之所谓法。酷吏以法杀人，后儒以理(理学)杀人。""人死于法，犹有怜之者，死于理，其谁怜之！"⑤我们看了这些激烈的反对程朱理学的言论，再来看贾宝玉的话，就不难明白了。实际上曹雪芹通过贾宝玉童言无忌、看似胡说八道讲出来的这些话，都是与当时的现实斗争密切相关的。

曹雪芹对自己时代的批判，除了上举这些最主要之点外，他对妇女的社会地位问题、妇女的守节问题、人与人之间的平等问题、社会的浮夸之风问题等等，在《红楼梦》里也都有所批判。总之，从封建政权的实体封建贵族官僚家庭到封建社会的政治思想、意识形态，他在《红楼梦》里统统作了批判。

（二）曹雪芹的社会理想

如果说曹雪芹对现实社会的批判是非常清醒、游刃有余的话，那

---

① 李贽：《焚书》卷二：《又与焦弱侯》。

②《朱子语类评》。

③ 颜元：《存学篇》卷一。

④《东原文集·答郑用牧书》。

⑤ 戴震：《孟子字义疏证》。

么，他对自己心目中憧憬的理想社会就有点朦胧了，过去我们只把他看作是批判现实主义者，并没有认识到他的理想，其实这是片面的。曹雪芹对未来社会的理想虽然不可能很清晰，但也并不是一片模糊，可以说，他对有些问题是认识得比较清楚的，追求的目标也是明确而坚定的，对有些问题的认识，还在模糊之中，还在摸索和寻求。

例如，他对婚姻自由的想法就是十分清醒和坚定的。贾宝玉、林黛玉的爱情尽管千回百折，困难重重，包括着其他因素的引诱，但最终贾宝玉还是百折不回，"俺只念木石前盟"，表明他对爱情的忠贞不渝。曹雪芹的《红楼梦》八十回后虽然没有了，但结局早已透露了，贾宝玉的结局是"悬崖撒手"，出家为僧。这就是说宝、黛爱情是彻底的毁灭，是大悲剧的结局，其间没有任何妥协的余地。我们应该充分认识到，《红楼梦》里宝、黛爱情的描写，是有着鲜明的时代意义的，是具有新的时代也即是未来时代的意义的。它与《西厢记》《牡丹亭》的爱情描写都有鲜明的时代区别。元代《西厢记》里的张生和莺莺是一见钟情，自我择配，在这一点上是突破了封建婚姻"父母之命、媒妁之言"的樊篱，但最终还是状元及第、皇帝赐婚，纳入了封建婚姻的规范。明代《牡丹亭》里的杜丽娘，连一见都没有，只是梦里相思。汤显祖所强调的是"情"，情之所至，金石为开。但最后还是封建的大团圆。这是元明两代的爱情描写，他们都突破了自己时代的某种束缚，但都没有彻底挣断封建的锁链。惟有《红楼梦》，它不是一见钟情，而是长期的共同互相认识，而且还有过误解，还有过同样条件的竞争，到最后贾宝玉的标准还是志同道合。"林姑娘从来说过这些混帐话（指劝他读书做官）不曾？若她也说过这些混帐话，我早和她生分了。"（第32回）可见确定宝、黛爱情的根本原因，还是两人的志趣相同，思想一致。这样的爱情描写在以往的小说、戏曲里是从未出现过的，不仅如此，曹雪芹还通过尤三姐的嘴说："终身大事，一生至一死，非同儿戏。我如今改过守分，只要我拣一个素日可心如意的人方跟他去。若凭你们的拣择，虽是富比石崇，才过子建，貌比潘安的，我心里进不去，也白过了一世。"（第65回）尤三姐的这段话，实际是对宝、黛爱情的补充，因为这样直白的话，只有尤三姐来说才附合她的身份和性格。这段话里强调的，一是自由选择，二是要"可心如意"，要心里"进得去"，不能"白过了一世。"这里已经十分明显地认识到爱情的价值和人的独立的生命的价值了。这实际上也同样是宝、黛爱情的思想内涵。所以，细读《红楼梦》里宝、黛爱情的描写，他们相互的爱情原则，已经接近于近现代的爱情原则和爱情方式了。也正是由于这一点（还有其他例子），我们可以认识到，曹雪芹的时代，虽然封建的制度和社会毫无变化，但它内在的社会意识，已经在开始缓慢的逐渐的变化了，新的意识孳生了，旧的意识虽然还很牢固，但已开始有先知先觉者逐渐抛弃了。但这种新的恋爱和婚姻观念要真正成为一种新的制度和普遍承认的方式，还有着遥远的路程，因此，连尤三姐的理想，也只能一并毁灭。所以我说曹雪芹的社会理想是超时代（他本身的时代）的、超前的意识，他的这一恋爱和婚姻原则，就是到现在也并未过时，甚至有些地区还未能实现。

恋爱和婚姻，是社会进步的一个标志，曹雪芹在18世纪中期，就为我们描绘了这样一幅恋爱和婚姻的理想蓝图，这不能不说是他对未来世纪的贡献，而他让他的这个理想彻底毁灭，这正表明他的爱情婚姻理想，已与元明两代有了质的区别了，他的这一理想的毁灭，正是他对这个理想的坚信和坚持，他宁可让它毁灭，也不要封建的团圆。这表明他意识到他的理想只有未来社会才能实现，而他让宝黛爱情的彻底毁灭，也正是他对他自己时代的一个重重的批判。

伴随着他的新的恋爱和婚姻理想，他还提出尊重妇女、女尊男卑的思想。这也是惊天动地的一笔。这是对几千年来的男权社会的批判，这也同样表现了他的社会思想的先进和伟大。在这个前提下，他当然反对程朱理学所提倡的妇女守节观念。他写的李纨，虽然没有让她殉夫，但是写她从此"心如槁木死灰"，写她的守寡"枉与他人作笑谈"，写她的贞节的名声"也只是虚名儿与后人钦敬。"这就根本上批判了程朱理学的"饿死事小，失节事大"。尤三姐的自杀，实际上就是活生生地写出了"后儒以理杀人"的实例。应该认识到，曹雪芹尊重妇女的思想，也是黑暗的封建社会的一道耀眼的闪光，而且他的这些思想，同样是与李卓吾以来的许多进步思想家的思想完全一致的，是这个时代先进思潮的一部分。我们必须记住，曹雪芹生于1715年(康熙五十四年)左右，下距孙中山先生的资产阶级民主革命(1911年)还有两个世纪的历史进程，从这一点来说，他的这些思想，也是十分可贵的了。

贾宝玉还有对人际关系的友好平等的思想、对人的泛爱的思想，"愿奴胁下生双翼，随花飞到天尽头。天尽头，何处有香丘?"(第27回)这虽是林黛玉的诗句，但同样也是反映了他们寻找理想世界的思想。这一切，正好证明了他们对未来、对理想还是在朦胧中，因为他们的时代，毕竟还是封建主义的沉沉午夜，距离黎明还很遥远啊!

论绝句的起源、类型、特征及艺术鉴赏

霍松林

> 霍松林，1921年生，甘肃天水人。毕业于南京中央大学中文系。现任陕西师范大学名誉院长、教授、博士生导师，香港学术评审局专家顾问，中华诗词学会、中国古文论学会、中国杜甫研究会、世界汉诗协会名誉会长等。曾任国务院学位委员会第二届学科评议组成员、全国哲学社会科学"七五"规划委员会委员、中国唐代文学学会副会长兼秘书长、日本明治大学客座教授、陕西省政协常委等。
>
> 著有《文艺学概论》、《唐音阁文集》(含论文集、鉴赏集、译诗集、随笔集、诗词集)等三十多种。
>
> 1989年被评为"全国教育系统劳动模范"，授予"人民教授"奖牌。2008年获"中华诗词终身奖"；2009年获中国作协颁发的"对新中国文学事业做出突出贡献、从事文学创作六十周年荣誉证书"。

何谓绝句？始于何时？这是颇有争议然而又必然首先弄清的问题。

有一种流行的说法：先有律诗，后有绝句；绝句，乃截律诗的一半而成。我们知道，绝句有个别名，那就是"截句"，简称"截"。由此可以看出这种说法的影响之大。

　　律诗定型于唐代。绝句既然是截取律诗而成的，其产生时期当然不可能早于唐代。我编《历代绝句鉴赏辞典》，约请一位老专家撰写几篇六朝诗的鉴赏稿，他回信说："六朝时期，连绝句这个名称也没有，哪有绝句？还是从唐诗选起，比较稳妥。"看起来，他也是"截句"说的拥护者。

　　一首律诗，限定八句；五律每句五字，七律每句七字；通常首尾两联不用对仗，中间两联，则必须讲究对仗；平仄，上下两句必须相对，前后两联必须相粘(即第二句与第三句、第四句与第五句、第六句与第七句，第二字平仄必须一致；如果不一致，便是"失粘")。按照绝句即是截句的说法，一首绝句，正好是一首律诗的一半；四句都不用对仗的，乃是截律诗前两句和后两句而成；四句全用对仗的，乃是截律诗中间四句而成；前两句不用对仗、后两句用对仗的，乃是截律诗前四句而成；前两句用对仗、后两句不用对仗的，乃是截律诗后四句而成。这样，其平仄也都是符合要求的。吴讷《文章辨体序说》引《诗法源流》云："绝句者，截句也。后两句对者是截律诗前四句，前两句对者是截后四句，皆对者是截中四句，皆不对者是截前后各两句。"便是这类说法的代表。

　　这种说法，貌似合理，实与绝句形成的历史不合。我国诗歌，从《诗经》、《楚辞》到汉魏六朝的乐府民歌和文人创作，已为绝句的形成准备了充分条件。胡应麟《诗薮》云：

　　五七言绝句，盖五言短古、七言短歌之变也。五言短古，杂见汉魏诗中，不可胜数，唐人绝体，实所从来。七言短歌，始于《垓下》，梁陈以降，作者坌然。

　　徐苾山《汇纂诗法度针》云：

五言绝句，起自汉魏乐府，如《出塞曲》、《桃叶歌》等篇；七言，如《乌栖曲》、《挟瑟曲》等篇，皆其体也。

这一类议论，都是切合实际的。当然，更有真知灼见的，还应推清人李锳，他在《诗法易简录》里说：

两句为一联，四句为一绝，其来已久，非始唐人。汉无名氏《古鼗句》云："稿砧今何在？山上复有山。何当大刀头，破镜飞上天。""鼗"字，系古"绝"字，是绝句之名，已见于汉矣。宋文帝见吴迈远云："此人联绝之外，无所复有。"亦一证也。又按宋文帝第九子刘昶封义阳王，和平六年，兵败奔魏，在道慷慨为断句云："白云满障来，黄尘暗天起。关山四面绝，故乡几千里！""断"字或系"鼗"字之误。是绝句之名，原在律诗之前，何得有截律诗之说？宋人妄为诗话，以绝句为截律诗，因有前四截、后四截、中四截、前后四截之说，甚至并易绝句之名为截句，何其谬也！

这里说"绝句之名，已见于汉"，乃是误解（理由见后），但引南朝宋文帝及其子刘昶的有关资料证明绝句之名早在律诗之前，则是确然无误的。

绝句之名，见于六朝，来自"联句"。六朝人的联句有几个特点：一、不像柏梁台联句那样每人各作一句，也不像后来常见的一人先做一句，接着每人各做两句，最后一人作一句结束，而是每人做四句，可以独立成一首小诗；二、做诗者不一定都在同时同地，往往由某人先做四句，寄赠他人，他人各酬和四句，编在一起，实际上是数首各自独立的小诗被编者缀合，其间并无有机的联系。例如《谢宣城集》卷五所收的《阻雪连（联）句遥赠和》，从题目上便可看出，这是以"阻雪"为题，几个朋友"遥"相"赠和"的，每个人的四句诗，都有独立性。把这具有独立性的数首小诗联缀一起，便叫"联句"，如果不加联缀，独立成篇，便称为"绝句"、"断句"或"短句"。试阅《南史》，便可在《宋文帝诸子·晋熙王昶传》、《齐高帝诸子·武陵昭王晔传》、《梁简文帝纪》、《梁元帝纪》、《梁宗室·临川靖惠王宏传》中分别看到"为断句"、"作短句诗"、"绝句五篇"、"制诗四绝"、"为诗一绝"的记载。有人认为《南史》乃初唐李延寿所撰,不能证明南朝已有"绝句"名称。然而徐陵(507—583)的《玉台新咏》编于南朝梁代,卷十专收五言四句小诗,题中标出"绝句"名称的,便有吴均《杂绝句四首》、庾信《和侃法师三绝》、梁简文帝《绝句赐丽人》、刘孝威《和定襄侯八绝初笄》、江伯瑶《和定襄侯八绝楚越衫》。这可能都是作者自己命题的。更值得注意的是:徐陵把四首汉代民间歌谣编在卷十之首,题为《古绝句四首》。李锳在《诗法易简录》里以此为根据,断言"绝句之名已见于汉",其错误在于忽略了那个"古"字。汉代人怎会把同时代的诗歌称为"古"绝句呢?合理的解释是:徐陵特意把当时流行的一种新体小诗编为一卷,其中有些题目已标明是"绝句",未标明的,他也认为是"绝句",因而把原来并没有题目、其样式很像当时"绝句"的四首汉代民歌编在一起,加上"古绝句"的题目,列于此卷之首,意在表明当时的"绝句",并不是突然出现的。

绝句就字数说,有五言绝句和七言绝句。从形成过程看,五绝早于七绝。五绝源于汉魏乐府古诗,质朴高古,崇尚自然真趣。六朝逐渐流行,至唐代而大盛,出现了李白、王维、崔国辅等人的大量名篇。其后则作者渐少。七绝源于南朝乐府歌行,风格多样,崇尚情思深婉,风神摇曳。初唐逐渐流行,至盛唐、中唐、晚唐而大盛,名家辈出,名作如林,逐渐取代了五绝的优势。历宋、元、明、清而佳作继出,其势未衰。就《全唐诗》存诗一卷以上的诗人之诗统计:初唐,五绝一百七十二首,七绝七十七首;盛唐,五绝二百七十九首,七绝四百七十二首;中唐,五绝一千零十五首,七绝二千九百三十首;晚唐,五绝六百七十四首,七绝三千五百九十一首。从这些统计数字,可以看出五绝和七绝的发展趋势。

此外还有六言绝句,一般认为源于汉代谷永,曹植、陆机等亦有六言诗，至初唐诸家应制赋《回波词》，始定为四句正格。六绝易做而难工，所以作者寥寥；然而王维的《田园乐》七首、皇甫冉的《问李二司直所居云山》和王安石的《题西太一宫》二首，都精妙绝伦，至今传诵。

绝句就格律说，有古体绝句、律体绝句、拗体绝句。董文焕《声调四谱图说》云：

七言绝句之法，与五绝同，亦分三格：曰律、曰古、曰拗。

古绝，属于古体诗的范畴；律绝，属于近体诗的范畴。从绝句演变发展的角度看，汉魏六朝时期类似《玉台新咏》所收《古绝句》那样具有自然音韵之美的四句小诗，可称古绝；在"永明体"以来诗歌律化的过程中出现的四句小诗，虽已接近后来的律绝，但还不合律绝格律，也应该称为古绝。

古绝句的特点如果只用一句话概括，那就是不受近体诗格律的束缚。当然，基本条件是必须具备的，那就是二、四两句或一、二、四句必须押韵。在押韵方面，也比律绝自由，即律绝必须押平声韵，古绝则既可押平声韵，也可押仄声韵。

这里有一点应该特别注意。不少人认为，在唐代及其以后，便是律绝的天下，不再出现古体绝句了。其实不然。在包括律诗、绝句在内的近体诗定型之后，诗人们既写近体诗，也写古体诗，出现了无数五古、七古杰作，这是谁都知道的。古体绝句这种别饶韵味的小诗，在唐代伟大诗人笔下也开放了绚丽的艺术之花。试阅各种唐诗选本，被归入绝句一类的不少名篇，不太留意格律的读者总以为那都是律绝，其实呢，有的是古绝，有的则是拗绝。

就五绝而言，李白、王维、崔国辅，这是盛唐五绝的三鼎足。而李白的五绝，得力于六朝清商小乐府和谢朓、何逊等文人乐府，多用乐府旧题。名篇如《王昭君》、《玉阶怨》、《静夜思》、《越女词》（五首）、《自遣》等等，何一非古体绝句？《秋浦歌》中的"秋浦多白猿，超腾若飞雪。牵引条上儿，饮弄水中月"之类，也与律绝毫无共同之处。

这个问题前人多已指出，如胡应麟《诗薮》云："太白五言如《静夜思》、《玉阶怨》等，妙绝古今，然亦齐梁体格。"谢榛《四溟诗话》云："太白五言绝句，平韵律体兼仄韵古体，景少而情多。"这都是切中肯綮的。王维五绝，以《辋川集》二十首为代表，以淳古淡泊之音，写山林闲适之趣，清幽绝俗，色相俱泯。不言而喻，这样的诗适于用古绝；如用律绝，那种与诗的意境相和谐的淳古淡泊之音便没有了。试读这二十首小诗，绝大部分押仄声韵，不调平仄；极少数押平声韵的。即使押平声韵，如《北垞》"北垞湖水北，杂树映朱栏。逶迤南川水，明灭青林端。"末句三平脚，也不能算律绝。《辋川集》以外的五绝名篇，如《杂诗》"君自故乡来，应知故乡事。来日绮窗前，寒梅着花未"；"家住孟津河，门对孟津口。常有江南船，寄书家中否"；《临高台送黎拾遗》"相送临高台，川原杳无极。日暮飞鸟还，行人去不息"；以及《崔兴宗写真咏》"画君少年时，如今君已老。今时新识人，知君旧时好"等等，也都是古体绝句。至于崔国辅的五绝，如前人所指出："自齐梁乐府中来"（乔亿：《剑溪说诗》），与《子夜》、《读曲》一脉相承，多用乐府旧题写儿女情思，清新明丽，婉转动人。如《怨词》（二首）、《铜雀台》、《襄阳曲》、《魏宫词》、《长乐少年行》等名篇，大都沿用齐梁体格，属于古绝范畴。此外，不少万口传诵的唐人五绝，如柳宗元的"千山鸟飞绝"、刘长卿的"苍苍竹林寺"、韦应物的"遥知郡斋夜"、崔颢的"君家何处住"、李商隐的"向晚意不适"、贾岛的"松下问童子"、李端的"开帘见新月"等等，也都并非律体。

唐人五绝杰作之所以多用古体，主要原因在于：五绝源于乐府民歌，崇尚真情流露，自然超妙；其音韵亦以纯乎天籁为高。前人多已阐明此意，如杨寿楠《云逗诗话》云：

> 诗至五绝，纯乎天籁，寥寥二十字中，学问才力，俱无所施，而诗之真性情、真面目出矣。

李重华《贞一斋诗话》云：

五言绝发源《子夜歌》，别无谬巧，取其天然，二十字如弹丸脱手为妙。李白、王维、崔国辅各擅其胜，工者俱吻合乎此。

沈德潜《说诗晬语》云：

右丞（王维）之自然，太白（李白）之高妙，苏州（韦应物）之古淡，并入化机。而三家中，太白近乐府，右丞、苏州近古诗，又各擅胜场也。

这些评论在较大程度上概括了五言绝句的艺术特质，而多用古体之故，也灼然可见。

唐人七绝，也有古体，不过比起五绝来，数量要少得多。举名家名篇为例，如高适的《营州歌》：

营州少年厌原野，狐裘蒙茸猎城下。虏酒千杯不醉人，胡儿十岁能骑马。

有人会说：这是古诗，不是绝句。当然，既押仄声韵，又全不讲究平仄和粘对，确与律体绝句迥异。然而试加吟诵，情调韵味，都像绝句，不少选本也列入绝句。

如前所说，"绝句"之名，早见于六朝，然而都指的是五言四句的小诗。称七言四句小诗为绝句，最早见于何人何书，似乎还没有人考查过。显而易见的事实是：在唐代诗人中，喜欢在诗题中标明"绝句"的是杜甫。就七言说，标明"绝句"的就有十二题，而且多是组诗，一题数首或十余首。这许多标明"绝句"的诗，堪称律绝的并不多，有些是拗绝，另一些则是古绝，如《三绝句》组诗的前两首：

前年渝州杀刺史，今年开州杀刺史。群盗相随剧虎狼，食人更肯留妻子？

二十一家同入蜀，惟残一人出骆谷。自说二女啮臂时，回首却向秦云哭。

就格律而言，押仄声韵，平仄不谐，与高适的《营州歌》相类似，而题目却分明是"绝句"。

拗体绝句，这是律体绝句形成之后出现的。所谓"拗"，是指声调不合律。平仄不合律的诗句叫"拗句"，句与句之间排列关系不合律，即"失粘"的诗篇叫"拗体"。

拗体绝句，通常认为创自杜甫。董文焕《声调四谱图说》云："拗绝一种，与七律拗体同为老杜特创。"翟翚《声调谱拾遗》云："七言绝句，源流与五言相似，惟少陵所作，特多拗体。"其实，拗绝并非杜甫所首创，也非杜甫所独有。就七绝名篇而言，王昌龄的《采莲曲》（二首）、《浣沙女》，王维的《送沈子福归江东》、《凉州赛神》、《送元二使安西》，李白的《山中答俗人》、《长门怨》（二首其一）、《少年行》、《送贺宾客归越》、《宣城见杜鹃花》、《哭晁卿衡》、《山中与幽人对酌》等等，都"失粘"，有的且有"拗句"。

当然，在近体诗形成之后，绝句无疑以律绝为主流。今人做绝句，不应该以古代原有古绝、拗绝为由，为自己压根儿还不懂格律进行辩护。然而，某些精通格律的人为了追求音节峭拔、拗折以表现特定的情趣而有意运用古体、拗体，也确实写出了别开生面的好诗，你却讥笑人家不懂格律，那便是错误的。如果认定所谓绝句仅限于律绝，选历代绝句，凡不合律绝格律的佳作必须一概摒弃，那更是有害的。

至于律绝，一般认为是律诗形成的唐代才有的。比较流行的"截句"说，就认为先有律诗，然后截其一半为绝句。然而事实上，早在齐梁以来诗歌律化过程中就已有完全合律的绝句出现，顺手举几个例子：

心逐南云逝，形随北雁来。故乡篱下菊，今日几花开。

——江总《长安九日》

日月光天德，山河壮帝居。太平无以报，愿上万年书。

——陈后主《入隋侍宴应诏》

杨柳青青着地垂，杨花漫漫搅天飞。柳条折尽花飞尽，借问行人归不归？

——隋无名氏《送别》

至于基本上符合律绝格律的作品，在六朝乐府民歌和文人创作中更屡见不鲜。由此可见，律绝的形成早在律诗之前。

这里有必要谈谈律绝的格律。

包括律诗、律绝在内的近体诗的形成，把我国古典诗歌的发展推向新的阶段。诗，它的优势之一是具有音乐性。诗人直抒胸臆，发于自然，纯乎天籁，其作品当然也有音乐性；然而这无法保证一定能够臻于完美。因此，古代诗人无不为了强化诗歌的音乐美而艰苦摸索。晋宋以后，更重声律。及至齐梁，沈约、周颙、谢朓、王融等人做诗，讲究四声，强调"五字之中，音韵悉异；两句之内，角徵不同"，加速了诗歌律化的进程，终于形成了近体诗的完整格律，使诗人对音乐美的追求从必然王国进入自由王国。

律绝的格律，主要表现在如何押韵和如何协调平仄。

就押韵说，双句的最后一个字（韵脚）必须押平声同一韵部的韵（韵母相同）；第一句可押可不押。第一句不押韵的，如王之焕《登鹳鹊楼》：

白日依山尽，黄河入海流。欲穷千里目，更上一层楼。

第一句押韵的，如杜牧《山行》：

远上寒山石径斜，白云生处有人家。停车坐爱枫林晚，霜叶红于二月花。

这样，同韵的韵脚作为诗句的最后一个音节在一首诗中反复出现，既加强了节奏感，又具有回环美。

就平仄说，四声中的"平声哀而安，上声厉而举，去声清而远，入声直而促"。（《文镜秘府论》引初唐《文笔式》）以平声为平，合上、去、入为仄，平仄交替，便形成抑扬顿挫，错落有致的节奏旋律。

所谓平仄交替，指平仄音步的组合。五言绝每句三个音步，七言绝每句四个音步。两个字的音步，决定平仄的主要是第二个字。

律绝的平仄律，可以概括成如下三点：

一、在本句之中，音步平仄相间；

二、在对句之间，音步平仄相对；

三、在两联之间，音步平仄相粘。

五绝和七绝，都有平起式、仄起式和首句押韵、不押韵之别，因而通常各列为四式。其实，首句押韵、不押韵，只是在首句的后两个音步上有些变化，其他各句都是不变的。

就五绝说，如果首句仄起，不押韵，其平仄格式便是：

仄仄｜平平｜仄　平平｜仄仄｜平　平平｜平｜仄仄　仄仄｜仄｜平平

很清楚，每句音步的平仄都是相间的；第一、第二两句音步的平仄是相对的，第三、第四两句音步的平仄也是相对的；两联之间，即第二句和第三句的头一个音步是相同的，这叫相粘。

如果首句起韵，则把后两个音步颠倒，变成"仄仄仄平平"即可，以下各句都不变。

这样，五绝仄起首句押韵与不押韵的两种格式便都清楚了。

如果首句平起，不押韵，其平仄格式便是：

平平｜平｜仄仄　仄仄｜仄｜平平　仄仄｜平平｜仄　平平｜仄仄｜平

如果首句起韵，则把后两个音节颠倒，使全句变成"平平仄仄平"，以下各句皆不变。

这样，五绝平起首句押韵与不押韵两种格式，也就清楚了。

根据"同句之中音步平仄相间"的原则，在五言律句的头上加两个字，便是七言律句。比如五言句"平平仄仄平"要变七言句，便在头上加两个仄声字，变成"仄仄平平仄仄平"，其他可以类推。因此，懂得了五绝的四种格式，也就掌握了七绝的四种格式。

从格律上说，绝句是律诗的一半。把一首绝句的格式重叠一次，便是律诗的格式。这样，四种五律格式与四种七律格式，也可一一推出，不必死记。

以上用最简单、最易理解、最易记忆的办法谈了律绝的格律，这对鉴赏绝句的音乐美是必要的。

关于绝句的特点和优点，前人论述颇多，这里只引杨寿楠《云荳诗话》中的一段话以见一斑：

五绝纯乎天籁，七绝可参以人工。二十八字中，要使篇无累句，句无累字，篇若贯珠，句若缀玉，意贵含蓄，词贵婉转。鸾箫凤笙，不足喻其音之和也；明珰翠羽，不足喻其色之妍也；烟绡雾縠，不足喻其质之轻也；荷露梅雪，不足喻其味之清也。有唐一代，名作如林，……此皆千古绝唱。旗亭风雪中听双鬟发声，足令人回肠荡气也。

这里讲到的含蓄、婉转、音和、色妍、味清等等，都是绝句的重要特质。绝句作为古典诗歌中最有魅力的艺术品种，其突出特点是短而精。要用寥寥二十字或二十八字做成一首好诗，说大话、发空论、炫耀才学、卖弄词藻、铺排典故，都不行；必须情感真挚，兴会淋漓，神与境会，境从句显，景溢目前，意在言外，节短而韵长，语近而情遥，神味渊永，兴象玲珑，令人一唱三叹，低回想象于无穷。唐代绝句，成就最高，流传至今的总数多达万首（见《万首唐人绝句》），其中的大量佳作，在不同程度上达到了这样迷人的艺术境界。宋代绝句，别有风韵，王安石、苏轼、黄庭坚、陆游、范成大、杨万里诸大家，各有独创性，传世之作，至今脍炙人口。辽、金、元、明，相对于唐宋时代而言，古典诗歌处于低谷，然而绝句这种小诗仍然繁花盛开。清代、近代，古典诗歌又进入新的繁荣昌盛时期，流派纷呈，争新斗奇，绝句的创作也大放异彩。

绝句这种小诗以其易读易记而韵味无穷的优点获得了永恒的艺术生命，至今仍为各种不同文化层次的人们所偏爱。

　　近几年来出现了古典文学、特别是古典诗歌的鉴赏热，有关书籍畅销全国，方兴未艾，表明广大读者迫切需要从祖国文艺宝库的无数珍品中发掘精神财富，吸取心灵营养。这当然是令人振奋的可喜现象。然而搞文学研究而鄙薄文学鉴赏、甚至泼冷水的人也是有的，因而有必要说几句话。

　　文学鉴赏在整个文学活动系统中占有极其重要的地位，不容忽视。所谓"文学活动系统"，是由生活、作家、作品、读者四个相互关联的要素构成的。作家从令他激动的社会生活中吸取素材和灵感，创造出文学作品，为人们提供了精神财富。然而不言而喻，不管这作品如何杰出，如果无人理睬，那就毫无意义。大家知道，文艺作品之所以可贵，在于它有极高的审美价值和社会作用。但这一切都不过是一种"潜能"，不可能"自动地"实现。要实现，必须通过读者的阅读、理解和鉴赏。从文学反映社会生活并反作用于社会生活的全过程来看：反映生活的过程，是通过作家的艺术创造完成的；反作用于社会生活的过程，是通过读者的艺术鉴赏完成的。文艺作品只有通过文艺鉴赏，才能使读者沉浸于美的享受中，陶冶性情，开拓视野，提高精神境界，文艺作品潜在的智育、德育、美育等作用，才能得到实现和发挥。

　　文艺鉴赏的意义还不止如此。对于作家来说，常常从文艺鉴赏反馈的信息中领悟到更高层次的审美情趣和审美理想，从而反思自己的成败得失，把此后的创作推进到新的领域。

　　高水平的鉴赏必须建立在对作品本身以及作家经历、社会背景等等彻底了解的基础之上，因此，校勘、训诂、考证以及各种相关问题的研究等等都是必要的。然而归根结蒂，这一切，其作用都在有助于对文艺作品的鉴赏，使其潜在的社会功能得以实现，并指导创作。这是一个方面。另一个方面，对作品的理解还不等于高水平的鉴赏。文艺鉴赏乃是一种艺术的再创造，而不是对作品内容的刻板复述。文艺作品描绘的一切有其确定性的一面，这种确定性的东西愈是显而易见，读者的鉴赏就愈有一致性。正因为这样，古今中外的名作才能被不同时代、不同民族的读者共同欣赏。然而一切优秀的作品都具有含蓄美，用接受美学的术语说，就是都具有"意义不确定性和意义空白"。鉴赏家的艺术再创造，就在于从作品实际出发，凭借自己的艺术敏感和审美经验，调动有关的生活阅历和知识库存，驰骋联想和想像，细致入微地阐明作品的象征、隐喻、暗示和含而未露、蓄而待发的种种内容与含义，并补充其"空白"，突现其隐秘，甚至发掘出作者压根儿没有意识到的东西。当然，鉴赏者的这些阐明、补充和发掘，即使有一些是作者不曾意识到的，却应该是符合作品的客观意义的。在这里，应该坚决反对的是主观随意性。

对文艺作品能否鉴赏和鉴赏水平的高低，取决于鉴赏者的主体条件。刘勰在《文心雕龙·知音》的开头便慨叹"知音其难哉"！马克思在《1844年经济学—哲学手稿》里则说："对于不辨音律的耳朵说来，最美的音乐也毫无意义，音乐对它说来不是对象，因为我的对象只能是我的本质力量之一的确证。"因此，刘勰强调"操千曲而后晓声"，马克思指出"如果你想得到艺术的享受，你本身就必须是一个有艺术修养的人"。

鉴赏文学作品，当然需要懂得文艺学、语言学、心理学、哲学和文学发展史；鉴赏古典诗歌，还得通晓历史、地理、音韵、训诂、考据、书法绘画乃至宗教、民俗；而通过长期精读名作培育起来的艺术敏感和通过亲身的创作实践积累起来的心得体会，往往能在鉴赏作品时迅速透过外在形态而把握其内在意蕴，捕捉其象外之象、言外之意、弦外之音；而确切的审美判断，即寓于无穷的艺术享受之中。

由此可见，高层次的文学鉴赏并非一蹴可及，然而又并非高不可攀。鉴赏水平较低的读者在扩大知识领域、加强艺术修养的同时结合高质量的鉴赏文章精读名作，日积月累，就会不断提高自己的鉴赏水平。

当爱情变成了历史
——晚清的史词

叶嘉莹教授出生于1924年，1945年毕业于北京辅仁大学国文系，自1954年开始，在台湾大学任教15年，其间先后被聘为台湾大学专任教授、台湾淡江大学及辅仁大学兼任教授，1969年迁居加拿大温哥华，任不列颠哥伦比亚大学终身教授，1990年被授予"加拿大皇家学会院士"称号，是加拿大皇家学会有史以来唯一的中国古典文学院士。现担任南开大学中华古典文化研究所所长。

自1966年开始，叶嘉莹教授先后曾被美国哈佛、耶鲁、哥伦比亚、密西根、明尼苏达各大学邀聘为客座教授及访问教授。自1979年开始，叶嘉莹教授每年回大陆讲学，曾先后应邀在北京大学、北京师范大学、南开大学等数十所国内大专院校讲学，并受聘为客座教授或名誉教授。

英文专著有《Studies in Chinese Poetry》，中文专著有《王国维及其文学批评》、《灵谿词说》、《中国词学的现代观》、《唐宋词十七讲》、《词学古今谈》、《清词选讲》等数十种。

我以前曾经讲过，小词在初起时本来是歌筵酒席之间的艳歌。因为它篇幅短小，而且人们对它轻视，所以称它作小词。但是这种艳歌小词却很妙，它有一种特殊的美感特质，跟诗是不一样的。诗是言志的，是它本身的情意内容就有一份感动你的地方。比如杜甫《闻官军收河南河北》曾云："剑外忽传收蓟北，初闻涕泪满衣裳"，这当然是非常令人感动的作品；杜甫说自己"许身一何愚，窃比稷与契"(《自京赴奉先县咏怀五百字》)，并且要"致君尧舜上，再使风俗淳"(《奉赠韦左丞丈二十二韵》)，这样的志意当然使我们感动。可是，它们使读者感动的原因，是杜甫本身博大深厚的感发力量所致。小词则不然。对于这点，我们可以借用一个西方女学者Julia Kristeva的观点来说明。她写过一本书《诗歌语言的革命》(Revolution in Poetic Language)。该书认为，诗歌语言是一种"符号"，具有不同的作用。一种作用是合乎理性、合乎逻辑，是可以指称、可以说明的。Julia把诗歌语言的这种可以清楚指称的作用叫做"Symbolic Function"，即一种象喻性的说明。还有一种作用，不是理性可以说明的，这种作用好像是一个"变电所"(Transformer)，即作者的情意只是一种符号的呈现，而无法加以确定的指说。它充满变化的可能性，随时随地都在生长，随时随地都在兴发，随时随地都在变化。Julia说这种语言不是symbolic的poetic language，而是Semiotic的诗歌语言，即一种符示性的作用。中国的小词之所以妙，正是因为小词的语言就是如此的。

　　在我看来致使小词意蕴丰富起来的原因，一种是"双重性别"的作用。比如《花间集》中的作者都是男性，而他们所写的那些形象、情思和语言却都是女性的，这种"双重性别"的现象，就容易引发读者丰富的言外联想。如果换作一个女性作者写她的对镜梳妆，那就是非常现实的动作行为。而当一个男性作者用女性口吻来叙写女性对镜梳妆的时候，就容易促使读者想到这里边有象喻的意思。像温庭筠的"懒起画蛾眉"，"照花前后镜"等词句，他的"蛾眉"，他的"簪花"，他的"照镜"，都使读者透过词表面的女性形象，联想到一个男性的如张惠言所说的"感士不遇"一类的感情。致使小词意蕴丰富起来的另一种原因，是"双重语境"的作用。对此，我们可举南唐作者李璟为例。比如其《摊破浣溪沙》"菡萏香销翠叶残，西风愁起绿波间。还与韶光共憔悴。不堪看"数句，王国维认为"大有众芳芜秽，美人迟暮之感"(《人间词话》)。从表面看，李璟这首词与温庭筠《菩萨蛮》一样，也是写一个abandoned woman，一个弃妇的形象。实则不同。温庭筠词引起读者联想，是由"双重性别"引起的。因为温庭筠是个士人，所以他使读者想到一个士人的"感士不遇"。可是李璟作为南唐的君主，他无所谓"遇"与"不遇"，所以他的思妇形象没有"感士不遇"的意思。可王国维为什么从他的"菡萏香销翠叶残，西风愁起绿波间"看到了"众芳芜秽，美人迟暮"的悲哀和感慨？就是由于"双重语境"的缘故。因为李璟时代的南唐，偏安一隅，在他所处的这个小环境的相关语境之中是可以安定享乐、苟全一时的；可是在整个晚唐五代这个大环境的相关语境之中，北方的北周对于南方侵略吞并的阴影一天比一天严重，所以他的潜意识中又有一种忧危念乱的恐惧。正是这种大环境与小环境的强烈反差，才使得王国维从他的"菡萏香销翠叶残"数句想到"众芳芜秽，美人迟暮"，那是对于国家危亡，国运难以久长的一种深隐的忧虑。所以我们说小词从一开始就隐藏了多种可能性。

还要补充的一点是：一般而言，小词总是写伤春、怨别的感情。我曾经提到，晚清陈宝琛写过《感春》和《落花》等七言律诗，他是用伤春来表现一个国家的危亡。钱锺书先生也曾写过"伤时例托伤春惯"(《故国》)的诗句。可见，古今诗人感慨时代的时候常常用伤春来喻托，所以五代那些相思怨别、感时伤春的小词就充满了多种诠释的可能性。不过这种诠释的多种可能性，对当时的作者本人而言，只是 unconsciously，subconsciously，无意识的，潜意识的有所流露，和屈原、曹植有心之喻托有本质的不同。正因为小词的作者，在他们的显意识之中写的真的就是伤春和怨别，所以才使得小词那种微妙的作用得以形成，能够引起读者丰富的联想。

更妙的是，小词并没有停止在《花间》五代的创作里。我们仍以南唐作品为例，南唐中主李璟所写的"菡萏香销翠叶残"，还是指一个思妇。可是到了后主，其《相见欢》一词中"林花谢了春红，太匆匆，无奈朝来寒雨晚来风"和"胭脂泪，相留醉，几时重"数句，何尝不是伤春？又何尝不是落花？可是，他最后却写出来："自是人生长恨水长东"。他不像温庭筠，也不像南唐中主。温庭筠所写的"懒起画蛾眉"，他就停止在这个女子的形象上；而中主所写的"菡萏香销翠叶残"、"还与韶光共憔悴"，也还是停止在这个思妇的形象上。但李后主却从伤春写到了他自己的"人生长恨水长东"，所以他所写的不再是思妇的伤春，而是自我的伤春。其《浪淘沙》云：

> 帘外雨潺潺，春意阑珊。罗衾不耐五更寒。梦里不知身是客，一晌贪欢。独自莫凭栏，无限江山。别时容易见时难。流水落花春去也，天上人间。

这首词也写伤春花落，可是同样不再是指伤春悲秋的闺中思妇。他从他自己一个人的伤春，一片花的飞落——"林花谢了春红"写起，最后写到了什么？他写到"自是人生长恨水长东"。他是从一己的感情，写出了人类所有的悲哀。"春花秋月何时了？往事知多少"，这是李后主一个人在悲慨往事；"小楼昨夜又东风"，我的"故国"就"不堪回首月明中"了，这虽然仍是他一己的悲哀，可是他却把古往今来所有的无常的哀感，包括盛衰生死等等，都写进去了。所以王国维很有见地，他说后主"变伶工之词为士大夫之词"（《人间词话》）。这是小词一个默默的演进，它不再是为歌女而作，而是作者用歌辞的形式进行自我抒写。从李后主开始，词已经由歌辞之词变为诗人自我抒情和言志的诗篇了。这是词的第一步演变，当然是一种开拓。但是李后主这样写的时候，他并非有心为之。在李后主的显意识中，并没有这种反省的觉悟。那么，这种诗化的拓展从何而来？是从他的国破家亡而来。这正是我所要强调的一点，那就是中国词的拓展，与世变，与时代的演进，与朝代的盛衰兴亡，结合了密切的关系。词第一次从"伶工之词"变成"士大夫之词"，是因为李后主的国破家亡。

后来有心要把歌辞之词写成诗化之词的是苏东坡。苏东坡曾说："近来颇作小词，虽无柳七郎风味，亦自是一家"(《与鲜于子骏书》)，他说我近来所作的小词，虽然没有柳永那样的风味，却也写出了我自己特有的一种风格。因为柳永所写的很多词都是给歌女写的歌辞之词，而苏东坡现在却把它变成抒情言志的诗篇了。由此可见，苏东坡是有心去改变的。可是你要注意到，苏东坡这一类词在北宋的时候，并没有被大家接受和承认。北宋末年的李清照就曾经说苏词是"句读不葺之诗"(《词论》)，她认为词里边不能写这些东西。所以李清照在诗里边写"生当为人杰，死亦为鬼雄。至今思项羽，不肯过江东"(《夏日绝句》)这样激昂慷慨的句子，但她在词里边从来不写这样的作品。因为那时候人们对词的认识还停留在歌辞之词的阶段，所以苏东坡的拓展在当时并未被广泛接受。这样的创作观念，直到南宋才逐渐被世人接受。南宋为什么会接受苏东坡？因为北宋到南宋之间经历了一次的世变，北宋灭亡了。所以，在南宋像辛弃疾、刘克庄等辛、刘一派的词人便写出许多激昂慷慨的作品来，即所谓"诗化之词"。

如前所述，词体从"歌辞之词"到"诗化之词"的演进，与世变结合有密切关系。我们在讲李清照时，为了与其对比，还曾提到清代的一个女词人徐灿。我认为李清照不肯把国破家亡写到词中，是因为她那时对词的认识还停留在对"歌辞之词"的美感特质的体认之上。可是经过北宋、南宋之间的世变以后，有了辛、刘一类作品的出现，激昂慷慨的风格就可以写到词里边去，被大家所接受。所以徐灿就写出"龙归剑杳、多少英雄泪血"（《永遇乐》）的句子，把明朝灭亡的那种激昂慷慨的悲哀写到她的词里边去了。同样是女性作者，同样经过了国破家亡，为什么李清照不写，而徐灿写了？这是因为，从北宋到南宋的世变，使大家认识到词里也可以写这种感慨世变的感情。词真是很妙，从最早写伤春怨别到后来写世变，富有这么深刻的涵义。这种创作方面的演进是自然的、必然而然的。李后主虽无心拓展，可是他既然习惯于写作词这种文学形式，所以当他遭遇国破家亡的极大悲哀的时候，他自然就将这种感情写到词里边去了。宋朝的词人既然也熟悉了词这种文学形式，所以当他们经历国破家亡的时候，也自然就用词这种形式去写作。从"歌辞之词"到"诗化之词"，从相思怨别的思妇之词到激昂慷慨的英雄豪杰之词，这是词在创作方面的演进。

与词之创作方面的演进相呼应，词学家对于词之美感特质的体认也经历了一个相当漫长的过程。宋代笔记中记录了很多关于词的价值的讨论。黄山谷就曾说过，他写的歌辞是"空中语"。不但北宋人对于词之美感特质没有清楚的认识，一直到了南宋的作者陆游也还说，《花间集》里的作品都是些淫靡的听歌看舞的创作："五代之时，干戈扰攘，而士大夫沉迷如此"（《花间集跋》），他认为这是不对的。所以他对于小词美感特质的认识，还是认为那是给歌伎酒女演唱的歌辞，写的是相思怨别。可是后来，到了清代的乾嘉时期，就有张惠言出现，他说小词本来就是男女哀乐之词，"极命风谣里巷男女哀乐"，可是这样的小词，却可以"道贤人君子幽约怨悱不能自言之情"（《词选序》）。所以，像温庭筠写女子的画眉、梳妆、照镜，就有了"幽约怨悱不能自言之情"的深层涵义；中主所写的闺中的相思怨妇，那个"还与韶光共憔悴"的女子也同样就有了"幽约怨悱不能自言之情"。

小词为什么会有这种深层涵义的可能性？这就是我们刚才所讲到的两个方面的原因：一个是"双重性别"，一个是"双重语境"。作者在词表面所写的是一层意思，可是他在下意识之中，就因为上述两种不自觉的双重情境，他于无意之中又流露出来"幽约怨悱"的"不能自言之情"。而且，这种深层涵义并不一定是作者在显意识中所要有意表达的，它只是我们读者所引发的一种感觉和联想而已。可是我所分析的这种原因，从五代一直到北宋、南宋，词学家一直对它没有理性的认识，直到张惠言才想到词里边可能有这种"幽约怨悱不能自言之情"的可能性。张惠言也只是隐隐约约感受到小词有这种可能性，能引起读者的联想。可是为什么有？张惠言没有说明。这种可能性到底是什么？应该管它叫做什么？张惠言也找不到一个适当的术语来说明。于是他只好说这种可能性大概就是"诗之比兴，变风之义，骚人之歌"，"则近之矣"。意谓小词中这种微妙的作用，与《诗经》之中的比兴，风雅之中的变风，《离骚》之中的美人香草相比较，大概差不多。可是，如我们所反复强调，小词的美感特质既不是比兴，也不是《离骚》美人香草的喻托。因为比兴和《离骚》里的喻托都是有心有意的，而小词中那种微妙的作用则是无心无意的，这正是小词吸引人的地方。

张惠言由于没有将这一点说明清楚，所以他的观点提出以后，大家就开始反对他。本来张惠言在借用"诗之比兴，变风之义，骚人之歌"来对词之美感特质进行理论说明的时候，还是说得很有分寸的。他只是说"近之矣"，即大概的意思，却并没有说一定就是。可是当他解说具体词作的时候，就都指实了。比如他说温庭筠《菩萨蛮》(小山重叠金明灭)写的就是"感士不遇"，其中的"照花四句"有"《离骚》初服之意"。再比如他评欧阳修《蝶恋花》(庭院深深深几许)云："'庭院深深'，闺中既已邃远也，'楼高不见'，哲王又不寤也。'章台'、'游冶'，小人之径。'雨横风狂'，政令暴急也，'乱红飞去'，斥逐者非一人而已，殆为韩、范作乎"(《词选》)等等，他讲了很多首词，他把每一句都指实了。本来作者并不一定真的有这个意思，这只是给读者的一种联想的可能性而已。张惠言却将之都讲成是作者的原意，他之所以受到别人讥评，就因为他说得太拘狭、太死板。对张惠言批评态度最激烈的莫过于王国维，他说："固哉，皋文之为词也！飞卿《菩萨蛮》、永叔《蝶恋花》、子瞻《卜算子》，皆兴到之作，有何命意？皆被皋文深文罗织。"（《人间词话》）王国维批评张惠言这样说词是牵强附会的，可是他自己为什么又说晏殊等人的词有"成大事业、大学问"的三种境界呢？这是因为，王国维与张惠言的说词方式有本质不同。王国维在提出"三种境界"之后，随即又说："然遽以此意说词，恐晏、欧诸公所不许也。"王国维并没有将之指实为作者本来的创作意图，他强调这只是他自己作为读者的一种联想而已。比之于张惠言，这是王国维的高明之处。

对小词与世变的关系，张惠言以后的另一位词学家周济有更进一步的论述。张惠言说词里有"贤人君子幽约怨悱不能自言之情"，那么这种"不能自言之情"究竟应该写什么？张惠言却没有明说。对此，周济《介存斋论词杂著》说："感慨所寄，不过盛衰，或缠绵未雨，或叹息厝薪，或己溺己饥，或独清独醒"，他说词应该"寄托"与时代盛衰相关的内容，词里应有这样的"感慨"。那么小词的这种"寄托"在写作时应该如何加以表现呢？周济在《宋四家词选目录序论》又说："词非寄托不入，专寄托不出"。"非寄托不入"指如果小词不能引起读者一种深微的联想，那么它就不深刻。所以我们说一首好的词就是要以能够引起读者这种丰富的联想为美。王国维也是找不到一个合适的词语来说明词之美感特质。因为他认为"比兴"说词方式太拘狭了，所以他不用"比兴"，他用是否有"境界"来作为衡量词之好坏的标准，认为"词以境界为最上"，也是说要有这么一种言外的意蕴才是一首好词。可是周济强调"专寄托不出"，意思是说如果真正有意要去"寄托"，你的词就会写得很死板，不超脱。那么，词究竟应该怎样写？周济说："一物一事，引而申之"，意即从一个小小的物件或并不重要的事情就能够将它们引申和发挥。"触类多通"，就是所有相近似的事物都能够将其联想到一起。接下来怎么样呢？"驱心若游丝之罥飞英"，用心的时候，驱使心力就好像蜘蛛网或者是游丝网住天上飘飞的落花，所以心思是很细腻的。随便看见云行水流，看见花开花落，看见许多很微妙的景物和事情，它们都能在细微的心灵感觉之中被敏锐地捕捉到。这是说首先在内心有了一种感动，所谓"情动于中而形于言"。其实不管是诗的创作，还是词的创作，都是内心先有了感发才去写的。心思是如此精微细密，以至于对于一片花飞，对于一阵微风，都有一种微妙的感受。那么，要怎样去表达这种细致精微的感受呢？周济又说："含毫如郢斤之斫蝇翼"，"含毫"，因为古人写字都用毛笔，写字前总是用舌头去舔一舔毛笔，把笔尖舔出来，所以是"含毫"。周济这句话意思是，当你拿起笔写词的时候就如同"郢斤之斫蝇翼"。这是《庄子》中的一个典故。《庄子》记载楚国有一个人，有一点白色的石灰粉粘在他的鼻尖上了。他的一个朋友是善于抡斧子来凿石头的人，他就让他的朋友抡起斧子把他鼻尖上的石灰粉削下去。你想如果你要抡起斧子来削的话，你不是要好好地看着这个人的鼻子来削吗？可《庄子》却说这个人是"听而斫之"，连看都不看。结果斧子一抡，伴着斧子的风声，就把石灰给削下来了。但是"尽垩而鼻未伤"，鼻子却一点都没有受伤。宋国的国王听说了这件事情，就把那个挥斧头的人找来，说你有这个本领，今天你就在我的殿上找个人表演一下。这个会挥斧子的郢人却说："臣则尝能斫之矣，虽然，臣之质死久矣。"不错，我是曾经这样做过，我曾经听着斧头抡下的风声，就把我朋友鼻子上的灰削下来。但是我那个朋友不在了，那个能够跟我配合的人不在了，我没有一个对象，所以我不能为您表演。那个朋友对我有信心，我们配合的紧密无间，因此我可以将石灰从他鼻子上削下来而"鼻不伤"。可是现在您随便找个人来，他跟我没有这种心灵的默契，我一挥，他一动，他的鼻子不见了，我怎么办？这说的是一种非常微妙的配合。所以周济是说语言表达的能力，就要如同郢人抡着斧头能把朋友鼻子上像苍蝇翅膀那么薄的石灰削下来一样精微。"无厚入有间",这也是用《庄子》的典故:有一个杀牛的人,他的刀很锋利,他已用他的刀杀了无数头牛,用了数十年的刀,但刀刃却一点都没有伤害,就是因为刀刃进去的时候,他知道牛骨之间哪里是有空隙的,这也是非常微妙的。就算心思敏锐,如"游丝之罥飞英",不管看到的是落花还是飞絮,都有很多很细致的感情,但是能写得好吗?有没有这种"郢斤之斫蝇翼"、"无厚入有间"的本领?"既习矣",熟悉了"游丝之罥飞英"这种感觉,也熟悉了"郢斤之斫蝇翼"、"无厚入有间"的这种本领。如果有了这样的经验,"意感偶生",偶然的情境,偶然的感触,"逐境必悟",随着任何的情境,都有丰富的联想,都有你的体验。如果这样培养的时间长久了,就会"冥发罔中",随便地一写,无心之中就写得好了。到那时,"虽铺叙平淡,描绘浅近",描摹、描绘虽然很浅近,像我们曾经讲过的贺双卿,她描写天边的晚霞"碎剪红鲜",这是古人从来没有用过的形容词。天上晚霞的云那么零零碎碎的,一点一点的,像是把红绸剪下来。周济说这时的词虽然"摹绘浅近"却"万感横集"。再以贺双卿那首词为例:"青遥,问天无语","青"是颜色,"遥"是距离,那么青苍,那么遥远的天,双卿用那么浅近的语言就写出来,可是我们读者读后却有那么多的说不出来的感受。正如周济接下来所说的那样:"五中无主",我们觉得我们的五脏六腑、我们的内心真的是被她摇动了,不能平静下来,没有一个主宰。真正好的作品,是会让你内心有一种摇荡的感觉的。如果以科学而论,你的思想来自你的大脑,不是你的内心。可是有的时候,如果你碰到确实让你动心动情的人或事,你还是觉得那种感受在心,而不在脑,你会觉得你心里有一种感动。周济说如果有了那么锐敏的感觉,又有了那么高妙的表现手法,果然写出了这样的作品,于是"读其篇者",读你的作品的人,"临渊窥鱼",就好像一个人在深渊旁边看水里的游鱼,"意为鲂鲤",看见水里有鱼在游动,于是就猜测:那是鲂鱼呢,还是鲤鱼呢?确实感觉有鱼在里面,可是一指说常常就说得不对了。"中宵惊电",好像在子夜被一个闪电给惊醒,可是那闪电到底从哪一个方向闪过去?因为它很快,所以"罔识东西",不能分辨它东南西北的方向。周济这里意在比喻读者确实被一首词所感动,虽确感却又不可确指的情景。因为一说出来就不对了。佛说"不可说",老子说"道可道,非常道",就是可确感而不可确指。读这样的作品就像"赤子随母笑啼",如同一个小孩子随他母亲,母亲哭他也哭,母亲笑他也笑。就是说一看到这样的作品,就被它感动了,就随它"笑啼"。小孩子知道他母亲为什么笑,为什么哭吗?他不一定知道。我们读某个人的作品,被它所感动,好像有笑的感觉,好像也有哭的感觉,我们知道他为什么哭,为什么笑吗?我们并不必然知道。"乡人缘剧喜怒",乡下人看戏,戏台上高兴他就高兴,戏台上愤怒他就愤怒。但戏中人物生活于哪年哪月、何朝何代,姓甚名谁,他并不知道,但这又有什么关系呢?"亦可谓能出矣",所以读词,既要能够入进去体会,还要能够跳出来不受它的局限。这是欣赏词的办法,也是写作词的办法。

我们再看周济对词之意蕴的拓展主张。如前所述,周济提出词要抒写与时代盛衰相关的"感慨"。这种"感慨",有时是"绸缪未雨",就是国家危亡尚未发生、将要发生的时候,我们就应该提前做好准备;有时是"太息厝薪",相传古时有一个人的柴火就放在他炉灶的旁边,别人劝他不应该这样做,万一有火警呢?他却回答说,没有啊,现在不是很安全嘛!这是比喻对那些苟安乱世之人的愤慨;有时是"己溺己饥",看见人民的痛苦就如同我的痛苦,别人淹在水里就如同我淹在水里,别人饥饿也如同我饥饿一样,这是我对他们的关怀;有时则是"独清独醒",大家都沉迷在这个风气之中,而你是一个清醒的人。总而言之,你对人生的种种情境,你有你自己的深切的感悟。正如周济所说:"随其人之性情、学问、境地,莫不有由衷之言。见事多,识理透,可以为后人论世之资。诗有史,词亦有史。庶乎自树一帜矣。"

这里有一个问题：不管是词还是诗，为什么有的就是博大的，而有的虽然它的字句也很精美，可是它却是很狭隘的？究竟是什么拓展了诗词作品的境界？我认为有两点原因：一个是"大我"的关怀，如我常说的"以悲观的心情过乐观的生活，以无生的觉悟做有生的事业"。还有一个是对自然的融入，像陶渊明的诗"有风自南，翼彼新苗"（《时运》），"山气日夕佳，飞鸟相与还"（《饮酒》），如果你真的跟大自然融为一体，你就能够得到拓展，你就不只是写一个人的小我的范围了。人我、得失、利害，如果你一天到晚总是计较这样的事情，你就不能超越。所以周济说要"见事多，识理透"，所写的要能够有这样深远的认识。如果真的能这样，就会"诗有史，词亦有史，庶几自树一帜矣。"因此，不仅是诗里边可以反映历史，词里边也可以反映历史。

　　可见，小词从"歌辞之词"到"诗化之词"种种的发展，与世变有着密切的关系。而词学家对于词的美感特质的认识也与世变有着密切的关系。从北宋到南宋的变故，成就了一派"诗化之词"；而南宋的败亡，也成就了宋、元之际的一代作者。所以李清照不写激昂慷慨的词，而徐灿写了，那是因为徐灿经过了明清的又一次世变。到了晚清那个激变、急变、多变的时代，小词与世变的密切关系，就体现得更为明显。

　　下面我们就以几首晚清的史词为例加以具体说明。

　　先看朱孝臧《鹧鸪天·九日，丰宜门外过裴村别业》：

　　野水斜桥又一时，愁心空诉故鸥知。凄迷南郭垂鞭过，清苦西峰侧帽窥。　　新雪涕，旧弦诗，惺惺门馆蝶来稀。红萸白菊浑无恙，只是风前有所思。

　　朱孝臧不但是晚清一个有名的词作者，而且还是一个有名的词学家。《鹧鸪天》是词牌名。"九日"，就是九月九日重阳节。"过裴村别业"，"裴村"是刘光第，戊戌变法牺牲的六君子之一。"丰宜门外"，"丰宜门"是金代故都（北京是从金元开始在此建都的）的南门所在，大概在现在的丰台一带。刘光第在戊戌变法中被杀死了，朱孝臧是他的好朋友，那一年的重阳节，他经过"丰宜门外"，而那里正是刘光第的"别业"（即住所）所在。这首《鹧鸪天》即是哀悼在戊戌变法之中牺牲的六君子。张惠言说词能写出"贤人君子幽约怨悱不能自言之情"，小词的奇妙就在这种"难言"之中。即是说你内心深处有这种"难言"的感情，你没有办法表达出来，而小词却最善于表达这一类感情。这与小词的形式有密切关系，因为小词总是委婉的、曲折的，最适合表现这类感情。"野水斜桥又一时"，"丰宜门外"的刘光第故宅，这里有一湾野水，有一座小桥。当年我经常路过这里，曾经看到这一湾野水，走过这一座斜桥。周邦彦说"当时相候赤栏桥"（《玉楼春》），那写的是爱情。他说当年我常常跟我所爱的人在那个美丽的红色的栏杆的桥边约会，互相等候，她先来了就等我，我先来了就等她。可是今天我回来，却正如唐代崔护所写的诗："去年今日此门中，人面桃花相映红。人面不知何处去，桃花依旧笑春风"（《题都城南庄》），只有我一个人追寻往日的痕迹，往日的情思，往日的旧梦。朱祖谋与刘光第素为好友，所以此次经过，心境也大不相同。"又一时"，感慨极为深重。当时刘光第在的时候，我经过这里，那是满心的欢喜。可是现在我再回来时，就完全不同了。物是人非，事事皆休。"愁心空诉故鸥知"，现在满心的悲愁，向谁去述说？在政治的斗争中，在慈禧的淫威之下，你敢公开去抱怨吗？在当年"野水斜桥"有很多的沙鸥，我现在只好向沙鸥去述说。"凄迷南郭垂鞭过"，这是北京故都的南城门，现在再经过这里，真是难过，情意凄迷，连马鞭都扬不起来。"清苦西峰侧帽窥"，北京西边有山，在南门这里远远地看到西山，真是"清苦西峰"。我现在没有心情看西山，所以低下头来，把帽子戴偏，因为我不能让人看见我在这里凭吊刚刚被斩首的刘光第。六君子殉难的日子是八月十五，现在是九月初九，连一个月都不到，所以我不能让别人看到我。"新雪涕"，"雪"是洗的意思，现在我以泪洗面。"旧弦诗"，我当年到这里来，我跟刘光第两个人，我们弹琴，我们赋诗，我们有这样知己、知音的谈话。"悄悄门馆蝶来稀"，"悄悄"，幽静的意思。在这个幽静的、寂寞的门馆，没有人到这里来了。当时我们那些人在这里聚会，弹琴作诗，议论风发，现在别说人不来了，就连蝴蝶也不来了。"红萸白菊浑无恙"，又到了秋天，红色的茱萸，白色的菊花仍然像从前一样的开放。"只是风前有所思"，只是我独立在风前，想到我从前的朋友，我们的豪情壮志，我们的理想，我们的感情，我只能在"风前有所思"。

再看况周颐的《浣溪沙》：

风雨高楼悄四围，残灯粘壁淡无辉，篆烟犹袅旧屏帏。已忍寒欺罗袖薄，断无春逐柳绵归。坐深愁极一沾衣。

当朱祖谋写《鹧鸪天》的时候，戊戌六君子被害，可是清朝还没有灭亡，仍然存在。而当况周颐写这两首《浣溪沙》的时候，清朝已经灭亡了。我以前曾经讲过陈宝琛感春的几首《落花》诗，那真是无可奈何的一件事情。以我们现在的政治观念而言，我们可以说那些人不够进步，不够革命，留恋那个封建帝制的旧王朝。可是对于他们本人而言，他们是生长在那个朝代之中，受那种教育，那种科考，他们是在那个朝廷做过官的。更何况在民国初年，军阀混战，政局多变，时势难明，他们的感情真是复杂难言。举个例子。为什么王国维会跳昆明湖自杀？他不是完全为了殉清，而是出于对时代的悲观和失望。王国维为什么会写《殷周制度考》？就是因为他后来虽然转为考古，但在考古之中仍然寄托了他的理想。一个有理想的人，不管他做什么事情都还是有理想的；而一个没有理想的人，不管他作出的研究多么细致，考证多么精审，也还是没有理想的。据说王国维有一个学生，考证孔子适周的问题，即孔子有没有到周王室去过。他不止考证孔子去没去过周王室，而且他还考证了孔子适周的时日。这篇文章给王国维看了，王国维说："考证虽确，但事小耳。"意思是说你做得不错，考证得的确很细致，但将这个考证出来没有很大的意义。王国维的《殷周制度考》，考证的是从商代到周代武王的立国。这是中国历史上一次很大的变革，很多政治制度都随之改变。王国维所感慨的是，从殷商到了周代，是一个时代的大变化，而从帝制的清王朝到了共和的中华民国，这也是一个时代的大变化，所以一切的典章制度、政策都应该有很大的变革。因此王国维不止是考古，他是有感于周代的那些开国君臣，他们都是有理想的。他们制定的周礼，以及那些制度，那些规定，都是那么详细。而从清朝到民国，却没有立定美好的制度，一切仍然是那么混乱。可见，当王国维写《殷周制度考》的时候，他是隐藏着很深的用意的。他之自沉昆明湖，不止是殉清。如果只为这一点，那他早就该自杀了，为什么又会到民国的清华大学去教书？他对民国初年军阀混战的时局是彻底绝望了。王国维的思想历程在当时的旧文人中很有代表性。

况周颐这首词则写出了他自己的独特感受。"风雨高楼悄四围"，从《诗经》开始，"风雨"就有代表战乱之意。在当时世变以后，在混乱的战争之中，人烟殆尽，一片死寂。"残灯粘壁淡余辉"，高楼外边都是风雨，房间里的灯影却是这样黯淡无光。"篆烟犹袅旧屏帏"，我仍然点了一炉香，而且还是篆香。在中国的传统里边，"篆香"一直有一个象喻的意思。秦少游有一首小词说："欲见回肠，断尽金炉小篆香"（《浣溪沙》），意谓你要知道我那千回百转的感情，而且这感情都已经是柔肠断尽，你何以见得？"断尽金炉小篆香"。"炉"，多么炽热，"金"，多么贵重，"篆"，多么委曲，"小"，多么纤细，"香"，多么芬芳。所以我说过，古人的诗词是好还是坏，从哪里看？语言。有没有深远的意思？还是语言。都是看它的语言里边包含了多少作用。语言真的是非常微妙，每个字都有它的作用。这样芬芳的，这样委曲的，这样纤细的，这样热烈的，这样贵重的，是我的内心的感情，可现在却是"断尽金炉小篆香"。"篆烟犹袅旧屏帏"，旧日的房间，旧日的屏风，旧日的帏幕，仍然有篆香，而那篆香也仍然在袅动。"已忍寒欺罗袖薄"，外面的寒冷我早已忍受了很久，"欺"是外力对我们的一种摧毁，一种侵袭。他说我忍住寒冷，那寒冷是侵袭到我的罗袖之中的。如李商隐诗所说："远书归梦两悠悠，只有空床敌素秋"（《端居》），我期待远人给我书信，可是"悠悠"，很久没有来了。那么就让我做梦回去吧，但也很久没有梦了。我所爱的，能够和我亲近的、和我心灵相交的人，现在却离我这样遥远，我还有什么？我怎样抵挡那一切的孤独和寒冷？只有寂寞的空房，没有伴侣，没有保护，我是孤单的一个人，面对那个寒冷的肃杀的秋天。"已忍寒欺罗袖薄"，我也不是说不肯忍耐，我也不是说不肯承担，我已承担、忍耐了很久了。"断无春逐柳绵归"，可是过去的永远不会回来了。你什么时候看见同一个春天随着柳花的飞舞，又回来过？"坐深愁极一沾衣"，我一个人独坐，忧愁是如此之深，以至于当愁到极点的时候就落下泪来。

我们现在看的都是比较悲哀的词，那么有没有比较奋发的作品呢？虽然比较少，但也不是没有。下面这首就是比较激昂慷慨的。王鹏运《满江红·送安晓峰侍御谪戍军台》云：

荷到长戈，已御尽、九关魑魅。尚记得、悲歌请剑，更阑相视。惨淡烽烟边塞月，蹉跎冰雪孤臣泪。算名成，终竟负初心，如何是。天难问，忧无已。真御史，奇男子。只我怀抑塞，愧君欲死。宠辱自关天下计，荣枯休问人间世。愿无忘，珍惜百年身，君行矣。

安惟峻是王鹏运的一个朋友，别号安晓峰。安惟峻被谪戍到军台，王鹏运前去为他送行，写下了这首词。安惟峻为什么会被谪戍到军台？因为在中日甲午战争之中，帝后两党和、战之争十分激烈，而当时王鹏运和安惟峻二人都曾做过御史，而且都是以直言敢谏被称赞一时，安惟峻就是由于这一点，被慈禧太后一党从朝廷赶走了。王鹏运这首词真是写得激昂慷慨："荷到长戈"，你本来就是一个勇士，现在当你扛着长枪去边关戍守的时候，其实你已经经历过多少场的斗争。"已御尽、九关魑魅"，所谓"天子之门"有九重，中国古人常说见到天子要经过层层关锁，不容易见到。"九关"，指朝廷大大小小、高高低低的这些政府。你现在是到军台去戍守了，可是当年你在朝廷已经抵挡过，已经战斗过，你已经和朝廷那些大大小小、高高低低的、像"魑魅"一样的，像鬼怪一样的官员斗争过。"尚记得、悲歌请剑"，我还记得，我们两个人"悲歌请剑"，我们悲歌慷慨，希望能找到一把宝剑去建功立业。"更阑相视"，我们两个人谈话，到了夜半，我们"相视"。所谓"相视一笑，莫逆于心"。如果用语言说出话来，就已入下乘。佛教也曾说"世尊拈花，迦叶微笑"，根本不用语言。"惨淡烽烟边塞月，蹉跎冰雪孤臣泪"，你现在到军台去戍守，那里烽烟惨淡，你面对的只是"秦时明月汉时关"的一轮明月。你在边塞，满地冰雪，你一个人在那里，你的悲哀和感慨又将如何？"算名成"，就算你得到一个直言敢谏的名声，"终竟负初心"，因为我们的直言敢谏不是为了一个名声，而是为了真正能够改善当时的政治。"如何是"，有什么办法？根本没有办法。"天难问，忧无已"，屈原写《天问》，就是为了表达自己的无比忧愤，我们也是忧愤满怀，无以排解。"真御史，奇男子"，真正的御史，就应该是直言敢谏的，你无愧是一个"奇男子"。"只我怀抑塞，愧君欲死"，只是我满怀着忧抑悲愤，无法面对你，因为我没有在直言敢谏上协助你做过什么事。"宠辱自关天下计，荣枯休问人间世"，我不是为我们个人的宠辱而忧愁痛苦，你是升官还是被贬谪到军台，不是你个人问题，你的宠辱关系到天下的大计。"愿无忘、珍惜百年身，君行矣"，不要忘了珍惜你的"百年身"，也许你将来还有一天，能够完成你的理想。这是一首比较激昂慷慨的词，写出了对一个朋友的安慰，也写出了作者自己对国家的满腔热情。

我们再来看文廷式反映庚子国变的《忆旧游·秋雁》。先简单介绍一下文廷式。文廷式的祖父叫文晟，在太平天国的战乱中守广州城殉节死去的。他的父亲叫文星瑞，接着他祖父跟太平军作战，曾经在危

城之中被围困了三次。那个时候文廷式大概就是五、六岁的样子，所以他是在战乱中长大的，而且是受了他祖父、父亲的忠义的影响。文廷式这个人真的是一个天才。有人整理了他的集子，从中可以发现他的学问非常广博。他不但文学好，而且数学、物理、化学，什么都通。文廷式祖籍虽然是江西，但是因为他一直跟着祖父、父亲，所以他是在广州长大的。在二十岁左右的时候，他进入广州将军长善的幕府。长善是长叙的哥哥，长叙则是光绪珍、瑾二妃的父亲。长善没有儿子，长叙就把他的一个儿子过继给了长善，这就是志锐。而长叙自己还有一个儿子留在身边，这就是志钧。文廷式在广州幕府的时候，跟志锐、志钧两兄弟有密切交往。这两个人都非常有理想，胸怀大志。王鹏运有一首词《八声甘州·送伯愚都护之任乌里雅苏台》。"伯愚"是志锐的号。他为什么会到乌里雅苏台那么遥远的地方去？就是因为中日甲午战争时期，志锐和文廷式等主战，李鸿章一派却主和，而光绪皇帝主战，西太后慈禧主和，所以凡是主战的人，都被西太后给遣走了。志锐本来是在热河练兵，离首都很近，是为了对日本进行抗争，而西太后却把他调到乌里雅苏台，把他赶到边疆，这与安惟峻被贬到军台的性质是一样的用意。在志锐被放逐到遥远的边疆去的时候，文廷式也被免职，离开了首都。他曾经在上海、湖南一带漂泊，而且一度逃亡到日本。在他离开朝廷期间，戊戌变法又失败了。到了庚子，也就是光绪二十六年（1900），八国联军打进了北京城。不管是主战还是主和，慈禧太后也好，光绪皇帝也好，都逃难走了。在临走之前，珍妃被慈禧太后下令投入井中。因为珍妃是敢讲话的，在西太后要带走皇帝的时候，珍妃站出来说应该让皇帝留下来，所以惹怒了慈禧太后。那时文廷式在南方，在得知这一事件发生之后，他写了《忆旧游·秋雁》。词云：

　　怅霜飞榆塞，月冷枫江，万里凄清。无限凭高意，便数声长笛，难写深情。望极云罗缥缈，孤影几回惊。见龙虎台荒，凤凰楼迥，还感飘零。梳翎，自来去，叹市朝易改，风雨多经。天远无消息，问谁裁尺帛，寄与青冥？遥想横汾箫鼓，兰菊尚芳馨。又日落天寒，平沙列幕边马鸣。

刚才我们引用周济的词论，他说用心要如"游丝之罥飞英"，"用笔如郢斤之斫蝇翼"，指的是那种最精致、最细微、最深隐的一份感情。文廷式是反抗西太后的，他怎么能写出来？他对珍妃的那一份悲哀，他怎么能写出来？而他对于光绪皇帝逃难的那种悬念，他又怎么能写出来？所以这首词实际上隐含了很多无法言说的感情。"忆旧游"是词的一个牌调，本来跟词的内容没有必然的联系，但就这首词而言，也暗含有怀念追思之意，所以这个词牌选用得很微妙。他写的题目是秋天的鸿雁，并注明"庚子八月作"。庚子八月之时，北京刚刚被八国联军占领。"怅霜飞榆塞"，北方有一个关叫榆林关，关塞上已经是严霜飞降，非常寒冷。秋天，北方是这样寒冷，所以鸿雁就南飞了。可是它飞到南方，这时的南方是什么情景呢？是"月冷枫江"。"枫江"，是说江南，因为唐人有一句诗："枫落吴江冷"。"怅霜飞榆塞，月冷枫江"，好的词作，它的语言都是非常丰富的。文廷式写的是秋雁，所以"霜飞榆塞"，可以是指北雁南飞，从榆林塞到吴江，同时从光绪逃亡的地方到文廷式的落脚之处，也是从北方到南方，所以这两句词也隐含了这一层意思。"万里凄清"，从北到南，当时的国家是一片凄清，都是在敌人的践踏之中。"无限凭高意，便数声长笛，难写深情"，唐代有一位诗人叫赵嘏，他曾经写过两句诗："残星几点雁横塞，长笛一声人倚楼"（《长安秋望》）。疏星冷月，鸿雁从塞上飞来，在鸿雁飞过的时候，有人在怀念远方的人。笛声的幽怨代表着对远人的思念。所以文廷式说"便数声长笛，难写深情"，其中隐含着"雁横塞"，也隐含着对在边塞逃难的光绪皇帝的担忧。"望极云罗缥缈，孤影几回惊"，他说他看天上的雁，看到天的尽头有几片像丝罗一样薄的白云，缥缥缈缈。"孤影几回惊"，这里暗含的也是雁。李商隐《春雨》诗云："怅卧新春白袷衣，白门寥落意多违。……玉珰缄札何由达，万里云罗一雁飞。"一层意思，可以从作者的角度来说，他看到天上万里云罗缥缈，有一只鸿雁"孤影几回惊"；另一个意思，也可以从鸿雁的立场来说，这只孤雁飞在天上，看到天上云路之遥远。雁如果有情，它在天上看下来，它应该看见"龙虎台荒，凤凰楼迥"，龙虎台是那么荒芜，凤凰楼又是那么遥远。龙虎台，是当时满清的一个建筑，代表宫殿；凤凰楼也是指的皇帝的所在。"还感飘零"，表面是说雁的飘零，实际上也指人的飘零。我们的国家在八国联军的践踏之下，变得"龙虎台荒，凤凰楼迥"，无论是皇帝、词人自己，还是普通百姓，都在飘零离别之中。"梳翎，自来去"，雁虽然独自在这么遥远的路上，虽然是在悲哀、孤独寂寞之中，但它仍然是自我要好的，它还是"梳翎"。"梳翎"，指鸟用嘴巴梳理自己的翎毛。"自来去"，一个人孤独的来去。文廷式写的是雁，同时也是自喻。"叹市朝易改，风雨多经"，时代改变得这么快。我们说人多的地方，一个是市井，一个就是朝廷。陶渊明说"一世易朝市"，三十年为一世，三十年后你重新回到一个地方去，你会发现你从前见到的、你当年认识的人都不在了。"市朝易改"，如果鸿雁有知，它会慨叹这个朝廷有这么大的改变，"风雨多经"，经过了多少的风雨。"风雨"一向代表了外界的灾难和打击。"天远无消息"，鸿雁是传书的，但相距那么遥远，鸿雁能传来什么消息？"问谁裁尺帛，寄与青冥？"谁能剪裁一尺的帛书，让鸿雁寄到天上？这些都写的是鸿雁，可是也都流露出文廷式对朝廷、对光绪皇帝的怀念。"遥想横汾箫鼓，兰菊尚芳馨"，"横汾箫鼓"出自汉武帝《秋风辞》："秋风起兮白云飞，草木黄落兮雁南归。"文廷式用这个典故，隐含着与雁有关的信息。更妙的是后边几句："兰有秀兮菊有芳，怀佳人兮不能忘。泛楼船兮济汾河，横中流兮扬素波，箫鼓鸣兮发棹歌。"当年汉武帝坐楼船从中流渡过，有箫鼓歌舞，何其风光！现在光绪皇帝和西太后却是仓皇逃难渡过汾河。这只鸿雁当年有没有看见汉武帝渡过汾河？如果见过，现在它再次看见光绪皇帝也渡过汾河，该有多少悲慨？还不只这些。因为汉武帝的诗里边有"怀佳人兮不能忘"一句，意即兰花有秀，菊花有芳，那个佳人是不能忘记的。汉武帝可以怀念李夫人一类的佳人，而光绪皇帝也有他思念的佳人。这个佳人是谁？就是被慈禧太后下令推入井中的珍妃。而珍妃又是文廷式看着长大的，文氏在广州将军长善幕府的时候，珍妃大概只有四岁多。她叫志锐大哥，叫志均二哥，叫文廷式三哥。所以珍妃被害，文廷式是非常痛心的。"又日落天寒，平沙列幕边马鸣"，词从雁写起，结尾又回到雁的身上。古人说"雁落平沙"，"平沙"是雁落之处。可是现在却听到战马的嘶鸣，看到数以万计的帐幕列于平沙之上。杜甫诗曾云："平沙列万幕"、"马鸣风萧萧"，这实际上写的是战争。综上可见，这首词既反映出当时八国联军对中国侵略的国势，也写出了文廷式对光绪皇帝的思念和对珍妃的哀悼，更写出了词人自己的飘零落泊之悲。委婉曲折地反映出世变的阴影，正是晚清史词中优秀作品的一个共同的特征。

重绘中国文学地图

杨 义

杨义，1946年生，中国社会科学院首批学部委员，出任该院文学研究所所长兼学术委员会主任、少数民族文学研究所所长兼学术委员会主任十余年，兼任《文学评论》主编、《文学年鉴》主编、国家社会科学基金重大项目首席专家，中国鲁迅研究会会长。著有《中国现代小说史》三卷、《中国古典小说史论》、《中国叙事学》、《重绘中国文学地图》、《中国古典文学图志》以及十册《杨义文存》等著作三十余种。曾获国家图书奖、中国图书奖、中国社会科学院优秀科研成果奖等奖项。

　　"重绘中国文学地图"是我近年来反复思考的学术文化命题。这个题目主要是用大文学观来考察我们中华民族文化共同体形成过程中的文学本质和它的总体特征。借用"地图"这个词语来概括和形容新的研究角度，多维地考察文学在我们的民族共同体的形成发展过程中发挥了什么样的作用。为什么要提出"重绘中国文学地图"这个命题呢？因为我们的国家已经进入了全面振兴的历史时期，这样的现代大国需要一部属于自己的、完整、丰厚、精彩、体面、富有创造性的活力和魅力的文学地图和文化地图作为我们的精神依托和精神力量的依据。

　　为什么要"重绘"呢？就是因为我们过去绘得有缺陷，或者不够完整、有待深入，或者对民族共同体的精神过程的关注不甚自觉。从1904年林传甲写作第一部《中国文学史》到现在已经是整整100年了。这100年中，中国人写作文学史有1600多部。在各个领域都有了许多坚实的建树和深刻的开拓，结构了中国人理解自己文学精神过程的基本知识体系。但是当我们展开文学地图的学理思路，就会发现，大量的文学史既没有做到古今贯通，也没有能够把汉民族的文学和诸多大民族以及少数民族的文学作为一个合力机制进行文学处理，古今贯通是文学地图的经线，多民族共同创造文明是文学地图的纬线。经纬交织互动，才能在广博深厚的、丰富的层面上展示中华民族的文学精神过程，才能激活古老的智慧，深化现代智慧，在原创性、兼容性的生命延续中展示中华民族的文化哲学。

一、重绘中国文学地图的三个关键学理问题

在重绘中国文学地图的过程中，有三个学理问题非常关键：一是文学的时空结构的问题，二是发展动力体系的问题，三是文化精神深度的问题。这三个问题有纵有横，有内有外，有表有里，广泛地涉及文学资源多样化的收集、运用和积累，涉及到文学的地理、民族、文化的存在状态和它的生命的内容，是重绘中国文学地图的三个基本点。

（一）时空结构问题：在时间维度上强化空间维度

以往的文学研究比较重视时代、思潮，讨论作品的思想性、艺术

性，它是现实主义还是浪漫主义的等问题，并用这些作为评价标准，来判断它是进步的，还是保守的。这些问题当然也非常重要，可以清理中国文学发展的文化脉络，可以划分历史阶段，甚至可以考察我们的精神是从哪里来的，又向哪里去，但是它们基本上只把握了时间的流向，空间的问题相对地被忽略了。

1.《楚辞诗学》和《李杜诗学》中的空间维度问题。

我写过两本书，一本叫做《楚辞诗学》，一本叫做《李杜诗学》。为什么研究先秦的文学，不先研究《诗经》，而先研究《楚辞》呢？这里边就暗含着一个讲究，《诗经》是代表中原文化、黄河文明，我们的文学研究中对中原展示得很充分。但是如果要研究《楚辞》的话，我们就会把文学研究的版图拓展到长江，研究长江文明，把长江文明和黄河文明加在一起，我们对中华文明的理解就会进入一个新的高度。

通过研究《楚辞》，把长江文明纳进我们整个中国文学研究的版图里面，这种文学地理学的研究视野，反映着文学研究中空间维度的自觉。因为屈原写的楚辞，认同中原，但是不是用中原的表述方式去消解南方多民族聚居地区的非常奇丽的、非常富于想象力的表现方式，而是保留了许多南方系统的神话想象、祭祀礼仪和语言表现方式，用它来丰富整个中华文明的文学构成。中国古代诗歌出现了诗和骚，就是《诗经》和《楚辞》两个源头，这对于整个诗歌的发展是具有关键性的意义，研究楚辞实质上是研究诗歌的长江源。我们常常讲中华文明几千年没有中断，原因是什么呢？其根本的原因在于我们除了黄河文明之外，还有一个长江文明，双江河文明的互动互补所具有的文化分量非单一文明所能比拟。要不然北方的游牧民族占据黄河流域之后，原有的文明就没有回旋的余地。相对而言，尼罗河文明起源很早，但由于地理的限制，它只围绕着一条河流的谷地发展，阿拉伯人一番征服就使它中断了，因为它没有回旋的余地。但是东亚大地上黄河文明与长江文明并流，游牧民族来了，汉族的很多家族都移到江南，把江南开发得比北方还要繁荣发达，这就为愈来愈高程度上的南北融合提供了非常丰厚的资源和条件，从而对中华文明生命力的延续和壮大起了关键性的作用。

此后我又写了《李杜诗学》。研究盛唐诗学，为什么要李杜并举？除了在时间的维度上，李白代表了前盛唐，杜甫代表了后盛唐，他们分别代表中国诗歌的青春和老成之外，更本质的维度是空间维度，地理学的维度。杜甫出生在河南巩县，杜诗基本上是中原文明、黄河文明的一个产物，尽管他的晚年也染上某些长江气息。他代表着黄河文化，代表着《诗经》传统在后盛唐的深广的忧患。而李白出生在"碎叶"，当时属于唐朝的安西都护府的四镇之一，他自称"陇西布衣"，他的父亲是在丝绸之路上做生意。李白五六岁的时候，父亲带着他迁居到了剑南道绵州青莲乡，也就是现在的四川绵阳地区，虽然定居在那里，但是交往的那些人还是丝绸之路的那些客人。李白24岁离开四川到长江漫游，漫游到42岁才奉诏到长安翰林院里工作。在24—42岁这段时间，他虽然也有干谒卿相的行为，但主要在长江漫游，他的漫游跟苏东坡不一样，三苏父子一出川就直接去了首都汴梁，去拜见欧阳修等人。李白则南穷苍梧，东涉吴越。李白的漫游主要包含了三个因素，其一是胡人行侠的行为，其二是道家的求仙的信仰，其三是南朝山水诗的传统，主要是大小谢(谢灵运、谢朓)的山水审美体验。李白实际上是用胡地气质和长江文明的气象改造了盛唐的诗。他那种气质不是中原文明原来所固有的，所以李白的那种豪放，永远是中华民族的智慧的启蒙。

《李杜诗学》既写了李白又写了杜甫，实际上就写了我们文学中的中原、长江和边疆。不同的文化地理，对作家的生命感觉和诗歌形态起了不同的模塑作用。

2．从地理空间着手寻找文学的矿脉。

空间维度涉及的文化层面非常丰富，其一是地域文化。齐鲁文化、楚文化、燕赵文化、三晋文化、秦文化、岭南文化和江河源文化、塞外文化、西域文化等等，作为中华文明的子文化都是源流多异，风貌互殊，由此生成的文学也千姿百态。其次，空间问题还涉及到家族的连姻、分支和迁移，并带着家族文化基本在文学领域承传和旅行。其三，空间问题还涉及到作家的人生轨迹，他的出生地、宦游地、流放地、归隐地。中国文学中很多好作品，都是在作家流放的时候写出来的。比如苏东坡流放到黄州，写了前后《赤壁赋》、《念奴娇·赤壁怀古》、《定风波·沙湖道中遇雨》、《记承天寺夜游》等一系列绝妙诗文，有所谓"文到黄州更绝尘"之誉，就变成另一个苏东坡了。最后，空间问题还涉及作家文学群体的形成和文化中心的转移，比如宋朝的江西诗派、清朝的桐城派，以及元杂剧的中心由大都到杭州的转移，都离不开地理和空间维度的考察。地理和空间维度对我们考察文学的发生和变异，对于我们解释文学的深层文化意义，提供了非常丰富的材料依据和智慧源泉。

寻找文学的矿脉，应该从地理空间上入手。我举一个简单的例子，老虎的故事，若能从地理空间上进行排比和编码，是可能产生新见地、新智慧的。中国古代中原地区也是有老虎的，虎的故事讲的比较成熟、富有哲理，是到了春秋战国时期，这个时期出现了三个最有名的老虎。一个是"苛政猛于虎"的老虎，孔子经过泰山的旁边，看到一个妇女在哭，说她家三代的男人都给老虎吃掉了，为什么她不走呢？因为这里无苛政。所以孔夫子叹息，"苛政猛于虎"。我们如果从政治的维度看问题，他是批评苛政的。但是如果我们加进地理的维度、空间的维度，另外一种解释的可能性就出现了。这是说齐鲁之地的泰山有老虎，因为春秋时期的政治和经济活动使人迁移到泰山，迁移到老虎居住的地方，跟老虎的生存发生了对抗。

第二个老虎是魏国的老虎，"三人成虎"。魏王的臣子对他说，如果有一个人说街上来了老虎你相信吗？不相信；两个人说，还不相信；三个人说就相信了，就弄假成真了。所以谣言重复多次就可以乱真，过去是从谣言的政治功能的角度来看待这则寓言的。但如果加入地理的角度，魏国是现在山西的南部和河南一带，也是黄河流域，老虎已经比较稀少，城市里没有老虎，但是远郊有老虎，人和虎也发生了对抗。这是北方的两个老虎。

另外一个最著名的老虎，是战国时候的"狐假虎威"的那个老虎，狐假虎威那个老虎是楚国的老虎，是楚国的江乙对荆宣王讲的一个故事。在这则寓言里，虎还是百兽之王，在虎和狐狸的周围还有很多小动物，它的食物链没有变。人和老虎之间保持着一种有距离的官场观照，人没有紧张感，还透露出几分幽默。这是楚国的老虎，长江流域的老虎。

略加梳理就可以发现，中原地区开始发生了人虎对抗，人的活动比较频繁，干扰了老虎的生态环境。但是在长江流域的山地，人虎之间还没有发生对抗。这种南北的分界在西汉时期的《盐铁论》一书也有所透露，这本书写政府官员和文学贤良之士在长安讨论盐、铁、酒之类的物资的国家管理政策，其中有一个人说，"南夷多虎象，北狄多骡驴和骆驼"，地理因素进来之后，就出现了分流的情况，就出现了北方系统老虎的故事和南方系统的老虎故事的巨大差异。北方人和老虎发生了对抗，南方人和老虎之间存在着一种神秘的人性、人情的关系。

晋朝有一部《搜神记》，就记录庐陵（现在江西的吉水）这个地方有一个老虎，到村子里面去叼了一个会接产的一个老太太。叼到山里之后，发现母老虎正在难产，老太太就帮这个老虎生下了三个虎崽子。老虎把老太太驮回去之后，每天晚上叼了很多小动物到她家里去。这只老虎知恩必报，又知道谁会接产，颇通灵性。

还有一个老虎的故事，见于唐朝《刘宾客佳话》。刘宾客就是刘禹锡，他讲了一个发生在浙江诸暨的南方老虎的故事，说有一个老太太在山里走路，见到一个老虎痛苦地爬行，爬到她面前，伸出前掌来，

上面有一个大的芒刺，老太太给它拔掉了这个芒刺。老虎感到很羞愧，当时没有报答她就走了，以后每天晚上隔三岔五的给她家里叼来一些兔子、麋鹿等小动物。老太太有肉吃了，温饱了，吃得白白胖胖的。她心里暗暗高兴，就把这个事情告诉自己的邻居和亲戚。这个老虎那天晚上就给她叼了一个死人，害得这个老太太吃了一场官司，关到牢房里面去了，老太太后来说清楚是老虎叼来的死人，不是我杀的人，就把她放回家了。当晚老虎又叼小动物到她家里去，老太太爬到屋墙上说："老虎大王，你下一次可不要叼死人来了"。人和虎的关系是一种带有人性、人情的，它知道那个老太太会接产，还知道这个老太太把它的秘密泄露出去了。人和老虎有一种人性、人情的关系，都很神秘。怎么都是写老虎跟老太太打交道呢？老太太体弱心慈，无心又无力和老虎对抗，所以这种写法是消解英雄的，在这里是看不到英雄的，老虎不是英雄，老太太也不是英雄。

北方老虎故事就属于另具特征的叙事系统。曹操有一个儿子叫曹彰，在曹操的几个儿子中武功最好，能够左右开弓，击剑技术很好。有一次北方的乐浪郡（治所在朝鲜平壤附近）送来一只老虎，围在铁笼子里面，很多武功非常好的壮士看着都害怕，被这个老虎威武凶猛的样子震慑住了。但是曹彰进去之后，拽住老虎的尾巴，把老虎的尾巴缠在自己的手臂上，把这个老虎治的俯首帖耳。这样的描写方式，是英雄主义的。英雄主义表述得更加淋漓尽致的，当然是景阳岗武松打虎。那只吊睛白额大虫一扑、一掀、一剪，武松也施展好身段，双方打斗得惊心动魄。景阳岗打虎是最突出的两强相搏、以生命为代价的英雄主义现象。

著名的故事往往千古流传、万里转述，在这千秋万里中不断地被重新编码，在传播和改编里出现"重复中反重复"的现象，这最能说明时间和空间对于重读经典的意义。景阳岗的老虎传到鲁迅的故乡绍兴，鲁迅在《门外文谈》中讲了武松打虎的故事，被甲、乙两个乡民在目连戏的穿插戏中表演，甲很强壮，乙很弱。甲扮演武松，乙扮演老虎，这个很强壮的武松把老虎打得够呛，老虎说你怎么这样打我？武松说，我不打你，你不咬死我嘛。老虎说那好，我扮武松，你扮老虎。可是换位扮演了之后，老虎又把武松咬得够呛，武松说，你怎么这么咬我？老虎说，我不咬你，你不打死我了嘛。武松打老虎，转换为老虎打武松，采取老虎开口说话和角色颠倒的方式，消减英雄。

景阳岗武松打虎的故事传到了扬州，被改编为扬州评弹。我听过扬州评弹著名的艺人表演，他讲武松喝了十八碗酒之后上了景阳岗，酒劲一发作，就醉过去了，睡着了。忽然一阵风声、一阵虎吼，武松惊醒了，醒过来之后到处找老虎，没找到。老虎躲在树丛里面说："哈哈，武松，你没看见我，我可看见你了。"这个老虎跟人是一种顽童的、捉迷藏的关系。武松打老虎不是一棍子打在松枝上，把棍子打折了，而是一棍子打到老虎面前，老虎歪着脑袋一看，说这是什么？这是香肠吧，咔嚓一口就咬掉半截。这么一个武松打虎，让老虎来吃淮扬大餐了。所以人和虎之间的关系，从北方传到南方来，增加了不少南方的民俗心态和民间诙谐感。

景阳岗这个老虎后来又光临蒙古，外蒙古在清朝的时候还属于中国的版图。清朝的时候有一个喀尔喀尔蒙古译本的《水浒传》，其中的景阳岗武松打虎翻译得不像现在讲求准确性，因为追求翻译到蒙古人爱听、爱看。蒙古人不会徒手打死老虎的，不会拳脚套数。蒙古好汉有三个本事，骑马、射箭、摔跤。武松打虎被他们改译过去，变成蒙古式的摔跤。景阳岗上竟然还有个水坑，最后把老虎摔在水坑里，用脚踢瞎它的眼睛，把它踢得奄奄一息之后，再拿棍子打打看死了没有。草原文化使武松打虎变了样，变成了蒙古式的摔跤。所以地理的因素、民族的因素，不仅把老虎分成南北，而且首先把人分成南北了，南方人和北方人的自然环境、生活方式、风俗习惯和审美心理素质发生差异，根据差异状况对老虎说三道四、评头论足，也就产生了文学想象的北雄南秀的多样性。

（二）发展动力体系：在中心动力上强化边缘动力

重绘中国文学地图的第二个学理问题，是对文化和文学的发展动力体系的考察。除了对中心动力深入发掘之外，加上并强化对边缘动力的探讨。中华文明是在汉族和诸多古民族、少数民族几千年互相碰撞、互相交流、互相融合的历史过程中共同创造出来的。不研究少数民族就说不清楚汉族，也正如不研究汉族也说不清楚少数民族一样，因为发展到后来都变成了你中有我、我中有你了。惟有全面研究多民族文化共同体的动力系统，才能通解中华民族"能创始强，有容乃大"的文化哲学。

1．两个动力源泉。

历史和文化的总进程已经不可回避地规定，在考察这个文明共同体的文学和文化问题的时候，必须重视两个动力源泉，一个动力源泉来自中原的汉族，还有一个动力源泉来自边疆的民族，叫"边缘的活力"。

为什么要强调边缘的民族文化具有活力呢？因为中原的文化衍化为王朝官方的意识形态，为了自己的体系的严密和等级的尊严，就逐渐模式化，具有了"天不变，道亦不变"的道统权威性，任何改动，都难上加难。少数民族的文明，边疆的文明往往处在两个或者多个文化板块的结合部，这种文明带有所谓原始野性和强悍的血液，而且带有不同的文化板块之间的混合性，带有流动性，跟中原的文化形成某些异质对峙和在新高度上融合的前景。这么一种文化形态跟中原发生碰撞的时候，它对中原文化就产生了挑战，同时也造成了一种边缘的活力。

黄河文明比较早就有了成熟的史学、儒学和诸子文化，就是早熟的文明。很早的时候人的伦理性精神就很强了，神话都被历史化，巫风被过滤成祭祀礼仪。在《史记》中，《山海经》式的怪异记载也不敢采用，认为不够雅驯。在中原文化理性化的进程中，神话破碎了，中原的神话呈现碎金状态的，是片段性的、非情节化的神话，所以中原的史诗就很不发达。西方讲文学史，从荷马的史诗讲起。我们中国人写文学史为了跟西方对应、接轨，就从早期的诗歌总集《诗经》里面选出了五首诗，《生民》、《公刘》、《绵》、《皇矣》、《大明》，作为周朝的开国史诗。但是这五首诗总共加起来是338行，跟荷马史诗、印度史诗怎么比，所以给人们的印象就是中国没有史诗，或者中国是一个史诗的贫国。但是如果我们把少数民族的边疆文明加在一起来看，情形就发生了根本的转变。中国至今还以活的形态存在着少数民族的三大史诗，《格萨尔王传》、《江格尔》、《玛纳斯》。《格萨尔王传》据说是60万行，有的学者说可能有100万行，60万行以上是个什么意思？世界上五大史诗的总和都没有一部《格萨尔》那么长的篇幅。世界上五大史诗最古老的是巴比伦的《吉尔伽美什》，3000多行；影响最大的是荷马的《伊利亚特》和《奥德赛》，在一两万行。最长的是印度的史诗《罗摩衍那》、《摩诃婆罗多》，后者是20万行，因此60万行的《格萨尔王传》的长度，超过了世界上五大史诗的总和，而且中国南北少数民族不同长度的史诗或英雄叙事诗，还有数以百计。这些史诗的加入，使史诗形态学发生了很大的扩充。因为《荷马史诗》是海洋城邦史诗，印度的史诗是热带森林的史诗，中国的史诗加进去之后，就增加了高原史诗、草原史诗、山地史诗种种形态。《格萨尔》属于江河源文明，属于长江黄河的源头所产生的一种文明形态。江河文明的特质是什么呢？它是高山文明，有高山崇高感，有原始性和神秘感。崇拜高山神湖，张扬尚武精神。同时江河源地处丝绸之路东西交通的一侧，使它的文明形态带有混合的状态，带有东亚文明、中亚文明、印度文明、蒙藏文明的一些混合的因素在里面。进一步深究可以发现，史诗形态学受到扩充，史诗的起源学也受到挑战，过去一般认为史诗是在奴隶社会早期发生的，现在我们的少数民族中还有各种形态的活的史诗，这怎么解释呢？史诗的发生学应该重新考量，史诗的艺人学，又获得了许多鲜活的、可以记录又可以临场印证的资源。史诗艺人的迷幻精神状态和超常的记忆能力，都是人类精神学中非常值得开发的独具魅力的课题。

2．从《莺莺传》到《西厢记》。

少数民族的文学状态和汉族的文学状态优势互补、活力互注、素质互融、形式互启，或者说它们之间形成了这"四互"的合力机制，使中华文化共同体的文学发展，存在着原创与兼容并长、赋予与反馈双惠的的巨大潜力。少数民族文学不拘一格的野性生命作为"边缘的活力"，挑战王朝意识形态而内注中原，使中原文学的轨迹发生了许多的变数。

《莺莺传》是怎样演变为《西厢记》的？唐朝的元稹写了《莺莺传》，据说是带有自传性的传奇。张生对崔莺莺始乱终弃，还辩解说，"天生尤物，不妖其身，必妖于人"。这种写法在唐朝得到了认可，陈寅恪先生认为唐朝的知识分子有两种规矩，一个是当官必须要从进士出身，不是进士出身，别人看不起。第二是结婚要找大家族，崔莺莺不是大家族出身，所以抛弃了她，另找个大家族的女儿，在当时是得到了知识界的默许的。而且唐律规定"聘则妻，奔则妾"，就是下聘书，明媒正娶者为妻，跟情侣私奔者只能当妾。

到了宋朝，秦观、赵德麟等人写过歌舞词曲，同情莺莺，哀怨之处，很动感情。据说当时士大夫"访奇述异，无不举此以为美话；至于娼优女子，皆能调说大略"（*赵德麟：《商调·蝶恋花》*）。但是张生和莺莺的最终结局没有改变，都是有情人含恨分手。因为在宋朝理学背景下，婚前性行为是跨越不了礼教的障碍的。但是后来《莺莺传》怎么变出《西厢记》"有情人皆成眷属"的结局呢？这跟女真族入主中原有关系。根据《大金国志》和《辽史拾遗》记载，女真族有两种很特殊的风俗，一种风俗就是穷人家的姑娘到了要结婚的年龄，就到街上唱歌，推销自己，自己怎么样漂亮，自己的女红怎么好。男的把她领回家，觉得合适之后再去下聘书，所谓试婚制度的遗留。还有一种风俗是"纵偷"，元月十五这一天，政府让所有人随便去偷，这一天偷人家的金银财宝，偷人家的妻妾，偷情人，不治罪，是抢婚制度的遗留。女真族这么一种两性风俗和伦理制度，就给张生和莺莺之间的爱情婚姻关系提供了一个很大的伦理空间。因此金章宗时代的董解元写了洋洋五万言的《西厢记诸宫调》，赋予崔、张爱情合理性，在可以得到了发生松动变异的伦理风俗的认可的气氛中，增加了金代常见的兵乱祸民和想象出来的退兵救美的情书，并设置了婢女红娘和寺僧法聪一类草根人物为之助阵，在多种合力中推向有情人可以成眷属的结局。

蒙古人入主中原之后，社会文化价值的内部结构发生震荡，使王实甫做《西厢记》并不感到崔、张爱情的合理性是什么了不起的棘手问题。蒙古作为马背上的民族，对婚姻亲子的态度，跟汉族这种农业民族很不一样，马背上的民族需要健康，需要生育能力强。汉族把婚姻当作"上以事宗庙，下以继后世"的宗法制大礼来对待，婚礼程序很复杂，要完成纳采、问名、纳吉、纳征、请期、亲迎这套所谓"六礼"的繁琐过程，在礼教制度下，崔张的婚前行为根本不合格。只有在少数民族风俗标准底下，崔莺莺和张生之间的爱情，才能超越礼教的审判，返回自然人性，包容婚前越轨行为，在另种伦理上享有合理性，才能高唱着"碧云天，黄花地，西风紧，北雁南飞。晓来谁染霜林醉？总是离人泪"这种绝妙好曲，改写了这个汉族爱情故事的发展轨迹。

3．中原文化与少数民族文化的双向互动。

少数民族入主中原刺激了文化总体结构的振荡，或它在"文化地震"中加速了文化交流和文化结构的重组，一方面少数民族更深程度地接受了汉化，另一方面汉族的文学、文化在浸染胡化风气中得以延续，是一个双向互动的融合过程。

蒙古色目诗人萨都剌的《雁门集》里起码有30首诗写的是南北问

题。因为他本人是雁门关的将军的后代，带着母亲游宦于江南和北方，他弟弟也和他南北分隔到处做官，南北地理的感受相当强烈。文学是带有一个人生命的感受的，少数民族诗人的感受，跟汉族诗人的感受蕴含着不一样的文化情结。萨都剌到了现在南京附近马鞍山的采石矶，感慨于"古今天堑几千里，南北楼船百万雄"（《采石漫兴》）。思维坐标纵横于"古今"和"南北"。他到了北京的长城居庸关，吟唱着"居庸关，山苍苍，关南暑多关北凉"。他体验到长城南北的气候差异，叹息"关门铸铁半空倚，古来几多壮士死"，讲的还是南北问题，还是关内民族和关外民族的残酷战争。他愿意出现一个什么样的天下呢？"男耕女织天下平，千古万古无战争"，他希望出现这么一个太平盛世。民族和文化，是文学地图需要处理的根本问题，我们不要忽视少数民族作家血管中流着的民族的血液，他们思考的南北问题、民族之间的问题，给中国文学带来新的视野、新的生命跃动。边塞诗写边疆风情，易染胡地风气。唐朝军幕诗人写了很多边塞诗，"中军置酒饮归客，胡琴琵琶与羌笛"（岑参：《白雪歌送武判官归京》），诗中难免杂有胡音胡调，自然写得非常慷慨苍凉，但是从中原出使到西域，面对着青海长云、孤城玉关，总有几分有去无回、以身殉国、"醉卧沙场君莫笑，古来征战几人回"（王翰：《凉州词》）的悲壮感。换了元代的少数民族诗人写西域诗，写新疆、写青海，就有了完全不一样的情调，少数民族作家在自己的祖宗之地，是主人，客人的身份变成主人的身份，文学的形态就完全变了。民族身份使他们与汉族诗人发生了换位思维，从而给中国的文学注入新的发展动力，产生了新的精彩。

（三）精神文化深度：从文献认证中深入文化透视

重绘中国文学地图的第三个学理问题，是关注文化精神在深入中的创建。在文献验证考证的基础上，怎样增强文化意义的透视，是我们研究文学应该从方法论上认真处理的问题。文献的考证是一种硬工夫，应该在材料的搜集、整理和辨析上尽量做到竭泽而渔。但是从文献的考证中，透视出它深层的文化意义，也是一种真正的本事，应该在学理创新上充分发挥感悟能力和思辨能力。没有意义的考证是一种死的考证，经不起考证的意义是一种空的意义，如果我们要建立一种有效的文学研究的操作模式的话，我觉得不妨提倡一种"考证型的透视"，或者"透视型的考证"，用考证提供透视的基础，同时用透视来引导考证的方向。通过这种文献和文化的双重功夫，文学研究可能就做实了，做大了，同时又使它跨越文学本身的边界，跟其他文化领域发生深度独致的关系。

1. 沟通文学与史学、哲学、心理学。

谈到文学跟历史的关系，大历史学家陈寅恪比较强调以文证史，文史互证。他写过一本书叫做《元白诗笺证稿》，用文史互证的方法考察《长恨歌》。他比较注意考证杨贵妃是否"以处子入宫"。考证这样一个看似微不足道的问题，深意在于通过考察对贞操的态度，透视唐王朝的胡化程度，因为陈寅恪有一种见解："欲通解李唐一代三百年之全史，其氏（民）族问题实为最重要之关键。"同时陈寅恪又考证《长恨歌》中的诗句："七月七日长生殿，夜半无人私语时。在天愿做比翼鸟，在地愿为连理枝，天长地久有时尽，此恨绵绵无绝期。"他详细地把《旧唐书》和《新唐书》检查了一遍，认为"七月七日长生殿"于史无据，唐玄宗总是在冬季或者春初寒冷时去骊山，绝不在夏天天气炎热的时候去。而且华清宫里面的长生殿是祭祀神人的一个斋宫，神道清严，是不允许这种男女猥琐的事情发生的，唐玄宗怎么可能跟杨贵妃跑到长生殿里去说悄悄话呢？白居易在写这首诗的时候，还没当翰林，所以他不熟悉国家的典故。他只不过是根据民间的传说而没有详细的考察，所以造成诗人说话不准确。历史学家看到历史真实和文学虚构的差异，不过，虚构也是精神现象，也应深究其深层的文化意义。以七月七日牛郎织女鹊桥会的佳期与帝、妃神殿密语相联系，当是引发后世的戏剧《长生殿》之诗情的灵感源泉。

文学家在读《长恨歌》的时候可能另有所见，钱钟书就不太同意这种以文证史的做法，他觉得如此解读法把诗文过于坐实了，诗文总是虚实结合，别有灵动的。钱钟书在研究诗文的时候更注意人的精神感受。在读了宋祁的《玉楼春》中的名句"红杏枝头春意闹"之后，钱钟书列举了大量宋朝的诗词，他注意到宋朝人经常把有声的"闹"字用来形容无声的景色。"春意闹"，"闹"是有声的，进一步考察日常生活中，视觉、听觉、触觉、嗅觉、味觉有时可以彼此打通，眼、耳、舌、鼻、身各个官能的领域是可以不分界限的。在一些文学作品中，颜色似乎也有温度，如暖色调、冷色调，声音似乎有形象。像白居易的《琵琶行》，听着音乐，出现了种种的形象。冷暖似乎也有重量，气味似乎也有体质。比如我们说"光亮"，我们说"响"也是"响亮"，好像声音也有亮度一样。古诗中也有不少这样的词语，"笑声绿"，笑的声音是绿色的，"鸡声白"，鸡的声音是白色的，"鸟话红"，鸟说出来的话是红色的。由这些分布甚广的例证引出来的一种发现叫"通感"，不同感觉之间可以挪移和沟通，文学语言就更注意人的感觉。所以要考证这么多材料怎么去穿透它，就需要有思想文化的穿透力来带领我们对文学文献的搜集、感悟、联想和诠释。考证型的穿透或者穿透型的考证可以沟通多种学科，以上讲的是沟通文学和史学、哲学、心理学，同时也可以沟通雅文学和俗文学。

2．沟通雅文学与俗文学。

口传文学是一种生于民间，传于口耳，而与书面文学相对举的元文学形态。所以称之为"元文学"，是由于它并非狭义的文学，却又像种子一样可以生成、或长入文学，它广泛地联系着乡土情调、民间心理、民俗事象、民众信仰等民族历史的遗传。尤其是近几年，由于联合国科教文组织提倡保护非物质文化的遗产，口传文学或口头的诗学打破纯文学一统天下的格局而逐渐走俏，受人关注。

我们很多的文学表述都是通过口头的，口头的文学具有文学发生上的本体论的价值。即便我们视为经典的书面文学或历史著作，也不能完全排除口传文学，书面文学甚至会由于口传文学的介入而出彩。汉代司马迁的《史记》，是构成二十四史的正史之首，是我们历史书中写得最好的一本、最漂亮的一本。二十四史写得最好的是《史记》，《史记》写得最好的一篇是《项羽本纪》，《项羽本纪》实际上写了项羽的三个故事。一个故事就是巨鹿之战，项羽率领他的军队北上，破釜沉舟，表示必死的决心，在现在河北省的巨鹿这个地方跟秦军的主力相遇，一起来的很多诸侯都吓得屁滚尿流，不敢动，只作壁上观。项羽的军队直闯敌营，以一当十，呼声震天，消灭了秦军的主力。后来接见诸侯的时候，这些诸侯都趴在地上爬过来，项羽的霸王威风在这里就显示出来了。项羽消灭了秦军的主力，是他最大的战功。

第二个故事是鸿门宴，项羽在现在西安东面临潼的鸿门阪宴会刘邦，由于没有听范曾的计谋，被张良设计周旋，化解了"项庄舞剑，意在沛公"的阴谋，最后项羽没能杀得了刘邦，让刘邦跑了。鸿门宴成了项羽一生的转折点，从此就开始了楚汉五年的纷争。

第三个故事，垓下突围和乌江自刎。项羽在现在安徽北部的垓下，被韩信、彭越和刘邦的军队合围了，夜里听到"四面楚歌"。项羽感到大势不堪设想了，人家的军队都唱楚歌，是不是楚地都被刘邦占有了，所以他非常悲观，非常郁闷，他在中军帐里跟他的美人虞姬唱歌、喝酒、舞剑，"力拔山兮气盖世，时不利兮骓不逝。骓不逝兮可奈何，虞兮虞兮奈若何？"最后虞姬自杀，项羽突围，到了乌江自刎。现在出来一个问题，这《霸王别姬》一幕，项羽在中军帐中跟虞姬唱的《垓下歌》是谁听到的？项羽自杀了，虞姬自杀了，江东八百弟子全部阵亡了，中军帐里一个人也不在了，难道是刘邦派了探子、安了窃听器放在那儿吗？查无实证。很可能是太史公好奇，他去采访古战场的时候，当地的父老乡亲告诉他这么一个故事，他就把它写进来了。实际上是民间的文学，是口传的东西。但是两千年来，中国人就相信了这样的"霸王别姬"，好像没有这慷慨悲歌的一幕，霸王这个悲剧英雄的圆圈就没有画圆。中国最好的一本史书的最好的一篇的最好一个章节竟然是民间文学，可见口传的历史在我们历史的出产中占了多大的位置。

口头传说介入历史的写作，竟然碰撞出照耀千古的光芒，使我们感觉到人类的心智在民间智慧中激活的巨大的可能性，感觉到口传文学竟然蕴藏着事关文化本体论的文化哲学。从文献见证和文化透视这类角度去建立新的文学解释体系，能够使文学研究具有坚实的知识含量和深刻的学理创新。

二、重绘中国文学地图的两种方法论

一个新的文学解释体系，有没有生命力，就看它有没有独到的解释能力和根深叶茂的创新能力，能不能在大家都比较熟悉的一些文学现象中解释出深层的意义，解释出属于我们民族的大智慧、原创性的文学价值。我觉得有两种方法值得向大家介绍一下，第一种方法是"追问重复"，就是当看到不同的文学作品中老是在重复同一个类似的东西的时候，必须要追问"为什么"。第二种方法是"破解精彩"，就是破解一个文学作品中最精彩的部分。

(一)追问重复

首先，讲一讲怎么样追问重复。不同的文学作品或者相同作品中的不同部分，出现了相似的人物、意象、情节、结构和表述方式，要进行比较、梳理和归纳，概括出它的模式，追问它的深层意义。这是我们的文学研究一针见血、贯通源流、叩问演变、深入到意义深层的一种方法。

以《三国演义》、《水浒传》、《西游记》为例，这三部作品的人物结构都存在着一个问题——"主弱从强"。俗话说：事不过三。如果是一部小说、两部小说如此，也就罢了，这三部古代最重要的小说，甚至由此还可以推到其他小说中都存在这么一个共同的人物结构模式，就不能不使我们认真地对待，深入地思考。当然，审美上的要求是一个原因，正是由于唐僧比较懦弱，而且长了一个娃娃脸，还长了一身据说吃了之后会长生不老的嫩肉，引得沿途的男女妖精垂涎三尺，唐僧又有点权力，会念紧箍咒，但是人妖不辨，这就使得乱子越惹越大。他不断地招灾惹祸，就需要孙悟空们去破除这个灾难，就造成了叙事中间的张力、曲折和不测。同时孙悟空、猪八戒这两个人物，孙悟空是野神，猪八戒是个俗神，七情六欲，俗世的所有情欲都非常发达。这样就带有喜剧性了，这哥俩儿在一起，好戏连台。还有一个沙和尚，沙和尚的作用就是他无用，如果沙和尚也像猴哥、呆子一样，疯疯癫癫或者很有本事，那就摆不平了。但是他是个黏合剂，是个润滑剂，说话非常在理，要不然师傅被妖精抓走之后，老孙和老猪两个人一闹，一个要回花果山，一个要回高老庄，就是因为有一个沙和尚，他东抹一抹，西抹一抹，抹到最后九九八十一难就抹到头了，一起完成了他们西天取经的生命承诺，所以沙和尚的作用就是无用。

这是从叙述的、审美的角度来讲的，如此设计人物实在是一种大智慧。但还应该进一步追问：难道光是为了叙述的好看吗？它没有更深层的文化意义吗？怎么这三本书不约而同地都采取这种人物关系的结构呢？这就涉及到中国文化的深层的问题，就是中国的民间社会，怎么看待仁和智、勇的关系。第一把手代表仁，其他的人物代表智和勇。在这三者的关系中，仁赋予智和勇以价值。没有唐僧那种坚定的信仰，赋予孙悟空和猪八戒他们价值，孙悟空和猪八戒再折腾，也只不过是个妖精。没有刘备他那种仁政爱民的思想，赋予诸葛亮和关羽、张飞、赵云以价值，他们光有计谋也不过是一个策士、一个谋士，他们多勇敢也不过是一勇之夫，就没有多少价值了。同时智和勇又赋予仁以动力，没有动力的仁也是空话，不能实现的。而且在中国的哲学里面，仁对智、勇的驾驭和制约是以柔克刚，以柔驾驭刚的。这才形成了中国这三大小说的人物结构"主弱从强"背后的深层的文化意义的结构。破解重复就是破解群体潜意识怎么老是有意无意地来这一套啊，就要想一想它的葫芦里卖的是什么药。

（二）破解精彩

第二种方法是"破解精彩"。看到古今名著哪个地方最精彩就要破解它，凝神结想，反复寻思，它为什么能被人写出彩来，神通在哪里？古典文本中有些特别精彩的章节奥妙在哪儿，一旦你参破了这个奥妙，就可能凭借经典性的权威来支撑概括出来的学术原则的合理性和普遍性。精彩是一把锁，你要配上一把有效的钥匙。

《水浒传》写得最精彩的部分就是"武十回"，即写武松的十回。武十回是怎么样写武松的呢？除了写他景阳岗打虎，显示出他的神威之外，实际上是写了武松跟五个女人的关系。这班绿林好汉的行规不是好酒不好色吗？那就把你最忌讳的、最要躲避的东西拿到面前，哪一壶不开提哪一壶，看你的反应，这是专攻软肋的反向描写法，最有效果。这五个女人之中，第一个潘金莲，自己的嫂子，一个漂亮的、抬头不见低头见的家里的女人，对武松不断地进行性骚扰。武松和她既有一层叔嫂之间的关系，又有一个江湖规矩，怎么来对待这个问题。这是家里的女人。

第二个女人，是十字坡的孙二娘。武松杀嫂之后，押解上孟州府的时候，在路上进十字坡酒店，碰上了母夜叉孙二娘。这是江湖上开黑店，卖人肉馒头的女老板，鬓上还插着一些野花。武松对她的态度就跟家里的那个潘金莲不一样了，他要了一桶酒、两盘肉、一笼馒头，还唱着江湖上听来的小调："大树十字坡，客人谁敢那里过？肥的切做馒头馅，瘦的却把去填河。"并且问这馒头是人肉的是狗肉的，这馅里有几根毛，好像人的小便处的毛一般。蒙汗药放进酒里之后，那两个押解的差人都被蒙倒了，武松暗自把酒泼掉，假装也被药倒了，又在运功，却似有千百斤重，那几个伙计搬不动他，最后孙二娘脱下外衣，赤膊来抱他，武松一个翻身，当胸抱住，压在腿下，压得孙二娘杀猪也似的哇哇叫，进来菜园子张青，叉手问你是哪一路好汉，通名结拜之后，武松才说："甚是冲撞了，嫂嫂休怪！"这是江湖上的女人，杀了一个家中的嫂嫂，认了一个江湖上的嫂嫂。

第三个女人是市场上的女人，是快活林的老板娘。武松被押解到孟州府牢房后，施恩安排好酒好食，养好他的伤之后，送他到快活林去找蒋门神报仇。武松一路喝了十几碗酒，假醉装疯，东倒西歪地到了快活林酒店，他一看坐在柜台上那个小妇人肯定是蒋门神的妾，就醉眼乜斜地盯着人家，对送上来的酒百般挑剔，问那小妇人为何姓蒋不姓李，调戏人家，要人家当三陪小姐，弄得老板娘发起火来了，开打，把她扔到酒缸里差点淹死。这是市场上的女人，仇家的女人，他用市场上的规矩和她玩耍调笑，引得评点家金圣叹说，于杀嫂后极写得武二风风失失，真是奇绝妙绝之文。

第四个女人是官场上的人，鸳鸯楼的玉兰。武松这么一条汉子还怜香惜玉，在张都监中秋赏月的家宴上，面对会唱月明曲的玉兰，听着张都监要把这聪明伶俐的歌女择日配给他做妻室的话，连饮酒都不敢抬头，说"枉折武松的草料"，最后几乎搭上性命，把他当成强盗治罪。这是官场上的美人计的女人。

第五个女人，张太公的女儿。武松在血溅鸳鸯楼后逃跑，跑到蜈蚣岭看到一个老道和一个女人嘻嘻哈哈，他就把这个老道杀了，这个女人就是张太公的女儿，无家可归。在深山老林里面，前不着村，后不着店，在脱离了一切社会规矩和伦理束缚的这么一个没人管的空间里面，碰到这么一个女子，她无家可归，请你喝酒吃肉，还献给你一包金银，武松怎么来处理这个野地里不避娣的女人。

这五个女人有美有丑，有爱有恨，有真有假，有贞有淫，涉及到各种不同的社会层面，家庭的、江湖的、市场的、官场的、野地的。中国古人写小说，不怎么直接写人的心理过程，但是把绿林好汉敏感到了成为禁忌的女人问题从各个角度来写，挑逗你，看你怎么应付。你的内心欲望、你的伦理法则、你的生存意志和你的行为方式是个什么样的状态，从各个角度去触碰，简直把你里里外外都抖搂出来。这是一个很高明的手法，把对你的神经最敏感的、最忌讳的，甚至与你的追求背道而驰的内心情结都描写了。

既要破解精彩，还须揭示精彩背后的文化密码。实际上说书人和施耐庵们坚持着一种社会道德和文化操守，认为山中的老虎可怕，心中的老虎更可怕，他把女色看作是心中的老虎。现在如果有相信女权主义的，请原谅我不是讨论今天的信念，我是讲《水浒传》中施耐庵的潜在意识，是把女人当作心中的老虎来对待。武松武二郎只有在降服了山中的老虎，同时又降服了自己心中的老虎，才成为被中国社会，包括民间社会所共同认同的堂堂正正的好汉。从这里也可以印证，中国的文化是很讲究品格的修养的，即使在绿林社会，在民间社会，这种道德自控机制也是缺不了的。所以深层意义注重精神修养，不光是皮肉上的信任，还有一个精神的信任，这才是对所谓好汉的价值认同。金圣叹说："一百八人中，定考武松上上"，"鲁达自然是上上人物，写得心地厚实，体格阔大。论粗卤处，他也有些粗卤；论精细处，他亦甚是精细。然不知何故，看来便不及武松处。想鲁达已是人中绝顶，若武松直是天神，有大段及不得处"。金圣叹"不知何故"处，正是这种内在精神守持的神圣感。

结语：运用文学地图创造
现代大国的文化气象

经典重读，须要破解精彩，为建设现代文化精神提供资源积累和思想脉络。凡是看到在不同的作品中重复的东西，或者看到最精彩的作品中最精彩的部分，都有必要对它们的深层意义进行破解，从中梳通血脉，而令人不感到传统是负担，从中升华智慧而令人感到古老文化长入现代的生机，从中创造出一种可以和西方深度对话，又获得经典权威的充分支持，而且使人家听起来非常感兴趣的、又非常有思想启迪的现代大国的文化气象。这么一种学术的研究，就能够成为现代中国文化建设的有机部分。我们以这么一种学术深度、学术资源的丰富程度为出发点，去重绘中国文学地图，将会使我们的文学地图绘制得很博大、很辉煌、很体面、很完整。作为一个正在崛起的民族，我们已经是世界上的第四大经济体了，实在应该有一张深厚、广博、精彩、体面的文学地图，这对于强化我们民族共同体的意识，对于增强我们的民族凝聚力，将会起着非常潜在的深远的精神哺育作用。这种文学地图将会使我们在新的广度和深度上重新认识我们自己，认识我们自己的文化。

玄学与中国传统哲学

楼宇烈

楼宇烈，浙江省嵊县人，1934年12月10日生于杭州。北京大学哲学系、宗教学系教授、北京大学国学研究院博士班导师、北京大学宗教文化研究院名誉院长、北京大学宗教研究所所长、北京大学京昆古琴研究所所长、教育部社会科学委员会委员、国家古籍整理出版规划小组成员、国际儒学联合会理事、全国宗教学会顾问等。

楼宇烈教授长期从事于中国哲学史、中国佛教史方面的教学和研究工作。

主要著作有：《王弼集校释》、《中国佛教与人文精神》（论文集）、《温故知新》（论文集）、《中国的品格》等。主要论文有：《郭象哲学思想剖析》、《试论近代中国资产阶级改良派的哲学思想》、《易卦爻象原始》、《佛学与中国近代哲学》、《中国近代佛学的振兴者——杨文会》、《胡适禅宗史研究平议》、《玄学与中国传统哲学》、《敦煌本〈坛经〉、〈曹溪大师传〉与初期禅宗思想》、《杨度的"新佛教论"》、《太虚与中国近代佛教》、《中国近现代佛教的融和精神及其特点》、《袁宏与东晋玄学》、《圆瑛大师的佛学思想》、《神会的顿悟说》、《中日近代佛教交流概述》等。

玄学在中国传统哲学的发展历史中，是一个极其重要的环节，它对于中国传统哲学(乃至整个传统文化)的某些基本性格的形成，起着决定性的作用。它在沟通当时作为外来文化的佛教思想与中国传统文化方面，也起了重要的桥梁作用。在这篇文章中，我不可能全面来评论玄学的历史作用和地位，而只想就两个题目来谈一谈玄学在形成中国传统哲学的某些基本性格方面的贡献。一是玄学的"自然合理"论，一是玄学的"忘言得意"论。前者，确立了中国传统哲学的基本理论形态；而后者，则构成了中国传统哲学中最主要的思维方式之一。

◆ 玄学的"自然合理"论 ◆

玄学的理论体系以儒道融合为其基本特征，这在学术界的看法是一致的。但关于玄学究竟是以儒为主？还是以道为主？是儒表道里，还是道表儒里？则有各种不同的分析和结论。因此，在学术界中有的称玄学为"新道家"，有的则称玄学为"新儒家"。这两种称呼，各自都有充分的史料作为根据，因而都是有道理的，也都可以成立。但是，我认为，玄学就是玄学，不必再冠以"新儒家"或"新道家"等称号，以至造成人们对玄学的某种先入为主的片面之见。

大家知道，自然与名教的关系问题是玄学讨论的中心题目之一。而这两者(名教、自然)分别是道家和儒家理论上的主题，也是两家矛盾、争议的焦点所在。玄学在理论上的任务，就是如何使自然与名教最和谐地统一起来。在这方面，玄学家们作出了特殊的理论贡献。王弼所谓"圣人体无，故言必及有，老庄未免于有，故恒致归于无。"已表明了他将儒道有无之说熔于一炉的理论特色。玄学发展到了郭象，高唱"内圣外王"之道，论证所谓"圣人虽在庙堂之上，然其心无异于山林之中"（《庄子·逍遥游注》），则更是将儒道两家的理论主题——名教与自然，融合到了无法再分你我的极高明地步。这一点正是玄学在理论上的最根本特色，因此在南北朝时期即已玄儒并称、玄道同言了。如果一定再要把玄学加以分析，将其定性为"新儒家"或"新道家"，那反而会使玄学本身十分鲜明的特色失去光辉。

玄学融合儒道的理论，以自然与名教为中心，深入地讨论了有无、本末、性命、物理、圣王等问题。对于这些具体问题的分析和论证，玄学家们有同有异，从而形成了玄学内部的不同派别。对此本文不准备作详细讨论。我只是想指出，不管这些玄学家们在具体问题上有多少异同，他们都表现出一个共同的理论特点，即采用"自然"而"合理"的理论形态来论证上述各种具体问题。

王弼玄学的主题是"以无为本"，这里所谓"无"的基本内容之一是指"顺自然"（《老子》三十七章"道常无为"句注）。他认为，"万物以自然为性"（《老子》二十九章注），因此"天地任自然，无为无造"，"天地不为兽生刍，而兽食刍；不为人生狗，而人食狗。无为于万物而万物各适其所用，则莫不赡矣"（《老子》五章注）。同样，与此相关的另一个主题，即"圣人体无"，则是要求"圣人达自然之性，畅万物之情"，"因而不为，顺而不施"（《老子》二十九章注）。"辅万物之自然而不为始"（《老子》二十七章注）。总之，"天地之中，荡然任自然"（《老子》五章注）。这是宇宙、人生的根本法则，只有任其自然，才合万物之本性。万物是有理的，万物之自然本性也就是它的理。换句话说，万物的本性也就是自然而合理的。所以他在指出"物无妄然，必由其理"（《周易略例·明象》）的同时，反复强调这样一点，即他认为，一切事物均"自然已足，益之则忧。故续凫之足，何异截鹤之胫？"(《老子》二十章注）又说："自然之质，各定其分。短者不为不足，长者不为有余，损益将何加焉？"(《周易·损卦·象传注》)

玄学的另一位主要代表郭象，不讲"以无为本"，而以"独化自足"为其学说的主旨。但是，郭象在论证其"独化自足"的主旨时，所采用的理论形态则同样是"自然"而"合理"论。郭象是明确宣布"造物无物"(《庄子·序》)的，其结论自然是"物皆自然，无使物然"(《庄子·齐物论注》)。如果说，王弼在论证万物的自然发生和存在时，强调一个统一的必然的根据的话，那么郭象在论述万物的自然发生和存在时，则强调"物之自造"(《庄子·序》)，即事物各自的独立自得，而否定一个统一的根据。从郭象反复申述"物之生也，莫不块然而自生"(《庄子·齐物论注》)，"掘然自得"(《庄子·大宗师注》)，"忽然而自尔"(《庄子·知北游注》)等等来看，似乎郭象否定了事物发生和存在的必然之理。其实不然，他同样十分强调各个事物自然所得之性，并非自己可以决定或更改的。如所谓"天性所受，各有本分，不可逃，亦不可加"(《庄子·养生主注》)。又如说："大物必自生于大处，大处亦必自生此大物，理固自然。"(《庄子·逍遥游注》)这也就是说，事物虽自生自得，而这种自生自得也是有其自然而必然之理的。所以，郭象不仅承认事事物物都有其必然之理(如说"物物有理，事事有宜。"(《庄子·齐物论注》)同时也认为，物与物之间的关系虽是"自然相生"的，但又是"不可一日而相无"的(《庄子·大宗师注》)，这是一种"必至之势"(《庄子·胠箧注》)的体现。这就如同"君臣上下，手足内外，乃天理自然，岂真人之所为哉！"(《庄子·齐物论注》)由此，他又说："顾自然之理，行则影从，言则响随。"而归根结蒂也是由于"物无妄然，皆天地之会，至理所趣。"(《庄子·德充符注》)就这方面来说，郭象与王弼的观点是一致的。

至此，我想玄学"自然合理"论的理论形态已十分清楚了。这种"自然合理"论的理论特征是，通过顺物自然之性（王弼说），或自足其自得之性（郭象说），来论证事物各自地位的合理性，以及物与物之间关系的合理性。玄学家王弼和郭象都肯定"物无妄然"，认为事物都有其"所以然之理"，即一种必然性。而这种"所以然之理"的根本特性，在玄学理论中也就是"自然而然"。

王弼说："自然，其端兆不可得而见也，其意趣不可得而睹也。"（《老子》十七章注）郭象说："自然者，不为而自然者也。"（《庄子·逍遥游注》)就这一点来说："万物以始以成，而不知其所以然"（《老子·二十一章注》）。但是，此所以然之理又不是全然不可知的。所以王弼又说："识物之动，则其所以然之理皆可知也。"（《周易·乾文言注》）这是说，所以然之理体现在事事物物的性用之中，通过观察事物之性用，则其所以然之理也就可以把握了。

由于玄学家们还不能完全正确解释事物的所以然之理，同时也由于他们所处时代的限制，在他们的理论中存在着严重的命定论内容。但是，我们应当看到，他们把命归于"自然合理"之自性，而没有把命归之于造物主的决定，这在理论思维上是有重要意义的。就此而言，玄学的"自然合理"论是一种具有理性思辨形式的理论形态。正是这种理论形态，在改变两汉的神学目的论的理论形态，以及开创宋明理学的理论形态，以至确立中国传统哲学的基本性格等方面，都有着重要的意义。

与西方传统哲学和文化相比较，中国传统哲学和文化中宗教的色彩相对地比较淡薄，甚至在某种意义上可以说表现为一种非宗教的特征。它在内容上表现为注重人事、注重现世，因而伦理的和政治的成分十分突出。而在理论形态上，则表现为强调自然本性的合理（或合于天理），注重理性的自觉。

过去，人们在分析中国哲学或文化这一非宗教传统的特征时，往往追溯到先秦儒家的传统上去。经常引用《论语》中孔子的话，诸如"子不语怪力乱神"(《论语·述而》)，"未知生，焉知死"，"未能事人，焉能事鬼"(《论语·先进》)，"务民之义，敬鬼神而远之"(《论语·雍也》)，等等作为证明。我们不能否认，孔子上述言论对中国传统哲学非宗教特征的形成，确实有一定的影响的。但是我认为，对于中国哲学或文化非宗教化发展起关键作用的，是由魏晋玄学所建立起来的"自然合理"论。

从儒家孔孟思想中，我们确实可以看到人格化的上帝(神)已基本消失。但也不可否认其中仍保留了非人格的意志之天，天命观念相当严重。汉代的今文经学家可以说是着重地发挥了儒家的天命观。他们吸收阴阳五行，以及象数纬候等学说，炮制了一套相当精致的天人感应理论，把儒家的天命观发展到了一个新的高度，西汉著名的今文经学家董仲舒，是其中最重要的代表。

董仲舒举出孔子说的"不知命，无以为君子"(《论语·尧曰》)一语，并且明确地定义说："命者，天之令也"(《汉书·董仲舒传》)，"王者，必受命而后王。"(《春秋繁露·三代改制质文》)因而，他认为，王者最重要的任务之一，就是"承天意以从事"，"承天意以顺命"(《汉书·董仲舒传》)。他还认为，"王道之三纲，可求于天"(《春秋繁露·基义》)，即人类社会一切最基本的政治制度、道德规范，都源于天。他声言，"天虽不言，其欲赡足之意可见也。"(《春秋繁露·诸侯》)推而广之，人的一切行为，特别是人君的行为，都会引起天的反响(感应)，或呈瑞祥，或降灾异，从而显示天意、天命。总之，在董仲舒眼中，天是"百神之大君"(《春秋繁露·郊祭》)，天除了无人格形象外，其至高无上的绝对地位和意志，比之殷周时期的上帝，诚有过之而无不及。

同时，从董仲舒起，还开始了一个神化圣人(圣王)的"造神"运动。董仲舒说："唯圣人能属万物于一而系之元也"(《春秋繁露·重政》)，"圣人能系心于微而致之著也"(《春秋繁露·二端》)。这就是说，只有圣人能沟通天与万物和百姓之间的关系。他特别推尊孔子，认为"仲尼之作春秋也，上探正天端，王公之位，万物民之所欲，下明得失，起贤才，以待后圣"（《春秋繁露·俞序》），把孔子打扮成一个为万世立法的教主。

这种动向到了纬书和《白虎通》中更有进一步的发展。圣人不仅在智慧上不同凡人，而且在外貌上也与众不同。《白虎通·圣人》篇中不仅鼓吹"非圣不能受命"，圣人"与天地合德，日月合明，四时合序，鬼神合吉凶"等等，而且还特别强调"圣人皆有异表"。诸如"尧眉八彩"，"禹耳三漏"，"煤陶鸟喙"，"文王四乳"，"周公背偻"，"孔子反宇"等等。而在某些纬书中，这些圣人的形象就更是神奇古怪了。如《孝经纬》中描述的孔子容貌是："海口"、"牛唇"、"虎掌"、"龟脊"、"辅喉"、"骈齿"等等。按照这种描述，孔子已完全超出了凡人的范围，而升入了神的行列。于是，又出现了孔子为黑帝之子的神话。此外，东汉光武帝建武初（公元24年）召令尹敏、薛汉等校定图谶，至中元元年（公元56年）"宣布图谶于天下"。从此，谶纬被统一起来，作为东汉王朝官定的辅助儒家经典的文献，使儒家经典也神学化了。

由此可见，从董仲舒，经谶纬，至《白虎通》，两汉今文经学制造了至高神（天）、经书（谶纬）、教主（圣人、孔子）等，走的是一条企图把儒家变为宗教（儒教）的道路。两汉时期的古文经学派，缺乏理论，在思想上的影响是无法与今文经学派相匹敌的。两汉之际的扬雄、桓谭，东汉的王充等，特别是王充的《论衡》一书，着重发挥了道家自然无为的思想，从理论上有力地批驳了今文经学的神学目的论，是有着重要历史意义的。但是由于王充这本书在当时社会环境下，没有能够广泛流传，其影响也不足以遏止今文经学把儒学宗教化的趋向。

玄学趁西汉经学之弊而起，接过王充自然无为的理论，但是作了重要的改造。王充的自然无为论有以下主要特点：一是建立在气为天地万物之本的基础之上的，二是主要从宇宙万物生成方面来论述的，三是针对神学目的论，而强调自然无为的偶然性。玄学主要不从气化方面论天地万物之生成，而是主张"归一于无"或"独化自足"。因此，玄学所说的自然无为，不是指某一实体的特性，而主要是指一种普遍的、客观的、抽象的必然性，或者说是决定一种事物得以生成、存在，以及与他种事物之间构成某种关系的所以然之理。就这一点说，玄学在理论上克服了王充自然无为论中过分注重偶然性的缺陷。这样，玄学既以自然无为论否定了两汉今文经学的神学目的论，又以"物无妄然，必由其理"，肯定了事物存在的客观规定性和必然性。

玄学把自然无为推演为一种客观存在的、抽象的必然之"理"，对于东晋以后的名教理论，以至于宋明理学的以理为本的哲学体系的确立，是有重要影响的。如东晋袁宏作《三国名臣赞》，在夏侯太初赞中就说道："君亲自然，匪由名教"（《晋书·袁宏传》）。又如《宋书》《傅隆传》载其《议黄初妻罪》文中有云："原夫礼律之典，盖本之自然，求之情理，非从天堕，非从地出。"总之，大都强调礼律名教出自人的自然性情，是自然合理者。理学创始人之一的程颢说："吾学虽有所受，天理二字却是自家体贴出来。"（《二程外书》卷十二）但是，我们从他们对天理的解说来看，理学的天理思想在很大程度上是受到了玄学的启发。这样说，大概不能说过分或牵强。如程门高弟谢良佐曾说："所谓天理者，自然底道理"，"学者只须明天理是自然的道理，移易不得。"（《上蔡语录》卷上）这里明确地强调了天理即是自然的道理，与玄学所讲的"自然"而"合理"的思想是完全一致的。

理学家确认万物皆有理，一物有一物之理，而这些理都是自然的、必然的。关于这方面的论述，可以说俯拾皆是。如程颢说："万物皆有理，顺之则易，逆之则难。各循其理，何劳于己力哉？"（《二程遗书》卷十一）这与王弼、郭象之说，何其相似！程颐则更是把自然之理推广到一切自然现象和社会现象中去。如说："气有淳漓，自然之理。"（《二程遗书》卷十五），"动极则阳生，自然之理也"，"生生之谓易，理自然如此。"(《二程遗书》卷十八)"道二，仁与不仁而已，自然之理如此。"(《二程遗书》卷十五)"质必有文，自然之理。"(《程氏易传》卷二贲卦象传注)"自古治必因乱，乱则升治，理自然也。"(《程氏易传》蛊卦卦辞注)"夫满则不受，虚则来物，理自然也。"(《程氏易传》卷三益卦六二爻辞注)同样，理学之集大成者朱熹，也十分强调理的自然而必然。如他说："天者，理而已矣。大之字小，小之事大，皆理之当然也。自然合理，故曰乐天。"(《孟子·梁惠王下》注)"愚谓，事物之理，莫非自然。顺而循之，则为大智，若用小智而凿之以自私，则害于性而反为不智。"(《孟子·离娄下》注)

在宋明理学时代，哲学中有气本、理本、心本等不同的学派，他们在哲学的基本问题上存在着重大的差别，有的甚至于对立。因而对于理的地位、作用等看法也有很大的不同。但是，在理具有自然而必然性这一点上，各派基本一致。这以至于到明末清初的王夫之和以后的戴震那里，也仍然是这样的。当然，关于理的理论，宋明理学比之于玄学要丰富得多，深刻得多。如果说在玄学那里还只是一株小苗，而到理学那里则已长成一棵参天大树了。但是，关于理的基本性格，即作为事物之所以然，既是必然的，又是自然的；理即顺物自然，顺物自然即是合理等等则在玄学那里就已基本确定了。这正是玄学在中国传统哲学(以至文化)中所具有的不可忽视的重要意义。

◆ 玄学的"忘言得意"论 ▶

忘言而得意，是玄学在认识方法上提出的一个主要观点，它与当时的言意之辨有密切的关系。汤用彤先生在《魏晋玄学论稿》的《言意之辨》一文中说："夫具体之迹象，可道者也；抽象之本体，无名绝言而以意会者也。迹象本体之分，由于言意之辨。依言意之辨，普遍推之，而使之为一般论理之准量，则实为玄学家所发现之新眼光，新方法。"并认为，"玄学统系之建立，有赖于言意之辨。"汤先生的这一番分析是很重要的。

在当时的言意之辨中，关于言意之间的关系主要有三种不同的观点：

一、认为言尽意，其主要代表为欧阳建。他认为，言与意的关系"犹声发响应，形存影附，不得相与为二矣。苟其不二，则言无不尽矣。"(《言尽意论》)他还说："诚以理得于心，非言不畅；物定于彼，非名不辨。"也就是说，言能尽意，离言不能得意。

二、认为言不尽意，以荀粲、张韩、郭象等为代表。如荀粲认为："盖理之微者，非物象之所举也。今称立象以尽意，此非通于意外者也；系辞焉以尽言。此非言乎系表者也。斯则象外之意，系表之言，固蕴而不出矣。"(《三国志·魏志》卷十《荀彧传》注引何劭《荀粲传》)张韩则更主张不用舌。他说："卷舌翕气，安得畅理？余以留意于言，不如留意于不言。"(《全晋文》卷一〇七《不用舌论》)郭象则说："意尽形教，岂知我之独化于玄冥之境哉！"(《庄子·徐无鬼注》)"不能忘言而存意则不足"，"故求之于言意之表面后至焉。"(《庄子·则阳注》)此派对言象持根本否定态度，因而强调"意会"和"冥合"。

三、认为言以出意，得意在忘象，以王弼为代表。如他明确说："夫象者，出意者也，言者，明象者也"。"言生于象，故可寻言以观象；象生于意，故可寻象以观意"，他还认为，"意以象尽，象以言著"。所以，此派对于言象的作用并不完全否定，而是认为言象只是出意的工具，如果停留在言象上，就不可能得其意，因此必须忘言忘象，"乃得意者也"。(以上均见《周易略例·明象》)其主旨在于强调通过言象去得意。

上述二、三两种观点由于均为重意轻言象，以强调得意为主，因此常被混为一谈，而不作分别。我们这里所说的玄学"忘言得意"的方法，也是综合这两者的意思而言的。

　　关于忘言得意的方法在当时学术思想界中所起的作用，汤用彤先生在上述一文中，从五个方面作了详细的论述。即：一、用于经籍之解释；二、契合于玄学之宗旨；三、会通儒道两家之学；四、于名士之立身行事亦有影响；五、对佛教翻译、解经亦有重要影响。对于这些本文不准备重复，以下只想就玄学阐发的"忘言得意"论作为中国传统哲学的主要思维方式之一，对于中国传统哲学和文化的影响，补充一些意见。

　　忘言得意的方法，主要是从探求对于事物现象之本源、根据的认识中提出来的。玄学作为一种玄远之学，诚如汤用彤先生所分析的那样，"论天道则不拘于构成质料，而进探本体存在。论人事则轻忽有形之迹，而专期神理之妙用。"这一点，可以以王弼之说为证。如他说："夫欲定物之本者，则虽近必自远以证其始。夫欲明物之所由者，则虽显而必自幽以叙其本。"（《老子指略》）这里所谓的"本"、"始"也就是他所谓的无形无象、无称无名的道。郭象也同样强调，欲求圣人之道，不应停留在有形之"迹"上，而应当进而把握其"无迹"之"所以迹"。因此，忘言得意的实质，也就是要求人们不要停留在事物的迹象上，而要深入到事物的内部去把握其根本。就这方面说，玄学的"得意"之论，反映了人们对于宇宙、社会认识的深化的要求，"忘言"（"借言"）以"得意"，即是取得这种深化认识的玄学方法。

　　"得意"之论，在王弼那里还是肯定要通过言象去获得的，这从他的"故可寻象以观意"（《周易略例·明象》），以及本文上引他所说的"识物之动，则其所以然之理皆可知也"等论述中都可以得到证明。但是，到了郭象那里则不仅仅讲"寄言以出意"了（《庄子·山木》注），而是更多地强调通过"超言绝象"的"冥合"去"得意"。他说："夫物有自然，理有至极，循而直往，则冥然自合。"（《庄子·齐物论》注）又说："至理之极，但当冥之，则得其枢要也。"（《庄子·徐无鬼》注）郭象的自然冥合论是一种通过主体修养，使主客体合而为一的自证、意会的方法，它带有神秘主义的色彩。

后人所解理的玄学"忘言得意"论，常常是合王弼、郭象两者的方法而言的。无论是因言象而得意，还是超言象而会意（冥合），其中的关键都在于强调要充分发挥认识主体的能动作用。没有认识主体的能动作用是不可能得意的，而得意之深浅，又与认识主体的素质有着密切的关系。就此而言，这种认识方法包含了由外而内，由内而外，得之于外，证之于内，内外合一，主客通明的过程。这也正是中国传统哲学思维方法中的一些最重要的特点。

我认为，著名理学家朱熹在论述"即物穷理"时所说的那一番话，即"至于用力之久，而一旦豁然贯通焉，则众物之表里精粗无不到，而吾心之全体大用无不明矣，"（《庄子·大学注》）正是对于王弼、郭象"得意"论思维方法的继承和进一步的发展。

玄学的"忘言得意"论不仅在中国传统哲学的认识方法上有着重要的意义，而且对于中国传统文学、艺术的创作论和欣赏论也有着深远的影响。在某种意义上甚至可以说，"得意"是中国传统文学艺术的最主要特点之一。

在中国古典文艺理论中，认为文学艺术的创作，最重要的是"立意"。这里所谓的"意"，从字面上说是泛指文艺作品的思想内容。而进一步具体地讲，这种思想内容往往又是指带有某种一定倾向的、一个历史时期的最根本的政治、伦理之道。三国时吴郡著名文学家陆机（261—303）在其《文赋》一文中就说道："恒患意不称物，文不逮意。"这句话的意思是说，常常担心自己的意思（认识）不能符合事物的实际情况，而所写的文章又不能完全表达出这些思想内容。这里的"意"虽然还是比较笼统地指一般的思想内容，但也可以看出，他是把表达"意"

放在十分重要的地位的。

在南朝梁代学者刘勰的名著《文心雕龙·原道篇》中，我们可以看到这样的说法："道沿圣以垂文，圣因文而明道。"这里所说的道，既有"观天文以极变"的自然之道的含义，也有"察人文以成化"的社会政治、伦理之道。这句话的意思是，"道"通过圣人而流传于文章中，圣人借助文章来阐发"道"。这里已经表露出了文是用以明道的意思。沿此而进，到了北宋的周敦颐那里，就十分明确地提出了这样的命题，即"文所以载道也"。(《通书·文辞》)"达意"、"明道"、"载道"，都是从文学、艺术思想内容方面来说的，而从文章、诗歌(特别是在一些形象性的艺术作品中，如绘画、书法、戏曲等)的技巧表现上来讲，则即是人们常说的贵在"传神"(晋代著名画家顾恺之就明确提出绘画应当"以形写神")。上述各点构成了中国古典文学艺术创作论上的最主要的理论和特点，而这些理论的形成又是与玄学"得意"论的影响分不开的。

比起对文学艺术创作论的影响来说，玄学"忘言得意"论对于中国传统文学艺术的欣赏论的影响，更为巨大。对于文学艺术，中国传统的欣赏习惯，最注重于得意于言外(形外)，喜欢那些"意犹未尽"、"回味无穷"的文学艺术作品。因而对于那种只能就眼前呈现的形象来评论文学艺术的人，则认为根本不够一个真正欣赏者的资格。如北宋文学家苏轼(东坡)在一首论画诗中写道："论画以形似，见与儿童邻。赋诗必此诗，定非知诗人。"(《书鄢陵主簿所画折枝二首》之一，《苏轼诗集》卷29，中华书局1982年版)

不仅如此，人们在观赏中所得到的"真意"(包括对文艺作品的观赏和对自然风光的观赏)，也往往不是语言所能表达的，而是超出言语之外，而靠自我去心领神会。如东晋著名诗人陶渊明(365—427)，在他那首脍炙人口的"采菊东篱下，悠然见南山"一诗中，其最后两句就说明了这样的观赏特点。诗曰："此中有真意，欲辨已忘言。"这是说，他当时在十分轻松自在（"悠然"）的心情中所领略到的"南山"风光："山气日夕佳，飞鸟相与还"，其中的"真意"，是无法用语言表述清楚的，而只有忘却语言，去自我体会、回味。

中国传统的文艺欣赏中，最喜欢谈"诗情画意"，"韵味"（"气韵"、"神韵"等）、"境界"等等，都不是停留在表面言象上所能领略到的，也不是语言、形象所能明白表达的，真所谓"只可意会，不能言传"。中国传统文化中这种不拘泥于言象，而注重于得意的欣赏论，给文学艺术欣赏者带来了极大的自由性。同一作品，同一自然风光，不同的欣赏者从不同的角度去观赏，用不同的心情去体会，结果对于作品所包含之意，以及各人所得之意，往往相去甚远。而且，即使是同一人欣赏同一作品或自然风光，在不同的环境和心情下，也往往前后有极大不同的体会和所得。借用一句中国的老话来讲，即所谓"诗无达诂"。在这里，欣赏者可以充分发挥其主观能动性，以至可以完全离开创作者的原意，而体会出另一种新意来。

在玄学"忘言得意"论影响下形成的这些中国传统文学艺术创作论、欣赏论上的特点，构成了中国古典文学艺术中以表现主义为主的鲜明特点和传统。

玄学的"忘言得意"论，无论在认识的思维方法上，还是在文学艺术的欣赏习惯上，都表现出一定的主观随意性。这从一方面来说，反映了中国传统哲学思维方式中缺乏精确性的弱点、缺点，然而从另一方面来说，却又反映了中国传统思维方式中的主观能动性和灵活性，并在一定的条件下可以起到解放思想的作用。如玄学本身，即是借用这种思维方式，把人们的思想从两汉今文经学的荒诞和古文经学的繁琐中解放出来。从而开创了一种简约而深邃的义理之学。宋明理学正是继承着这一方法而发展起来的。

玄学对于中国传统哲学（以至整个文化）发展的深远影响，远不止本文以上所列两点，本文只是希望起一抛砖引玉的作用。

儒家经学中的十二大价值观念

姜广辉

姜广辉，1948年5月生于黑龙江省安达县。

2007年至现在，湖南大学岳麓书院特聘研究员。

从事中国思想史研究三十余年，涉及领域：中国文化史、简帛学、中国经学思想史、宋明理学史、清代思想史等。

主要论著：《颜李学派》（专著）、《中国文化传统简论》（合著）、《理学与中国文化》（专著）、《走出理学——清代思想发展的内在理路》（专著）、《义理与考据》（专著），主编《中国经学思想史》，第一、二卷已于2003年9月出版，第三、四卷2010年11月出版。另主编有《郭店楚简研究》、《郭店简与儒学研究》；主编《经学今诠》初编、续编、三编、四编、五编等。

曾参加编撰《宋明理学史》（侯外庐、邱汉生、张岂之主编），此书获中国社会科学院优秀著作一等奖和全国大专院校优秀图书一等奖；《理学与中国文化》，此书获华东地区第九届优秀理论图书奖和中国社会科学院历史所优秀著作奖。1995年享受国务院颁发的政府特殊津贴。

从儒家经典诠释的历史过程看，其中所涉及的问题可以说是纷繁复杂的。但贯穿其中的仍有一条鲜明的主线。这条主线就是儒学经典所倡导的价值观。一个民族的价值观是在其长期的历史文化发展过程中形成的，具有相对的稳定性和持久性，它构成该民族成员的某种思维定势和行为的心理基础。价值观问题之所以重要，在于它以一种无形的方式不断提醒和促使此一社会共同体的人们认识自己：我们是谁？同时也可以使此一社会共同体之外的民族认识他们：这是一些怎样的人，他们的哲学观念是怎样的，他们的政治观念是怎样的，他们的家庭、社会观念是怎样的，他们的民族、国家乃至世界观念是怎样的，等等，这些观念有机地结合在一起，便形成一个民族的价值观体系。了解了它，也就等于认识了此一社会共同体的思想性格。儒家的"四书五经"，之所以被作为经典，就在于它集中反映了中国传统的价值观体系。在两千余年中，学者孜孜以求、穷年累月，对这些经典一再进行新的诠释，其根本目的就在于维护和强化中华民族的价值观体系。

　　价值观体系通常表现为一种立体形态，它可以分为不同的层面，而每一层面又有不同范围的问题，针对不同范围的问题，会提出相应的价值原则。中国古代儒学是一种大学问，它全方位地面对那个时代人类世界的所有重大问题，因而提出了一系列的价值原则，譬如在家庭、社会的层面上，家庭是社会的基本单元，家庭可以说是"小社会"，社会可以说是"大家庭"。儒家在家庭的小范围中，以"孝道"为价值原则；在社会的大范围中，以"仁爱"为价值原则。又如在国家、邦族、天下(世界)的层面上，国家是天下(世界)的基本单元，不同的国家之间构成邦族关系。儒家关于本国国家政体问题，提出"大一统"(重视"统一")的价值原则；而对待其他邦族，则提出"协和万邦"的价值原则；面向天下(世界)的未来发展前景，则提出"大同"、"太平"的政治理想。

政治形态是人类文明社会的一个伴生现象和重要标志，它对社会发展往往起着主导性的作用。从原理上说，政治是社会公众之事。然而在实际的政治运作上，如何行使公权力又通常取决于少数统治者。而统治者政治品德的培养又基于其价值观的树立。儒家在政治层面上提出"以民为本"思想、"修身以德"思想、"以德治国"思想等等，主要是对统治阶级这一特殊群体讲的。

虽然，在一种价值观体系中，不同层面、不同范围的问题各有其相应的价值原则，但就整个价值观体系而言，又有处理价值理论问题的总的原则。在儒家，这个总原则可以概括为"以义制利"原则。而从一种更宏观的理论视野看，价值观问题是一个民族文化体系的重要方面，甚至是该民族文化体系的"灵魂"，但它毕竟不是这一文化体系的全部。价值观提出了"应该这样"、"不应该那样"的问题，人们会问："应该这样"、"不应该那样"的根据是什么？这便需要一种根源性的回答——哲学的回答。儒家把价值观问题归结于内在的人性，而内在的人性来源于外在的"天"，天既是最高原则和价值本原，同时又是人们生活于其中的广大自然。"天人合一"是儒家价值理论的起点，同时也是它的最终归宿。

本文概述中华民族的价值观体系，将它概括为十二大价值观念，又将这十二大价值观念划归四个层面。为了叙述上的方便，我们先从哲学层面讨论，次从政治层面讨论，次从家庭、社会层面讨论，次从国家、邦族、天下(世界)层面讨论，最后再作综合性的总结。

一、从哲学层面来看中国传统的价值观

（一）"天人合一"思想

"天人合一"[①]，可以说是中国古代哲学中最重要的哲学观念，但也是今人较难理解的思想。在汉代，董仲舒等儒者将"天"解读为有意志、能赏罚的至上神和主宰者。后世中国大多数的哲学家虽然放弃了这样的解读。但他们对"天"的看法和态度与今人仍有很大不同。今天人们对"天"的理解，已基本将"天"物化，看作一种客观化的物质性的自然界，天人关系被简单解读为自然界与人类的关系。而中国古代大多数哲学家的看法，大约是在董仲舒与今人的看法之间，一方面将"天"理解为自然天道，一方面又将"天"理解为崇高神秘、值得敬畏，并且可以感通的最高原理和万有本原。古代哲学的"合一"相当于现代哲学的所谓"同一"或"统一"。"天人合一"可以理解为"天道"与"人道"的统一。中国古人认为，人类应该遵循而不是违反自然规律做事，因此"人道必本于天道"。

古人对"天"或自然界的认识和态度，至少有一点是值得重视和学习的，即人类对"天"或自然界应始终抱持一种敬畏的态度。

中国古人早就认识到，天地万物是人类赖以生存的物质基础，破坏了这一基础就会损害人类本身。南宋时，有人曾经问朱熹："天地会坏否"？朱熹说："不会坏，只是将人无道极了，便一齐打合，混沌一番，人物都尽。"（《朱子语类》卷一）儒家一向认为人类可以"赞天地之化育"，参与创造世界的活动，反之，人类也可能对世界起破坏作用。今

---

① "天人合一"命题虽然由北宋思想家张载提出，但"天人合一"的思想却早已体现在儒家经典《周易》、《尚书·洪范》、《诗经》、《中庸》以及汉儒董仲舒的解经思想中。

天科技的发展所带来的对自然生态的破坏，已经威胁到人类的生存。而且人类已经走到了毁灭自己的危险的边缘，因为现在世界各核国家所拥有的核武器数量已经可以毁灭人类许多次。如果人类失去最后的理性，那么岂不是正像朱熹所说的要"一齐打合、混沌一番，人物都尽"吗？如此看来，天人关系的伦理对现代人类不是一个很严峻的问题吗？而今天人类要做到长期的可持续的发展，不是应该在工具理性之外，找到一种坚实的价值理性吗？

（二）"人性本善"思想

自殷、周鼎革，中国之政教渐由神本位转向人本位。而政教合理性的真正实在的根据是"人性"论，符合"人性"的政教易于为理性所认可。职是之故，中国自先秦以来的两千年间一直有广泛深入的人性论的讨论。古人关于人性论，提出过各种各样的观点，但最终孟子的"性善论"牢牢地占据了主导的地位。

人性论之所以与价值论有联系，是因为人性善恶问题，关系人的内在尊严与价值问题，也关系价值源头的定位问题。如果我们认为人性本善，那便肯定了人的内在尊严与价值，同时也把人性看作内在的价值源头。孟子在提出"性本善"的同时指出，人性的具体内涵是仁、义、礼、智，并从"人皆有不忍人之心"论证人的恻隐、羞恶、辞让、是非四端之心。孟子将儒家教义安置在这一性善论的基础上，指点人心之善端，此善端即是向上之机，扩而充之，"人人可以为尧舜"。性善论的证成，使人性作为道德价值的源头，成为价值原则的内在的根据。儒学主流思想认为，天下所有的人，就其本性而言，都是善良的。有人之所以为不善，乃是由于放纵个人欲望导致的。人只要私欲占了上风，遇到值得同情的事情，那他所本有的恻隐之心便发用不出来，而采取一种残忍的态度；遇到该谦让的事情，他所本有的辞让之心便发用不出来，而采取一种争夺的态度；遇到需要伸张正义的事情，他所本有的是非之心便发用不出来，而采取逃避的态度。如此等等，总之，承认自己天性本善，任何时候都不会自暴自弃，向下沉沦，而应该向上不断提升自己的精神境界，成就自己的完美人格。承认他人天性本善，就要为别人创造机会和空间，让他们也能像自己一样，不断提升其精神境界，成就其完美人格。这也就是孔子所说的"己欲立而立人，己欲达而达人。"

（三）"以义制利"思想

朱熹说："义利之说，乃儒者第一义。"[1] 这是因为义利问题是社会人人时时面对的问题。"义"是维系社会共同生活的道德准则，"利"是维持和增进人们生活的物质资财。义利问题是社会价值论的一个理论原则问题。

讲义利关系，不能仅仅把它当作一对哲学范畴抽象来谈，首先必须厘清"义"和"利"概念的具体内涵。"利"是指公利，还是私利？"利"既是维持和增进人们生活的物质资财，本无所谓公、私之分。以"私心"求之为"私利"，以"公心"求之为"公利"。而符合"公利"的实亦即是"义"。[2]

其次，要弄清它是针对国家主体，还是个人来讲的；以及讨论此问题的具体时空是什么？孔子说："君子喻于义，小人喻于利。"（《论

---

[1] 《晦庵集》卷二十四《与延平李先生书》。

[2] 历史上关于义利问题有过许多讨论，张岱年先生总结说："关于义与利的思想，可以说主要共分三派。孔子、孟子、朱子等，尚义，别义与利为二。墨子重利，合义与利为一。荀子、董子、张子、程伊川尚义，而不绝对排斥利，有兼重义利的倾向，而明确兼重义利的，是李泰伯、陈同甫、叶水心及颜习斋。在历史上，此三派中，以第一派势力最大。"然而我们细加考察，以上诸派多为概念理解的争论，而非问题实质的分歧。上列哲学家或将"利"理解为"公利"而主张义、利为一；或将"利"理解为"私利"而别义、利为二。这两种形式对立的观点，在问题实质上并没有本质的差别。正如张岱年所所指出的："中国哲人，多不显明厘别公利与私利。"（《中国哲学大纲》，中国社科学出版社1982年版，第396页）

230

语·里仁》)所针对的是个人主体。梁惠王问孟子"何以利我国"？孟子回答："王何必曰利，亦有仁义而已矣。"(《孟子·梁惠王上》)所针对的是国家主体。《荀子·正论》说："不能以义制利，不能以伪饰性，则兼以为民。"所针对的也是国家主体。虽然同是针对国家主体讲的，但孟子与荀子关于义利关系的讨论，因为历史的时空已经变换，因而他们的义利观的表达方式也有所不同。孟子的义利观强调对他人生命与财产的尊重。孟子说："春秋无义战。"(《孟子·尽心下》)他对春秋战国时期诸侯以强凌弱，以众暴寡，"争地以战，杀人盈野；争城以战，杀人盈城"的现实提出严厉批判，因而抢白梁惠王说："王何必曰利！"(《孟子·离娄上》)荀子当天下统一的前夕，提出只有以正义和公正原则平衡各方利益的人，才有资格做天下的共主，因而提出"以义制利"的义利观。

就通常的情况而言，讨论义利问题，往往是由社会集体向社会中的个人提出要求，即个人小我的私利应当服从社会大我的公利。但社会大我又是由一个个小我组成的。只有当国家和社会的制度和法规是相对正义和公正的，个人私利服从社会公利的原则才能得到顺利地贯彻。

在今天，义利关系可以理解为正义公平和利益分配的关系。荀子当年提出"以义制利"就是强调"正义"和"公平"的原则和精神，并用此原则和精神去平衡社会各阶层的现实利益。荀子的义利观与儒学主流思想是一致的。在今天，"以义制利"思想无论就国家主体而言，还是就个人主体而言，都还有它的现实意义。

二、从政治层面来看中国
传统的价值观

(一)"民本"思想

"以民为本"的思想，在中国起源很早，如《尚书·皋陶谟》说："天聪明，自我民聪明；天明畏，自我民明威。"到了战国时期，《孟子·尽心下》甚至说："民为贵，社稷次之，君为轻。"孟子此语虽然不为后世儒者所普遍认同，[①]但"国以民为本，民以食为天"[②]的思想体现在许多儒学典籍中，甚至可以说是儒学的政治箴言。

儒家的"民本"思想，包括这样几层意思：(1)人民是国家财富、力役、兵力的来源，因而是国家构成的根本要素；(2)国家政权的基础在于民心，得到了民心就得到了天下国家，失掉了民心就失掉了天下国家。(3)因为上面的道理，国家必须满足人民基本的物质生活条件，并在此基础上有进一步提高其物质生活水平的前景。

儒家的"民本"思想，在于引导统治者成为"仁政爱民"的"明君"，而不是成为"暴政虐民"的"暴君"。儒家认为，天之立君，以为民也。因而作为国君所最当知者，乃是民生问题，知稼穑之艰难，了解民间之疾苦。传统士大夫大都深受儒家"民本"思想的影响，范仲淹撰文曰："先天下之忧而忧，后天下之乐而乐。"[③]郑板桥题画诗曰："衙斋

---

① 例如南宋真德秀说："君者，神人之主，君为贵，社稷次之，而民又次之，乃其常也。而孟子顾反言之，何哉？战国之时，视民如草芥，不知废兴存亡皆此焉出，故其言若此。使知民之贵甚于社稷，其敢以君之贵而嫚其民乎！"(《大学衍义》卷二十九)
② 参见《五礼通考》卷一百二十四。文渊阁《四库全书》。
③ 范仲淹：《岳阳楼记》，引自《御选唐宋文醇》卷三十，文渊阁《四库全书》本。

卧听萧萧竹，疑是民间疾苦声。"①这些都是传统士大夫怀抱"民本"思想情操的写照。我们也可以将它看作中国传统文化精华的表现。

但儒家的"民本"思想也有其严重的局限性，从根本上说，儒家的"民本"思想并不在于否定君主专制制度，或者毋宁说，儒家的"民本"思想与君主专制制度是互补的，是着眼于君主专制制度长治久安的。

现当代的学者关于传统"民本"思想与现代民主主义的区别，有过不少讨论。我们必须承认，传统民本"思想"与现代民主主义反映两种不同时代的文化，有着本质的差别。现代民主主义较之中国传统民本"思想"，是一种更高的政治思想智慧。中国传统文化中原本没有西方那种民主思想，如何对儒家的"民本"思想进行创造性的转化，建设有中国特色的现代民主政治，仍是摆在我们面前的一项艰巨的历史任务。

（二）"修身"思想

儒家经典《中庸》讲"凡为天下国家有九经"，而首言"修身"。《大学》有所谓"格物"、"致知"、"诚意"、"正心"、"修身"、"齐家"、"治国"、"平天下"的"八条目"，而于此"八条目"中称："自天子以至于庶人，壹是皆以修身为本。"由此可见，"修身"思想在儒家学说中占有非常重要的位置。儒家之学，有时被简括为"修己安人"之学，或"成己成物"之学。"修己"或"成己"即是"修身"；"安人"或"成物"指的是"齐家、治国、平天下"之事。"修身则道立"，"修身"是立身处世、人生事业的根本。

怎样进行"修身"呢？《大学》"八条目"在"修身"之前，列出"格物"、"致知"、"诚意"、"正心"四条目，此四条目皆为"修身"之事，南宋真德秀《大学衍义》将之归结为两事：即将"格物"、"致知"归结为学习知识；将"诚意"、"正心"归结为克服私欲。对于"修德"而言，学习

---

① 郑燮：《郑板桥集·题画·潍县署中画竹呈年伯包大中丞括》，转引自马积高、黄钧主编：《中国古代文学史（下）》，湖南文艺出版社1992年版，第551页。

知识与克服私欲两者，哪一个更重要呢？学者见仁见智，有过许多讨论。我们知道，学习知识并不能取代克服私欲，知识高也并不必然表现为道德高尚，但知识多了，也会使我们认识到自身的缺陷和不足，帮助我们进德修业。尤其在知识日开的时代，忽视知识的学习，本身就会被时代所淘汰。

儒家认为，修身以德，对于每个人的一生都有其重要的意义。对于执政者而言，修身尤为重要。《荀子·君道篇》有这样一段话："请问为国？曰：闻修身，未尝闻为国也。君者，仪也，仪正而景（影）正。君者，盘也，盘圆而水圆。君者，盂也，盂方而水方。……故曰：闻修身，未尝闻为国也。"荀子以为，对于一国之君而言，修身是治国的前提条件。国君正，则其国可治，国君不正，则其国必乱。修身之道与治国之道是统一的。

（三）"德治"思想

儒家"德治"思想的出发点是这样的：天下是天下人的天下，不是统治者一家的天下，要实行"德治"，就须以天下为公器。而谁能行使公权力，谁不能行使公权力，应以民意为基础。这里有这样两层意思：一是君宜公举；二是臣可废君。《尸子》说："孔子贵公。"应该就是在这个意义是说的。

在儒家的思想中，德治不仅仅是一个政治理想，而且是确曾有过的历史时代。儒家所勉力继承与诠释者即是此一"德治"时代的传统。儒家"祖述尧舜，宪章文武。"所谓"德治"是以历史上的尧、舜、文、武、周公为榜样的。尧舜时代是原始共产制的全盛时期，那时人民有较充分的民主权利。而对于传说的"尧舜禅让"，孟子解释为"天与之，人与之"（《孟子·万章上》）。他又说"天视自我民视，天听自我民听"（《孟子·万章上》），归根到底是"人与之"。就是说君因人民而立，宜由人民公举之。另一方面，儒家又盛称"汤武革命"，历史上商汤王流放夏桀、周武王伐纣的事件，被儒家称为"汤武革命"。儒家认为，君主若"德不称位"，甚至残虐臣民，实行暴政，臣民有革命的权利。

儒家还特别表彰西周时期周公所推行的"德治"，周武王伐纣灭商、建立周王朝之后便去世了，周公辅佐成王，改变殷人依靠天命神学的统治方式，实行"德治"，强调"皇天无亲，惟德是辅"①。而在现存周代的鼎彝器物上经常见到"正德"、"明德"、"秉德"、"敬德"等字样，说明周人是特别强调"德治"的。从"德治"的内容说，是指"王制"，它体现了人与人、人与物共生的根本原则和理念。人间秩序要以这一理念来维持，人与物之间的秩序也要这一理念来维持。《荀子·王制》说："圣王之制也，草木荣华滋硕之时则斧斤不入山林，不夭其生，不绝其长也；鼋鼍、鱼、鳖、鳅鳝孕别之时，罔罟毒药不入泽，不夭其生，不绝其长也；春耕、夏耘、秋收、冬藏四者不失时，故五谷不绝而百姓有余食也。"

"德治"特别强调统治者在道德方面起表率作用，主张以君主个人伟大的人格力量去感召天下，而不是以刑杀、武力的方式去威服天下。孔子说："为政以德，譬如北辰，居其所而众星共之。"（《论语·为政》）"季康子问政于孔子曰：'如杀无道，以就有道，何如？'孔子对曰：'子为政，焉用杀？子欲善而民善矣。君子之德风，小人之德草，草上之风，必偃。'"（《论语·颜渊》）儒家讲"德治"，是与"刑治"相对而言的。儒家重视思想教化，孔子曾说：单纯用行政命令来指导社会，用刑法来约束民众，民众虽然能暂时避免犯罪，却不懂得犯罪是可耻的；而用道德来引导民众，用礼仪约束他们，民众有了羞耻心，也就会遵守规矩②。

---

① 《左传·僖公五年》官之奇曰："鬼神非人实亲，惟德是依。故《周书》：'皇天无亲，惟德是辅。'"

② 《论语·为政》："子曰：'道之以政，齐之以刑，民免而无耻；道之以德，齐之以礼，有耻且格。'"

现代世界，民主和法治已经成为时代的潮流。传统的权威道德观已经不具有形式上的权威意义。但是，传统的伦理道德在当代实际生活中依然对维持社会相对稳定起着制衡作用。即使在今天的西方法治国家，也不是完全靠法治维持社会秩序的，西方传统的基督教道德精神也还起着教化的职能。

三、从家庭、社会观念来看
中国传统的价值观

（一）"五伦"思想

南宋学者喻樗说："六经数十万言，只十个字能尽其义，要之，不出乎君臣、父子、夫妇、长幼、朋友而已。"[①] 这是说"五伦"[②] 之说乃是儒家经典的核心内容。孟子说："父子有亲，君臣有义，夫妇有别，长幼有序，朋友有信。"（《孟子·滕文公上》）"五伦"的"伦"字是"分类"、"秩序"的意思。简单说，"五伦"即是五种人际关系和人间秩序。战国中后期，法家强调君主的绝对权威，批判儒家相对主义的"五伦"观，如韩非说："臣事君，子事父，妻事夫，三者顺则天下治。三者逆则天下乱，此天下之常道也。"（《韩非子·忠孝》）这与汉代儒家提出的"君为臣纲，父为子纲，夫为妻纲"的"三纲"思想是一致的。这意味汉代儒家"三纲"思想的直接来源并非先秦早期儒家的"五伦"思想，而是

---

① 朱彝尊《经义考》卷二九六。

② "五伦"关系实质性存在的历史虽已相当悠久，但"五伦"概念却很晚才出现。《孟子》只提"人伦"，而未称"五伦"。《庄子》书中称五伦关系为"五纪"；《吕氏春秋》则称五伦关系为"十际"。"五伦"一词是一个俗语，它可能起源于宋儒以俗语说经的过程中。而这一词汇真正流行起来，大约是在明宣宗（公元1426~1435年）御撰《五伦书》以后。

法家的"三顺"思想。

从今日观点来看儒家的"五伦"思想,"父子有亲"是讲父母与子女的亲情关系。父母与子女之间的爱是天然流露的。儒家强调教育儿童要从小培养对父母兄弟的爱心,并将此爱心推而及于他人。"长幼有序"是按年龄大小排次序。这样做,现实社会实际的贵贱尊卑观念便被冲淡了,因而具有平等、亲和的意义。此一先贤遗训在现代人际互动关系中仍在发挥良性的作用,仍可作为现代社会的伦理准则。在"五伦"中,"朋友"一伦,无尊卑之等,而有平等之义。朋友之间,志同道合是自然亲近的因素,而相互信任则是深厚友谊的基石。近几十年来,道德滑坡,人与人之间缺乏诚信,即使在朋友之间也经常发生相互欺骗的事情。所以"朋友有信"的先贤遗训仍有其珍贵的道德价值。今天,我们不仅呼唤朋友之间的"诚信"准则,同时亦应在全社会中重建"诚信"的价值理念。

早期儒家"君臣有义"的涵义是:君臣之间以道义相交,这是一种相互选择的关系,君可以选择臣,臣也可以选择君。秦以后,君臣之间有不可逾越的尊卑名分界限,君臣概念本身也成为君主制的象征。而当辛亥革命推翻帝制之后,"君"和"臣"的名义也随之成为历史名词了。以今日的观点看,虽然"君臣"观念可以废除。但下级服从上级、地方服从中央,仍是政治的一般准则。对于传统的"君臣有义"伦理规范,我们或许可以修正为"上下有义"。

儒家所谓的"夫妇有别","别"的意思是有所分别,主要指男主外、女主内的社会分工意义的不同。另外也有限制女人从事社会活动之义。中国传统文化看重夫妇之道的恩爱、和谐与恒久。《周易·序卦》说:"夫妇之道,不可以不久也,故受之以恒。"《诗经·小雅·常棣》:"妻子好合,如鼓瑟琴。"但在传统文化中,尤其是秦汉以后,夫妇关系又表现为一种不平等的关系。就整体而言,即夫永远居于主导的地位,而妻居于服从的地位。现代社会讲"男女平等",女人已经有了同男人一样的学习和工作的权利。在婚姻生活上，男女有自由择偶的权利。以感情为基础的婚姻关系，受到了社会的基本肯定。鉴于现代社会出现的这一新的伦理精神，我们可以将传统"夫妇有别"的伦理准则修正为"夫妇有情"。

(二)"孝道"思想

在先秦时期，不仅儒家倡导"父慈子孝"，墨家亦批评当时社会"父子不慈孝"(《墨子·兼爱中》)；道家批评儒家的"仁义"，却主张"孝慈"："绝仁去义，民复孝慈。"(《老子》十九章)秦始皇以法家学说统一天下，而后巡游各地，勒石称功，其中亦有许多宣扬孝道的文字，如《绎山刻石》即有"孝道显明"之语。我们可以说孝道观念是中国古代儒家、墨家、道家和后期法家共同倡导的思想观念。

世界上无论哪个民族都是重视亲情关系的，但像中国如此之重视亲情，并提炼出相应的道德范畴，上升到哲学的高度加以崇重，恐怕是很少的。孙中山先生指出："《孝经》所讲'孝'字，几乎无所不包，无所不至，现在世界中最文明的国家，讲到'孝'字，还没有像中国讲到这么完全。"[①]胡适先生也说："外国人说我们中国没有宗教，我们中国是有宗教的，我们的宗教，就是儒教，儒教的宗教信仰，便是一个'孝'字。"[②]我们也许不能同意胡适先生关于儒学是宗教的说法，但我们对孝道确实有着类似宗教的那种感情。如上所述，"孝道"可以说是中国文化的一个"核心价值"。

在中国人的心中，"孝道"包含三条公理，所谓公理是不言自明、无须论证的。第一条公理叫"报本反始"，万物本乎天，人本乎祖，"报本反始"就是尊礼天地，追孝始祖，由此而有"敬天法祖"的理念。就人

① 孙中山：《三民主义·民族主义·第六讲》(1924年3月2日)，收入《孙中山全集》第9卷中华书局1986年版，第244页。

② 转引自严协和：《孝经白话译解》，三秦出版社1989年版，第5页。

类而言，是天地所生，就个人而言，是父母所生，父母又有父母，一直可以上推至远祖，这样推上去，许多不同的族群即可能源出于共同的祖先，由此又有"协和万邦"、"四海之内皆兄弟"的理念，有"民胞物与"的理念等等。

第二条公理叫"知恩图报"，知恩图报是做人的起码道德。不能知恩图报，或者恩将仇报，以怨报德，那就是小人，甚至禽兽不如，由此而有君子、小人之分，有人、禽之分。对于儒家学者来讲，不仅父母有养育之恩，师友、乡里、社会、国家以至天地都有恩于己，应该"知恩图报"。这是一种报答的感情和心态。在儒者看来，人一生下来，就欠社会许许多多，所以应该"报答"。报答是一种境界，一个人对社会报答越多，境界就越高，其生命就越有意义。

第三条公理叫"将心比心"，你孝敬父母，别人也孝敬父母；你慈爱幼子，别人也慈爱幼子。因而推己及人，老吾老以及人之老，幼吾幼以及人之幼。由此得出道德的最基本原则，所谓道德金律："己所不欲，勿施于人。""己欲立而立人，己欲达而达人。"

时代在发展，社会在进化，现代中国人对传统儒学的价值观常常会提出质疑，但对传统儒学的孝道观念，却情有独钟，奉行不渝，仍然抱有类似宗教的那种感情。由此亦可见传统儒学的一些重要价值在现代社会仍然具有很强的生命力。

（三）"仁爱"思想

千百年来人们一直所向往，直到当代仍为人们所唱颂的主题是普遍的人类之爱。在绵长的人类历史中，伟大的思想家总是引导人们走向爱的世界，而法西斯式的人物却盗用种族、阶级的名义制造分裂，使人们互相仇恨。一种本质上是爱的哲学和一种本质上是恨的哲学是有着崇高与卑劣之分的。

爱可以说是人类最基本的道德原则，中国古代儒家提出的"仁爱"，墨家提出的"兼爱"，西方基督教提出的"博爱"，都为提出这一道德原则作出了贡献。

表面看来，墨家的"兼爱"主张较之儒家的"仁爱"主张，更讲公义而少私情，因为"兼爱"主张的特点是爱无差等，爱自己的亲人同爱别人的亲人一般，不加区别，而儒家"仁爱"主张的特点是爱有差等，首先要爱自己的亲人，然后由近及远，推己及人。墨家的口号虽然响亮，却带有空想性质。因为在实际上和逻辑上势必会遇到这样的难题：爱一切人一定要从爱具体人开始，但爱具体人并不等于爱一切人。你要么以爱一切人为借口，拒绝对具体人的爱，要么因对具体人的爱而减少了对其他人的爱，形成实际的厚此薄彼。

对基督教所讲的"博爱"来说，也遇到这样的难题，但基督教教义明确指出：博爱首先要"爱邻人"，即关心那些我爱之所及和需要我的人。这就把人类之爱的一般观念与具体人的互爱实践统一起来。

儒家"仁爱"思想解决上述难题的思路与基督教相仿，但儒家面临着不同的社会背景。中华民族由于农业文明发达很早，因而长期以来形成一种安土重迁的心理，人们往往祖祖辈辈定居在一个地方，很自然地形成以血缘关系为纽带的村社聚落形态。这样"爱邻人"也就表现为爱亲人。

孔子说："仁者爱人"、"泛爱众"，这是指普遍的人类之爱，但其爱人之心则是血缘亲情的显发和推扩，由爱父母兄弟推而及于爱国家天下，所以《礼记·中庸》说："仁者，人也，亲亲为大。"《礼记·祭义》更明确地说："立爱自亲始"。如果一个人连自己的父母亲人都不爱，就很难谈得上爱别人，只有具有爱自己父母亲人的真挚感情，才能把这种爱推广于社会，"老吾老以及人之老，幼吾幼以及人之幼。"

中国古人将"孝道"思想与"仁爱"思想融合在一起，奉此为安身立命的信念。广义的"孝"就是"仁民爱物"，与自然万物相调谐，从这点出发，就会对世界充满爱心，"仁被万物"，中国古代的生态学也正建立在这一基点上，曾子曾述孔子的话说：“断一树，杀一兽，不以其时，非孝也。”（《礼记·祭义》）这里体现了古代东方的道德智慧。

◆ 四、从国家、邦族、天下层面来看 ◆ 中国传统的价值观

（一）“大一统”的国家观念

“大一统”的概念，虽然是《春秋公羊传》第一次提出的。但它所阐释的是孔子《春秋》的微言大义。而孔子所尊尚的是周王朝的“一统”。在《春秋》公羊学中，“大一统”的“大”字是一个动词，是尊大、尊重之意，“大一统”的意思就是重视国家的统一。中国古代中央集权制的统一王朝虽然是从秦、汉之时开始建立的。但再往前推溯，至少在商、周之时，华夏民族已经具有了相对统一的政体。“大一统”是中华民族的悠久传统，也是中华民族的核心价值。在儒家看来，统治集团祸国殃民，人民可以起而推翻旧政权，建立新政权。但任何人不可以分裂国家。

前些年，学术界中一些学者对儒学思想不分青红皂白，胡批乱批，如批判所谓的“大一统的封建专制主义”便是突出的一例。封建专制主义固应批判，而连带“大一统”的国家观念一起批判就欠妥当了。在这方面，倒是国外的有识之士看得更清楚。早在1972—1973年，英国著名历史学家阿诺尔德·约瑟·汤因比就说：

就中国人来说，几千年来，比世界任何民族都成功地把几亿民众，从政治文化上团结起来。他们显示出这种在政治、文化上统一的本领，具有无与伦比的成功经验。这样的统一正是今天世界的绝对要

求。中国人和东亚各民族合作，在被人们认为是不可缺少和不可避免的人类统一过程中，可能要发挥主导作用，其理由就在这里。①

实际上汤因比所看重的正是蕴含在中国儒家"大一统"思想中的政治智慧，这种智慧难道不值得我们认真加以学习和汲取么？

(二)"协和万邦"观念

儒家的政治理想寄寓于传说的尧舜时代，尧的伟大在于能以平等共生的理念处理氏族、部落、邦国之间的关系，它的最高表现就是"协和万邦"。《尚书》首篇《尧典》说尧"克明俊德，以亲九族；九族既睦，平章百姓；百姓昭明，协和万邦。"儒家关于这一历史传说的记述，反映了中国原始共产制时代的史影。原始共产制时代一去不复返了，而先秦诸子百家所直接面对的已不再是"以德兼人"的时代，而是"以力兼人"的时代，正如韩非所说："上古竟于道德，中世逐于智慧，当今争于气力。"(《韩非子·五蠹》)由此而有政治思想上的"德、力之争"。任德不任力，是原始儒家处理国家之间政治关系的准则。但单纯注重道德，忽视国家的经济和军事实力，导致奉行儒学的诸侯国先后灭亡。而法家任力不任德，也导致声赫一时的秦王朝迅速灭亡。

汉代的儒家调整在德、力之争上的观点，主张德、力并重。既要重视道德，也要重视国家的实力。如王充总结说：治国之道，一曰养德，二曰养力，要"文武张设，德力具足"，"外以德自立，内以力自备，慕德者不战而服，犯德者畏兵而却。"②历史上儒家和法家任德与任力之争提供给我们这样一条历史启示：有五千年文明的中国，应继承和弘扬"协和万邦"的优良传统，在国际关系上树立道德大国的形象，同时为了维护自己的尊严，捍卫国家的主权，也要注意发展自己

---

① 《展望二十一世纪——汤因比与池田大作对话录》，中译本，中国国际文化出版公司1985年版，第294页。
② 王充：《论衡》卷十《非韩篇》。

相应的经济和军事实力。

"协和万邦"，是中华民族对外交往的一贯的精神和传统。在我们看来，"协和万邦"思想对于今天我们处理世界各国的邦交关系仍有很强的现实指导意义，并且它与上个世纪80年代出现的崭新的人权理念有彼此呼应的关系。美国斯蒂芬·P·马克斯在上个世纪80年代发表《正在出现的人权》，他批评现在世界所有的有关人权问题的宣言和公约在民族与民族、国家与国家之间皆未能有所规范，这其中实际依然存在着对人权的大规模的、公然侵犯的现象，例如各种形式的种族歧视、殖民主义、外国统治和占领、对国家主权和民族统一以及领土完整的侵略和威胁等等①。因此，一些国际人权学者呼吁制订新的第三代的人权法则，并称其为"团结权"，以促进所有民族和国家之间建立国际合作与团结的政治责任。这种合作与团结在和平、发展、生态平衡、交往等方面具有全球性考虑的性质②。而中国文化所讲的"协和万邦"思想正可作为第三代人权的基本准则。

(三)"大同""太平"理想

儒家"大同"思想最早见于《礼记·礼运篇》，其中记载孔子对子游说：

> 大道之行也，天下为公。选贤与能，讲信修睦，故人不独亲其亲，不独子其子。使老有所终，壮有所用，幼有所长，矜寡、孤独、废疾者，皆有所养。男有分，女有归。货，恶其弃于地也，不必藏于

---

① 参见王德禄、蒋世和编：《人权宣言》，求实出版社1989年版，第163—164页。

② 美国斯蒂芬·P·马克斯在其所撰《正在出现的人权》中说："事实上，是卡莱尔·瓦萨克创造了'第三代人权'的概念，阐述了新一代人权的显著特点。……从团结的意义上讲，第三代人权是建立在兄弟般关系(博爱)基础之上的，实际上，瓦萨克称这些权利为'团结权'或'团结的权利'。……这种团结具有诸如和平、发展、生态平衡和交往等全球性考虑的性质，从而成为适应某些需要而采取行动的先决条件。"(参见王德禄、蒋世和编：《人权宣言》，第164—165页。)

己。力，恶其不出于身也，不必为己。是故谋闭而不兴，盗窃乱贼而不作。故外户而不闭，是谓大同。

孔子之后，中国思想界很少论及"大同"思想，所值得一提的是东汉何休《春秋公羊解诂》提出人类社会发展的规律是由"据乱世"、"升平世"而至"太平世"。"太平世"就是"天下远近小大若一"的大同世界。此外，南宋经学家胡安国著《春秋传》，屡引《礼记·礼运篇》"天下为公"，认为孔子作《春秋》有志于"天下为公"之世。此后学者论及"天下为公"，多就国家用人政策而论，对于儒家"天下为公"思想的理解较为狭隘。

清末思想家康有为对《礼记·礼运篇》的"大同"理想作了极为详尽的讨论。他所理解的"大同"世界在于消灭人世间种种的差别和不平等，他说："天下为公，一切皆本公理而已。公者，人人如一之谓，无贵贱之分，无贫富之等，无人种之殊，无男女之异。……无所谓君，无所谓国，人人皆教养于公产，而不恃私产，……则人无所用其私，何必为权术诈谋以害信义？更何肯为盗窃乱贼以损身名？故外户不闭，不知兵革，必此大同之道，太平之世行之。惟人人皆公，人人皆平，故能与人大同也。"[1]为此，康有为专门撰写了二十余万字的《大同书》，对"大同"世界的远景作了这样的设想规划：

1．以公有制为基础。"今欲致大同，必去人之私产而后可；凡农工商之业，必归之公"。人人皆须劳动，"不出力之人，公所恶"。

2．没有国家、民族，全世界只设一个"公政府"，负责管理社会公共事业和人们的物质文化生活。全世界统一度量衡，以及货币、历法、交通划一。

3．取消家庭，再也没有家族宗法关系和纲常名教的束缚，男女平等，婚姻自主。人从生到死均由社会"公养"、"公教"、"公恤"。没有

① 康有为：《礼运注》，《孟子微 礼运注 中庸注》，中华书局1987年版，第240页。

宗教，"人人无苦患，不劳神圣仙佛之普度，亦人人皆仙佛神圣，不必复有神圣仙佛"①。

4．人类获得彻底的解放，人人独立、自由、平等。不仅人人相亲相爱，而且爱及众生，不杀生而食用代肉食品。

5．人人皆接受高等教育，有很高的文化教养和道德品质，"人人皆无恶习"。社会生产力和科学技术高度发达，人们只需工作很短的时间，过着富裕美好生活。②

康有为的"大同"社会是一种具有共产主义性质的社会。他站在全世界的高度上，提倡"去国界，合大地"，要求消灭阶级、消灭剥削，追求人类的自由和平等。③但康有为又坚持认为，社会进化只能循序渐进，"大同"社会乃是将来的目标，若企图把它搬到现实社会中来，那将"陷天下于洪水猛兽"，因而招致灾难性的后果。④

以上是我们关于儒家经学价值观念的现代解读。我们从中国传统经学中总结出十二大价值观念，这十二大价值观念是：（一）"天人合一"思想；（二）"人性本善"思想；（三）"以义制利"思想；（四）"民本"思想；（五）"修身"思想；（六）"德治"思想；（七）"五伦"思想；（八）"孝道"思想；（九）"仁爱"思想；（十）"大一统"的国家观念；（十一）"协和万邦"观念；（十二）"大同"、"太平"理想。

如果我们把西方文化的价值观念与上述儒家价值观念相对应的话，我们可以列出前十一项如下：（一）"天人相分"思想；（二）"人性本恶"思想(人类"原罪"观念)；（三）"以法谋利"思想；（四）"民主"思想；

---

① 康有为：《大同书》，第68页。

② 参见康有为：《大同书》。

③ 《大同书》全书共分十部：甲部《入世界，观众苦》，乙部《去国界，合大地》，丙部《去级界，平民族》，丁部《去种界，同人类》，戊部《去形界，保独立》，己部《去家界，为天民》，庚部《去产界，公生业》，辛部《去乱界，治太平》，壬部《去类界，爱众生》，癸部《去苦界，至极乐》。

④ 康有为：《孟子微·自序一》，《孟子微 礼运注 中庸注》，中华书局1987年版，第2页。

（五）"宗教"思想；（六）"法治"思想；（七）平等思想；（八）独立思想；（九）"博爱"思想；（十）联邦或邦联的国家观念；（十一）霸权主义。至于第十二项，我们也许可以认为，西方同样也有"大同"、"太平"的社会理想，就算是"殊途而同归"吧。

这样比较下来，也许有人会觉得，中国传统的价值观念在整体上是落后的，也正是由于这样的原因，中国传统的经学连同其中的价值观被遗弃了近百年之久。果真中国传统经学中的价值观念就一无是处，完全没有合理的因素吗？

经过仔细分析研究，我们以为，从根本上说，中国传统价值观的类型，不是以皈依神佛为中心的宗教性价值观体系；也不是以追求知识和真理为中心的科学性价值观体系；而是以追求群体和谐为中心的社会性价值观体系。这种类型的价值观体系固有其种种短处，但也有其他类型价值观体系所没有的长处。其长处在于，它在面对统治与被统治的政治关系问题、家庭不同角色之间的关系问题、社会人际关系问题、国家主体下的中央与地方的关系问题、不同民族与国家之间的关系问题，以及人类与自然界的关系问题时，都追求一种关系的"和谐"，这与西方文化那种"征服"观念是大不相同的。

我们必须承认，近代以来，当东方重"和谐"的乖孩子遭遇西方重"征服"的坏孩子时，总是处于被动挨打的地步。而东方的乖孩子痛革自己的柔弱本性，下定决心去学习西方坏孩子的强悍，并且有一天也真的变得强悍时，于是而有新的思考：难道未来世界应该奉行"丛林法则"吗？

当今世界，各大国在科技、经济、军事等方面的迅猛发展与相互竞争，造成全球严重的能源危机、气候暖化、生态环境破坏等等，这种情形犹如脱缰的野马，正朝着那灾难性的结局狂奔。更何况各核国家所拥有的核武器总量足以毁灭地球许多次，这些国家之所以要耗费巨资生产这许多核武器，无非要掌控一种威慑力量，以此实现一种恐怖平衡。人类作为地球的孩子，正在玩一种极其危险的游戏！

这种情况使得许多当今世界级的思想家们在思考，究竟是什么样的文化和文明，使得今天的人类变得如此残忍，发明和制造破坏力无比巨大的核武器，时刻准备用来对付自己的同类？现在能用什么办法来开导现今的人类——这些聪明绝顶而又不可理喻的生灵应该如何相处共生？

反思人类文明史，中国的儒家文明，亦包括佛教文明和道教文明，皆反对以刑杀、武力的方式征服天下，两千余年历史间，中国这个从来都是人口最多，并且是最早发明火药和最早建立海上庞大船队的国度，在儒家思想教化下从未想过去侵犯别国。英国著名的历史学家阿诺尔德·约瑟·汤因比在比较人类数十种文明之后，认为教导人类和谐相处的儒家文明更能体现文明的精义，他指出：

人类已经掌握了可以毁灭自己的高度技术文明手段，同时又处于极端对立的政治、意识形态的营垒，最重要的精神就是中国文明的精髓——和谐。

中国如果不能取代西方成为人类的主导，那么整个人类的前途是可悲的。①

曾于1970年荣获诺贝尔物理学奖的瑞典科学家汉内斯·阿尔文博士(Dr. Hannes Alfven)在1988年诺贝尔奖得主齐聚巴黎会议时曾说：

人类要生存下去，就必须回首两千五百年前，到孔夫子那里去汲取智慧。②

作为现代化过程中的中国人，我们也许应该想一想，为什么中国传统文化的价值要由外国的学者和思想家来告诉我们？我们丢掉了什么？

---

① 汤因比(Arnold Joseph Toynbee)：《谁将继承西方在世界的主导地位？》载美国《思潮》月刊，1974年9月。
② 这句话被刊载在1988年1月24日澳大利亚《堪培拉时报》发自巴黎的一篇报道中，题目是：《诺贝尔奖获得者说要汲取孔子的智慧》。

上个世纪80年代中，"文革"劫余，正本清源，重新评价孔子和儒家文化，但人们的"五四"情结仍然占着主导地位。一次在曲阜召开的国际孔子思想研讨会上，笔者与一位西方记者交谈，当时表达这样一个意思："世界转变儒学"，但那位记者当即断然反对，提出"儒学转变世界"。这次交谈的印象如此深刻，所以笔者在《中国文化传统简论》（与张岱年先生合著）一书的《前言》中写道："当今世界，随着科学技术的飞跃发展，东西方接触日益频繁，许多问题都要从世界范围来考虑，因此对各民族文化的研究，不再被单纯看作该民族的问题，而被认为是关涉到整个人类前景的问题。一个颇使国内学人感到困惑的问题是：正在中国经历'世界转变儒学'的文化变革时，一些西方学者却提出了'儒学转变世界'的口号。"[1]"儒学转变世界"，儒学凭什么转变世界？

2000年，在加拿大蒙特利尔召开的第36届亚洲和北非研究国际大会上，西方学者向中国哲学研究者提出这样的问题：西方文化对于人类文明的永久性价值可以提出诸如人权、民主、自由、平等、市场经济等等，那么中国文化对于人类文明的永久性价值是什么？这个问题引起了笔者的思考，的确，人权、民主、自由、平等、市场经济等等是在西方近代文明中孕育发展起来的，并成为现代社会的重要价值，相比之下，中国传统文化关于这些观念比较缺少，需要很好地向西方学习。但是不是西方文化已经发展到完美无弊的程度了，而中国文化对于人类文明毫无永久性价值可言，无足轻重呢？为了回应这个问题，笔者参加在台湾召开的纪念钱穆先生逝世十周年学术研讨会，提供了这样一篇论文：《整体和谐观：中国文化对于人类的永久性价值》。从题目上便可以看出作者那时的观点。现在随着思想的不断成熟，笔者对这个问题的体会越来越深刻。我们现在也许要变换一

---

① 张岱年、姜广辉：《中国文化传统简论》，浙江人民出版社1989年版，第5页。

下问题：

人类的最高价值应该是什么？

回答是：和谐！

谁贡献了这一人类的伟大智慧？

回答是：中国！

"清、慎、勤"——为官第一箴言

张希清

张希清，男，河南濮阳人，1945年生。北京大学历史文化研究所所长、教授，兼任中华炎黄文化研究会常务副会长、科举文化专业委员会主席团主席，中国范仲淹研究会学术委员会主任，宋史研究会理事等。

主要从事宋辽金史、中国古代政治制度及政治文化史等的教学与研究。

主要著作有《中国科举考试制度》、《宋朝典制》、《中国考试通史》(宋代卷)；主编有《中华文明史》(宋辽夏金卷)、《十至十三世纪中国文化的碰撞与融合》、《澶渊之盟新论》、《状元大典》；古籍整理有《涑水纪闻》、《宋朝诸臣奏议》、《中国考试史文献集成》(宋代卷)等。

中国古代的政治家、思想家向来以修身、齐家、治国、平天下为己任，提出了许多治国安民的良策嘉谋，总结了大量为官从政的经验教训。例如，列为"十三经"之首的《尚书》，实际上就是中国最早的政事史料汇编。《周礼》、《论语》、《孟子》等经书中，也有大量的治理国家的论述。《荀子》、《新语》、《申鉴》、《老子》、《管子》、《商君书》、《韩非子》、《墨子》、《吕氏春秋》等诸子百家中，讲述为官从政之道者更是俯拾皆是。另外，在中国古代还保存下来了大量的被称之为"官箴"的著作。其中主要讲的就是为官之道与从政之法。所谓官箴，原系百官对国王所进的箴言，秦汉以后演变成对百官的劝诫，即做官的箴言。这类官箴书源远流长，最早可以追溯到西周的《虞人之箴》①，《睡虎地秦墓竹简》中的《为吏之道》，论说做官为吏的规范，大概就是秦代官箴书的一种；到宋代，官箴书大为发展起来，现存有陈襄的《州县提纲》、李元弼的《作邑自箴》、吕本中的《官箴》、胡太初的《昼帘绪论》等；至明清，则达于极盛，并且传播到海外如日本、朝鲜等国。例如日本宽政十一年(1799年)刊印了明朝朱逢吉撰的《牧民心鉴》，宽政十二年(1800年)刊印了明朝胡缵宗编的《薛文清公从政名言》。据我们初步调查，现存的官箴书约有400余种，数量甚多。这些官箴书，素有"宦海指南"、"牧民宝鉴"之称，可以说是古代官员的百科全书。

早在春秋战国时期，许多政治家、思想家就把"清"、"慎"、"勤"作为为官从政的箴言。如《晏子春秋·杂下》云："廉者，政之本也。"认为清廉是从政的根本。《论语·为政》载："子张学干禄。子曰：'多闻阙疑，慎言其馀，则寡尤；多见阙殆，慎行其馀，则寡悔。言寡尤，行寡悔，禄在其中矣。'"孔子教导子张，慎言、慎行就可以做官求禄了。《论语·颜渊》载："子张问政。子曰：'居之无倦，行之以忠。'"孔子又教导子张，居官应该勤奋，不要懈怠。但是，把"清"、"慎"、"勤"三者联系在一起作为一则为官箴言，则是西晋的事情。据晋李秉《家诫》载，先帝(即晋武帝司马炎)曾对李秉等大臣说："为官长当清，当慎，当勤。修此三者，何患不治乎?"②宋人吕本中在《官箴》一书中进一步指出："当官之法，惟有三事：曰清，曰慎，曰勤。知此三者，可以保禄位，可以远耻辱，可以得上之知，可以得下之援。"从此，"清、慎、勤"成为为官第一箴言，屡被后人论列。明人《功过格辑要》

① 《左传·襄公四年》。

② 陈寿：《三国志》卷十八《李通传》注引王隐《晋书》。

卷十五载："操持不外'清、慎、勤'三字。清者大节，慎者无误，勤则能理，昔人所谓三字符也。取全条而熟玩之，有贵其刚毅无私者，亦由清而致；有贵其谦抑不肆者，亦由慎而致；有贵其关防不漏者，亦由勤而致，则斯三言可以该矣。舍此三言，其亦何能为政哉？"清康熙朝名臣王士祯在《古夫于亭杂录》卷一云："上（按指康熙皇帝）尝御书'清、慎、勤'三大字，刻石赐内外诸臣。士祯二十年前亦蒙赐。案此三字本吕本中居仁《官箴》中语也。"

为官从政为什么要把"清、慎、勤"作为第一箴言？清人方大湜说："晋司马炎居官三字诀，曰清，曰慎，曰勤。真西山先生云，士大夫万分廉洁，止是小善，一点贪污，便为大恶，三字之中，自以清为第一要义。官如不清，虽有他美，不得谓之好官。然廉而不慎，则动静云为，必多疏略；廉而不勤，则政事纷繁，必多废弛，仍不得谓之好官。"[1]下面主要根据古人的有关论述，谈一谈为什么要"清、慎、勤"，又怎样才能做到"清、慎、勤"呢？

一、清

为官第一要清廉。宋人真德秀说："律己以廉。凡名士大夫者，万分廉洁，止是小善，一点贪污，便是大恶。不廉之吏，如蒙不洁，虽有他美，莫能自赎。故此以为四事之首。"[2]何谓清廉？清人刚毅说："清节之操，一尘不染，谓之廉。"[3]元人徐元瑞说得更具体："谓甘心

---

① 方大湜：《平平言》卷一《清慎勤》。
② 真德秀：《真文忠公文集》卷四十《潭州谕同官咨目》。
③ 刚毅：《居官镜·臣道》。

淡薄，绝意粉华；不纳苞苴，不受贿赂；门无请谒，身无嫌疑；饮食宴会，稍以非义，皆谢却之。"①就是一身清白，一心为公，既不奢侈腐化，也不贪污受贿，更不徇私舞弊，贪赃枉法。

为什么要清廉？首先，为官清廉，光明正大，才能不受蒙蔽，明察是非；一身清白，没有私心，才能够和敢于处事公正。宋人罗大经说："杨伯子尝为余言：'士大夫若清廉，便是七分人了。盖公、忠、仁、明，皆自此生。'"②清代名臣陈弘谋说："汉人取吏，曰廉、平、不苛……人须心中无欲，方能心平。心平方能事平。故廉又为平之本。"③

为官清廉，才能治国安民，使天下太平。南宋大诗人陆游在《春日杂兴》诗中云："但得官清吏不横，即是村中歌舞时。"吏治腐败，必然导致天下大乱，政权衰亡。清人王元吉说："大臣不廉，无以率下，则小臣必污；小臣不廉，无以治民，则风俗必坏。层累而下，诛求勿已，害必加于百姓而患仍中于邦家，欲冀太平之理不可得矣。"④岳飞更直截了当地说："文臣不爱钱，武臣不惜死，天下太平矣！"⑤

为官清廉，才能受到上级的赏识，得到百姓的爱戴，自己也才能身心安然。明人说："公生明，廉生威。士不畏吾严而畏吾公，民不服吾能而服吾廉。"⑥清人程含章说："廉能之吏，上司贤之，百姓爱之，身名俱泰，用度常觉宽然。而贪污之吏，朘民之膏，吮民之血，卒之身败名灭，妻子流离。天道昭昭，报应不爽，吏亦何乐乎贪而不廉哉！"⑦

怎样才能做到清廉？元代名臣张养浩说："普天率土，生人无穷

①《吏学指南·吏员三尚》。
②罗大经：《鹤林玉露》甲编卷四《清廉》。
③陈宏谋：《在官法戒录》卷一《总论》。
④王元吉：《御定人臣儆心录》。
⑤《宋史》卷三六五《岳飞传》。
⑥丁日昌：《牧令书辑要》卷二《屏恶》。
⑦丁日昌：《牧令书辑要》卷二《屏恶》程含章《与山左属官书》。

也，然受国宠灵而为民司牧者，能几何？人既受命以牧斯民矣，而不能守公廉之心，是不自爱也，宁不为世所诮耶？况一身之微，所享能几？厥心溪壑，适以自贼。一或罪及，上孤国恩，中贻亲辱，下使乡邻朋友蒙垢包羞，虽任累千金，不足以偿一夕缧绁之苦。与其戚于已败，曷若严于未然？嗟尔有官，所宜深戒。"①明代薛瑄指出："世之廉者有三：有见理明而不妄取者，有尚名节而不苟取者，有畏法律保禄位而不敢取者。见理明而不妄取，无所为而然，上也；尚名节而不苟取，狷介之士，其次也；畏法律保禄位而不敢取，则勉强而然，斯又为次也。"②这里谈到三种清廉者，即"见理明而不妄取者"，"尚名节而不苟取者"和"畏法律保禄位而不敢取者"，这也是清廉的上中下三种境界，也是做到清廉戒贪的三种方法。

要做到清廉，首先是要深刻认识清正廉洁的意义，以及贪污腐败的危害，认识到清廉是居官者分内的事情，是最起码的为官道德，就是明人薛瑄所说的"见理明而不妄取"。用现在的话说，就是要树立正确的世界观、人生观、价值观，加强为官的道德修养，自觉地"律己以廉"，戒除贪心。

其次，要大力提倡清正廉洁，反对贪污腐败，形成一种"崇尚清廉，鄙视贪污"的社会风气，就是明人薛瑄所说的，使稍顾廉耻者"尚名节而不苟取"。

其三，就是以法致廉。要制定严密而完备的规章制度，使欲贪者无机可乘。一旦贪污，则能及时发现，严惩不贷，使欲贪者不敢以身试法，就是明人薛瑄所说的"畏法律保禄位而不敢取"。

宋代著名清官包拯上疏说："臣闻廉者，民之表也；贪者，民之贼也。今天下郡县至广，官吏至众，而赃污擿发，无日无之。……欲乞今后应臣僚犯赃抵罪，不从轻贷，并依条施行，纵遇大赦，更不录

---

① 张养浩：《牧民忠告》卷上《戒贪》。
② 薛瑄：《薛文清公从政录》。

用；或所犯若轻者，只得授副使、上佐。如此，则廉吏知所劝，贪夫知所俱矣。"①贪污不但要受到国法的制裁，而且要受到家法的惩处。如包拯曾制定了这样一条家训："后世子孙仕宦有犯赃滥者，不得放归本家；亡殁之后，不得葬于大茔之中。不从吾志，非吾子孙。仰工刊石，竖于堂屋东壁，以诏后世。"②包拯的子孙，也都一直恪守家训，为官清廉，深受世人的称赞。史书记载包拯子孙如其子包绶、其孙包永年等，也都一直恪守家训，居官清廉，深受世人的称赞。如《包公(绶)墓志铭》载："公既终，发遗箧，诰轴、著述外，曾无毫发所积为后日计者。益知公生平清苦守节，廉白是务，遗外声利，罕有伦比。孝肃以清白劲正光于青史，公可谓能克家者，孝肃之风，至于公而益炽也。"意思是说，包绶死后，箱箧中除了官诰、著述之外，没有分文钱财。包拯的清正廉洁之风，到其子包绶时，更加发扬光大了。

其四，是节俭。只有节俭，才能养廉；奢侈必然导致贪污。北宋人陈襄说："节用养廉。仕宦有俸给之薄者，所得不偿所用。赀产优厚，犹有可诿。若赀产微薄，悉藉俸给，而乃用度不节，日用饮食衣服奴婢之奉，便欲一一如意，重之以嫁娶之交迫，必至窘乏。夫昔奢侈之人，一旦窘乏，必不能堪，窥窃之心，繇是而起。猾吏弥缝其意，又从而饵之。一旦事露，失位辱身，追悔莫及。故欲养廉，莫若量其所入，节其所用．虽粗衣粝食，节澹度日，然俯仰亡愧，居之而安，履之而顺，其心休休，岂不乐哉？"③南宋人何坦说："惟俭足以养廉。盖费广则用窘，汲汲然每怀不足，则所守必不固。虽未至有非义之举，苟念虑纷扰，已不克以廉靖自居矣。"④清人汪辉祖说得更加透彻："用财宜节，不节必贪。人即不自爱，未有甘以墨败者。资用既

---

①《包拯集》卷三《乞不用赃吏》。
②《包拯集》卷末《补遗》。
③ 陈襄：《州县提纲》卷一。
④ 陈宏谋：《从政遗规》卷上《何西畴常言》。

绌，左右效忠之辈进献利策，多在可以无取、可以取之间。意谓伤廉尚小，不妨姑试，利径一开，万难再窒。情移势逼，欲罢不能。或被下人牵鼻，或受上官掣肘，卒之利尽归人，害独归己。败以身徇，不败亦殃及子孙，皆由不节之一念基之。故欲为清白吏，必自节用始。"[1]清代名臣觉罗乌尔通阿亦云："居家宜俭，居官尤宜俭。人情愈奢则愈纵。始而贪，继而酷，皆自不俭始。夫膏粱与粗粝，同一果腹；文绣与布帛，同一章身。吾纵不必矫情干誉，学公孙之脱粟布被，独不可择其平等，居不丰不啬之间乎！况居官一日起居服御，可省不但一二端。但能杜绝汏侈念头，便不至浮费无度，自尔留馀不尽矣。如此，乃不至侵用官项，腹削民膏。身心俱泰，寝食皆安，虽粗粝何尝不甘，布帛何尝不适哉！俭则安分，俭则洁己，俭则爱民。俭则惜福，故曰：俭，美德也，官箴也。"[2]

◆ 二、慎 ◆

　　为官要谨慎。何谓谨慎？刚毅说："行不放逸，语不宜泄，谓之慎。"[3]就是一言一行，小心慎重。谨慎才能成就大事业，不谨慎则往往会召来祸患和失败。武则天《臣轨·慎密章》云："夫修身正行，不可以不慎；谋虑机权，不可以不密。优患生于所忽，祸害兴于细微。人臣不慎密者，多有终身之悔。故言易泄者，召祸之媒也；事不慎者，取败之道也。……非所言勿言，以避其患；非所为勿为，以避其危。"

---

① 汪辉祖：《学治臆说》卷下。
② 觉罗乌尔通阿：《居官日省录》卷六《俭》。
③ 刚毅：《居官镜·臣道》。

明代名臣薛瑄说："圣贤成大事业者，从战战兢兢之小心来。"①明汪天锡《官箴集要》卷上《正己篇·慎言语》云："轻言戏谑最害事。盖言不妄发，则出言而人信之；苟轻言戏谑，后虽有诚实之言，人亦弗之信也。"

怎样才能做到谨慎呢？其一，要调查研究，深思熟虑。每遇到一件事情，都要进行详细的调查研究，掌握充分而全面的情况，反复思考，得出解决的办法，没有疑问了，再付诸实施。正如宋人陈襄所说："官司凡施设一事情，休戚系焉。必考之以法，揆之于心，了无所疑，然后施行。有疑，必反复致思，思之不得，谋于同僚。否则，宁缓以处之，无为轻举，以贻后悔。"②清人张运青说："处事当熟思审处。熟思则得其情，缓处则得其当。"③

其二，一言一行，事事都要谨慎。清人高廷瑶指出："夫居官之要，莫要于谨言慎行。举止戒浮动，说话戒夸张。上官及朋友有事相商，不可漏泄，所谓几事不密则害成也。"④清人文海认为："'慎'字所包甚广，不独刑罚之措施，钱谷之出纳，凡堂上之一喜一怒，署内之一言一动，俱有关系，不可任我性情。"⑤

其三，谨始慎终，时时都要谨慎。清郑端说："事必谋始。莅事之初，士民观听所系，廉污贤否所基，作事务须详审，未可轻立新法，恐不宜人情，后难更改；持身务须点检清白，且不可轻与人交，恐一有濡染，动遭钳制，不但贿赂可以污人而已。"⑥不仅要谨始，而且要慎终。正如元代名臣张养浩所说："为政者不难于始而难于克终也。初焉则锐，中焉则缓，末焉则废者，人之情也。慎始如终，故君子称

---

① 薛瑄：《薛文清公从政录》。
② 陈襄：《州县提纲》卷一《疑事贵思》。
③ 张运青：《治镜录集解》卷下。
④ 李庚乾：《佐杂谱》卷上《总论》。
⑤ 文海：《自历言》。
⑥ 郑端：《政学录》卷三。

焉。"①老子说："慎终如始，则无败事。"②

三、勤

　　为官仅仅清廉、谨慎是不够的，必须勤奋。何谓勤奋？刚毅说：
"黾勉从公，夙夜匪懈，谓之勤。"③元人徐元瑞说得更详细："谓早入
晏出，奉公忘私，虽休勿休，恪勤匪懈；呈押文字，法遣公事，务为
敏速，耻犯稽迟；躬操笔砚，不仰小吏，手阅簿书，不辞劳役。"就是
为官勤勤恳恳，兢兢业业，任劳任怨，认真负责，恪尽职守。不懒
惰，不懈怠。只有勤于政事，才能造福于民。懒惰懈怠，必然民受其
弊。宋人真德秀说："莅事以勤。当官者一日不勤，下必有受其弊者。
古之圣贤，犹且日昃不食，坐以待旦，况其馀乎？今之世有勤于吏事
者，反以鄙俗目之，而诗酒游宴，则谓之风流娴雅，此政之所以多
疵，民之所以受害也。不可不戒！"④明代思想家吕坤指出："不伤财，
不害民，只是不为虐耳。苟设官而惟虐之虑也，不设官其谁虐之？正
为家该给人足，风移俗易，兴利除害，转危就安耳。设廉静寡欲，分
毫无损于民，而万事废弛，分毫无益于民，也逃不得'尸位素餐'四
字。"⑤汪辉祖甚至认为，"清、慎、勤"三者，应以"勤"为本。他在《学
治臆说》卷下说："称职在勤。吕氏当官三字：曰清、曰慎、曰勤。所
谓三岁孩子道得，八十岁老翁做不尽者。尝与同官王蓬心先生论三事

---

① 张养浩：《牧民忠告》卷下。
② 《老子》第六十四章。
③ 刚毅：《居官镜·臣道》。
④ 真德秀：《真文忠公文集》卷四十《潭州谕同官咨目》。
⑤ 吕坤：《呻吟语》卷五《治道》。

次第。先生以清为本，同官唯唯。余谨对曰：'殆非勤不能。'先生曰：'何故？'则又对曰：'兢兢焉，守绝一尘矣。而宴起昼寝，以至示期常改，审案不结，判稿迟留，批词濡滞，前后左右之人，皆足招摇滋事，势必不清，何慎之有？'"明人也说："初仕以勤政为首务，政不勤则百事殆。"①宋代著名思想家、文学家、史学家欧阳修甚至说："不材之人，为害深于赃吏。"因为"不材之人，不能驭下，虽其一身不能乞取，而恣其群下共行诛剥，更无贫富，皆被其殃，为害至深"。所以，他主张："尽取老病缪懦者与赃吏一例黜之。"②

如何做到勤奋呢？其一，树立居官就是要为民兴利除害的思想。正如俗话所说："当官不为民作主，不如回家卖红薯。"饱食终日，无所事事，或者庸庸碌碌，无所作为，这只是昏官、庸官，是人们所不齿的。

其二，要早起问政，使事无积滞。宋人陈襄说："被底放衙，昔者尝以为戒。凡当繁剧，要须遇鸡鸣即起，行之有常，则凡事日未昃俱办，而一日优游闲暇矣。倦于起早，或遇宾客过从，往来迎送，夺其日力，则一日之事俱不办。一日之事不办，则明日之事益多。况凌晨神气清爽，心无昏乱，故起早亦为官第一策。昔鲁文伯母，言卿大夫一日勤事之节，曰朝考其职，然则古人亦审此久矣。"③陈襄又说："公事随日而生，前者未决，后者继至，则所积日多，坐视废弛。……要当随日区遣，无致因循。行之有准，则政有条理，事无留滞，终于简静矣。"④

其三，要屏除杂务，专心政事。官场庶事甚多，如送往迎来，游乐宴会等等。如果沉溺于此类事务之中，也就难于处理好政务。明代

---

① 佚名：《初仕要览》。

② 欧阳修：《欧阳文忠公集》卷九十七《上仁宗乞置诸路按察使》。

③ 陈襄：《州县提纲》卷一《晨起贵早》。

④ 同上，《事无积滞》。

大臣吕坤云："仕途上只应酬无益，人事功夫占了八分，更有甚精力、时候修正经职业？我尝自喜行三种方便，甚于彼我有益。不面谒人，省其疲于应接；不轻寄书，省其困于裁答；不乞求人看顾，省其难于区处。"①

其四，身心都要勤奋。清代名臣曾国藩在《劝诫委员四条》中说："勤之道有五：一曰身勤。险远之境，屈身经验之；艰苦之境，身亲尝之。二曰眼勤。遇一人必详细察看，接一文必反复审阅。三曰手勤。易弃之物，随号收拾；易忘之事，随笔记载。四曰口勤。待同僚，则互相规劝；待下属，则再三训导。五曰心勤。精诚所至，金石亦开；苦累所积，鬼神亦通。五者皆到，无不尽之职。"②

综上所述，称"清、慎、勤"为为官第一箴言，是很有道理的。而且，"清、慎、勤"虽然是中国古代的为官箴言，但对今天的廉政、勤政建设，仍然具有借鉴意义。

---

① 吕坤：《呻吟语》卷三《应务》。
② 《皇朝经世文续编》卷十六。

汉武盛世的历史透视

孙家洲

孙家洲，男，汉族，山东人。现任中国人民大学历史学院院长。主要社会兼职：中国秦汉史研究会副会长、北京师范大学兼职教授、北京大学孙子兵法研究中心研究员、中国知库高级顾问。

主要研究方向为先秦秦汉史、思想文化史。主要著述有：《韩信评传》、《命运与性格的对话——再品〈史记〉的人物、故实、思想》、《两汉政治文化窥要》、《插图本中国古代思想史·秦汉卷》、《额济纳汉简释文校本》、《秦汉法律文化研究》、《史说心语》。参加了《马克思主义历史观与中华文明》、《中国社会生活史》、《宏观中国史——衰世篇》等论著的撰述。已经发表史学论文七十余篇。

曾经获得2002—2003年度中国人民大学"十大教学标兵"称号，2008年度北京市优秀教学成果奖特等奖。2009年获得教育部"国家级教学成果奖"二等奖。

公元前141年，汉武帝即位，他在位时间一共是54年。在他去世之后，人们对他有各种评价。大家最熟悉的，可能就是毛主席《沁园春》词里的一句——"惜秦皇汉武，略输文采"了。这个评价固然带有遗憾的口吻，但毛主席是在纵横百代的背景下评价历史人物的，能够进入他评论范围之内的，都是历史上的雄杰人物。这里我想列举几位历史学家对汉武帝的评价：

《史记》的作者司马迁概括汉武帝的事迹用了"内修法度，外攘夷狄"这八个字，即对内建立了有关治国的制度与方略，这是汉武帝在历史上的一个重大贡献；对外用战争的手段开疆拓土，汉武帝时期奠定了中华帝国版图的主体部分。

《汉书》的作者班固曾经比较了西汉的几个皇帝，他说汉高祖刘邦是"拨乱世反之正"，也就是结束战乱，重建一统；说汉文帝和汉景帝（也就是汉武帝的祖父与父亲）是"务在养民"，就是"与民休养生息"，让社会经济迅速得以恢复与发展；而说汉武帝则用了"雄才大略"这四个字。

近代著名历史学家夏曾佑先生说，"武帝时为中国极强之世，故古今称雄主者，曰秦皇汉武"，他还说，历史上有的皇帝是一代之帝王，比如汉高祖刘邦；有的皇帝是百代之帝王，比如秦始皇和汉武帝。所谓百代之帝王是说他的历史贡献与历史影响并没有因为他的朝代结束而结束，他们所产生的影响延续到此后很多代。汉武帝的历史影响，2000多年依然在方方面面可以感受得到。所以汉武帝是一个在历史上作出了杰出贡献、对历史有深远影响的人物。

一、汉武帝即位后继承了"文景之治"的所有遗产，并选择了推行改革，希望为后世开创出长期沿用的治国制度

　　汉武帝即位的时候，汉朝已经建立了60多年，经过汉文帝与汉景帝的苦心经营，西汉前期的政权稳定下来，历史上把这一时期称之为"文景之治"。应该说汉武帝即位的时候继承了"文景之治"给他的所有社会遗产——有的是汉武帝文治武功的重要前提与保证，有的则是有待突破和开拓的。

　　我先说汉武帝即位的时候，形势有利的一面。

　　第一是社会经济得以迅速恢复与发展，国家和民间的经济力量有了明显的积聚和提升。汉朝立国之初，经过多年战乱，经济很困难。司马迁记载说"自天子不能具钧驷，而将相或乘牛车"，就是贵为天子也没有办法配齐四匹同样颜色的马来驾车，而大臣们甚至找不到马匹，要乘牛车出行。经过"文景之治"，汉武帝即位的时候全国的经济形势好多了。司马迁同样记载说"府库余货财，京师之钱累巨万，贯朽而不可校"，就是国库里面的钱因为长期没有动用，所以拴钱的绳子都腐烂了，要想清点一下国库里有多少钱，居然数不清。而国库中的粮食，多到了"陈陈相因，充溢露积于外，至腐败不可食"的地步，也就是说每年都有新的粮食入库，而旧的粮食没有动用，所以粮食都烂在仓库里不能吃了。大家知道，中国古代是一个农业国家，衡量国家经济实力的强弱，在很大程度上就看两项指标：一个是国库中钱积累多少，再一个就是粮食积累多少。显然，这个时期西汉王朝是较为富裕的，而且这个时期老百姓的生活也富裕了。有这样一个细节，当时民

间聚会，人们骑的马匹一定是公马，如果谁去参加聚会骑的是母马就会感觉没面子。这与西汉初年相比，真是天壤之别。

第二是当时的社会比较稳定，政治比较清明，西汉政权得到了老百姓的拥戴。西汉立国以后，统治者非常注意总结秦王朝灭亡的教训，采取了休养生息的一系列政策，减轻赋税，得到了百姓的拥戴。另外在法律制度上陆续地做了许多改革，重点是废除了几个最不得人心的法律，比如说挟书律、诽谤罪、妖言令等等。这使得民间与官府的沟通进入了一个良性的状态，老百姓对官府是从心底拥护的。有这样一个记载，说当时皇帝有诏书要对百姓公布(诏书是由地方官来负责公布的)，老百姓听说后扶老携幼，甚至不顾身体残疾行动不便，赶到现场去听地方官员传达皇帝的"德音"。由此可见百姓对这个政权真的是衷心拥戴。

第三，我们来分析汉武帝即位的时候面临着文景之治遗留的有哪些社会问题。概括地说，就是国家对于社会的控制能力对内和对外都呈现出一种弱势的姿态。对内控制力弱，我们从两个方面来看：一个是达官贵人僭越制度，有的诸侯王竟然敢僭越使用皇帝的礼仪规程，生活的腐化也开始流露出来；再一个就是地方豪强、游侠横行，政府不能有效地管理控制他们。对外控制力弱，特别表现在与匈奴的关系上，这时候还是受到来自匈奴的军事侵略以及政治挑衅。当然，从汉高祖刘邦建国开始，汉朝就想用战争的手段解决来自北方匈奴的军事威胁，但是失败了，所以此后汉朝的统治者不得不为了边境的大致安宁，而采取和亲政策。其实所谓的和亲就是不定期地给匈奴送上大批彩礼，赎买和平。可即便是这样，双方还经常有形势紧张的时候。

这是汉武帝即位之初面临的形势。针对这样的形势，作为一个新的当政者，应该如何确定自己的统治方略呢？是继续延用以前的政策，还是要进行大规模的改革？这个时候，真正有远见卓识的人都意识到应该推行改革。最早明确对汉武帝提出推行改革的是西汉思想家、儒学宗师董仲舒。在董仲舒给汉武帝的一封对策中，他提到"当更化而不更化，虽有大贤不能善治也。故汉得天下以来，常欲善治而至今不可善治者，失之于当更化而不更化也。""更"、"化"这两个字合在一起，用现代汉语来说，最贴切的对应词就是改革。董仲舒这段话的大意是，当形势需要改革的时候却不改革，这样即便是有英明的人在位，这个国家也治理不好。所以汉朝从得天下以来一直就想要把天下治理好，但是现在也没有完全治理好，原因就在于应该改革的时候却没有改革。董仲舒作为一个思想家、作为一个政论家，他给汉武帝提出这样一个要求，实际上是站在了时代的最前沿，发出了一个时代的呼吁，那就是形势发展到现在，必须要改革，改革才能真正把这个国家建设好。

汉武帝是一个有雄才大略的人，面对必须承担的历史难题，他是有足够的承载力量的。到了晚年，汉武帝在总结自己一生的时候，讲到了为什么要有那么多的改革之举。他以回顾和总结的口吻讲到即位之初面对的选择："汉家庶事草创，加四夷侵陵中国，朕不变更制度，后世无法"。他说汉朝政权刚建立的时候，处在草创阶段，再加上周边有外敌的军事威胁，如果我不改变一些做法，后世子孙要想治理好这个国家就没有可以遵循的法度。由此可见，在汉武帝心目中，祖父汉文帝和父亲汉景帝所作出的功业都不是根本大业，都是在紧急状态采取的临时措施，而他给自己定的历史使命，是要为后世子孙创造出一套可以长期沿用的治国制度。因为有了这样的想法，汉武帝登上历史舞台后，汉朝的政治局面为之一变，也就成了理所当然的事情。

汉武帝既然意识到必须厉行改革，他就要从各个方面来推行一套新的制度。以下我从几个方面来讲汉武帝励精图治的改革措施。

二、尊崇儒术，确立国家的主导统治思想

首先是尊崇儒术，确立国家的主导统治思想。有历史学家曾经说过大意如下一段话：中国的政治统一完成于秦始皇，而中国的文化统一完成于汉武帝。为什么这样说呢？在汉武帝之前，中国的历史虽然悠久，但是没有形成一个举国上下共同认可的文化体系。汉武帝推行尊崇儒术之后，儒家学说作为全国上下共同遵守的一种价值体系，甚至作为国家统治者制定方针大略的基本依据，因此才说中国的文化统一开始于汉武帝。

汉武帝用什么方法推崇儒家学说？秦始皇曾经用焚书坑儒等暴力手段强制推行法家思想，最终却失败了，并没有把大家的思想真正统一起来。汉武帝在这一点上远比秦始皇高明。

汉武帝采纳了董仲舒等人的建议，设置了一个国家最高学府——太学，在太学里面讲课的老师当时称之为博士官。博士官在战国时代就已经出现了，但当时的博士官并非只有精通儒术的人来充任。可在汉武帝时代，太学里面所设置的博士官清一色选择了儒家的经师——精通"五经"的学者才被选择来做太学的教师。太学里面唯一被批准使用的官方教材是儒家的经典。太学生从全国各地精选而来，在学校里面接受的是系统的儒学教育，每年都有一次考试，只要其中有一部经典的考试合格了，就可以出去做官，考试成绩特别优秀的可以留在皇帝身边，做皇帝的亲信、随从，当时称之为郎官。郎官尽管级别不高，可是能接近皇帝，有机会表现自己的才干，从而得到皇帝的赏识和提拔。在汉武帝这样的经营之下，尽管并没有明确规定说大家不允

许读其他学派的学问，可实际情况是读其他学派的学术，学得再好你也没有施展才干的地方，所以这种方式让社会上有志于进取的青年学者都去学习儒家经典。历史有这样的记载，后来成为丞相的公孙弘，40岁之前学的都是杂家之学，后来他意识到学杂家之学当不了大官，就改学儒术，果然就有机会展示自己的才干，后来他成为白衣卿相的代表人物。

对于已经身在官场里面的人，汉武帝用什么方式让他们学儒学呢？以前在"朝议"的时候，其他各家学术观点，甚至包括民间俗语都可以作为官员议论的依据，而汉武帝尊崇儒术之后，限定官员只能用儒家的经典作为回答问题的依据。这样一来，在官场里给儒学确立了一个特殊的尊崇地位，于是导致一部分已经身在官场里面的人，即便原来并没有真正学懂儒术，但为了取得一个发言的权利，也必须要学儒家的经典。汉武帝为了尊崇儒家学说的地位，还有意无意地把儒学经典赋予一种法律地位，甚至在一些特殊场合下，让儒家的经典拥有超越于国家法律之上的地位。

我举一个复仇的例子来说明这个问题。大家可能知道，儒学里有一个公羊学派，特别重视血缘和伦理关系，所以对复仇给予了足够的肯定，像"君子复仇，十年不晚"、"杀父之仇，不共戴天"等等，都是公羊学派著名的论点。因为汉武帝尊崇儒术，包括复仇理论在内的公羊学派的这些观点就在社会上产生了很大的影响。我以抽象的方式，把有关个案汇总为一个"典型案例"，让大家看一下汉代尊崇儒家经典到了一种什么程度：有一个人，为报父仇杀了人，他到官府去自首。负责的官员说，你为报父仇杀人，是孝子，不能用国家法律来惩办你。这个人却说，我作为儿子复仇没问题，可作为一个臣民杀人就触犯了国法，哪能不惩办呢？于是这个官员向上级报告，说这个案子惩办就伤害了孝子，不惩办就有亏国法，我只能辞职。这个案子报到朝廷，朝廷裁定杀人的是孝子，可以从轻发落，那个官员为了保证国法的尊严而辞职，也是好官，要再回来做官。其实官员们一看就明白了一个道理，这是一个官场游戏，其精神是要尊崇儒家的复仇伦理之说。这让大家意识到，在特殊情况之下，做事可以不符合国法，但是不可以违背儒家经典。

当然，对汉武帝的尊崇儒术我们还得看到另外一面，就是汉武帝和董仲舒有所不同，作为儒学宗师的董仲舒有着强烈的儒家情结，所以他在上书要求汉武帝尊崇儒术的时候说过，凡是不符合儒家经典的学问都要由朝廷出面予以取缔。而汉武帝是一个高明的政治家，只要对统治有利的学问就拿来为我所用，不太可能完全地、真正地只使用一门学问作为治国的方略。汉武帝本人一方面在很多场合标榜、宣传国家是在倡导儒术的，但同时对于儒术之外的其他学问，他也在兼用。比如汉武帝时期张汤、桑弘羊这些著名的大臣，都是带有法家思想倾向的人，并不是儒家阵营的人。不仅汉武帝如此，就是汉武帝所确立的国家基本统治方略，其真正的奥妙，通过汉宣帝的一句话就表现得清清楚楚：汉宣帝的儿子，也就是后来的汉元帝是一个真正喜欢儒家学术的人，他见到自己的父亲对儒家学术不太尊重，就提了些建议，结果汉宣帝很恼火地说，"汉家自有制度，本以霸王道杂之"。这个王道指的就是儒家学术的体系，而霸道的所指和内涵非常清楚，就是法家的"治国之术"。汉宣帝的话使我们意识到，朝廷表面上尊崇儒术，实际上依然暗用法家的制度设计与思想资源，这是汉武帝及其以后的统治者惯常的一种统治方略。

三、削弱地方势力，强化中央集权

汉武帝推行的第二方面的改革措施，就是削弱地方势力。他所针对的地方势力其实主要是两类人，一类是诸侯王，一类是地方豪强与游侠。

西汉的诸侯王国问题是从汉高祖刘邦开国以来就形成的。西汉立国后没有效仿秦朝建立单一的郡县制，而是采用了"郡国并行"体制——郡是郡县制，国是封国制。封国体制又分为王国和侯国两级，王国和郡是同一个行政级别，侯国和县是同一个行政级别。刘邦后来用约束、陷害乃至于杀害的种种手段，解决了异姓诸侯王的问题，但是在这当中又封了一批刘姓宗亲王。所以汉初所确定的郡国体制既有中央集权制的一面，又有地方分权制的一面。汉景帝时曾发生过"吴楚七国叛乱"，七个刘姓宗氏诸侯王联兵造反，到汉武帝这个时代，面对诸侯王势力坐大的局面该怎么处理呢？如果采取汉景帝那样的"削藩"政策，很可能会导致新的诸侯王国的叛乱。于是，汉武帝采用了一种高明的法律手段来削弱诸侯王的势力——推行"推恩令"。

"推恩令"就是把恩泽推广开来的意思。在"推恩令"推行之前，诸侯王国的王位传承是按照嫡长子继承的惯例，事先确立一位王太子，由王太子继承他父亲全部的领土，这样就保证了一个诸侯王国领土的完整与国势的稳定。可是"推恩令"的用意恰好相反，是让诸侯王从本国的固有领土中拿出一部分分给王太子以外的其他儿子，这样，一个诸侯王国又分出许多新封的侯国，新成立的侯国不再隶属于他父亲原来的王国所有，而是隶属于这个侯国所在附近的一个郡。这样一来，即便是原来领土很广大的一个诸侯王国，领土不断地被分割，也很快会被削弱。那么诸侯王是否意识到这是在割裂他的领土，因而不搞推恩呢？这也几乎不可能，因为朝廷现在允许搞推恩，所有的王子都希望可以分得一部分封地，不会同意父王不搞推恩的。汉武帝利用这种人情世故，推行"推恩令"，即便有的诸侯王心怀不满，也只能遵守朝廷新的法律制度，把自己的领土分裂成若干个侯国。

汉武帝又是如何惩治地方豪强和游侠的呢？从战国到西汉是中国游侠最活跃的一个时期，一批大游侠有广泛的社会影响力，甚至拥有崇高的威信。统治者要强化国家对社会的控制力，而民间却有一批有实力、有威望的游侠，这是统治者所不愿意接受的。但是，通过正常的国家法律程序惩治他们又很难，所以汉武帝用"酷吏"来对付这些人。

当时有两种官员，从行政风格上可以区分为两种：一种叫"循吏"（后世称之为"良吏"），还有一种是"酷吏"。这两种官员最根本的区别是，循吏办案是根据国家法律的，而酷吏根本不管国法如何规定，只按照皇帝的旨意办事，当皇帝的旨意和国法的规定相冲突时，这些酷吏便把皇帝的旨意置于国法之上。比如说汉武帝要惩治某一个地方的豪强和游侠，他就任命一个酷吏到那里做地方官。这个酷吏完全清楚汉武帝的动机，所以上任之前先搞调查，把豪强与游侠的情况摸得很清楚，带着自己的私人武装，一上任就靠私人武装力量先把地方的豪强和游侠抓起来，还没等到被拘捕的人采取什么应对措施，就把他们都杀了。酷吏就用这种特殊的手段为汉武帝整治地方势力，所以汉武帝在削弱地方势力方面做的事非常有效。

四、削弱丞相权力，强化皇帝专断

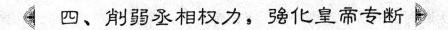

汉武帝的第三项改革是削弱丞相的权力。汉武帝需要高度的集权，来做前人未曾做过的事情，而他本人的禀性在其中也发挥了很大的作用——他本人就是一个独断专行的人。

西汉开国之后丞相拥有较高的实权和威望，这对于皇帝的权力会产生某种程度的制约，这种制约对国家政权的良性运作本来是非常好的，所以从制度的角度讲丞相有实权是好事。但是如果丞相的权力过大，又碰到一些权臣或心术不正的人担任这一职务，那丞相就有可能利用职权培育私人势力，对国家的政治运作产生不良的影响。所以在古代专制体制之下，皇帝的权力和丞相的权力如何制衡，这一直是一个重大的政治问题。

当时有一个丞相叫田蚡，是一个外戚，政治才干有限，但政治欲望很强。有一次田蚡入朝奏事，和汉武帝在一起谈论任命官员的事，从早晨谈到了太阳偏西，汉武帝很不高兴，最后对田蚡说了一句话："君除吏已尽未？吾亦欲除吏"。就是说你任命官员任命完了没有呢？我本人也准备任命几个官。皇帝和丞相之间话说到这种程度，由此可见汉武帝是非常不满意丞相有实际的用人之权的，所以他要收回这样的权力。汉武帝是怎样做的呢？

一是用制度建设的方法削弱相权，加强皇权。制度建设指的是汉武帝设立了一个事实上的决策机构，取代丞相的决策权。在西汉前期丞相是拥有决策权的，当时丞相有一个重要的同僚是御史大夫，丞相和御史大夫是朝廷百官的首领，遇到了重大的事情，是由朝廷的公卿集体讨论决策，奏请皇帝同意的。汉武帝深知决策权的重要，就任用了一批文学侍从，这些人口才好，文章写得漂亮，又愿意在官场上一展身手，像严助、朱买臣、司马相如、主父偃都是这样的文学侍从。每次遇到了军国要务要讨论，汉武帝先和他们打招呼，让他们做准备，对丞相、御史大夫却不事先关照。到了朝议的时候，因为这些侍从之臣事先有准备，当朝廷的公卿大臣提出处理方案之后，他们就开始发言批驳，逐一把公卿大臣提出的方案给批驳倒。这样几次之后，朝廷的公卿大臣明白了，遇到什么事情，皇帝的侍从都准备好方案了，只需要让他们发言就可以。这样一来慢慢由个案变成了惯例，由惯例变成了制度。于是一个新的决策机构形成了，被称为中朝（又称"内朝"），而在中朝和内朝形成之后，丞相和御史大夫为代表的朝廷百官公卿体系就被称之为"外朝"，"外朝"只有执行的权力，这是一个重大的制度建设。

汉武帝削弱相权的另一个手段就是杀人。汉武帝一共杀了五位丞相、六位御史大夫，这之后朝廷大臣们明白了，丞相表面上号称是上承天子，佐理万机，实际上没有任何的实权，弄不好老命还得搭上，根本没有那么高的威信。有这么一个小故事非常传神：汉武帝在杀了三个丞相之后，任命公孙贺当丞相，公孙贺吓得跪倒在地，苦苦哀求皇帝收回成命。可汉武帝还是让他接受任命。公孙贺当丞相后非常"懂事"，皇帝说什么就照着办，绝不提不同意见，可就是这么一位丞相，在皇帝面前唯唯诺诺，最后也被杀了。他本人虽然没有犯罪，可他的儿子犯罪了，受到了株连，被灭了族。就这样，丞相没了实权，朝廷大小官员只要看皇帝一个人的脸色就成了——那是唯一可以主宰所有人命运的最高统治者。

五、对外开疆拓土，强化国家力量

汉武帝施行的第四个方面的改革是强化国家力量，对外开疆拓土。西汉立国以后，一直保持着一种相对低调的立国态势，不愿意轻开战端，因为以西汉初期的国力，无法支撑大规模的军事战争需要的人力物力等军费开支，所以宁可在匈奴咄咄逼人攻势面前采取屈辱的姿态也不和匈奴开战。而到了汉武帝时期情况为之一变。汉武帝要通过军事征伐的手段来扩大帝国的版图，以解决边境的军事冲突，当然核心的进攻方向就是北方匈奴。

其实汉武帝发动的战争不光是打匈奴，开拓疆土在东西南三个方向也同时进行。对东方，汉武帝攻打了朝鲜半岛，把朝鲜半岛一个卫氏王朝给灭掉了，设置了四郡进行直接管理。对西方，汉武帝开通西域，其中一个重大的历史事件就是派遣张骞出使。当时经营西域的主要目的是为了配合军事上对西域的进攻，可是经营西域的实际成果却远远超出了这个原本的军事动机，通过经营西域，开通了丝绸之路，连接了当时东方和西方两大文明中心，也就是汉朝帝国与罗马帝国之间的间接联系的成立。特别是这条丝绸之路，成为当时东方世界与西方世界进行各种交流的有效途径，丝绸之路的开通成为世界史上的一件大事。这个举动对世界文明史的意义是何等重大。对南方，汉武帝经过多年用兵消灭了南越国，在岭南设置了九郡之地，这是一片很大的区域。在广大的"西南夷"地区（大体相当于现在所说的"云贵川高原"），汉武帝也进行了有效的经营与控制。试想一下，如果没有汉武帝的经营，可能会影响到中华帝国版图的确立过程。

中国是一个古老的国家，她的版图是在长期历史演变中依次形成的，其中汉武帝的经营是至关重要的一个阶段。当然为了这样大规模的军事征伐，汉王朝及其统治下的民众也付出了惨痛的代价，当时一个家庭中，常常是父子都上阵，或死或伤，女的被动员起来去守边防，孤儿寡母在家里，告苦无门，他们要给自己阵亡的亲人祭祀都找不着亲人的尸首，只好"遥设虚祭，想魂乎万里之外"，这是一种何等残酷的局面。所以战争给人民带来的灾难我们也要看到。

六、选拔人才，监督官吏

第五个方面的改革应该讲到汉武帝的用人和监察制度。汉武帝要做那么多事情，必须有一个强有力的官僚体制作支撑。在西汉前期的60—70年里，并没有形成一套行之有效的用人制度，而汉武帝时期经过努力形成了一个非常稳定的选官途径，这就是在中国古代历史上非常有名的察举制度。

察举制是朝廷规定地方和中央的高级官员必须定期、定额向朝廷举荐人才。举荐人才有各种名目，其中最主要的一项就是"举孝廉"。举荐孝廉可以大量从社会底层争取人才，这是汉武帝时期能够创造出盛世局面一个非常重要的原因。汉武帝对察举制度做了明确的规定，地方官不举荐孝子，按照"不胜任"的罪名给予处理；不推荐廉吏，按照"大不敬"的罪名给予处理。这样就强制性地要求地方官必须给朝廷举荐人才。所以察举制度的确立，使得汉武帝能够为他以及他的后世统治者明确一条合乎常规的用人正途，这是一件非常有意义的事情。

另外还要讲汉武帝用人的一个特殊手段。大家知道，要选拔特殊的人才，按照常规的方式不见得能选拔出来，所以汉武帝就用了一个特殊的手段——允许天下臣民给皇帝上书，就某一件当时国家面临的重要问题提出见解，借此让皇帝认识你的才华，最后皇帝可以从中选拔一部分优秀人才做官。这种特殊选拔人才的途径，在汉朝有个特定的称谓，叫"上书拜官"。主父偃等三人，就是有一天同时到朝廷规定的场所递交了讨论政治问题的意见书，结果上午递交进去，傍晚的时候皇宫里就传出旨意，召这三个人觐见皇帝。汉武帝一见主父偃等三人说了一句话："公等皆安在，何相见之晚也"。这里面表现出的求贤若渴，确实让人感动。通过这样的途径，汉武帝用了一大批确实有真才实学的人出来做官。

对已经担任了官职的人该怎么控制，这就需要对官员进行监察了。汉武帝采用了很多方法加强监察，其中最重要的是创设了新的监察系统。他把全国划分为13个监察区，每个区域由中央派出一个监察长官——刺史，每年出去巡视一圈，回来以后向朝廷报告在这个区域之内各级官吏的政绩如何、政声如何。根据刺史的报告，朝廷对相关官员给予奖惩。这些监察官的官职并不太高，这就是中国古代约束官员的一个方法——以小治大。

汉武帝为了有效的提升监察官的监察效果，制定了一个非常明确的监察范围，在当时被称之为"六条问事"——六条里面有一条是针对地方豪强规定的，其他五条全是针对地方官员及其家属的违法行为订立的。汉武帝还规定，刺史到了地方监察范围只能在六条之内，你如果超出六条范围之外，干预地方行政长官正常事务就叫越权，地方长官可以反过来弹劾刺史。这样的规定就是怕监察官的权力太大了，影响地方正常政务的执行。

汉武帝还设置了一个特别的官叫司隶校尉，专门负责对京城及其周围地区的监察，监察的范围上至皇后、太子，包括百官公卿在内，他可以一起监督。为了让这个官有实权，汉武帝给了他许多特殊的权力，如：可以"持节"，可以自称"使者"，其他官员都惧怕他，称之为

"虎臣"。这样做就是要加强对京城范围高官巨贾的监察效力。

汉武帝的改革还有许多方面，比如说经济改革，他为了支撑长期对外军事战争的需要，需要广辟财源，所以他搞了经济上的集权，采取一系列垄断经济的措施。这也是汉武帝建立一个强大政权的有机组成部分。

七、盛世光环下的社会问题

最后这个问题，就是汉武盛世光环之下掩盖的社会问题。

第一个问题表现在兵连祸结，百姓因此受尽困苦。汉武帝的军事征伐所产生的负面影响也是极为明显的。最大的问题就是战争所需要的人力物力最终都要转嫁到百姓的头上，于是生活在汉武帝统治下的臣民付出的代价实在是太过残酷。

第二个方面就是汉武帝穷奢极欲的生活，加大了政府的经济开支，导致了民众生活的困苦。汉武帝是非常喜欢搞大型土木建设工程的，他把原有的甘泉宫加以扩大，又兴建了建章宫、明光宫，规模都非常宏大。甚至建章宫、明光宫还有未央宫三个宫殿在空中建成了相连的阁道，汉武帝率领着他的一批后宫佳丽游走其间，可以不经过地面的道路，这是何等大的工程，要费多少人力物力。所以武帝时期的社会危机有的是属于与国家有关的举措，有的则是出于专制君主一人的私欲。

第三个危机是爆发在统治集团上层，表现的形式是戾太子兵变，这也是汉武帝晚年一个最大的政治惨案。汉武帝的太子被人诬陷，说他要用巫蛊之术来陷害皇帝，结果汉武帝对他产生了怀疑。太子要面见皇帝加以解释，皇帝根本不给他这样的机会。太子在情急之下起兵来捍卫自己的生命，结果汉武帝下令征讨平叛，一场长安城之内的上层军事滥杀由此产生。当时几千人被杀，朝廷百官牵扯其中的很多人，事后朝廷位置半空。在追查处理案件的过程中，各地又有上万人被株连。这直接动摇了武帝后期的统治。

几年前我在《光明日报》发表过一篇文章，题目是《论中国古代的盛衰巨变》，我在那篇文章里面特意强调对古代的盛世应该有一个清醒的历史分析。我们之所以重视历史，其中一个原因是历史可以给我们提供借鉴，可以让我们居安思危，增强忧患意识。

国学精魂与现代语学

邢福义

邢福义(1935—)，语言学家，现任教育部社会科学委员会委员，国家哲学社会科学研究规划语言学科组副组长，华中师范大学学术委员会主任，《汉语学报》主编。1954年到华中师范大学中文系学习，1956年留系工作，1983年晋升教授。2002年，湖北省政府授予"湖北省杰出专业技术人才"称号；同年，华中师范大学评聘为文科资深教授。著作三次获得中国高校人文社会科学优秀研究成果一等奖，三次获得湖北省人文社会科学优秀研究成果一等奖。2001年出版的《邢福义选集》，为季羡林主编《二十世纪现代汉语语法八大家选集丛书》之一种，该《丛书》2003年获第六届国家图书奖。曾任第八、九、十届全国政协委员。

谢谢各位出席今天这个讲演会。我对国学没有什么深入研究，50年来我的主攻方向是现代汉语语言学，特别是现代汉语语法学。研究问题过程中，自然会涉及其他方面的学问，诸如逻辑学、文化学以及国学的某些论说，不过，都只是接触到了一点点皮毛。我现在讲"国学精魂与现代语学"，不是要对"国学"本身进行深入的阐发，而是想站在现代语学的基点上，观察国学精魂对于中国现代语学发展的价值。学问是相通的。我相信，中国现代语学可以如此，中国其他现代学问大概也可以如此。

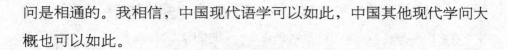

一、国学的定格和涌流

站在现代语学的时间位置上审视，国学既是静态的，又是动态的。

我们应该知道，国学已经定格在了中国历史的框架之上，这是国学"静态"的一面。

所谓"国学"，指的是我国传统的学术文化，涵盖哲学、史学、文学、考古学、中医学、语言学等等方面的学问。《辞海》指出："国学犹言国故，指本国固有的学术文化。"国故属于历史，是"固有"事物，因此常有"整理国故"的说法。就语言学而言，属于国学范围的，主要有文字学、训诂学和音韵学。文字学，是研究汉字的性质、结构、演变和使用等的学问；训诂学，是研究古书字句的解释的学问；音韵学，也叫声韵学，是研究汉语语音结构和语音演变等的学问。

我国古代，在离今已有两千多年的西周，学校有"国学"和"乡学"两种，国学建在国都里。上学就读的子弟，八岁进小学，学习时间为七年；十五岁入大学，当时称为"太学"，学习时间为九年。学生们在大学阶段，要通过读书学会关于修身齐家治国平天下的道理和本领，因此，在小学阶段，就必须学习各种基础课程。学生入小学，从识字开始，最基本的课程便是文字学。古人分析汉字，归纳出"指事、象形、形声、会意、转注、假借"六种条例，叫作"六书"。小学里，要教"六书"。由于文字学跟小学存在这种联系，便很自然地形成一种借代用法，"小学"被用来代指文字学。查《汉书》，可以看到有关记述。后来，到了隋唐，"小学"范围有所扩大，把训诂学和音韵学也包括了进来。这也很自然。因为，文字学不仅研究文字的形体结构，而且要研究字义和字音，这就关联到了训诂学和音韵学。这样，从隋唐到清代，作为国学范畴中的传统语言学，"小学"之所指便包括了文字学、训诂学和音韵学等内容。那么，中国的现代语言学，是什么时候开始的呢？

1898年，清光绪二十四年，马建忠《马氏文通》出版。这是中国第一部系统的语法学著作，从基本倾向上看，是套用国外语法学体系，根据汉语情况略加增减修补，建构了汉语语法学体系。这部著作的出版，成了中国现代语言学的开端。百余年来，特别是近二十余年来，中国的语言学经过多次分分合合，范围已经大大拓展，形成了四大分支。其一，汉语汉字研究，一般统称为汉语言文字学；其二，语言理论与语言应用研究，一般统称为语言学及应用语言学；其三，少数民族语言研究，通常简称为民族语言研究；其四，外国语言研究，其研究对象是属于外国的种种语言，即外语。四大分支内部，又分别包含不同层级的学科，如果算到现代汉语语法学这一级，研究领域便有数十个之多。国学意义上的文字、训诂、音韵等，都已为第一分支所包涵，成了汉语汉字研究的部分内容。这就是说，作为传统语言学的"小学"，已经退出中国现代语言学结构系统，成了一个历史概念。

然而，我们更应该知道，国学精魂一直涌流在中国文化承传的长河之中，这是国学"动态"的一面。

国学精魂何在？由于知识背景的不同，工作需求的不同，各人会有不同的理解和诠释。我个人以为，学风、学理和学术成果，是国学精魂的三大组成部分。国学有反映民族性格特征的朴实学风，我们一般理解为"朴学精神"；国学有反映民族认知结晶的深刻学理，蕴藏量大，开掘空间广阔；国学有多方面重要的学术成果，为世人了解中国的社会、历史、文化传统奉献了极可宝贵的论断。这三者共同显示了中华学术文化的"根"，体现着中华学术文化的"源"，绵延着中华学术文化的"流"。

在实际工作中，搞现代研究的人，不可能断离与国学研究的联系，这正是国学动态性影响的实据。我说个小故事。前几年到某地开会，会后十来个朋友一起去当地一家知名的饺子馆。饺子各种各样，一样样地上。最后一道饺子，每个只有豌豆那么大，放到火锅里，让顾客们自己捞。很有礼貌的服务员小姐，站在桌子旁，甜美地"做广告"："捞到一个，一帆风顺；捞到两个，好事成双；捞到三个，三羊开泰；捞到四个，四季常青；捞到五个，五谷丰登；捞到六个，六六大顺；捞到七个，七星照耀；捞到八个，八仙过海；捞到九个，天长地久；捞到十个，十全十美。"说到这里，她停顿了下来。有悬念了！火锅里滚动着的那么小那么轻的饺子，哪能容易捞到？别说捞到十个九个，即使捞到三个两个，也极困难。这时，大家很自然地关心这样一个问题：要是一个也捞不到，怎么办？看到大家都急了，服务员小姐才笑吟吟地说："要是一个也没捞到呢？好呀，无忧无虑！"老实说，这道饺子并不怎么好吃，然而，却让大家像玩游戏一样，吃得兴高采烈，笑逐颜开。服务员的话，我这里记录得不太准确，不过，即使记错了两三句，也能表明一个事实：通过巧妙的语言运用，为这道"吉祥饺"加彩增色，反映了饺子馆经营者的机灵。这是纯语言问题吗？不，这里负载着许多中华传统文化的信息。这只是现代汉语的问题吗？不，要解释好这里的语句，需要古代汉语的知识，需要国学的知识。

二、朴学精神的传承

"朴学"一词，最早见于《汉书·儒林传》中汉武帝和倪宽的对话里。《现代汉语词典》解释道："朴学，朴实的学问。后来特指清代的考据学。"且不管其特指义，朴学精神表现为质朴、实在、讲实据、求实证，是国学中最具生命力的一种学风。如何传承朴学精神？我分两个大方面来讲。

第一个大方面：按朴学精神的要求，充分占有材料，据实思辨，不应疏而漏之。

比如数词"三"，别看就这么一个简单的字，从不同的角度去研究，可以做出这样那样的文章。仅以"定数和约数"、"统数和序数"两个问题来说。

首先，应该知道"三"既可表示定数，又可表示约数。定数指确定的数，比如二加一等于三、四减一等于三的"三"；约数指不确定的数，又叫概数。表示约数的"三"，许多时候跟"多"相联系，我们一口气可以说出"三思而行、三令五申、推三阻四、一波三折、举一反三、三人成虎、三人行必有我师"等例子。清代学者汪中写了一篇《释三九》，他说："一奇、二偶，一二不可以为数；故三者，数之成也。"这一点，反映了汉民族的心理形态。但是，从现代汉语看，约数"三"是否都跟"多"相联系呢？不一定。有时反而表示"少"。比如，"三句不离本行"。同是"三X两Y"，"三心两意"表多，"三言两语"却表少；"三番两次"表多，"三拳两脚"却表少；"每天三碗两碗地吃肥肉"表示多，"每天只能赚到三块两块钱"却表少。显然，规约"三"的多与少，还有别的因素。这就是：跟"三"发生联系的事物，以及人们对事物的主观认知。只有认识到这一点，对"三"的了解才能深化一步。

其次，应该知道"三"或者表示统数，或者表示序数。统数是表示数量多少的数，包括定数和约数；序数是表示次序先后的数。到底是表示统数还是表示序数，有时要结合特定的句域管控才能判定。比如，《三国演义》第五十六回"曹操大宴孔雀台 孔明三气周公瑾"，其中的"三"是序数；第三十七回"司马徽再荐名士 刘玄德三顾草庐"，其中的"三"却是统数。知道这一点很重要。有的时候，解释某些词语，比如前面提到的"三羊开泰"，需要懂得统数和序数之间的转变关系。"三羊"怎么"开泰"？反过来说，"开泰"怎么会跟"三羊"联系起来？原来，"羊"由"阳"演变而来。《易》中泰卦，卦画为☷，下为三阳，表示阴消阳长，冬去春来。"三羊开泰"，本来是"三阳开泰"。利用同音关系，把"阳"变换为"羊"，可以增强言辞的语用价值。年历上，贺年片上，工艺品上，三羊组画，比"三阳"更具体，更形象，更有动感，因而更具感染力。怎么理解泰卦中的"三阳"呢？按古人对事物发展变化的认识，由于农历每年冬至那一日之后白天渐长，古人便认为冬至日标志着"一阳生"，而农历十二月是"二阳生"，新年正月便是"三阳生"。等于说，一过冬至，第一次阳气生发；进入农历十二月，第二次阳气生发；一到新年正月，第三次阳气生发，于是万事顺遂，安泰吉祥。可知，"三羊"（三只羊子）里的统数"三"，原本是"三阳"（第一、二、三次阳气相继生发）里的序数"三"。只有不仅知道从"阳"到"羊"的同音借用关系，而且知道连带而引发的从序数"三"到统数"三"的转化关系，才能透彻地理解"三羊开泰"。

吕叔湘先生写过这样的诗句："文章写就供人读，何事苦营八阵图？洗尽铅华呈本色，梳妆莫问入时无。"（《未晚斋语文漫谈》，语文出版社1992年版）写诗时，吕先生已经将近90高龄。这位中国语学巨擘，他所希望的，正是承传一种"朴学"的学风。我想，这就是一种"言传身教"吧！

第二个大方面：面对新的理论方法和科技手段，以朴学精神反复验证，不应大而化之。

比如表示递进关系的"不但"和"不仅"，二者的区别在哪里？

近年来，我们研究中心开展了一项名为"汉语句法机制信息处理复句工程"的研究。课题组成员，既有汉语言文字学的教授和博士研究生，又有中文信息处理专业的教授和博士、硕士研究生。研究过程中，大家不断提出问题，寻求答案。比方，关于"不但"和"不仅"，二者的区别跟文体有没有关系？前些日子，我们作了一次小实验。检索语料库中的《人民日报》语料，共2656万多字，得到的数据是："不仅"出现5410次，"不但"出现916次；检索当代小说语料（包括老舍、姚雪垠、王蒙、王朔等数十名作家的小说），共1587万多字，得到的数据是："不仅"出现694次；"不但"出现966次。

于是我们提出一个假设：可能非文学作品多用"不仅"，而文学作品中，"不但"多于"不仅"。为了证明这一点，我们又检索社科与科技类语料，共92万多字，得到的数据是："不仅"出现286次；"不但"再现34次。其中共5部著作，具体数据为：王登峰等《大学生心理卫生与咨询》（15万多字），"不仅"97次，"不但"6次；方富熹、方格《儿童的心理世界——论儿童的心理发展与教育》（27万多字），"不仅"79次，"不但"16次；曾鹏飞《技术贸易实务》（20万多字），"不仅"27次，"不但"9次；马忠普等《企业环境管理》（14万多字），"不仅"61次，"不但"3次；郑人杰《实用软件工程》（14万多字），"不仅"22次，"不但"为0。到此，我们的假设似乎得到了证实。

然而，分别检索毛泽东和邓小平的著作，得到的数据是：《毛泽东选集》（一至四卷），"不但"350次，"不仅"33次；《邓小平文选》（一至三卷），"不但"93次，"不仅"143次。可见，在非文学作品里，不一定"不仅"多于"不但"。再分别检索4部长篇小说，得到的数据是：老舍《四世同堂》"不但"49次，"不仅"33次；周而复《上海的早晨》"不但"138次，

"不仅"15次；杜鹏程《保卫延安》"不但"11次，"不仅"22次；杨沫《青春之歌》"不但"14次，"不仅"23次。可见，在文学作品里，不一定"不但"多于"不仅"。这就是说，结论不可信，假设不成功。关于"不但"和"不仅"的区别，目前我们并没有摆脱认识的模糊状态，还需要从别的角度去做更多的努力。由此我们懂得了一个道理：语料库不管多大，都不可能穷尽语言事实；即使语料库大到基本穷尽语言事实了，也可能会在求证的角度、程序和方法上出漏子。

研究问题，离不开假设和求证。"假设—求证"，可以而且应该是灵活的，要看是什么对象，什么时候，什么场合，什么环境。从过程到结果，既要重视和善于运用现代理论方法和科技手段，又有必要切实贯彻朴学精神。关键在于，结果是不是得到真理性的结论。我想起个"搞"字。"搞"字常常出现在人们的言语中："这件事嘛，我已经搞定了。""最近生意好，每天可以搞到五六百块钱。""搞"字已登大雅之堂，多次见于邓小平著作："把经济搞上去！""搞"字还可以用来描摹相互间的行为活动："这两人，你搞我，我搞你，太没度量了！"但是，启功先生曾提到武松和老虎。老虎一扑武松一闪，老虎一掀武松一躲，老虎尾巴一剪武松又一闪，老虎翻身又一扑，武松又一跳。你能说老虎一搞武松一搞，老虎又一搞武松又一搞，老虎再一搞武松再一搞吗？仅仅一个"搞"字，研究起来可不简单。"搞"来自哪个方言？根在哪个地方？什么时候进入共同语？在现代汉语的动词系统中，"搞"什么时候可以跟哪些动词替换？语用价值如何？回答诸如此类的问题，可以用这样那样的理论和方法，但是，绝对不能摆"八阵图"。崇尚质朴，据实求证，"洗尽铅华呈本色"的文章，才是好文章。

三、"辞达而已"的启示

子曰:"辞达而已矣。"(《论语·卫灵公》)朱熹《论语集注》:辞,取达意而止,不以富丽为工。《孔子大词典》:孔子认为辞的作用在于言事,因此辞不贵多,亦不贵少,皆取达意为上。(上海辞书出版社1993年版)我以为,从蕴含量之丰富看,"辞达而已"应是反映语言应用发展规律的一条深刻学理、一个基本原则。如何认识这一学理和原则? 也分两个大方面来讲。

第一大方面:人们的语言运用,无处不体现"辞达而已"的原则。举些例子,略说三点。

首先,精准贴切的表达,是"辞达"。《红楼梦》第34回,写贾宝玉挨了他父亲的一顿好打,躺在床上不能动,薛宝钗跑到怡红院去看他,叹道:"早听人一句话,也不至有今日! 别说老太太、太太心疼,就是我们看着,心里也——"刚说了半句,又忙咽住,不觉眼圈微红,双腮带赤,低头不语了。这里的"我们"是谁? 就她自己。她是一个人,为什么要用一个复数形式? 少女心态,不好意思嘛!"我们"二字,够精准的。曹禺《雷雨》中,"劝药"那场戏里,周萍和周冲在父亲的命令下,劝繁漪喝药。周萍说的是:"听父亲的话吧,父亲的脾气你是知道的。"周冲说的是:"您喝吧,为我喝一点吧,要不然,父亲的气是不会消的。"周冲用了第二人称代词的敬称形式,在那个家庭背景下,符合母子关系;而周萍则"低声"用了第二人称代词的一般形式,不自觉地流露了他与繁漪二人之间关系的暧昧。作者选用"你"和"您",达意传情,可圈可点。

其次,夸张铺排的表达,也是一种"辞达"。李白《将进酒》:"君不见黄河之水天上来，奔流到海不复回。"气势磅礴，感情奔放！假若你去当家庭教师，你当然必须告诉人家的孩子，黄河发源于青海巴颜喀拉山北麓卡日曲。然而，你不能据此而否定李白的诗句，说老李缺乏地理知识，"黄河之水"不是"天上来"的！杜甫《古柏行》："霜皮溜雨四十围，黛色参天二千尺。"宋代沈括按这个直径和长度计算了一下，然后说："无乃太细长乎？"如果这么做，李白《秋浦歌》中的"白发三千丈，缘愁似个长"，岂不也要问："无乃太长乎？"

再次，模糊概略的表达，也是一种"辞达"。《中篇小说选刊》2006年第2期有一篇《打火机》，写一位女士野外游玩，喝了一大瓶水，想要小解，可是没有厕所。怎么办？"看看四周，天苍苍，野茫茫，风吹草低不见牛羊，好在也不见人，余真一猫腰钻进了草丛，回归大自然。"这么写，不仅"就地小便"的意思清楚了，而且显得特别有风趣！语言不是数目字，说话不是做算术。在语言表述系统中，"都"不一定真的"都"，"只"不一定真的"只"；"最"不一定真的"最"，"没"不一定真的"没"。比方说，冯德英《苦菜花》里有这么一句："人都走光了，只剩下两个挑柴的。"难道挑柴的不是人？有一首歌，开头一句就是："世上只有妈妈好。"难道爸爸不好？钱钟书《围城》里有这么一句："苏小姐脸红，骂她：你这人最坏！"难道真的是她最坏？电视剧《都市放牛》中，南瓜买了一件小礼物送给喜妹，喜妹赌气说她想要金的银的，南瓜可怜巴巴地解释："喜妹，你知道我没钱！"这里的"没钱"就是钱少、钱不够的意思，喜妹一听就懂。要是南瓜说："喜妹，你知道我钱少！"这是不是很别扭？"秃头"就是没头发，也是个模糊概念。不要以为凡是"秃头"就一定一根头发也没有。远看看不见，近看只有一根，能说不是秃头吗？恐怕还是秃头！

第二大方面：语言的变化发展，无时不受"辞达而已"原则的规约。也举些例子，略说三点。

首先，适应社会发展使用新词新义，是为了"辞达"。"下海"一词，《现代汉语词典》1983年修改本里还只列出三个义项：（1）到海中去；（2）（渔民）到海上（捕鱼）；（3）指业余戏剧演员成为职业演员。1996年的《现代汉语词典》修订本增加了一个新的义项，即：（4）指放弃原来的工作而经营商业。现在，假若哪份报纸哪本杂志上有一篇文章题为"下海"，多数读者想到的肯定是经商做生意。近几年，出现了"对外汉语"这个词语，指的是对外汉语教学。如果死抠字眼，显然不通。汉语教学，可以分对内和对外；汉语，怎么可以分对内和对外？然而，一个缩略了的词语，其含义只要大家都懂了，也就"辞达"了，它也就具有生命力了。要不然，只从字眼上去抠，"少数民族"这个词语在配搭上怎么解释？近来，媒体上流行"粉丝"一词，来自英语的"fans"，有"狂热的迷恋者、狂热的崇拜者"之类意思。这个词，公文里、教科书上不宜使用，但在特殊场合，却有其特殊的作用。2006年5月17日的《楚天都市报》上，有一篇短文《粉丝沙龙》，说的是真人真事。作者说，他妻子内退回家，十分苦恼，他鼓励妻开个粉丝小吃店，儿子大声叫好，挂出了一个"粉丝沙龙"的店牌。没两天，突然进来十多个男孩女孩，出高价钱包店，说"铁杆粉丝"在"粉丝沙龙"搞聚会，够味！从此，生意出奇地火爆。作者叹道：此"粉丝"非彼"粉丝"，没想到此"粉丝"引来那么多的彼"粉丝"，让妻乐得合不拢嘴！

其次，适应表达需要选用句法结构，也是为了"辞达"。句子可以变换结构。两次春节联欢晚会上，冯巩出场总是对观众说："我想死你们了！"到了2005年的春节联欢晚会，节目主持人要求他不能重复这个句子，他顺口而出："你们让我想死了！"还是同一个意思。琼瑶小说《哑妻》中，这么描写雪儿见到爸爸的情形：雪儿望着父亲，然后垂下头去，找了一根树枝，在地上写："你是我爸爸？"柳静言点点头，雪儿又看了他好一会儿，然后写："爸爸，你想死我们了！"母女俩年年月月想着的是"你"，现在面对着的正是"你"，因此，最迫切的是要把"你"先说出来，然后再接上"想死我们了"。句子还可以变换长度。"五四"

以后，出现一种新兴句法，语法学家称之为"成分共用法"。比如：在国民党时代，土地是地主的，农民不愿意也不可能用自己的力量去改良土地。（毛泽东：《我们的经济政策》）这里用"不愿意也不可能"，句子显得凝练。但是，并非什么时候都是成分共用才好。"我们的目标一定要达到！我们的目标一定能够达到！"如果成分共用，说成"我们的目标一定要也一定能够达到"，反而没有那么气势磅礴、掷地有声了。

再次，根据表述要求变动同音字来组造语句，也是为了"辞达"。常言："舍不了孩子套不住狼。"为了套狼，宁可牺牲孩子，这合理吗？可怜天下父母心啊！《语文建设》发表过一篇《因声起意与流俗词源》的文章，作者指出：这里的"孩子"可能是"鞋子"的讹读。因为，在一些方言区中，"鞋子"就读成"háizi"。这条俗语应为："舍不得鞋子套不着狼。"在一次国际会议上，我特别提到了这一点。讨论时，有位新加坡学者提问："量小非君子，无毒不丈夫"中的"毒"，有没有可能是由"度"演化而来的？我认为很有可能。"量小非君子"和"无度不丈夫"，互文见义，也可以说成"量小非丈夫，无度不君子"。是否如此，尚待求证，但无论如何，肯定都是能够引发思考的好假设。那么，如果假设得到证实，是否导致对"舍不了孩子套不住狼"和"无毒不丈夫"的否定和舍弃呢？不是。这类夸张性说法，经历了语言运用的时间考验，在历史发展中已经定型，所表达的意思已经十分清楚。以"舍不了孩子套不住狼"来说，是否合乎人情的理据已经淡化，不再成为需要深究的话题，人们已然接受了凸显出来的意思，这就是：必须作出重大的牺牲，否则就无法取胜。

理论越精辟，话语越简短。两千多年前，孔老夫子就已为我们提出了有关语言的一条纲领性的原则。上面只是举几个例子，说明"辞达而已"涉及了语用、修辞、词汇、语法等诸多方面，其中既有共时平面的问题，也有历时平面的问题。辞达而已，一语破的。这一原则，可以用来建构语用学和修辞学，也可以用来解释词汇的发展和语法格式的演变。中国传统文化的宝库中，像"辞达而已"这样的精辟论断，应不在少。

顺便指出一点："辞达而已"是否意味着，在语言的运用中只要满足了"辞达"的要求，就可以不遵守语法规则了呢？不是。"辞达"与"遵守语法规则"，是从不同角度提出来的命题。"辞达"，指社会交往中人们的言辞能够达意传情，满足具体场合的交际需要；"符合语法规则"，指人们的言辞符合大家所认同的语法结构规律，不影响相互间的交际。满足交际需要的"辞达"，是语言运用永远不变的原则；言辞的语法结构，却会随着社会的进步而有所发展和丰富。人类的原始语言，肯定是很简单的，不可能先由谁——神仙或上帝——制定出一套语法规则，然后让人们去遵守。人们在不断地运用语言的过程中不断地发展语言。在人们不会用碗盛饭、不会用筷子扒饭的时候，不可能有"吃大碗"、"吃筷子"的说法；后来人们用大碗吃饭，用筷子吃饭，慢慢才演变出了"吃大碗"、"吃筷子"的说法，于是才形成一条新的动宾配搭的规则。

四、中国语学的特色探求

中国语言研究，应该旗帜鲜明：面向世界，面向时代需求；根在中国，根在民族土壤。我们重视学习和借鉴国外理论方法。在这一点上，要承认自己的落后，要看到自己同别人之间的差距，要测定和把握研究工作的先进走向。作为汉语研究工作者，我们又应该重视"研究植根于汉语泥土，理论生发于汉语事实"。讨论国学，不是要回归到国故，而是为了弘扬国学的精魂。把学习别人长处和创建自己特色结合起来，处理好"向"和"根"的关系，才有可能真正出现与国际接轨的局面。

我们应该旗帜鲜明地提倡形成语言学的中国学派，提倡探求和凸显中国语学的特色。

古为今用、外为中用，这无疑是正确的选择。国故意义上的国学，无力因而不能直接促进国家文化的大发展；纯引进意义上的今学，也总避免不了水土不服的缺憾。无可怀疑，跟文字、训诂、音韵等相比较，无论广度还是深度，中国现代语学的面貌都是全新的。但是，在国际学术交往中，却显露了明显的弱点，比如原创性学说缺乏、创新性理论不多、学术风格不明朗，因而处于弱势地位，根本无法跟别人平等对话。说千道万，中国语学要得到进一步长足发展，最重要的是提倡形成"语言学的中国学派"。2004年，《汉语学报》发表了《以学派意识看汉语研究》的文章，作者指出：学派是学术研究领域走向成熟、发达和繁荣的标志，所谓学术的繁荣，就是学派、流派之间的竞争的果实。伟大的思想，只能在学派的争鸣与摩擦中产生。汉语研究中学派的形势不明朗，这是一个事实。没有学派，就没有该学科的国际地位；没有国际地位，则从根本上取消了我们的国际交流的话语权。这篇文章发表以后，产生了相当大的反响。

要形成语言学的中国学派，就必须强调语言研究的"自主创新"。什么叫"创新"？"创新"本身就是一种独创性的行为或成果，本来就是"自主"的！可是，如果这么咬文嚼字，绝对是十足的书呆子气。正如国学是相对西学侵逼而提出的概念一样，"自主"创新针对的是"他主"创新。提出"自主创新"，是在高屋建瓴，是在主张弘扬民族智慧，是在强调国家兴盛之"大我"。许多人喜欢读金庸小说，我是其中一个。王重阳和林朝英原是一对天造地设的佳偶，却没有结合，这是因为二人武功既高，自负益甚，一直至死，争竞之心始终不消。林朝英创出了克制全真武功的玉女心经，而王重阳不甘服输，又将九阴真经刻在墓中。只是他自思玉女心经为林朝英自创，自己却依傍前人的遗书，相较之下，实逊一筹。王重阳很清醒，做出了"自创"高于"依傍"别人的判断。

只要形成了语言学的中国学派，自然而然就会出现中国特色的语言学。科学无国界，这话绝对正确。不过，要看怎么理解"科学"和"无国界"。就"科学"而言，从跟国家民族的社会性人文性的关系看，有两大类。一类是纯科技性的，比如数学、化学、物理学等等；一类是同社会性人文性有所结合的，比如美学、史学、经济学等等。二者之间，不应做简单类比。"中国特色数学"、"中国特色化学"、"中国特色物理学"的确不能说，然而，是否可以用此来证明"中国特色美学"、"中国特色史学"、"中国特色政治经济学"也不能说呢？好像不可以。且别说人文社会科学，即使是属于工科的建筑学，由于跟社会因素人文因素有很深的渊源，也完全可以提"中国特色建筑学"。至于"无国界"，是否就等于说任何门类的学科都没有国家特色或民族特色呢？是否也可以理解为科学属于全人类，科学成果为全人类所共享呢？语言学是一门具有社会性和人文性的学科，提"中国特色"是无可指摘的。在国家提倡振兴民族文化之时，强调"中国特色"，更有导向性的作用。

当然，中国语学要形成和凸显自己的特色，绝非易事，需要做长期而艰苦的探求工作。1996年6月10日，季羡林先生为"中国现代语言学丛书"作序，其中指出：下一个世纪的前20年，甚至在更长的时间内，都是我们探求的时期。我们必然能够找到"中国的特色"。只要先擒这个"王"，我们语言学的前途，正未可限量。（见邢福义《汉语语法学》，东北师范大学出版社1997年版）1999年6月29日，季先生为他所主编的"20世纪现代汉语语法八大家"作序，又接着上面的话题写道：但是，问题的关键在于：怎样探求？向哪个方向探求？我不揣庸陋，想补充两点。第一点是，要从思维模式东西方不同的高度来把握汉语的特点；第二点是，按照陈寅恪先生的意见，要在对汉语和与汉语同一语系的诸语言对比研究的基础上，来抽绎出汉语的真正的特点。能做到这两步，对汉语语法的根本特点才能搔到痒处。（见《吕叔湘选集》，**东北师范大学出版社2002年版**）季先生不仅精通英语、德语等现代外国语言，而且熟谙梵文、巴利文、吐火罗文等外国古代语文，视野广阔。他的意见，自然也是"探求"性的，但起码可以引起我们的重视和思考。

不过，话还得说回来，学术上有不同意见，这是正常现象。认为汉语有自己特点、中国语言学可以形成自己的特色也好，认为不要提汉语特点、中国特色语言学的提法不科学也好，都各有所据。不仅如此，我还相信，在这两种见解的导引下，都有可能出现高质量的研究成果。

第一，一个国家有没有自己的学术特点，意味着一个国家有没有自己的强劲文化；一个没有自己强劲文化的国家，意味着国际交流中发言权完全掌握在他人手里，自己只能俯首帖耳地驯服于他人的指指点点。目前，中国对外文化交流的严重入超，提醒我们，需要大声疾呼振兴自己的文化。

第二，中国有灿烂的文化，这不是历史教科书上僵硬了的几个汉字，也不是仅供观赏的历史化石，而是可以滚动起来的一江长长活水。以现代意识为前导，弘扬国学优良学风、深刻学理和有用成果，让国学精魂与现代意识结合起来，有利于实现民族文化的振兴，有利于助产中国特色的学问。

第三，中国学术，包括中国现代语学，应该也可以对世界学术做出贡献。《光明日报》2006年3月23日上发表《中国语言研究的民族性与世界性》一文，文中几句话说得特别好：世界性与民族性是事物的一体两面，表面对立，实则统一。有鲜明的民族性，才有真正的世界性。没有各民族深入挖掘，慷慨奉献本民族的优质元素，就无法打造出内涵丰富、形式多样、色彩斑斓的世界性。

第四，学术的繁荣，表现为"百花齐放"。容忍"百花齐放"，是一种学术度量。百花中，任何色样的花，都是一个品种，都应受到尊重。学术上的不同意见，不要过早肯定或否定。有的意见，看似互不相容，实则有可能殊途同归，将来会形成互补。对于一个学者来说，既要善于学习别人，又要善于塑造自己。

请让我再次提到金庸的作品。金庸笔下，有个老顽童。他爱"拜师"，只要看到别人有新招，即使对方是十七八岁的小青年、小女孩，他都要"我拜你为师"；但是，他又爱"自创"，潜心于自己琢磨，"双手互搏"呀，"空明拳"呀，创造出了许多令人意想不到的招式。此公开始中等偏上，后来武功奇高。结果呢，在"东邪、西狂、南僧、北侠、中顽童"的新"评估"中，占据中心位置，成了五绝之首的"中顽童"。这个文学形象，也许能够启发我们思考点什么。王充《论衡·实知篇》："不学不成，不问不知。"张载《经学理窟·学大原下篇》："学贵心悟，守旧无功。"我想，多多咀嚼这类格言，对我们的继承创新会大有好处。

书院精神与中国文化

朱汉民

朱汉民，湖南大学岳麓书院院长，教授，专门史（历史学）、中国哲学（哲学）专业博士生导师。湖南省委、省政府"首届湖南省优秀社会科学专家"，享受国务院特殊津贴专家。担任的学术兼职有：湖南省社会科学联合会副主席、国家社科基金评审专家、国际儒学联合会理事、教育部教学指导委员会委员、中国实学研究会副会长、等。主持国家重大学术工程以及国家社科基金项目、国家重点图书和其他部省科研项目十多项。出版《宋明理学通论》、《宋代四书学与理学》、《湖湘学派史论》、《中国学术史·宋元卷》、《湘学原道录》等学术专著。多次获得国家图书奖、全国优秀教材奖、教育部和湖南省级优秀社会科学成果奖。

书院是中国古代形成的一种十分重要的文化教育组织。从唐中叶至晚清，书院经历了千年之久的漫长历程。书院制度是儒家文化的重要组成部分，同时也是中国古代教育制度最具特色的方面，尤其是古代私学制度发展的结果。它一产生，就受到历代贤士大夫及民间乡绅的重视和支持，发展成为一种重要的历史文化现象。

中国书院盛行千年而不衰，也受到当代学者、教育家的推崇。究其原因，来之于书院制度本身，尤其来之于它的内在精神，这种精神是书院文化的精髓。在这里，我们力图对书院精神作一阐述，既是为了深入了解这一中国文化的历史现象，也是希望寻求这一历史文化的现代意义。

一、 书院精神与儒家之道

　　书院的文化特质与精神传统来之于儒家之道，如果说，寺庙是佛教文化的标志，宫观是道教文化的标志，那么，书院则可以说是儒家文化的代表。因而，要了解书院的精神特质，首先就要理解儒家之道；只有理解了儒家之道，才能理解儒家士人的价值观念、生活理想以及审美情趣。而他们所创建的书院，正是他们的价值观念、生活理想以及审美情趣的体现。

　　士人是古代书院的创办者、主持者。根掘儒家的思想，士人的文化使命应该是以"道"为志。这个"志于道"包含着两重意义：第一，用儒家的文化理想（"道"）改造社会，走治国、平天下的道路；第二，用儒家的文化理想（"道"）改造自身，走自我道德完善的道路。这也就是孟子提出的"达则兼济天下，穷则独善其身"的基本价值观念和人生理想。因此，士人创办书院总是声明是为了"传道"、"求道"，而"道"实质上总是包含着双重意义：既是士人晋身官僚队伍以"兼济天下"的治国之本，也是士人隐退官场以"独善其身"的修身之本。这样，道就具有了双重特性：一方面，道要具有世俗性，它必须和社会政治、日用伦常保持不可分割的关系；另一方面，道要有超脱性，它能够满足士大夫所谓"独善其身"的精神超越的需要。南宋时期最早创办书院的理学家胡宏说：

> 贤者之行，智者之见，常高于俗而与俗立异。不肖者之行，愚者之见，常溺于俗而与俗同流。此道之所以不明也，此道之所以不行也。

如果是道仅有超越性，即会"常高于俗而与俗立异"；如果道仅有世俗性，又会"常溺于俗而与俗同流"，这都不是儒家学者所追求的道。而只有"不与俗异，不与俗同"，也就是既有超越性、又有世俗性，才是书院所探求的道。胡宏所以创办书院讲学，并且倡导这种道的精神，他显然认为，道既是中国古文化的精要，也是书院的精神生命所在。

因此，书院能够成为儒家士人的精神家园，完全在于它是儒家士人的修道之所。士人们总是把书院作为广泛的文化活动场所，他们在此研究学术、传授学业、校勘经籍、以文会友、祭祀先师、收藏图书、修身养性等等，从这个意义上，可以把书院看作是儒家士人的文化教育组织。但是，士文化的内核是他们所关怀的道，书院作为士人文化教育组织的根本点即在于它是儒家修道之所，它具体的文化活动，都是围绕着这一点而展开的。

以道为精神内核的儒家文化，广泛地体现在书院的建置、规制、学术、学规等各个方面。这里，主要从书院的建筑和环境（外在物质文化）和建院宗旨（内在精神文化）两个方面，对作为儒家文化的书院作一解析。

首先看第一个方面。书院的建筑及自然环境是最直接的物质实体形式，儒家的全部文化教育活动必须借助于它才能展开。书院建筑及环境配置作为书院物质文化的意义，不是由于它的砖瓦材料和建造工艺，而在于它融入了儒家的价值观念、审美情趣、人生理想等文化观念，即融入了儒家之道的观念。

士人们创建书院目的之一是为了超世脱俗的精神追求，因此，书院创建者总是把书院建在僻静优美的名胜之地。白鹿洞书院在江西庐山五老峰下，唐代大诗人李白至此曾发出赞叹："余行天下，所游览山水甚富，峻伟奇特鲜有能过之者，真天下之壮观也！"岳麓书院在湖南长沙岳麓山下，而此地素有"岳麓之胜，甲于湘楚"的美称。嵩阳书院在河南嵩山脚下，那里正是著名的五岳之一。石鼓书院在湖南衡阳石鼓山回雁峰下，此又"奇崛耸拔，中高而外秀"，也是隐居读书的好地方。士人不仅注重对书院的外部自然环境的选择，还十分注重书院内部环境的建设。他们总是在书院建筑群周围种植竹、桂、松、梅、兰等植物，并参差配置亭、台和小桥流水，构成"虽由人作，宛自天开"的书院园林。清代岳麓书院还建置了"八景"，它们是风荷晚香、柳塘烟晓、桃坞红霞、桐荫别径、竹林冬翠、花墩坐月、曲涧鸣泉、碧沼观鱼。士人们这样刻意追求书院的自然环境，充分体现了他们的生活理想、审美情趣。他们努力追求超世脱俗的精神境界和自我道德完善，总是把置身宁静闲适的大自然、寄情山水作为自己的生活理想。自然恬淡的心境和宁静幽美的山水悠然合一，也是人和道的悠然合一，这正体现了"道"的超越性的一面。

另一方面，儒家创建书院又有世俗性追求的一面。因为儒家的"道"从来就是和世俗的社会政治秩序联系在一起的，这一切又会反映在书院建筑之中。如果说，儒家士人们把书院建在山林是体现道的超越性，而其秩序谨严的书院建筑又分明地体现了道的世俗性，这正反映了创办书院的士人总是"其身虽在山林之中，其心无异于庙堂之上"。一般而言，每一所书院都是包括讲堂、斋舍、书楼、祠堂在内的建筑群，这些建筑的总体格局都遵循纲常礼教的严谨秩序，那贯穿全院的中轴线、每个殿堂厅房所居的位置、每一建筑体积装饰等等，都必须服从于纲常礼教秩序。那些有幸获得朝廷赐额、赐书的书院，总是把帝王御书的匾额置于书院最显著的位置，为保存赐书的"御书楼"，又是书院建筑群中位置最高的楼阁建筑，以显示皇权的威严。书院内部的门柱四壁上还嵌刻、悬挂有"忠孝廉节"、"整齐严肃"等各种院训学规，使书院师生置身于一种浓重的政治伦常的观念和秩序之中。这一切，正是道的世俗性的一面。

可见，书院建筑及环境作为书院物质文化，正体现了儒家之道的双重意义和特性。在风景秀丽的山林修建严谨的礼教秩序的书院建筑，这正是儒家文化的生动、形象的体现，是儒家之道的象征。

其次，我们还将从书院的创建宗旨，即其内在思想观念方面，看书院是如何体现儒家文化的特点的。儒家士人创办书院时，常常以求道、传道相标榜，反对以科举利禄为办学目的。因此，进行独立的学术研究、学术传播就成为儒家士人们的精神追求。张栻在《潭州重建岳麓书院记》中，把传道和科举利禄对立起来，因为他在书院所探求的道具有"与天地合德，鬼神同用，悠久无穷"的超越性，正是这种超越性使士人能够摆脱现实功利的引诱，体现出一种超世脱俗的独立精神。所以，士人们总是把书院看成是求道、传道，即独立研究学问的安身立命之所。早在唐五代书院萌芽时期，一批文人学士或因战乱频繁、仕途艰险，或因官场倾轧、政治黑暗，故而隐身山林，读书自学，并把自己的隐身读书之所称之为"书院"。可见，书院从萌芽之日起，就和士人"独善其身"的生活道路联系在一起。以后，书院演变发展为一种文化教育机构，隐身山林的学者士人不仅自己读书治学，还要传道授业、培养新一代士人，但这并没有改变士人创建书院的初衷：作为一种独善其身的人生道路的选择。所以，历代创办或讲学于书院的士大夫们，往往是那些不愿失身官场黑暗的隐居者，以及因种种原因而仕途艰难的失意者。他们往往会把书院看成是逃避现实政治的场所，以实践孔子"无道则隐"、孟子"穷则独善其身"的人生观。宋、元、明、清的大量书院，就成为这些士大夫隐身求学之所。

但是，道本身又包含着世俗性的一面。张栻在为创办岳麓书院所作的记中也肯定，道就体现在"目视而耳听，手持而足行，以至于饮食起居言动之际"。那么，士人不同于宗教僧侣之处就在于，他们决不会在完全的超世脱俗中获得满足。他们的精神追求，最终必须和社会政治、日用伦常的世俗生活联系起来。所以，士人又往往不能不正视科举考试，因为科举考试是他们步入政界、治国平天下的唯一途径。这就产生了书院文化的一个最奇特现象：它常常高举反对科举之学的旗帜，但又从来没有真正摆脱科举的影响和控制。在书院千年的办学历史中，科举之学似乎并没有在书院销声匿迹，恰恰相反，随着书院史的发展，科举之学的影响也日益严重。就是那些理学大师，也不是绝对阻止生徒参加科举考试、取得出仕做官的机会。宋代理学家陆九渊在白鹿洞书院大讲"义利之辨"时，他也认为："科举取仕久矣，名儒巨公皆由此出，今为士者固不能免此。"因为士人只有投身于科举考试，才能取得做官的资格，也才能实现他们以"道"济天下的文化理想。

所以，士人们又把书院看成是晋身官场、踏入仕途的阶梯，没有这一点，书院文化同样不能得到完整体现。事实上，士人从来就是把做官显身视为最高的人生理想，即使隐居山林读书治学也不会绝对放弃出仕的机会。他们或是因为受到朝廷冷落，或是不愿与黑暗政治势力同流合污。但是，只要重新受到朝廷起用，或是一旦朝廷"圣明"，他们还是会出仕做官的。那么，通过创办书院讲学，标榜"求道"、"传道"，完全是与儒家"兼济天下"的治平之路联系在一起的。

一千多年来，书院之所以不断得到儒家士大夫的推崇，并受到后世文人学者的极其向往，其根本原因就在于书院精神与儒家之道的内在联系，儒家之道在书院文化及书院精神中得到了最充分的体现。

二、书院精神与中国教育传统

　　书院作为一种教育机构，其主要目的当然是培养人才。书院在全国各地乃至山林乡村形成了一个庞大的书院群体，而这个书院群体又承担着各个历史时期以儒家文化去培养人才的功能。那些著名书院在传播文化、培养人才方面更是发挥了重要作用。如岳麓书院创建于北宋初年，南宋时著名理学家张栻主教，求学者络绎不绝，以致当时留下"道林三百僧，书院一千徒"的民谚。黄宗羲、全祖望编著《宋元学案》，专门将张栻在岳麓书院培养的著名弟子列成《南轩学案》、《岳麓诸儒学案》等，他们既是一批学者，也是政治家、军事家、教育家、文学家等。其中有被《宋史》称为"一时之英才"的吴猎，有被《宋史》称为"学识正大"的彭龟年，有抗金的著名将领赵方，有被认为是"通务之才"的陈琦等等。这些学生在南宋的政治、经济、外交、军事、学术、教育等领域发挥了重要的作用。清代以后，岳麓书院又涌现出了一大批人才，在中国历史的近代转型中发挥了重大作用。著名的爱国主义思想家魏源，政治改革家陶澍，"湘军集团"洋务派的主要首领曾国藩、左宗棠、胡林翼，第一个驻外公使、著名外交家郭嵩焘，由维新走向革命的政治家唐才常、沈荩，著名教育家杨昌济等等，均是岳麓书院培养教育出来的，所以岳麓书院大门挂着"惟楚有材，于斯为盛"的对联。

　　书院教育所以能够起到培养人才的重要作用，同书院的精神传统有关。书院精神的历史意义与现代价值，就在于它鲜明地体现儒家人文教育的理念，从而成为中国传统教育思想、教育实践的典范。

　　书院精神体现在教育思想、教育实践两个方面，下面分开来讲。

(一)书院的教育理念

在中国古代的各种学术流派中，没有哪一个学派像儒家学派那样以教育为重心来建立思想体系；在世界各种文化中，没有哪一种文化像儒家文化那样以教育作为立国的根本。儒家对教育的重视，已经成为一个有目共睹的文化现象。可以肯定，儒家学说本身包含着当时世界上最为成熟的教育学说。

然而，同样引人注目的是，儒家教育本质上是一种人文教育。儒家终生以"道"为志，儒家所追求的道其实就是"人道"，即所谓"非天之道，非地之道，人之所以道也"。儒家强烈的人文关怀主要有两种途径来实现：以道易天下和以道教天下。前者是治国平天下，后者是治学讲学。所以，通过治学讲学的文化教育活动实现以道教天下，从来就是儒者的最重要职责。而且，这也使得儒家教育表现出强烈的人文精神。

儒家的人文教育，坚持将教育价值定位于"人道"化的社会群体。但要建设一个合乎道德理想的和谐群体，必须使社会成员成为具有善良品格、道德素质的个人，尤其要能培养出一种自觉维护社会秩序、承担社会理想的主体性人格。儒家教育目标始终是道德完善的个体。从这个意义上说，儒家人文教育所关注的重点，包括人的社会与社会的人。

所以，书院教育的鲜明的特色，那就是对道德人格的关注。在儒家教育理念中，充满着一种推崇主体性人格的人文精神。儒家教育所关切的，就是如何从洒扫应对的礼仪中，将自己培养成"从心所欲，不逾矩"的自由主体；如何将自我内在的潜能，发展为一种"与天地合德"的宇宙精神。这样，书院教育始终致力于这样一个重要目标，就是如何培养出主体性道德人格。

唐宋以来，官学的一个显著特点，就是把学校教育和科举取仕结合起来。学校教育人、培养人的最终目的，是让学生能够应付科举考试以走上仕途。官学教育因此而流为科举的附庸，出现了许多严重的弊端。宋儒们看到了官学教育的通病，朱熹批评说："太学者但为声利之场。"教者为科举而教，学者为科举而学，结果是"风俗日敝，人才日衰"。

为了纠正官学的弊端，宋儒为书院提出了新的教育宗旨，即要求恢复先秦儒家教育的传统，以道德人格为书院教育的目的。朱熹制订的《白鹿洞书院提示》，在书院史上有广泛的影响。首先在于它讲明了书院的教学目的。朱熹提出："熹窃观古昔圣贤所以教人为学之意，莫非使之讲明义理，以修其身，然后推以及人，非徒欲其务记览、为词章、以钓声名取利禄而已也。"他认为书院的教育目的不是为了获取个人的名利，而是为了进行义理教育、道德修身，以培养出合乎儒家道德标准的理想人格。南宋其他理学家在书院教育目的方面也提出相同的看法。如张栻主教岳麓书院，他在《潭州重建岳麓书院记》一文中亦主张，书院应反对"群居佚谈"、"科举利禄"等习气，主张"成就人才，以传道济斯民"为教育目的。南宋时期理学家们开创了理学和书院结合的局面，同样也奠定了书院以儒家人格理想为宗旨的教育目的。

南宋后期，尤其到了元、明、清时期，理学已经成为占统治地位的国家哲学，本身又成为官学教育和科举考试的主要内容。与此同时，书院教育也和科举考试有了更加密切的联系。尽管如此，仍有大量书院保持了自己的教育宗旨，尤其是那些由名儒主持的书院。如明代王守仁创办书院，就明确反对以科举为目的的教学，他批判官学那种"记诵辞章，而功利得丧，分惑其心"的教育，主张书院教育是启发良知、培养圣人，提出"圣人之学，惟是致良知而已"。这些理学家都要求书院教育能够保持自己独立的办学宗旨，以理想的道德人格培养作为书院教育的目标。

由于书院教育思想具有重视人格教育的人文特征，并自觉实现孔子的"成人之教"、"为仁由己"以及孟子的"自得之学"、"尽心、知性、知天"，故而能够体现一种发展主体人格的人文教育特色。书院的这种教育观念及其特色，表现出浓厚的人文教育气息。值得注意的是，书院的人格教育方法总是坚持行为践履与道德理性的统一。

首先看道德行为训练。儒家所推崇的主体性人格总是和外在的伦理规范、行为模式联系在一起的。孔子自述的"从心所欲，不逾矩"的最高人生境界，其"从心所欲"的意志自由和"不逾矩"的规范遵循也是联系在一起的。所以，要培养主体性人格，首先应加强对学生关于良好的道德习惯、行为模式的训练。人格教育的第一步，就是行为模式的训练。书院教育总是要求学生在日常生活中将自我置于礼仪之中，使主体的内在性情、意志和外在的礼仪融为一体。主持书院的教育家们都重视这一点，明代教育家王守仁说：

> 导之习礼者，非但肃其威仪而已，亦所以周旋揖让，而动荡其血脉，拜起屈伸，而固束其筋骸也。讽之读书者，非但开其知觉而已，亦所以沈潜反复而存其心，抑扬讽诵以宣其志也。凡此皆所以顺导其志意、调理其性情、潜消其鄙吝、默化其粗顽，日使之渐入礼义而不苦其难，入于中和而不知其故。

尽管那些洒扫应对、周旋揖让的礼节本是一种外在的约束和强制，而心智筋骸、志意性情的活动则是一种内在的身心，但通过有目的的教育和训练，就可以将二者有机地统一起来，达到一种"习与智长，化与心成"和"渐入礼义而不苦其难，入于中和而不知其故"的境地。

其次看道德理性的培养。主体性人格是建立在道德理性的基础之上的，书院教育亦十分重视道德理性的培养。道德理性的获得，首先是和"穷理"、"致知"的知识学习分不开的。所以书院教育从来是将读书明理、格物致知作为主要方面。朱熹是这种道德理性教育的积极倡导者，他要求学者通过格物穷理的途径，将外在的万理与内在的心知结合起来。他说："盖人心之灵，莫不有知；而天下之物，莫不有理。惟于理有未穷，故其知有不尽也。是以大学始教，必使学者即凡天下之物，莫不因其已知之理而益穷之，以求至乎其极。"这里的天下之理主要是儒家倡导的伦理规范、知识体系，而人心之知也是儒家教育所要培养的道德理性。一切士君子如果具有了这种道德理性，就能够自觉承担仁道的价值，成就一个具有伦理主体精神的自由人格。

（二）书院的教育实践

书院自产生以后，在教书育人方面独树一帜，形成了许多不同于官学的特点。譬如，创办或主持书院者往往是一些名师大儒，在学术界、教育界的声望很高，能吸引立志于学的学生，而且书院在教学方面又独具特色，形成了一整套包括自由讲学、会讲论辩、教学与学术相结合的教学方法与制度。所以，书院自创办以来培养出了一大批人才，在历史上产生了深远的历史影响。现在，我们分别讨论书院的教育实践形式。

首先，我们看看书院的自主讲学。

自主讲学本是中国古代私学教育的传统。从先秦诸子创办私学，到汉代儒家学者创办精舍、魏晋名士清谈讲学，古代私学的自主讲学传统一直延续不绝。书院出现之后，很快成为儒家学者实现自主讲学的基地。书院和理学同时兴起，理学最初还只是一种新兴的学术思潮，并没有得到官方的推崇。理学家们主要是利用书院进行自主讲学、研习、讨论、传播自己的学术思想。因此，自主讲学就成为书院教学形式的一大特色。

书院实现自主讲学的方式有两种。第一，由学者进行学术传授式的讲学。宋明时期，那些著名理学家皆利用书院传授自己的学术观点，如南宋的朱熹、张栻、陆九渊、吕祖谦、真德秀、魏了翁等就是如此，书院势必成为各学派学者的学术基地。到了明代，心学思潮兴起，心学一派为传授自己新的学术观点，又利用书院展开自主讲学。可见，书院成为宋明以后各家各派学者宣扬自己学术思想的大本营。

第二种自主讲学的方式是会讲或讲会。会讲是指持不同学术观点的学者聚会讲学，以辨析异同，争辩是非。讲会则是把上述会讲发展成一种学术组织，即由学者们定期聚会讲学的组织。会讲、讲会允许不同学派同时自主讲学，类似于今天的学术讨论会，它能够体现出"百家争鸣"的精神。不仅学术传授式的自主讲学是古代私学的教学传统，会讲、讲会也是如此。早在战国时期齐国的稷下学官，就有一种"期会"的讲学方式，持不同学术观点的教师之间或教师和学生之间定期在学官展开公开辩论，进行学术争鸣。魏晋时期，各家各派的名士亦常常相聚在一起，分主客两方展开学术争辩。宋代书院形成之后，出现了会讲的教学方式，和稷下学官的"期会"、魏晋名士清谈一样，会讲亦是由不同学术观点的学者在书院内展开学术争鸣，书院成为他们展开自由讲学、学术争鸣的阵地。宋代著名的会讲有朱熹、张栻在岳麓书院探讨"《中庸》之义"的岳麓之会，还有朱熹、陆九渊、吕祖谦在江西铅山鹅湖寺就"为学之方"而展开学术争鸣的"鹅湖之会"。两次会讲均在学术史上产生重大影响。

到了明、清两代，上述会讲发展成一种定期举行的组织和制度，被称之为"讲会"。一般在举行讲会时，院内师生全部参加，院外人士亦可参加。在会上，参加者对讨论议题、儒家经典的理解各抒己见，或者展开问难论辩，或者交流学习心得。明清时期的讲会制度发展得比较完备，各个书院还为讲会制订了专门的规约，对讲会的宗旨、组织、日期、仪式、经费等都做了详细的规定。通过讲会，学者们将教学活动和学术活动统一起来，体现出书院的自主讲学和百家争鸣的精神。当有人问明代学者吕柟，书院讲学者观点不同如何办时，吕柟回答说："不同乃所以讲学，同矣，又安用讲耶？"允许不同观点的人会讲论辩，是书院实行自主讲学的一种典型方式。

自主讲学和学术研究具有内在的联系。学者们所以要求自主讲学，是因为他们在独立的学术研究中产生了不同的学术观点；同样，学术研究总是要借助于自主讲学才能深入探索和广泛传播。这样，古代书院的自主讲学一直和学术思潮的演变、发展保持着密切的联系。各家各派的思想家都创立书院讲学，同时也开展学术研究。所以，书院产生后，成为宋代以后学术研究的基地，推动了这段时期学术思潮的发展。南宋的绝大部分理学家，如杨时、胡安国、胡宏、朱熹、张栻、吕祖谦、陆九渊、黄干、真德秀、魏了翁等等，都在创立或主持书院传播理学的同时，进行独立探索的学术研究活动。这样，书院既成为教育活动的中心，又成为学术研究的中心。明代王阳明、湛若水及其弟子们为推动其学说的研究与传播，努力发展实行自由讲学的书院，书院亦成为心学学术思潮的大本营。明清之际，为纠正王学末流空疏之弊，学术思想界兴起重视经世致用的实学思潮，倡导实学的思想家们同样利用了书院这个自由讲学的阵地，如顾宪成、高攀龙讲学的东林书院，黄宗羲讲学的证人书院，李二曲主讲的关中书院，颜元创办的漳南书院。这些书院成为传播实学的著名学府和研究实学的学术基地，在中国古代的实学思潮史上占有重要地位，清代乾嘉汉学兴起以后，许多著名的汉学家均创办、主讲书院，如惠栋主讲紫阳书院，戴震主讲金华书院，钱大昕主讲钟山书院、紫阳书院等，这些书院对汉学的发展和人才培养起了重要的推动作用。

　　书院能够把学术研究和教学活动结合起来，其原因是多方面的，自主讲学是其重要的原因。当时许多书院，尤其是那些著名书院的主持者都是学术界中有影响的人物，他们在书院讲述自己正在研究的学术问题，并和学生就这些问题展开讨论，另外，学术大师之间、学生之间也积极开展学术讨论。这些形式既属于课堂讨论的教学活动，又属于学术讨论的研究活动。

　　其次，我们看看书院的自学精神。

书院教育方法具有显著的特色，总是坚持学生在教学过程中的主体地位，故而在他们所倡导的教学方法中，总是以学生为本位，充分调动学生的积极性和主动性，发展学生的学习兴趣和内在潜能，将教学过程看作是一个由学者本人独立认识、自我探索、发现知识的过程。书院倡导以学为本的教学方法，并不是要否定教师在教学过程中的重要作用，而是强调在"教"与"学"的关系中，应以"学"为本位，"教"的目的最终仍是学生的"学"。书院教育所倡导的这种自学传统和教育方法，也构成为书院精神的重要组成部分。

　　注重自学本是儒家教育的优秀传统，先秦儒家学派的孔子、孟子在传授弟子时，都十分重视学生自学。孔子最早提出启发式教学方法，主张"不愤不启，不悱不发"，认为只有在学生想懂而没有理解（"愤"）、想说而不能表达（"悱"）的时候，教师才去启发他。这种启发式方法促进了儒家教育注重自学的传统。孟子传授弟子亦要求他们以自学为主，他说："君子深造之以道，欲其自得之也。"所谓"自得之"也是注重自学的方法。孔子、孟子所提出的启发式自学方法，是他们在教学实践中的经验总结。书院教学发展了这种注重自学的精神，朱熹致力于创办书院的教学活动，也是要求学生以自学为主，他对学生说："书用你自去读，道理用你自去究索，某只是做得个引路底人，做得个证明底人，有疑难处，同商量而已。"朱熹更加明确学生在教学过程中的主体地位，为书院教学坚持以学为本、注重自学奠定了思想基础。

　　书院教学一般要求学生个人读书钻研，老师讲学是在自学的基础上进行的。因此，书院的导师讲授典籍时，注重发挥其中的大义，以指导生徒的自学与钻研，而不是逐字逐句地诵读讲述。如陆九渊在白鹿洞书院讲《论语》，主要围绕着"义利之辨"大加阐发。有许多导师要求生徒首先自己讲述读书自学的心得，然后针对学生的理解程度及正确与否，再作讲述。如朱熹任湖南安抚使时，亲至岳麓书院讲学。他采取抽签的方式让学生讲述《大学》，然后针对学生对儒家经典的理解而讲述自己的看法。在教学过程中，学生才是教学的主体，教师往往居于辅助者的地位。书院导师深明这一以学为本的道理。

为了培养学生的自学能力，引导学生读书钻研，书院导师把指导学生读书作为教学的重点。他们根据自己长期的治学、教学经验，在读书的范围、主次、程序及方法等各个方面制订出一些计划和原则，以指导学生读书。元代理学家程端礼曾担任建康路江东书院山长，他制订的《程氏家塾读书分年日程》，就是一份关于读书的内容、顺序、主次方面的教学计划。这个读书日程不仅确定了读书范围、先后次序，并要求按照不同年龄依次阅读内容深浅不同的书，比较全面地总结了治学和教学的经验，对书院的教学产生了广泛的影响，为全国各地书院所普遍采纳。为了指导学生读书自学，书院导师还根据自己的经验，提出一系列读书的方法和原则。朱熹指导学生读书的原则、方法共有六项，即居敬持志、循序渐进、熟读精思、虚心涵泳、切己体察、着紧用力。清代岳麓书院院长、汉学家王文清亦以自己的读书经验为依据，制订《王九溪先生手定读书法》刻石于书院讲堂，其内容包括两项。一是"读经六法"，包括：正义、通义、余义、疑义、异义、辨义。二是"读史六法"，包括：记事实、玩书法、原治乱、考时势、论心术、取议论。这些读书方法包含着丰富的治学经验，反映了教育学、教育心理学的规律，对现代高等教育仍有重要参考价值。

其三，我们再考察书院的问难论辩。

书院教学的重要特色之一，就是倡导师生之间、学生之间的问难论辩，从而使书院的学术气息十分浓厚，教育气氛十分活跃。理学家们在其治学过程中认识到提问的重要性，朱熹认为存疑是治学的必经步骤，必须"群疑并兴"才有学习的提高。陆九渊也提出："为学患无疑，疑则有进。"学者通过对疑难的思考、论辩，达到"融会贯通，都无所疑"，就能进入到更高的学习境界。所以，理学家在书院教学，普遍倡导、实行问难论辩的教学方法。在他们的语录、文集中，记录了书院师生问难论辩的大量讲学记录，从中可以看到他们是如何运用问难论辩教学法的。下面引一段南宋理学家胡宏与其弟子彪居正在碧泉书院的一段对话，以了解书院重视问难论辩的教学特色：

> 彪居正问："心无穷际者，孟子何以言尽其心？"（胡宏）曰："为惟仁者能尽其心。"居正问为仁，曰："仁之道，宏大而亲切，知者可以一言尽，不知者虽设千万言不知也；仁者可以一事举，不能者虽指千万事亦不能也。"曰："万物与我为一，可以为仁之体乎？"曰："子以六尺之躯，若何而能与万物为一？"曰："身不能与万物为一，心则能矣。"曰："人心有百病一死，天下之物有一变万生，子若何而能与之为一？"

这里，不仅有学生提问，导师解答；亦可由导师反问，要求学生解答。这种教学方法活跃了学生的思想，使讲学充满着学术争鸣的气氛。由于学生在教学过程中有问有答，其求学的主动性得到充分发展，故而成为书院教学制度的特色，并构成为书院的精神特质。

三、书院精神与中国学术传统

书院不仅是古代的教育中心，从事文化传播，也是学术研究中心，推动文化的创新发展。在中国历史上，思想文化的创新是通过不断更新的学术思潮体现出来的，而学术思潮的兴起、学术活动的展开往往和书院精神联系在一起。宋以后，书院成为重要的学术研究机构，宋、元、明、清历朝的学术研究和书院结下了不解之缘，书院成为宋以后各种新兴的学术思潮的学术基地。

宋朝理学思潮兴盛，这时也是书院的繁荣时期。其所以如此，与

理学家们利用书院作为研究、传播理学的学术基地有关。北宋时期，已有一些理学家创办书院讲学，如周敦颐在江西庐山建濂溪书堂、程颐在河南伊川建伊皋书院(后名伊川书院)，开始了以书院为研究理学的基地。在南宋时期，著名理学家相继涌现，名师鸿儒辈出，许多在中国思想史上十分重要的理学学派都已形成，各学派之间、理学家之间展开了讨论、辩难等各种学术活动，这一切都与书院有着密切的联系。理学家们纷纷创建书院并进行讲学，南宋的理学学派主要是以书院为学术、教育基地而形成的，他们之间的许多重要的学术活动都是在书院内进行的。

明中叶以后，王守仁、湛若水的心学思潮兴起，他们再次利用书院作为心学思潮的学术基地。王守仁于正德三年(公元1508年)被贬到贵州时形成他的心学思想，同时创办龙冈书院讲学；次年他又在贵阳书院传播自己的学说。后来，他还在江西修濂溪书院，在会稽建稽山书院，全国各地尤其是江南士子纷纷从学，一时竟"流风所被，倾动朝野"。王守仁死后，其弟子更是纷纷创建书院，联立讲会，把书院建设推向高潮。湛若水的书院教育活动亦很活跃，他在40岁以后的50多年间，几乎无日不讲学、无日不授徒，史称其"平生足迹所在，必建书院以祀白沙，从游者殆遍天下"。王守仁、湛若水及其弟子通过创办书院讲学，推动了明代书院的繁荣。王、湛讲学最盛的嘉靖年间，亦是整个明代创建书院的顶峰时期，统治者禁毁书院的政策也没能抑制书院的发展。同样，蓬勃兴起的书院亦推动了心学思潮的发展，阳明心学能够在全国各地广泛传播，王门弟子遍布江西、福建、浙江、湖南、广东、安徽、河南、山东、江苏等地，亦完全是借助于书院讲学。

明清之际，为纠正王学空谈心性、误国误民之弊，学术界兴起了一股崇实的学术思潮，学者们以崇实黜虚为宗旨，强调实事求是、经世致用。实学思潮中的著名思想家仍是充分利用书院为学术基地。其中最著名的，就是东林学派的东林书院、颜李学派的漳南书院。明万历年间，顾宪成、高攀龙于无锡建东林书院，标榜务实的学风，在学术界产生很大的影响。据《明史·高攀龙传》载："初，海内学者率守王守仁，攀龙心非之，与顾宪成同讲学东林书院，以静为主，操履笃实，粹然一出于正，为一时儒者为宗。"东林书院要求学生要关心国家大事，积极参与国家的政治活动，书院有一副著名的对联：

风声、雨声、读书声，声声入耳

家事、国事、天下事，事事关心

所以，顾、高不仅以东林书院为基地而形成了东林学派，而且还形成了一个被称之为东林党的政治集团。颜元是清初的一名学术大师，他提倡实学，重视"习行"，反对空论心性，他在家乡河北博野创建了漳南书院，分"文事"、"武备"、"经史"、"艺能"，将各种经世致用之学的内容均纳入教学。明清之际还有许多倡导实学的思想家都利用书院讲学，在书院从事学术研究。

清代乾嘉时期，注重经史考据的汉学思潮大兴。这一学术思潮在整理、研究祖国的文献资料方面有重要的贡献。他们还由治经发展出一系列专门学科，诸如小学、史学、天算、地理、音韵、金石、校勘等。汉学思潮兴起时，也往往利用书院作为学术研究的基地。著名汉学家段玉裁主讲山西寿阳书院；号称"博极群书"、"无经不通"的钱大昕主讲钟山、娄东、紫阳书院四年；兼治汉、宋之学的姚鼐也曾主讲梅花、紫阳、敬敷、钟山书院共40年。其中汉学家创办的书院中最著名的是阮元创办的诂经精舍和学海堂。诂经精舍在浙江杭州西湖孤山上，清嘉庆五年（1800年）所建，这个名称就体现着创办者的学术宗旨，即"精舍者，汉学生徒所居之名；诂经者，不忘旧业，且勖新知也。"由阮元、王昶、孙星衍、陈寿祺等主讲、传习、研究经史、辞赋以及天文、地理、算法、兵刑等学问，并组织学生校刊《十三经注疏》等，在汉学研究上取得重要成果。道光元年（1820年），阮元又于广州城北粤秀山下创学海堂，专以古经考试学生，并重视汉学研究，搜辑

领导干部国学大讲堂

清代经师注疏，刊《学海堂经解》180种，1400卷。嘉庆以来，诂经精舍、学海堂成为国内汉学研究的重要学术基地，既培养了大量汉学研究的人才，又涌现出大量汉学学术研究成果。

宋以后，中国学术史上先后涌现出理学思潮、心学思潮、实学思潮、汉学思潮，这些思潮均和书院有着不可分割的内在关系。各种思潮、各派学术大师均以书院为基地从事学术研究，使书院成为各种学术思潮、学术派别的大本营，从而推动着中国古代文化的创新与发展。

书院的学术精神，主要是通过下列形式实施学术研究活动的，书院的学术精神亦体现在下列学术研究实践中。

（一）潜心著述

著述是学术研究成果的标志。学者们在书院的讲学期间，往往是他们著述最丰富时期。首先，书院导师为了给生徒讲学，总是集自己的研究心得而编写讲义、讲稿，这些讲义在后来成为重要的理学著作。以南宋理学家为例，张栻在主教岳麓书院期间，撰写了《论语解》、《孟子说》，作为书院讲学的讲义，这两部讲义成为他的代表著作。朱熹在福建创办精舍讲学时，更是撰写了大量著作，其中许多也是作为书院讲义，他后来在白鹿洞书院讲学时还留下《白鹿洞书堂讲义》。他的代表著作《四书集注》就是书院教学的主要讲义。吕祖谦创办丽泽书院时，编写了许多讲稿、讲义，如《丽泽论说》、《丽泽讲义》，在当时及后来均有影响。其代表著作《东莱左氏博议》25卷，阐发了自己的学术思想，它也是书院的重要教材，并作为书院学生习作的范文。

其次，书院导师讲学时的记录，亦成为理学的代表著作。宋明以来，理学家们都喜欢在书院讲道论学，其弟子将这些记录下来，就成为"语录"之类的著作，宋明理学家盛行"语录"之类的体裁与此相关。

这种自由地讲道论学的形式，能引导师生双方深入思考问题，更可以全面地反映导师们的学术思想，所以，朱熹的《朱子语类》、陆九渊的《语录》、张栻的《南轩答问》、王阳明的《传习录》和《大学问》、王艮的《心斋语录》、罗汝芳的《近溪语录》、王栋的《一庵语录》，均是理学史上十分重要的学术著作。

第三，书院大多选建于山青水秀的僻静之所，为理学家们治学提供了良好的环境和图书资料条件，他们在讲学之余，潜心研究学问，撰写学术著作，所以在书院讲学时期他们的著述特别多。这些著作虽不直接是讲义，但导师们亦将它们传授给学生。南宋初年理学家胡安国于南岳碧泉书堂讲学期间，撰写完成了其代表作《春秋传》，并为书院的弟子讲述《春秋传》中的学术思想。胡宏继承父志，继续讲学碧泉书院，他的代表著作《知言》六卷，就是在书院讲学时完成的。清代许多著名的汉学家主讲书院时，利用这里的资料、时间方面的条件，撰写了大量著作。钱大昕是一位"无经不通"的汉学家，并主讲过钟山、娄东、紫阳几所书院，同时完成了许多著作，他的《二十二史考异》就是在江宁钟山书院任山长时完成的。刘熙载也是清代的一位重要学者，曾主讲上海龙门书院14年，撰述、校刊大量著作，如《四音定切》、《说文双声》、《艺概》、《昨非集》等。

第四，学生撰述的论文、著作。书院不仅仅是导师从事学术研究，学生也能在导师的指导下，从事学术论文、著作的撰写。南宋时期，理学大师朱熹、吕祖谦、张栻、陆九渊的许多弟子均能撰写著作，并提出自己独特的学术观点。在清代，书院盛行考课制度，由于学术大师十分重视考课的学术价值，因而，许多考课试卷本身就是水平很高的学术论文。导师把那些有学术价值的论文编成文集，刊刻出版，就成为学术著作，如阮元编辑的《诂经精舍文集》、《学海堂集》就是这种优秀的论文集。这些文集的内容为经史、天文、地理、算学等各个方面，以后，它们的作者中许多均成为学术名家。

（二）学术论辩

学术论辩是重要学术研究形式，学术论辩的状况、水平是学术思潮发展程度的重要标志。

书院的学术讨论有多种形式，这里主要介绍两种：

第一，理学大师之间的学术讲座，也就是前面论及的会讲。理学家们在书院讲学期间，或者是相互之间邀请访学讲学；或者是由于学术观点的分歧，彼此都感到有讨论辨析的需要。会讲过程中，学者双方就某些重要问题阐述自己的学术观点并展开辩论，辩论的结果可能是趋于一致，亦可能是各执己见，这都是学术讨论的正常现象。南宋乾道三年（1167年），张栻和朱熹会讲于岳麓书院，双方本来在中和说、太极说、知行说、仁说等方面有较大分歧，经过一个多月的辩论后，在许多主要观点上渐趋一致。所以朱熹感叹道："相与讲明其所未闻，日有学问之益，至幸至幸！"淳熙二年（1175年），朱熹、陆九渊、吕祖谦等学者会讲于江西铅山鹅湖寺，三家就"为学之方"展开讨论，朱、陆学术宗旨各异，争论十分激烈。由于双方各执己见，不欢而散。这两次著名的会讲结果不同，但在理学史上均有重大影响，对推动理学研究的深入，以及理学思潮的发展均有重要作用。

第二，书院内师生之间、学生之间展开的学术讨论。书院大多系古代高等学校，书院生徒的学术水平亦达到一定高度，有的甚至是一些很有名望的学者。他们在书院学习期间，也逐步形成了自己的一些学术见解。因此，师生之间、学生之间也常常开展有一定水平的学术讨论。这种讨论往往和社会上学术思潮联系十分紧密，并能推动学术思潮的发展。宋明理学家的"语录"中，记录了许多师生之间的质疑问难。从中可以看到，学生们并不全是消极地等待导师解答，师生可以相互发问，皆可就某些学术问题发表自己的看法，这会激发双方深入思考问题，以利于学术问题的深入研究。

明代书院专门建立讲会，把书院师生、同学之间的学术讨论活动组织化和制度化。讲会规定宗旨、时期、仪式、组织等各种要求，并订有会约。讲会开展时，往往先由一人讲述自己的观点和见解（可以是老师、也可以是学生），然后由其他会友提问、讨论。明代无锡东林书院亦设立讲会，制订《东林会约》，它规定：每会推一人为主，说《四书》一章。此外有问则问，有商量则商量。这种讲会是一种典型的学术研讨会。明代心学思潮的崛起和大盛，实得益于书院及其讲会的普及。

（三）学术创新

中国古代学校的主要教学内容是儒家经典，无论是官学，还是书院，在这一点并无多少区别。但是，书院更重视学术创见，敢于对儒家经典提出新的阐发，而官学教育则很难做到这一点。究其原因，官学是整个封建官僚机构的组成部分，官学的教学内容、考核标准都是由官方规定了的，学生只可能死守教材、默诵章句，不敢越雷池一步。但是，书院不直接受制于官府，主持书院的学者们可以按照自己对儒家经典的独特理解，阐发自己的学术思想。书院在宋以后能够成为各种新兴的学术思潮的基地，许多大思想家、学者不乐意在官学讲学，而喜欢创建书院讲学，其原因也在这里。

宋明理学思潮的兴起，和书院教育是紧密联系在一起的。理学家在学术上的一个重要特点，就是打破了汉唐经师对儒家经典的垄断，敢于重新对儒经作一番新的解释，终于使中国儒学史发展到一个新的阶段——理学阶段。理学家也和汉唐诸儒一样，重视儒家经典的研究，因而书院教学也以儒家经典为主要教材。但是，书院在讲授儒家经典时又有自己的特点：第一，经典采用的重点不同。汉唐诸儒以《诗》、《书》、《礼》、《易》、《春秋》等"五经"为主要教材，理学家除了重视"五经"外，尤其重视《论语》、《孟子》、《中庸》、《大学》这四部书，它们被合称为"四书"，其地位往往高出"五经"之上，成为更加重要的教材。第二，对这些典籍的理解和发挥不同。汉唐诸儒注重对儒经中名物制度的考据训诂，理学家们则强调儒经的道德教化意义，要求从中"求圣人之意，以明夫性命道德之归"，这样，书院传习儒家经典是为了"明人伦"、修养心性。此外，理学各学派对经典的理解和发挥也不同，如朱熹为了发挥自己的学术见解，甚至敢于对《大学》作出补辑。这都反映书院重学术创新的特点。

程朱理学在明代已是一种官方哲学，并成为各级官学的钦定教材和科举考试的标准答案。这时，它就由一种富有创新的学术思想而演变为一种僵化的教条和凝固的章句。明中叶以后，以书院为基础继而形成新的学术思潮，即王阳明、湛若水的心学思潮，和官学死守程朱理学的章句教条相反，书院则敢于向程朱理学挑战。王阳明及其弟子大胆地批判了这种官方哲学，指斥它"言之太详，析之太精"，从而使学者再度形成"记诵辞章"的恶习。他提出了"知行合一"、"致良知"的学术宗旨，并以此观点对《大学》中的"格物致知"重新解释。书院这种重视学术创新的学风，导致明代心学思潮的兴起。

(四)开放讲学

古代书院往往采取开放式办学的方式，书院的开放式办学有双重含义：一是就讲学的教师而言，指不同学术观点和不同学派的学者，可以在同一书院讲学；二是就听讲的学生而言，他们来去自由，不受限制。这样，书院在学术研究、文化教育方面体现出"兼容并蓄"的特色。

书院作为一种高级形态的私学，它的师生进出并不直接受控于官府。即使是官学化比较突出的清代，书院的山长大多数仍是聘请而不是任命的。所以，书院体制不同于官学的显著特点在于，它允许不同学派的学者相互讲学，往往使书院能形成"百家争鸣"的学术空气。如南宋乾道三年（1167年），闽学一派的大师朱熹到岳麓书院讲学，而岳麓书院本是以张栻为代表的湖湘学派的学术基地。以后，讲求事功的永嘉学派的代表人物陈傅良也来岳麓书院讲学，并受到岳麓书院生徒的欢迎。可见在南宋时期，岳麓书院成为湖湘学派、闽学派、永嘉学派等不同学派的讲学场所。到了明代，阳明学派和东林学派的代表人物也先后在岳麓书院讲学。白鹿洞书院也是如此，南宋淳熙八年（1181年）朱熹主持白鹿洞书院，他却邀请心学学派大师陆九渊来院讲学，两个长期争辩的学派同在白鹿书院讲台上讲学，充分反映了书院具有开放办学的学风特点。宋明时期，书院形成了一整套"会讲"和"讲会"的制度，这种开门办学的学风得到发展并形成制度化的结果。

书院的开放办学与兼容并蓄还体现在对学生不加限制，允许不同学派、不同地域的学生前来听讲、求教，打破了官学那种关门办学的风气，促进了学术的交流和发展。传说，朱熹到岳麓书院讲学时，来听讲的多达千人，学生们所乘的马匹将书院前池塘的水都饮干了。泰州学派王艮在书院讲学，也很有吸引力，不仅儒家士子前来听讲，那些樵夫、陶匠也听得津津有味。据说在当时，农工商贾各界人士前来听讲者多达千余。顾宪成在东林书院讲学时，也是"远近名贤，同声相应，天下学者，咸以东林为归"。许多书院还将这种开放办学的学风制度化。清顺治年间，白鹿洞书院设专款接待外来学者，并明确提出："书院聚四方俊秀，非仅取才于一域。或有友朋，闻风慕道，欲问业于此中者，义不可却。"

上述开门办学、兼容并蓄的学风，成为书院学术研究的显著特色，这对吸取各家各派的学术之长，促进人才的培养和学术事业繁荣，都有很大的好处。

（五）创建学派

学派的形成需要两个条件：第一，独立体系的学术思想；第二，学术观点、思想倾向比较一致的学者群体。书院恰恰具备这两个条件，故而成为宋以后各个学派的学术基地。宋元明清时期，书院往往聘请那些学识渊博、德高望重的学者、名师主讲，这时，学者们不仅可以利用书院的各种条件(图书、资料、学术气氛、讲学)更加深入地研究学术，还可利用书院这一自由讲学的阵地而传播自己的学说，吸引和影响一大批学术旨趣相近的学者，这就形成独具思想特色的学术流派。

南宋理学学术思潮大盛，这段时期的几大著名学派都是以书院为基地而建立起来的。朱熹为代表的闽学派以福建的寒泉精舍、武夷精舍、竹林精舍及江西的白鹿洞书院为基地；胡宏、张栻的湖湘学派是以湖南的碧泉书院、岳麓书院为基地；陆九渊的象山学派以江西的象山精舍为学术基地；吕祖谦的婺源学派是以浙江丽泽书院为基地等等。

明代几大著名学派也是以书院为基地而建立发展起来。如湛若水的甘泉学派在明代影响很大，他的学术影响与他成功地创办、主持书院讲学以建立学派基地是分不开的。王守仁的阳明学派代表着明代新兴的心学思潮，王守仁及其弟子们在东南各地到处建书院讲学，并以这些书院为学派基地，以推动明代心学的传播与发展。另外，东林学派则完全是因为在东林书院讲学而形成并命名的。

到了清代，乾嘉汉学大兴，书院又成为考据学派的学术基地。清代汉学兴起于顺治、康熙年间，发展到乾隆、嘉庆年间而大盛，所以学术史上称清代汉学为乾嘉学派。在乾嘉汉学最盛时，以吴派和皖派最著名。吴派以惠栋为代表人物，还包括江声、余萧客、王鸣盛、钱大昕、江藩等人；皖派以戴震为代表，包括段玉裁、王念孙、王引之、任大椿、卢文诏等。两派在学术上各有师承和特点，但是，他们都十分重视利用书院讲学。因而，南京的钟山书院、惜阴书院，苏州的紫阳书院，扬州的梅花书院、安定书院，成为他们长期讲学、传播自己的学术思想的地方。至于阮元在杭州创建的诂经精舍、在广州创建的学海堂，更是闻名全国的考据学派的学术基地。

汉字与中华文化

王 宁

王宁，浙江海宁人。北京师范大学文学院资深教授，兼任全国哲学与社会科学研究规划语言学科专家组成员、教育部哲学社会科学委员会委员、教育部学风建设委员会副主任、全国语言文字标准委员会汉字分标准委员会主任、全国语言文字规范审定委员会委员、中国语言学会副会长等学术职务。

主要从事汉语言文字学、文字训诂学、汉语词源学、语文教育等领域的教学与研究工作。

主要著作有《训诂方法论》、《训诂与训诂学》（以上与其老师陆宗达教授合著）、《训诂学原理》、《说文解字与中国古代文化》、《汉字构形学讲座》等，主编《汉字构形史丛书》、《汉字与文化丛书》、《汉语运用丛书》以及《训诂学》、《中国文化概论》、《汉字学概要》、《古代汉语》等高校教材。发表论文200余篇。受教育部学风建设委员会委托主编《学术规范指南》，为国务院即将发布的《规范汉字表》后期研制专家工作组组长、送审稿专家委员会副主任，为重大攻关项目《中华大字符集创建工程》首席专家。担任《GB13000字符集汉字部件规范》、《常用汉字部件规范》等国家规范项目的第一研制人。

如果把新石器时代仰韶文化早期定为汉字起源的上限，那么，汉字已经有六千年的发展历史。即使是从殷商甲骨文算起，汉字也已经不间断地发展了三千五百多年。它书写了中华民族的历史，载负了光辉灿烂的中华文化；它具有超越方言分歧的能量，长期承担着数亿人用书面语交流思想的任务；它生发出篆刻、书法等世界第一流的艺术；在当代，它又以多种方式解决了现代化信息处理问题而进入计算机，迎接了高科技的挑战。汉字是中国文化的基石。

汉字是世界上唯一未曾中断使用而延续至今的表意文字系统。可以说，在包括甲骨文在内的每一层汉字的共时平面上，都已经积淀了非常深厚的汉字本体历史，以及作为汉字存在背景的社会文化历史。汉字和中华文化具有互相印证、互相解释、互相依存的关系——"汉字与中华文化"这一命题，就要通过对这种关系的考察来建立。

一、汉字与中华文化关系的两重意义

文化问题涉及人类生存的全部，不同时代、不同领域对文化关注的角度各不相同，因此，西方的Culture（文化）原义有多种解释，定义极不统一。据有人统计，在不同的学科领域、出于不同的目的和不同的角度，对"文化"的定义约有一百多种。较早的文化定义均属于广义的定义，它是来源于人类文化学、文化哲学领域的定义，是以人类与非人类的分野作为立论依据的。德国法学家S·普芬多夫在17世纪第一个把Culture作为"文化"正式的术语来使用，他在《自然法与万民法》一书中定义说："文化是社会的人的活动所创造的东西和有赖于人和社会生活而存在的东西的总和。它是不断向前发展的、使人得到完善的、社会生活的物质要素和精神要素的统一"。① 根据这个定义，"文化"在西方是指人类所创造的全部的文明，包括物质文明和精神文明。在中国典籍中，"文"与"化"很早就已合成——《说苑·指武》："凡武之兴，为不服也；文化不改，然后加诛"。我们把"文"与"化"意义的内涵合成后，可以看出早期的"文化"含义。中国经典的"文化"是指人的后天修养与精神、物质的创造。修养属改造主观世界的范畴，创造属改造客观世界的范畴。基于汉语"文化"概念的传统解释，学术界经常把它与英语的Culture对译。实际上，不经Culture转译的中国传统的"文化"概念所具有的后天创造演化观念和人文精神，更适合于今天常说的文化内涵。不论是西方的Culture，还是中国古代的"文化"，都是广义的文化，这个广义的概念有三个要点：(1)广义文化是与人类、与人类的创造活动相联系的，是以人为中心的概念；(2)广义文化是一个历史概念，它涵盖人类历史的全过程，是一个传承发展的综合概念；(3)广义文化的外延涵盖物质创造和精神创造的全部。

狭义的文化专指人类的精神创造，它着重人的心态部分。其实，人类文化很难将物质创造与精神创造截然分开。一切以物质形式存在的创造物，都凝聚着创造者的观念、智慧、意志这些属于精神的因素。我们设置狭义文化概念的目的，是要排除纯粹的物化自然世界，把我们的眼光集中到以人为中心的世界，来观察人类自身。狭义的文化又称人文文化，是某一社会集体(民族或阶层)在长期历史发展中经传承累积而自然凝聚的共有的人文精神及其物质体现总体体系。这个

---

① S·普芬多夫(Pufendorf, Samuel von 1632—1694)，德国法学家，古典自然法学派主要代表之一。本段译文采用沈福伟：《中西文化交流史》第12版，上海人民出版社1985年版。

狭义的概念也有三个要点：(1)狭义文化不但以人为中心，而且以人的精神活动为中心，即使观察物化世界，也是以其中的人文精神为内核的；(2)狭义文化关注的不是个别人的精神活动，而是经历史传承累积凝聚的共有的、成体系的人文精神；(3)狭义文化关注的不仅是全人类的普遍共性，而且更注重不同民族、阶层、集团人文精神的特点。所以，狭义文化的定义不但适用于人类文化、民族文化、国别文化等较为具体的研究范围。

根据前面的定义，"汉字与中华文化"这个命题也要从两个层次来阐释：

第一方面，根据广义文化的定义，汉字本身就是一种文化事项。所以，"汉字与中华文化"这个命题，实际上属于文化项之间的相互关系，具体说，它是指汉字这种文化项与其他文化项之间的关系。文化项之间的关系是相互的、呈立体网络状的，在研究它们的相互关系时，一般应确定一个核心项，而把与之发生关系的其他文化项看作是核心项的环境；也就是说，应把核心项置于其他文化所组成的巨系统之中心，来探讨它在这个巨系统中的生存关系。如此说来，"汉字与文化"这个命题，就是以汉字这种文化事项作为中心项，来探讨它与其他文化项的关系。中心项与其他文化项的关系，是有近有远的，汉字作为人类发明的、记录语言的符号系统，与政治、教育的关系是最密切的，与其他文化项的关系远近不等，直接与间接不一，这是广义的汉字与文化关系需要特别关注的问题。

第二方面，汉字作为记录汉语的表意文字系统，在构造个体字符和创建字符系统的时候，要把汉语词汇的意义转化为可视性的符号，由于语言意义与历史文化的不可分割性，汉字在记录了汉语的意义同时，必然要负载中华历史文化的相关内容，表述种种文化现象，成为文化的载体；从这个意义上说，揭示汉字与文化的关系，就是要探讨汉字这个文化载体与文化内容的关系。

我们这里先谈第二方面的内容——也就是汉字与狭义文化的关系，根据反映论的原则，这种关系主要是看汉字符号及其系统在哪些方面反映出文化内容的信息。在文化内容中，有一部分属世界共通性，还有一部分属民族特异性。要探讨汉字与文化的关系，民族特异性这部分，应当比世界共通性这部分更有价值。因为，具有民族特异性的文化，总是受到特殊的自然与社会环境、民族生活和民族习惯、民族心理的影响，是在长期的历史发展中逐步形成的。从汉字来观察中华文化，是一个非常新颖的角度。通过典籍的记载和考古的发现来了解中华文化，看到的常常是政治经济和观念制度的大问题，而汉字的形体构造中存储的文化信息，常常深入到一些琐细而具体的细节，是对历史文化宏观问题的印证和补充。所以，我们可以说，典籍与考古是通向古代历史文化的一座座大桥，而汉字则是通向古代历史文化的一叶叶小舟。很多偏远的微小地带，乘坐小舟比渡过大桥更为方便。

二、汉字构形的取象中蕴含的文化信息

汉字是根据它所记录的词的意义而构形的。构形时，需要选择一种形象或形象的组合，将其生成字符，来描述它所记录的意义，我们把这个选择形象生成字符的做法称作取象，取象所表达出的构字意图称作构意。构意和取象都要受到造字者和用字者文化环境和文化心理的影响。因而，汉字的原始构形理据中必然带有一定的历史文化信息。

在甲骨文中，动物的原始构形理据反映人类对动物特征的认识。例如：

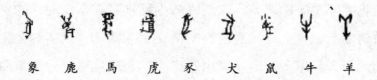

象　鹿　馬　虎　豕　犬　鼠　牛　羊

　　这些四足动物，文字的取象如果粗疏了，很难加以分辨。在比较中可以看到其中的构意——象突出长鼻，鹿突出两角，马突出奔跑时竖起的鬃毛，虎突出身上的花纹和张开的虎口，豕（猪）突出大腹，犬（狗）突出向上卷起的尾巴，鼠以碎食物突出其觅食的行为。只有牛羊只描绘头部，为了区别，牛角向上翘起，羊角向下弯曲。我们把这些构形类聚在一起，可以得到一个很重要的文化信息：汉字处在表形文字阶段时，人类的生活与动物的关系还十分密切，不但对野生动物的驯兽能够细微观察，就是对一些猛兽也有近距离接触的生活经验。在甲骨文中，取象于动物的形体十分丰富，显然是狩猎生活在文字构形上的反映。

　　形声字的大量产生大约在周秦时代。和象形字不同，形声字的文化信息不是存在于个体汉字的总体取象里，而是集中在它的义符里。形声字的义符反映了它所记录的词义的类别，是一种比较概括的取象。《说文》小篆反映的是五经的词义，因此，也就反映了周秦时代的文化。在汉字构形上，小篆对形声字的义符进行了规整，义符系统反映了当时的文化信息。"草木竹禾"是《说文解字》中表示植物的四个大部首。它们所辖字的总数达 1195 字，约占《说文解字》总字数的12%，四大部首所从字的数量如下表：

	艹	木	竹	禾
正篆	445	421	144	87
重文	31	39	15	13
总计	476	460	159	100

植物类部首比例增多，这是因为中原地带在秦汉时代的生产已经进入农耕为主，人类生活与植物的关系更为密切，汉字的造字取象于植物的数目大量增多，而且利用形声字的表义偏旁来分类。四个部首的划分说明了很多问题：一方面说明古人对草本植物与木本植物已经分得很清。在草本植物中，自然野生植物从"艸"，人工种植草本植物从"禾"。两方面的动词也已经分立了，种禾叫"种"，种树叫"植"。竹，现代归禾本科，分布在亚热带地区。《说文》解释作"冬生草也"，可见也是把它看成草本植物。"竹"部首的确立说明，中国南部长江流域的文化已经与黄河中下游文化有所交融。

形义统一的汉字，不论是形声字的义符还是会意字的部件组合，都是与这个字的意义相关的，但是义符与字的关系常常需要用文化来解释。例如："独(獨)"从"犬"，"群"从"羊"，一只牧羊犬赶着一群羊——这完全是一幅牧区放牧的图画。"尘(塵)"像群鹿奔跑扬起尘土，取象选择鹿正是文化的表现。鹿是驯兽，而且喜欢群体生活。人追逐鹿是没有危险的，特别容易观察到轻轻奔跑的鹿群扬起的细土。

三、汉字构形发展中反映出的文化信息

汉字字形有一定的固化作用，变化比语义慢，比现实更慢，但是经过几千年的演变，也已经能反映出动态中的文化信息。

汉字形声字义符系统的变化，往往反映出社会的发展。例如：在小篆里，烹食器皿中从"鬲"的很多，鬲是一种陶制的器皿，"𩰲(guo1)""鬴"都从"鬲"，因为它们主要是陶制的，后来"𩰲"写作"锅"，

"鬴"写作"釜"，字都改为从"金"，反映了陶器时代向青铜器时代发展的文化信息。

小篆"又"与"寸"的分立，也反映制度带来的观念变化。酒器的"尊"甲文写作𤔲，金文加上"八"，表示酒倾而出。小篆承袭金文，而将下面的两手改为"寸"作尊，这是因为古人以酒器定位，"尊"已发展出"尊卑"之义，而小篆中的"寸"含法度之义，改从"寸"，正是适应"尊卑"义而为之。同样，酒器的"爵"因象雀形而名，甲骨文、金文都是象形字。小篆作爵，上半部是金文的变体，下从"鬯"，表示盛酒，从"又"，以手持之，以后也改"又"为"寸"，仍是为了适应"爵位"这种等级制度的变化的。我们可以看到，很多应当从"又"的字，都是表示用手操作的事物，到周秦时代的篆隶中，有相当一部分演变成"寸"了，除"尊"字外，还有"封"、"射"、"尉"等，小篆新造的"耐"、"寻"、"导"、"辱"、"寺"等字也从"寸"。这是因为，"寸"的构意表示法度，周秦的等级制度使法度观念被引进造字，才产生了这种构形的演进。这种变化，是社会变化与人的意识变化的反映，可以从中观察汉字携带的文化信息。

古代汉字的许多字形，有的一直保留到后代，也有的中途死亡，不复再用。这些个体字符的存亡，很多是有文化方面的原因的。仅从形声字来说：

《说文解字·二上·牛部》共45个正篆，1个重文。其中就有5个字是为不同年龄的牛造的，还有12个字是为不同毛色的牛造的，这两部分就占了《牛部》的37%。例如：一岁以下的牛叫"犊"，三岁的牛叫"㸬"，四岁的牛叫"牭"……白黑杂毛的牛、白脊的牛、带虎纹的黄牛、有黑斑的黄牛等，都有专门的名字。现代只有"犊"还保留来称小牛，"牺牲"转用作其他意义，其他的牛的专名都消失不用了。古代的牛有那么多专门造的字，是因为中国古代牛是驯养的牲畜，有多种用途：既是坐骑，又是耕畜，还是祭品，不同色的牛毛还可以选作旗旄，以为部落的标志。因而"物"字从"牛"从"勿"（勿是旗）。而祭祀时太牢用牛则必须纯色。放牧、役使和祭祀都使牛与人能够近距离接触，这就是当时对牛的年龄和毛色观察特别细致，以致需用不同的命名来分辨的原因。随着这种文化现象的消逝，这些专名不再需要，上述一系列字如其记录的词的词义不再引申，这些字便成为"死字"。《牛部》也有很多字传承为现代常用字，但相当一部分意义随时代和社会的变迁引申出新义或更宽阔的意义了。如：（独）特、牵（就）、（脾气）犟、物（体）、牺牲……字虽从"牛"，意义却与牛没有多大关系了。

再以《车部》字为例。古代实行车战，并以车代步和载重。《说文·车部》字正篆99字，重文8字，也算是一个大部。以车为义符的很多形声字的传承字意义随着时代和社会的变迁而引申。例如：舆（论）、（没）辙、（生力）军、（管）辖、辈（分）、轮（换）、（旋）转、斩（断）、辅（助）……字从"车"，如不深想，意义都与车的关系很疏远了。

四、汉字分化孳乳反映出的文化信息

汉语的词汇发展，很多是由旧的词中衍生出新词。这种新词的衍生都会伴随着造字。我们把旧词衍生新词推动的造字——也就是从原有字形中分化出新形称作孳乳造字。孳乳造字在受语言推动的同时，还要受到文化的制约。例如：

"腊"字由"猎"孳乳，是一种肉的制法，又是一种祭祀的名字，腊是打猎的捕获物收藏的一种方法。"脍"是一种肉食的制法，由"会"孳乳，这种制法是把肥肉与瘦肉分切而后会合。行路携带的主食物叫

"糒"，因"储备（備）"而得名，其字由"备（糒）"孳乳。酒酵的"酵"与宣教、教化的"教"同源而同有声符"孝"，反映二者共同的特点——扩展、延伸，酒酵可以在粮食中扩散而制酒，宣教是把道理扩散而以礼乐同化人民。"窗""囱"都是通风口，"聪"是人通过听闻与外界通达，由此也可以了解，"葱"也是"通"的孳乳字，因为它是叶子像一个中空的管一样的食用菜，这些都有空通之意的字，都是同源分化字，声音也都相近。

字的孳乳轨迹，对确证文化史也有很大的作用。例如，上古"禽"为飞鸟走兽的总称，说明原始人曾有飞鸟、走兽不分的时代，只把自身与动物总体对立。"禽"与"兽"分立，标志着动物分类的开始。《尔雅·释鸟》："二足而羽谓之禽，四足而毛谓之兽。""禽"与"擒"同源，"兽"与"狩"同源，这说明，在禽、兽分立的时代，中原尚处在狩猎时期。由"兽"孳乳出"畜"，说明牧养的开始，畜牧与狩猎并存，是烹饪史上获取原料的一大进步。

我们以"陽"的孳乳字来看古人的一些观念：

"陽"在宇宙中以太阳为代表。从太阳的特性出发，它孳乳出五组字来：

第一组："炙热"义——炀、烊、烫等

第二组："宏大"义——洋、浃等

第三组："高空"义——扬、翔等

第四组："长养"义——羊、养、氧等

第五组："吉祥"义——祥等

我们从这些孳乳字中，看到了古代哲学中的"阴阳对立"思想最早是由对太阳的感受来思考积极的一面，它并不如有些人讲的那样虚玄，而是非常生活化的。至于"阴"，属于消极的那一面，也就是太阳的对立面，当然也可以在人生活的自然宇宙中找到。

汉字的孳乳在形声字中可以找到一些标记，那就是前人所说的"右文说"。古人曾经看到，形声字的有些声符具有提示孳乳字来源的作用，可以用来把同源字联系在一起。这里也举一个例子。我们来系联一部分以"肖"为声符的字。这些字可以分成两组：第一组是名词：

稍，苗末。禾麦叶末端渐小处称麦稍。

艄，船尾。船尾端渐小处是船艄，所以站在船尾撑船的人叫艄公。

霄，云端。云的最高、最远的顶端，看起来越来越小，所以叫云霄。

鞘，鞭头。皮鞭的顶端细小，称鞭鞘。

梢，树端。树木枝条的末端渐小处称树梢。

这组名词共同的特点是，它们表示的都是在末端逐渐细小的部位。

第二组是动词：

消，水消减。也就是使水渐渐少起来。

销，金消减。也就是经过熔化使金属渐渐消融。

削，用刀使被削的东西渐渐减少。

这组动词共同的特点都是使一种东西渐渐消融或减少。

这两组字都是同源孳乳字，它们共有同一个声符，作为同源的标记。古人发现了这个情况，因为形声字的声符一般都在右边，所以称作"右文"现象。需要注意的是，"右文"现象仅仅在一部分汉字中存在，不能概括为普遍现象。哪些形声字的声符具有示源功能，是要经过论证的，判定这种现象有一些复杂的条件，应当是一种专家行为。但是其中反映出的文化内涵，是十分值得注意的。

◆ 五、汉字类聚后反映出的文化信息 ◆

　　把同类的汉字类聚在一起，可以从它们形与义统一的系统中看出文化的观念。以味感字为例，"酸"从"酉"，辛辣的味道写成"𣶒"，其中包含酿酒的取象，说明二者都是从酒里体会出来的。"鹹"从"卤"来自矿物质，"苦"从"草"，来自植物，这两种味道也是从实物中体会出来的。唯有"甘""甜"从"口"从"舌"，是无味之味，也就是一种经过谐调没有不适之刺激的味感。甘（以及后来孳乳出的"甜"），是本味，原味，入口无刺激，似乎无感觉而实际上是一种舒适感。酸、辣、咸、苦都是别味，入口有刺激感。所谓有调味，指中和多种别味，使其适中，达到"和"的高标准。在五味中，甘与其他四味的总体形成对立，又与其他四味分别对立：甘与辣是调味的增减因素，加盐则五味均可加浓，调以甘滑则五味均变可淡化。甘与苦是调味的疾缓因素，所以有"甘而不固"、"苦而不入"之说。甘与酸不但表现在调味上，还表现在果实的生熟上。果熟则甜，果生则酸。《春秋繁露》说："甘者，五味之本"，《淮南子·原道》说："味者，甘立而五味亭矣"，《庄子·物外》说："口彻为甘"，正是上述味感字的构形特点表现出的词义系统的反映。在这里，汉字可作为上古中国人分辨五味观念的确证。

　　酒与中国文化关系至为密切，不论是帝王、贵族还是平民百姓，文人还是武士，鸿儒还是白丁，圣贤还是恶棍，能见于中国古代典籍的，很少有完全与饮酒无涉的。因此，自古以来，人们对饮酒的生理卫生，也颇有一番研究。如果把关于饮酒生理的汉字类聚起来，也可以看出古人对饮酒的一种体验。

　　每个人的体质对酒的接受能力不同，因此便有"酒量"之说。酒量，每个人不同，所以《论语·乡党》说"唯酒无量"；甚至同一个人在不同的情绪下酒量也有变化，因此又有"酒兴"之说。饮酒无量，因人而异，因兴而异。但《论语》在"唯酒无量"之后还有半句很重要的话，叫作"不及乱"。这使我们明白，"无量"是对整个社会饮酒者总体而言，对每个饮酒的个人，则是"有量"的，这个量，应限制在"不及乱"上。"不及乱"就是"醉"。《说文解字·十四下·酉部》："醉，卒也。卒其度量不至于乱也。"——"卒"是"终了"、"终结"，醉就是每个人所适应的酒量的终极，也就是每个人饮酒达到"不及乱"的生理极限。《说文解字》解释了"醉"字从"卒"的造字意图，也解释了酒醉的确切含义。不过，醉终归是一个模糊概念。在日常生活中，真正能掌握"醉而不乱"这个极限点，往往很难办到。一个"醉"字，已经不能道尽全部的饮酒生理。翻开《说文解字》，可以见到一系列的与醉相关而程度有差异的词："醉"的同义词是"醺"，"醺"字从"熏"，《毛传》说："熏熏，和悦也。""熏"的"和悦"义就是"醺"的义源。宋陶谷《清异录》说：穆宗临芳殿赏樱桃，进西凉州葡萄酒，帝曰："饮此等觉四体融和，真太平君子也。"——"四体融和"，就是对"醺"的"和悦"义的具体形容。饮酒恰到好处，尽兴而不乱，是谓"酣"。《说文解字》："酣，酒乐也。"段玉裁注引张晏说："中酒为酣"，《文选·吴都赋》"酣湑半刘"注："酣，酒洽也。"对"酣"，更明确的解释是《史记·高帝纪》集解所引的应劭注："不醒不醉曰酣"——酒带给饮者的朦胧感已经袭来，而意识尚存，思维尚清。陆游《石洞酒戏作》所说的"酣酣霞晕力通神"，正谓此境。

酣、醉之后，酒便于人体有害，于心理更为不宜，不成其为享受了：《说文解字》："酖，乐酒也。"《字林》："嗜酒为酖。"《诗·鹿鸣·毛传》说："湛，乐之久也。""湛"即是"酖"的借字。用今天的话说，"酖"就是沉湎于酒。《左传》所说"宴安酖毒，不可怀也"，指所乐非其正而言，可见"酖"非正常之乐，在古代一向是含有贬义的。"醒，病酒也"，《庄子·人间世》："嗅之则使人狂醒。"司马注："病酒曰醒。"因酒而呈重病态，是过量无疑。"酗"，是饮酒过量的最激烈表现。《尚书·

泰誓中》："淫酗肆虐"，疏："酗是酒怒。"《无逸》传："以酒为凶谓之酗"。以"酗"和"淫"、"肆虐"并称，它的恶劣程度，可想而知。从广义说，"醒"与"酗"也都是"醉"，《左传·昭公十二年》说："去其醉饱过淫之心。""醒"与"酗"，都是醉之过，达到了"及乱"的地步。《北齐书》记载王纮之说：酒有大乐，亦有大苦。梁陈宣《与兄子秀书》说："吾尝譬酒犹水也，可以济舟，可以覆舟"。都道出了饮酒的两面，也道出了醉之不可过的道理。

以上二至五节所反映的汉字与文化的关系，用一句话来概括，就是汉字构形及其系统与历史文化有互证的作用，这种互证的作用反映了微观意义上的汉字与文化的关系。

六、汉字作为文化项与
其他文化项的关系

从第二个意义来探讨汉字和文化的关系。汉字是社会的创造，也是具有社会约定性质的符号系统，因此，它与社会其他文化项的关系是十分密切的。要讨论汉字和其他文化项的关系，首先要引进社会文化三个层次的理论。钟敬文先生在《民俗文化学发凡》一文中指出："中华民族的传统文化可以分为三条干流：第一条是上层文化，从阶级上说，它主要是封建地主阶级所创造和享用的文化。第二条是中层文化的干流，它主要是市民文化。第三条干流是下层文化，即由广大农民及其他劳动人民所创造和传承的文化。中下层文化就是民俗文化。"他又说："从文化根源上讲，三层文化都发源于没有阶级时代的原始文化。它们曾是一个统一体，后来却分化了。"用这个历史唯物的观点来

衡量汉字，可以看到汉字发展不同的文化层面：

汉字的酝酿萌芽应在没有阶级的原始社会。而它的发展成形已经是有阶级的时代。汉字的原初状态是三层文化没有分化的时代的反映，它代表全民族的通约。但汉字的第一次整理和较大规模的使用必然是上层社会的宫廷行为。许慎在《说文解字·叙》里把文字的作用归纳为"王政之始，经艺之本"，说明汉字的早期发展是与上层文化同步的。一部汉字发展史证明，汉字的丰富、繁衍与中下层文化密不可分，而汉字的精密、规范、统一却主要是上层文化发展的反映。汉字的起源与发展融汇了中华民族三层文化的创造性，汉字系统中存在的各种现象也是这三层文化综合的反映。清理汉字与不同层次文化的关系，是汉字文化研究的重要的课题。

一部汉字发展史还告诉我们，汉字与其他文化项的关系有直接的关系，也有间接的关系。原始汉字与宗教、生产、生活文化的关系至为密切。到汉字的早期统一时代，它与宗族继承权、分配制度的关系逐渐密切起来。汉代以后，汉字与法律、外交的关系更是密不可分。当汉字走出宫廷，进入市民文化后，一方面是汉字实用性增强引起的构形简化；另一方面却是上层统治者汉字规范意识和行为的增强。汉字是在两种文化的双向影响下发展的。始终影响汉字发展的要素是教育，隶变以后，艺术对汉字具有多方面的、不间断的影响。这两个文化项，成为汉字发展最密切的背景和共进的伴侣。探讨各文化要素推动汉字发展的着力点，弄清各文化要素影响汉字发展的外在现象和内部规律，梳理影响汉字发展各要素使汉字发生变化的综合效应，是汉字与文化研究的主要内容。

我们把第二个意义上的汉字与文化的关系称作宏观意义上的关系。它与上述微观意义上的汉字与文化关系角度虽然不同，却是互相依存、互相补充的。这两方面，大致可以涵盖汉字与文化的全部关系。所以，正确理解汉字，没有中华文化的基础是无法办到的。

中国书籍的起源及其形制的演变

李致忠

李致忠，北京昌平人。国家文物鉴定委员会委员、全国古籍保护工作专家委员会主任、《中华再造善本》编纂出版委员会主任。国家图书馆研究馆员。九、十届全国政协委员。1965年毕业于北京大学中文系古典文献专业，同年供职于国家图书馆，长期从事古籍整理、版本考定、目录编制及目录学、书史、出版史等研究。

出版《中国古代书籍史》、《中国古代书籍史话》、《简明中国古代书籍史》、《古书版本学概论》、《历代刻书考述》、《宋版书叙录》、《古书版本鉴定》、《典籍志》、《古代版印通论》、《古籍版本知识500问》、《三目类序释评》、《中国出版通史》(宋辽夏金元卷)、《肩朴集》等专著。整理出版《筹海图编》、《析津志辑佚》(合作作品)、《今言》、《鄂尔泰年谱》等十种古籍。主编《中国国家图书馆馆史资料长编》、《中国国家图书馆百年纪事》、《中国国家图书馆馆史》(1909—2009)、《中华再造善本提要》。先后发表论文200余篇。在版本学、古典目录学、中国书史等领域有所建树，在海内外学术界享有一定声誉。另外以常务副主编身份组织编纂《续修四库全书》、主持编辑出版《中华再造善本》等大型学术丛书。

一、中国书籍的起源

　　在书史研究者看来，不是有文字者皆成书。所谓书籍是指以传播知识、介绍经验、阐述思想、宣扬主张等为目的，经过编纂或创作，书写、刻、印在一定形式材料上的著作物。书籍不同于一般的社会产品，它既具有一般社会产品的物质形态，又有一般物质产品不具备的意识形态。也就是说它具备两种形态，即物质形态和意识形态，所以有人说，书籍是物化了的思维，凝固了的意识。五千年中华文明之所以薪火相传，生生不息，绵延不断，博大精深，主要是在我们中华民族的发展史上很早就产生了书籍，没有书籍，中华文明不可能如此完善，人类社会也是不可想象的。英国波普尔曾说过："假如世界毁灭了，只要书籍还存在，这个世界仍有重建的希望。"可见书对文明的弘扬与传承是多么的重要。所以，探讨研究我国书籍起源和发展，是一个很有价值的课题。

　　西汉孔安国古文《尚书序》曰："古者伏羲氏之王天下也，始画八卦，造书契，以代结绳之政，由是文籍生焉。"并说："伏羲、神农、黄帝之书，谓之《三坟》，言大道也；少昊、颛顼、高辛、唐、虞之书，谓之《五典》，言常道也。"意谓远在三皇五帝时期就有了《三坟》、《五典》这类的正规书籍。孔安国说了上述这段话之后，又担心后人提出其所说的那些书为什么到了西汉都不见了，于是就又继续解释说："先君孔子生于周末，觌史籍之烦文，惧览之者不一，遂乃定《礼》、《乐》，明旧章；删《诗》为三百篇；约史记而修《春秋》；赞《易》道以黜《八索》；述《职方》以除《九丘》；讨论《坟》、《典》，断自唐、虞以讫于周。芟夷烦乱，剪截浮辞，举其宏纲，撮其机要，足以传世立教。"意思是说三皇五帝时的书经过其先君孔子的"芟夷烦乱，剪截浮辞"，从而成了"举其宏纲，撮其机要，足以传世立教"的六艺之书了。古文《尚书》向有伪书之说，因而孔安国为古文《尚书》所作的"传"与"序"也一直被怀疑为后人伪托。是不是伪托，且看其同时代人司马迁所说。

司马迁为孔安国的学生，他在《史记·孔子世家》中也说："孔子晚而喜《易》，序象、系象、说卦、文言。读《易》，韦编三绝。"又说："孔子之时，周室衰微而《礼》、《乐》废，《诗》、《书》缺。追迹三代之礼，序《书传》……故《书传》、《礼记》自孔氏。"又说："古者《诗》三千馀篇，及至孔子，去其重，取可施于礼义……以备王道，成六艺。"又说："子曰'弗乎弗乎，君子病没世而名不称焉。吾道不行矣，吾何以自见于后世哉?'乃因史记作《春秋》。"这段话所说的意思与孔安国所说大同而小异，表明这种说法可能是当时流行的说法，司马迁不是杜撰，孔安国也不是杜撰。这样，孔老夫子就成了重要人物。即是说，以前的那些书，经过孔老夫子的整理。变成了《易》、《书》、《诗》、《礼》、《乐》、《春秋》六艺了。我们知道，孔子登上历史舞台是以教育家的身份出现的，并且第一次提出了"有教无类"的口号，所以他的弟子三千，贤者七十有二。他既要教授生徒，就总得有一部教材，于是整理旧籍，以成六艺，用以课徒。所以孔安国说"足以传世立教"，司马迁说"以备王道，成六艺"。可见孔子在中国书籍起源上肩负着承前启后的历史作用。他既目"睹史籍之烦文"，因而动手"芟夷烦乱，剪截浮辞"，使之成为"举其宏纲，撮其机要"的六艺。证明孔子生活的春秋末期以前，书籍已经产生，只是传本烦乱重出，需要整理，孔子就承担了这项历史任务。这样我们就可以以孔子生活的时代划一道线，从而找出书籍产生的时代下限，即最晚到孔子生活的春秋末期，也就是两千五百年以前，中国正规书籍已经产生。下面我们再来探讨中国书籍产生的时代上限。

《尚书·多士篇》曰："成周既成，迁殷顽民，周公以王命诰……惟尔知，惟殷先人，有册有典，殷革夏命。"汉孔安国《尚书传》曰"成周"即"洛阳下都"。"殷大夫士，心不则德义之经，故徙近王都教诲之"。唐孔颖达正义曰："顽民，谓殷之大夫士从武庚叛者，以其无知，谓之顽民。民性安土，重迁或有怨恨，周公以成王之命语此众士，言其须迁之意。"南宋吕祖谦撰、其门人时澜增修之《增修东莱书说》卷二十四解释曰："以其父祖之旧闻而开谕之也。……尔先人典册所载殷革夏命之事，历然可考。我周之革商，正如是耳。"吕祖谦："尔先人典册所载"，显然认为"典册"即是书籍。宋·王应麟《玉海》亦谓"典册"即"册书典籍"。今人杨伯峻亦谓"典策"谓典籍，可见将"典册"解释成殷代先人的册书典籍中就有了殷革夏命之后迁夏顽民的记载和阐述是正确的，证明殷代前期有了正规书籍。

《史记》卷二《夏本纪》载："帝启，禹之子。其母涂山氏之女也，有扈氏不服，启伐之，大战于甘。将战，作《甘誓》。"宋陈经《尚书详解》卷七《甘誓》之下小注"夏书"二字。可证夏启时已有关于甘之战的正式记载，表明夏已有书。

《汉书》卷二十三载："夏有乱政，而作《禹刑》；商有乱政，而作《汤刑》；周有乱政，而作《九刑》。"这里的《禹刑》指的当就是夏时的典刑，是法律方面的著作。

《吕氏春秋》卷十六《先职览第四》载："夏太史令终古出其图法，执而泣之，夏桀迷惑，暴乱愈甚。太史令终古乃出奔如商。汤喜而告诸侯曰：'夏王无道，暴虐百姓，穷其父兄，耻其功臣，轻其贤良，弃义听谗，众庶咸怨，守法之臣自归于商。'殷内史向挚见纣之愈乱迷惑也，于是载其图法出亡之。"这当中的"图法"是什么？图法大概指的就是图写成的法度。《皇王大记》卷六《商成汤》谓："夏桀凿地为夜宫，男女杂处，三旬不朝。太史终古执其图法，泣谏不听，终古出奔商。"看来《图法》确是一种法度类的文字。《汉书·艺文志》著录"孔子徒人图法二卷"。可知《图法》是一种书。

领导干部国学大讲堂

综合上述这些记载，我们有理由认定早在夏王朝，中国正规书籍已经产生。而夏王朝所居的历史跨度是公元前21世纪至公元前16世纪，因此我们说中国正规书籍大约在距今2500—4000年之间即已产生。

2008年10月，《人民政协报》报道山东昌乐县发现了东夷骨刻。经过当地和北京专家共同研究，认定东夷骨刻是山东龙山文化中晚期的遗物，骨上所附行列整齐的符号，是中国早期的文字。文字内容不是占卜的卜辞，而是一批记事的骨刻文字。形成的时间要早于殷墟甲骨，距今大约已有4000—4500年。若果如此，则这些骨刻具有正规书籍的某些特征，与上述文献记载在时代上大体一致。这就以实物的身份，进一步加深了上述文献记载的可信度。

不过对山东，这批骨刻有的专家持否定态度，这里引以为据，就显得不那么凿实。1984年中国社科院考古研究所高炜、高天麟、李健民等，在山西襄汾陶寺遗址发掘中，发现一陶制扁壶，壶一面平直，一面鼓起，在鼓起的一面发现米色"文"字，属于陶寺晚期文化遗存。而陶寺文化晚期正当夏时，故此字被推断比殷墟甲骨文字要早800多年，时当4000年前，与东夷骨刻的时代不谋而合。综合上述所有文献与实物，我们把中国书籍起源上限推定在夏末殷初的4000年前，应当说是有根据的，是可信的。

东夷骨刻形成于公元前2000—2500年，殷革夏命在公元前1600年，孔老夫子生活的时代在公元前551年—前479年的春秋末期。据此，我们把中国典籍产生的时代下限锁定在公元前2000年至公元前500年这1500年中，也就是距今4000—2500年前这段历史跨度内，中国陆续产生了正规书籍。比起所谓3000年前两河流域楔形文字经典、5000年前埃及象形文字《死灵书》要丰富得多、正规得多、深刻得多。比起1200年前希伯莱文木板礼书，那就更早得多、丰富得多。进入战国，私人著述不断涌现，长于思辨的诸子百家、医学医药方面的《内经》、

《本草》，屈原的文学作品《离骚》，天文学著作甘德与石申的《甘石星经》等，都是战国时期的代表作。表明距今2300年前，中国的书籍创作已进入了兴盛期。

二、中国书籍的制作材料

孔子生活的春秋末期以前所出现的这些书，是书写在什么载体，或者说是用什么材料制作而成？比孔子生活的时代稍晚，战国初期的墨翟（约前468—前376）在《墨子》书中客观上回答了这个问题。

《墨子·贵义》篇中说，古圣贤王为了将他们的治世之道传遗后世子孙，以便后世子孙有所遵循，有所仿效，就将他们的治世之道"**书之竹帛，镂之金石，琢之盘盂**"。这里的所谓"书之竹帛"，指的就是将记载先王之道的文字书写在竹简上或缣帛上。所谓"镂之金石"，指的就是将记载先王之道的文字雕镂在金属器皿或镌刻在石质材料上。所谓"琢之盘盂"，指的就是将记载先王之道的文字雕琢在盘、盂这类器皿上。

墨翟在《墨子·尚贤》篇中又说："古者圣王既审尚贤，欲以为政，故书之竹帛，镂之金石，传遗后世子孙。"

墨翟在《墨子·天志》中说："爱人利人，顺天之意，得天之赏者也，不止此而已，镂之金石，琢之盘盂……；憎人贼人，反天之意，得天之罪者也，不止此而已，又书其事于竹帛，镂之金石，琢之盘盂，传遗后世子孙。"

《墨子·明鬼》中还说："古者圣王必以鬼神为，其务鬼神厚矣。又恐后世子孙不能知也，故书之竹帛，传遗后世子孙。咸恐其腐蠹绝灭，后世子孙不得而记，故琢之盘盂，镂之金石以重之。"

最能说明问题的是，墨翟在《墨子·兼爱》中说："何知先圣六王之亲行也？子墨子曰：'吾非与之并世同时，亲闻其声，见其色也，以其所书于竹帛，镂于金石，琢之盘盂，传遗后世子孙者知之。'"这虽是墨翟站在他生活的时代追述从前、描绘当世，但他这种深刻的总结，未尝不是对纸书出现以前中国书籍制作材料的高度概括。墨翟讲的这些话，无意帮我们书史研究者回答彼时的书籍制作材料问题，但他在描述古圣贤王治道的传承中，客观上帮我们回答了这个问题。

东汉王充《论衡》卷十二《量知篇》也说："竹生于山，木长于林，未知所入。截竹为筒，破以为牒，加笔墨之迹，乃成文字。大者为经，小者为传记。"又说："断木为椠，析之为板，力加刮削，乃成奏牍。夫竹木麤苴之物也，雕琢刻削，乃成为器用，况人含天地之性，最为贵者乎！"这段文字是说竹木这类毫无灵性的粗苴之物，经过人的加工都可以成为有用之材，何况含天地之灵性的人，只要进行教育培育，就该成为有用之才。王充也无意帮我们回答了书籍制作材料问题，但他这种借喻的本身，客观上也为我们回答了那时书籍的制作材料问题，同时也进一步证明上述墨子所说"书于竹帛"的可信性。后世出土的大量竹木简书及若干帛书，更以实物资格证明了这一点。

早在蔡伦改进造纸技术、扩大造纸原料、提高造纸工艺之前中国已经出现了纸，这久已被出土实物乃至写有文字的出土纸张所证明。至于什么时候人们懂得用纸来制作书籍，则至晚东汉已发其端。

唐马总《意林》卷四摘引东汉应劭《风俗通义》的话说："光武车驾徙都洛阳，载素、简、纸经凡二千辆。"此话说的是东汉光武帝刘秀享国之后，将都城从长安迁往洛阳，其中所搬运的经籍就装有两千车。而所载两千车的书籍中，有的用缣素写成，有的用竹木简写成，也有的用纸张写成。古人虽有将缣帛就说成纸的习惯，但这里的"素"，指的已经是缣帛，故与其相对应的"纸"，应当就是真正纸写的书了。若真是这样，则似乎在西汉后期就有用纸写书的事实了，否则刘秀搬迁时就无以谈什么"载素、简、纸经凡两千辆"了。

《后汉书》卷六十六《贾逵传》说贾逵(29—101)长于《春秋左氏传》，章帝令他从学《公羊传》的学生中选出二十人教以《左氏传》，并"与简、纸经、传各一通"。这里的纸经、纸传究竟是纸还是缣帛，历史上的大多数人都含混地称其为纸。

北宋苏易简《文房四谱》卷四载："崔瑗与葛元甫书：'今送《许子》十卷，贫不及素，但以纸耳。'"崔瑗(78—143)字子玉，与贾逵基本是同时代人，又是贾的学生。在他写给葛元甫信中说到今送给你的《许子》十卷，本应用缣帛来写，但因家贫，买不起丝织品，只好以纸写之。这显然是向朋友致歉。因知这里所说的纸绝非缣帛，而是真正概念上的纸张。所以我们完全可以相信，至晚东汉时期中国人已经懂得用纸来制作书籍了。到蔡伦认识到"自古书契多编以竹简，其用缣帛者谓之纸。缣贵而简重，并不便于人"，"乃造意用树肤、麻头及敝布、鱼网为纸"，则完全是有意识地进行造纸，以取代长期行用的竹帛。故"帝善其能，自是天下莫不从用焉"。（语见《后汉书·蔡伦传》）蔡伦刻意造纸的目的，是为了解决"自古书契多编以竹简"并不便于人的大问题，是原创性的伟大发明，故天下莫不从用。但不论什么事物，当着一种新事物产生，并将取代旧事物时，旧事物并不是即刻就退出历史舞台，而是有一段并行的过程。当纸张充当书籍制作材料时，竹、木简并未马上弃而不用，而是与纸张并行一段相当长的历史时期。《太平御览》卷六零五引述《桓玄伪事》曰："古无纸，故用简，非主于敬也。今诸用简者，皆以黄纸代之。"这是桓玄辞世的那一年，即公元404年下的命令，上距"天下莫不从用"的蔡伦纸已有三百多年。

三、中国书籍装帧形制的演变

竹书简策装

书籍的装帧形式，与书籍的制作材料、制作方法、利于保护、便于翻检相协调。金、石之书当然谈不上什么装订，而用竹木简制作的书籍就有个怎么装订的问题，这就出现了我国正规书籍最早的装帧形式——"简策"。所谓"简策"，就是编简成册之意。"策"是"册"的假借字。"册"是象形字，像是绳穿、绳编的竹木简。故《说文解字》释"册"（冊）曰："象其札一长一短，中有二编之形。"《仪礼·聘礼》中说："百名以上书于策，不及百名书于方。"意思是说古人写东西超过一百字者（字多），方板上写不下，就要写在编连好的竹木简策上；如果不足一百字（字少），就可以写在方木板上。对于"百名以上书于策"的"策"字，有两个不同时代人的解释，东汉的郑玄说："策，简也；方，板也。"唐代的孔颖达说："简谓据一片而言，策是众简相连之称。是以《左传》云'南史氏执简以往'，是简者未编之称。"郑玄的意思是说，"策"就是竹木简；孔颖达的意思是说，未编之简称为简，众简编连在一起就称为"策"。两个人的解释都对，但角度不同。把这两个人的解释综合起来，就是一根一根写了字的竹木片就称为"简"，将若干根简依文字内容的顺序编连起来就成了"策"（册）。可见"简策"的确切含义确是编简成册之义。

古人编简成册有两种方式：一种是在竹木简上端钻孔而后以绳穿连；一种是视竹木简的长短，用两道绳或三道绳编连。汉代刘熙在《释名》卷六《释书契第十九》中说："札，栉也，编之如栉齿相比也。"意思是说在写好的竹木简上端钻孔，然后用绳依次穿连，其上边好像梳子背，下边诸简垂挂，如同梳子的栉齿相比，这是一种穿连的方法。另一种是用麻绳或丝线绳，像编竹帘子一样地编连竹木简。编绳需要几道，取决于书籍所用竹木简的长短。短简两道编绳即可，长简也有用三道、四道编绳的。甘肃出土的《永元器物簿》就是两道编绳。至于是先写后编，还是先编后写，两种情况都有。主要是先编后写。

为保护正文不致磨损，古人编简时常在正文前边再加编一根不写文字的空简，叫作"赘简"。今天书籍的封面，大概就带有这种赘简的遗意。赘简的背面上端常常书写书籍中的篇名，下端书写某篇所属典籍的书名。这是因为古人著文于简，不能无阶段地写下去，那样编简太大，不易检阅和收藏，所以写到某一篇完了常常就要编简成册。而用书的人也常常要先查找篇名，然后才能找到自己所要检索的内容。古代书籍也往往是一书包括很多篇，例如《论语》就有二十二篇，《孟子》也有七篇。如果所要查找的内容不知道在哪一篇，那就无从下手，所以古人很重视篇名，把篇名写在赘简上端，以示醒目；而把书名写在赘简的下端，以示该篇所归属之书。这种格局虽然是仅适应简策典籍而出现的特定形式，但对后世典籍形式的影响却是极其深远的。直到雕板印书盛行的宋代，特别是北宋时代，卷端题名还有小题在上大题在下者。所谓小题，实则就是篇名，大题讲的是书名。这显然是简策典籍装式格局的流风余韵。

简策书籍的卷收方式，也因其特定的材质而有特定的形式。一篇文章的简编完，或一编编好的简写完，便以最后一根简为轴，像卷竹帘子一样从尾向前卷起。《永元器物簿》出土时，就保持着原来卷收的状态。武威旱滩坡出土的医简，出土时有的也保持着卷收的原型。武威出土的《仪礼》简，篇题和篇次并写在第一、二简的背面，卷起后正好露在外面，这也证明其原型是从尾向前卷起的。卷起的简需要捆好，而后放入布袋和筐箧。居延出土的简中就有"书箧一"的记载。《汉书·贾谊传》中有"俗吏之务在于刀笔筐箧"的说法，颜师古注曰：

"刀，所以削书札，筐箧所以盛书。"表明那时的筐箧可以用来盛装竹木简书，后世的书箱、书柜大概也带有彼时的遗意。这些盛装简策的布袋称为"帙"，而一帙通常包含十卷。简策书籍这种编连卷收的方法，是适应竹木简的特质而形成的特定形式，但对后世典籍的装帧形式却产生了极其深远的影响。帛书卷子装、纸书卷轴装的出现及长期流行，完全可以说是对简策卷收形制的模仿。

帛书卷子装

帛指缣帛，是丝织品，用它来制作书籍至晚在墨翟生活的战国初期以前就出现了，否则《墨子》书中就不会那么反反复复地说"书之竹帛"。出土的帛书实物也证明了这一点。从近年出土的帛书可知，帛书多有边栏界行，其界行有的是用笔画的，有的是用丝线织的。画、织成黑色者，称为乌丝栏；画、织成红色者，称为朱丝栏。其名沿用至今。《后汉书·襄楷传》记载汉顺帝时琅邪宫崇曾诣阙进献其师干吉于曲阳泉上所得之《太平清领书》一百七十卷，其书"皆缥白素朱界青首朱目"，其中"朱界"指的当就是红颜色的界行，也就是朱丝栏。其实在缣帛上写字，不画界格，完全可以写得行直字正，但为什么还非要织、画出界格呢？这恐怕还是跟简策有关系。我们看帛书的上下边栏，那简直就是对简策书籍上下两道编绳的模仿，而两道竖直行线之间所形成的界格，则完全是对条条竹简的再现。由此不难推想，帛书的出现似乎应当略晚于简策之书，否则它就不会那么摹仿竹简了。缣帛轻软，可塑性较强，表现在装帧形式上便既可折叠，也可卷收。长沙马王堆出土的帛书，有的写在整幅帛上，则以一条2.3厘米宽的竹片粘于帛书的末尾，然后以此为轴心将帛书从尾向前卷成帛卷，这大概就是帛书的卷子装及其后纸书卷轴装的雏形。

清代著名史学家、目录学家章学诚在《文史通义·篇卷》中说："古人之于言，求其有章有序而已矣。著之于书，则有简策，标其起讫，是曰篇章。"还说西汉刘向、刘歆父子受命整理国家藏书，"著录多以篇、卷为计，大约篇从竹简，卷从缣素，因物定名，无他义也。而缣素为书后于竹简，故周秦称篇，入汉始有卷也。"这两段话都说明篇、章是竹木简典籍的计量单位和名称，卷则是缣帛典籍的计量单位和名称。周秦时盛行竹木简书，故多以篇章称之。入汉以后缣帛为书普遍流行，卷便成了广泛使用的计量名称。刘向、刘歆父子整理国家藏书，凡一书整理完毕正式誊录进呈，都是用缣帛书写的。吴树平《风俗通义校释·佚文十一》说："刘向为孝成皇帝典校书籍二十余年，皆先书于竹，改易刊定，可缮写者以上素也。"这里的"上素"，就是誊写在缣帛上，因而卷也就成了刘向整后之书的主要计量单位，这也证明帛书的装帧形式主要还是卷子装。但迄今为止，出土帛书中还没有能确定其装帧定式的实物证据。

纸书卷轴装

纸具有缣帛的轻软，可较之缣帛则更易成型，其装帧形式有很大的可塑性。但纸书出现以后，其装帧并未马上形成册页制度，而是沿着简策和帛书卷子装的轨迹，嬗变为纸书卷轴装，并在八百年的历史长河中慢慢发展成普遍流行的约定俗成的装帧制度——卷轴装。此无论是从文献记载，还是实物留存，都能得到有力的证明。

明张溥编《汉魏六朝百三家集》卷四十六收有晋代傅咸的《纸赋》，《赋》中称赞纸张"夫其为物，厥美可珍。廉方有则，体洁性真。含章蕴藻，实好斯文。取彼之淑，以为己新。揽之则舒，舍之则卷，可屈可伸。"其中"揽之则舒，舍之则卷，可屈可伸"之句，则既是对纸张性能的夸赞，也是对卷轴装典籍特点形象、生动、逼真的描绘。纸张有一定的弹性，卷久了打开就有回卷的惯性，所以用手揽之便舒展开来，可是一撒手就又收卷回去。这是卷轴装典籍固有的现象，也是这种装帧形式的弊病之一。可知晋时的纸质典籍已是卷轴装了。

　　《续高僧传》卷二，记载隋文帝时有一位沙门叫明穆彦宗，他曾经利用梵文经本校对佛经。说昔日"支昙罗什等所出《大集》卷轴，多以三十成部"。说明早在隋朝以前纸写的佛教《大集经》已装潢成了卷轴。

　　《续高僧传》卷三十八，记载隋朝另一位沙门法泰，他自己精勤书写了一部《法华经》，带到成都去进行装潢。可是中途过河坠入水中，以后又失而复得，所以"至成都装潢，以檀香为轴"。可证隋朝时的典籍不但已是卷轴装，而且所用的轴材有的已是檀香木了。

　　《续高僧传》卷五，记载唐玄奘从印度取经回国之后又奉皇帝之命在大慈恩寺翻译佛经，当他翻译完毕并装帧完好之后，曾经上书皇帝，请求御制一篇序文，谓："所获经论，奉敕翻译，见成卷轴，未有铨序，伏惟陛下睿思。"可见唐玄奘翻译过来的佛经，其装帧形式也都是卷轴装。

　　《续高僧传》卷二十六，记载唐开元间沙门玄览，他一个人就"写经三千余轴"。

　　所有上述这些，都是唐及唐以前关于纸书采用卷轴装的记载，而唐以后关于这方面的记载，则更是史不绝书。北宋欧阳修《归田录》中说："唐人藏书，皆作卷轴。"元朝吾衍《闲居录》说："古人藏书皆作卷轴"。明朝都穆在《听雨记闻》说："古人藏书，皆作卷轴。"清朝高士奇《天禄识馀》说："古人藏书，皆作卷轴……此制在唐犹然。"所有这些虽是唐以后人的说法，但所说也都是唐及唐以前的事实。证明自纸书出现，直到隋唐五代，大约八百余年的时间里，书籍盛行的装帧形式，的确是卷轴装。

　　上世纪初，敦煌莫高窟藏经洞出现的大批遗书，其中主要是写本佛经，现在分藏在世界各国，其中主要分藏在英国、法国、中国、俄国、日本、印度等国，总计大约四万多件。这些敦煌遗籍产生的时代，大约上起东晋、十六国，下迄北宋之初，其时正是手写纸书的盛行期。这些遗籍，有的就是简单的一卷，有的木轴犹存，更以实物身份证明唐五代及唐五代以前的纸书装帧形式的确普遍流行卷轴装。

典籍的卷轴装似乎也有精装、简装之分。简装，只用一根普通圆木棒为轴，甚至连轴都没有，只是从尾向前卷起，也是卷轴装。精装则有不同的讲究，据记载，王羲之、王献之在缣帛上写的字，要以珊瑚装饰轴头；在纸张上写的字，要以黄金装饰轴头；最次的也要以玳瑁、旃檀装饰轴头。可见晋代的卷轴装，有的已经相当精致考究。

据《隋书·经籍志》载：隋炀帝即位之后，秘阁所藏之书，上品用红琉璃轴；中品用绀琉璃轴；下品用漆轴。表明隋朝政府藏书，其卷轴装潢已分出不同等级。《旧唐书》卷四十七《经籍志下》记载唐代"凡四部库书，两京各一本，共一十二万五千九百六十卷，皆以益州麻纸写。其集贤院御书，经库皆钿白牙轴，黄缥带红牙签；史书库钿青牙轴，缥带绿牙签；子库皆雕紫檀轴，紫带碧牙签；集库皆绿牙轴，朱带白牙签"。可见唐代政府的藏书不但裱轴十分考究，而且已经懂得用颜色来类分图书了。

古书梵夹装

在古代书籍的装帧形式中，还有一种称之为"梵夹装"。有些书史论著将其混为经折装，说经折装又称"梵夹装"，或者梵夹装就是经折装，经折装就是梵夹装，致使很多人行文论事将"经折装"就直接称为"梵夹装"或"梵夹本"。其实，这完全是一种误解。

"梵夹装"原本不是中国古代书籍的装帧形式，而是古代中国人对从古印度等传进来用梵文书写在贝多树叶上佛教经典装帧形式的一种称呼。印度是佛教的发祥地，印度的佛教经典在很长历史时期都是书写在贝多树叶上，所以又称为"贝叶经"。元胡三省注释《资治通鉴》，于唐懿宗"自唱经，手录梵夹"句下注曰："梵夹者，贝叶经也。以板夹之，谓之梵夹。"（《资治通鉴》卷二五零《唐纪》）

前边说过，书籍的装帧形式，只能视书籍的制作材料和制作方法而采取相应的方式。古印度佛经既是采用修长硕大的贝多树叶书写，其装帧形式也就只能适应这种材料而采取梵夹装的方式。所谓梵夹装，就是古印度对用梵文书写在贝多树叶上的佛教经典而采用夹板式以绳穿订的装式。

隋朝杜宝在《大业杂记》中说：东都洛阳的"承福门即东城南门，门南洛水有翊津桥，通翻经道场。新翻经本从外国来，用贝多树叶。叶形似枇杷，叶面厚大，横作行书。约经多少，缀其一边，牒牒然今呼为梵笑。""笑"有两音，一通"策"，一通"挟"。而此"挟"，便是护书的板。由杜宝的这一记载可知，"梵夹装"乃是隋朝人对传入中国的古印度书写在贝多树叶上梵文佛教经典装帧形式的一种形象化称呼。隋朝以后，梵夹之称史不绝书。《开元释教录》卷十八谓："景龙元年（707），三阶僧师利伪造序中妄云三藏菩提流志、三藏宝思惟等于崇福寺同译。师利云：'有梵夹，流志曾不见闻。"《资治通鉴》卷二五零《唐纪》谓唐懿宗"奉佛太过，怠于政事，尝于咸泰殿筑坛，为内寺尼受戒，两街僧尼皆入顶。又于禁中设讲席，自唱经，手录梵夹。"《宋史》卷四九零《外国列传》六谓："开宝后，天竺僧持梵夹来献者不绝。"《宋高僧传序》曰："浮图揭汉，梵夹翻华，将佛国之同风，与玉京而合制。"凡此种种，不一而足，"梵夹"几乎成了外国传进佛经的代名称。

梵夹装的具体做法，是将写好的贝叶经视段落和贝叶多少依顺序排好，用两块经过刮削加工的竹板或木板将经叶上下夹住，然后连板带经穿一个（在中间）或两个（居两端靠里）洞，穿绳绕捆，梵夹装式就算装订完毕。

中国国家图书馆所藏敦煌遗书中，有一件公元9世纪上半叶写本《思益梵天所问经》，麻纸书写，长条形似仿贝多树叶。其装帧是典型的梵夹装，现尚遗存一块木质夹板、一段穿绳。夹板与书叶上都有一圆孔；穿绳一端露在夹板外面，另一端仍串连着夹板和书叶。这是迄今所见到的中国纸书梵夹装最典型的实物。

后世纸书梵夹装有所变化，如中国国家图书馆所藏五代时用回鹘文书写的《玄奘传》，虽无穿绳的圆孔，但书叶两端各画有一个红圈，这显然是钻孔的位置。无论是未来得及钻，还是示意性象征，都是一种变了态的梵夹装。中国国家图书馆还藏有蒙文大藏经和藏文大藏经，以及清朝宫里用泥金书写的佛经。这些佛经都是长条纸叶，上下都有厚重木板相夹，但决无钻孔，而是用黄绫相裹或宽带绕捆。这显然也是变了态的梵夹装。这些事实证明，不管是古印度的梵夹装，还是中国纸质典籍仿制的典型的梵夹装，或变了态的梵夹装，都与经折装毫无相同之处，是一种完全不同于经折装的另一种独特的典籍装帧形制。

纸书经折装

到唐五代代为止，最盛行的书籍装帧形制仍然是卷轴装。但唐代佛学在中国的发展达也到了鼎盛时期。僧尼诵经，要盘禅入定，正襟危坐，以示恭敬与虔诚，善男信女们念经时的这种姿态，卷轴装的佛经典籍使用之不便可想而知。因为任何一种卷轴，包括佛教经卷，卷久了，都会产生卷舒的困难。如果不及时调整镇纸的位置，经卷就会从左右两个方向朝中间卷起，影响阅读。因此，对流行许久的卷轴装进行改造首先在佛教经卷上发生。这就是将本是长卷的佛经，从头至尾依一定行数或一定宽度连续左右折叠，使之成为长方形的一叠，再在前后各粘接一张厚纸封皮，这种新型的装帧形式就是所谓的"经折装"。此后凡仿此装帧形式者，不论其内容是否为佛经，便都以经折装呼之。元朝的吾衍在《闲居录》中说："古书皆卷轴，以卷舒之难，因而为折。久而折断，复为簿帙。"清代的高士奇在《天禄识馀》中也说："古人藏书皆作卷轴……此制在唐犹然。其后以卷舒之难，因而为折。久而折断，乃分为簿帙，以便检阅。"可见，经折装的确是由改造卷轴装而来。经折装的出现意味着中国古代纸书从卷轴装向册页装转变的开端。

过去很长时间里，中外学者对中国古代典籍中的旋风装并不清楚，长期把经折装粘加一张整纸便说成是旋风装，或径直把旋风装就说成是经折装。事实上，旋风装跟经折装没有任何联系，它与经折装产生的历史时代相近，而背景则完全不同。"旋风装"与"经折装"是同在卷轴装的基础上，由于不同的社会文化需求而产生出来的两种完全不同的典籍装帧形式。

纸书旋风装

"旋风装"的出现，与唐代诗歌的发展，特别是与近体律诗的发展密切相关。近体律诗的创作，一方面要求严格地遵守格律，另一方面遣词造句、运用掌故又要典雅有据，这就促使备查检掌故使用的类书空前发展，供起韵赋诗、检查格律用的韵书一再被修正、增补、传抄而流布社会。古代的韵书类乎现在按音序排的字典，带有工具书的性质，是备随时查检使用的。因此，这类书籍的书写方式和装帧形式都要以方便随时翻检为原则而作相应的改变，于是便出现了一种既未完全突破卷轴装的制约，又要达到方便翻检目的的装帧形式，这就是旋风装。

北京故宫博物院珍藏的唐写本《王仁昫刊谬补缺切韵》，是现存中国古代典籍旋风装的典型实物例证。故宫所藏唐写本《王仁昫刊谬补缺切韵》，全书共五卷二十四叶，除首叶是单面书字外，其余二十三叶均为双面书字，所以共是四十七面。其装帧方式，是以一比书叶略宽的长条厚纸作底，然后将书叶粘在底纸上。其粘法是，除首叶因只单面书字而全幅粘裱于底纸右端之外，其余二十三叶因均是双面书字，故每叶都只能以右边无字空条处逐叶向左鳞次相错地粘裱于首叶末尾的底纸上。从书叶左端看去，错落相积，状似龙鳞。收藏时，从右向左卷起，捆牢，外表仍是卷轴装式。但打开来翻阅，除首叶因全裱于底纸上而不能翻动外，其余均能跟阅览现代书籍一样，逐叶翻检阅读两面的文字。这种装帧形式，既保留了卷轴装的外壳，又解决了翻检必须方便的问题，可谓独具风格，古人把这种装帧形式称作"旋风叶"或"旋风叶卷子"。其左侧书叶鳞次相积，状似龙鳞，故又称为"龙鳞装"。

北宋欧阳修在他的《归田录》卷二中说："唐人藏书皆作卷轴，其后有叶子，其制似今策子。凡文字有备检用者，卷轴难数卷舒，故以叶子写之。如吴彩鸾《唐韵》、李郃《彩选》之类是也。"故宫所藏唐写本《王仁昫刊谬补缺切韵》，相传就是吴彩鸾书写的，欧阳修所见的大概就是这类的东西。他说出了这种装帧形式产生的原因，也描绘了这种装帧像策子的特点，但未说出其当时的名称究竟叫什么。

到南宋初年的张邦基，则在自著《墨庄漫录》卷三中说："成都古仙人吴彩鸾善书名字，今蜀中导江迎祥院经藏，世称藏中《佛本行经》十六卷，乃彩鸾所书，亦异物也。今世间所传《唐韵》犹有，皆旋风叶。字画清劲，人家往往有之。"可见南宋张邦基也见过这类的东西，他则把这种装帧形式称为"旋风叶"。

元朝王恽在他的《玉堂嘉话》卷二中说："吴彩鸾龙鳞楷韵，后柳诚悬题云：'吴彩鸾，世称谪仙也。一夕书《唐韵》一部，即鬻于市，人不测其意。稹闻此说，罕见其书，数载勤求，方获斯本。观其神全气古，笔力遒劲，出于自然，非古今学人所可及也。时大和九年九月十五日。'其册共五(疑五为二误)十四叶，鳞次相积，皆留纸缝。天宝八年制。"可见元朝王恽也见过"鳞次相积，皆留纸缝"的装帧样式，而且见到的是唐代大书法家柳公权收藏并写有上述跋文的那件东西。王恽记载它是二十四叶，是"龙鳞楷韵"、"鳞次相积"，与故宫所藏相传是吴彩鸾书写的《王仁昫刊谬补缺切韵》之装帧形态完全一样。

清朝初年著名的藏书家钱曾，也见过旋风装的吴彩鸾所书《唐韵》。《涵芬楼烬余书录》引证他的话说作旋风"吴彩鸾所书《唐韵》，余在泰兴季因是家见之，正作旋风叶卷子，其装潢皆非今人所晓"。可见钱曾所见到的，跟故宫所藏相传为吴彩鸾所写的《王仁昫刊谬补缺切韵》，其装帧也是完全一样的。他把它称之为"旋风叶卷子"。

故宫所藏唐写本《王仁昫刊谬补缺切韵》的装帧，外表虽仍是卷轴装式，但内中书叶却错落相积，朝一个方向卷收，很像空气分若干层朝一个方向旋转旋风。这种形式，显然不是经折装，也不是经折装粘连一张整纸的旋风装，而是独具形态的中国古代典籍的一种装式。旋风装有自己的独立形态，但又没有完全摆脱卷轴装的制桎梏。它是对卷轴装的一种改进，是卷轴装向册叶装转化过程中的过渡形态。它是一种装式，但未及普遍流行就被册叶装所替代，故传世实物极罕。最近侯冲同志撰文，以云南所藏太理时期的遗物为例，进一步，论证了旋风装的形式特点，使本文所论不再成为孤证，使"人有往往有之"之说更加可信。

纸书蝴蝶装

我国初唐(618—713)已有了雕板印刷技术，五代已由国子监采用这种技术雕印了《九经》。宋代统一以后，印刷出版事业更加得到空前发展。这种书籍生产方式上的巨大变化，必然引起书籍装帧形制的相应变化。清初著名藏书家钱曾在《读书敏求记》中曾慨叹："自北宋刊本书籍行世，而装潢之技绝矣。"正反映出典籍生产方式的变革对典籍装帧形制变化的深刻影响。

北宋以后的书籍生产，主要是采用雕版印制。雕板印制书籍与手写书籍不同，手写书籍可以随意自裁；雕版印书必须将一书分成若干版，一版一版地雕刻印刷，印出来的书实际上是以版为单位的若干单页。对这些印制出来的书页，是继续采用已有的卷轴装式、经折装式、旋风装式，继续浪费不必要的粘连、折叠手续，还是更加适应发展了的社会文化需求，采取另外的装帧形式？宋朝人响亮地回答了这个问题。于是一种既适应雕版印刷，又方便阅读的"蝴蝶装"出现了。

蝴蝶装也称"蝶装"。明李贽、张萱《疑耀》卷五《古装书法》谓："今秘阁中所藏宋版诸书，如今制乡会进呈试录，谓之蝴蝶装。其糊经数百年不脱落，不知其糊法何似。偶阅王古心《笔录》，有老僧永光相遇，古心问僧前代藏经接逢如线，日久不脱，何也？光云：'古法用楮树汁、飞面、白芨末三物调和如糊，以之粘纸，永不脱落，坚如胶漆。'宋世装书，岂即此法耶？"显然，蝴蝶装是用黏合剂将书叶彼此粘连最后成册的。明方以智《通雅》卷三十二谓："粘叶谓之蝴蝶装"，也是从粘叶成册的角度界说蝴蝶装的。可知蝴蝶装的特点，书叶只是粘连，而不用任何其他办法连叶。这种装帧的具体做法是，将每张印好的书叶以版心为中缝线以印字的一面字对字地折齐，集数叶为一叠，以折边居右戳齐成为书脊，在书脊处用浆糊或其他粘连剂逐叶彼此粘连，然后再用一张硬厚整纸，中间折出与书册厚度相同的折痕，粘在抹好粘合剂的书脊上，作为前后封面，也叫书衣；最后再把上下左三边余幅剪齐，一册蝴蝶装的书就装帧完成了。这种装帧样式，从外表看很像现在的平装书，打开时版心好像蝴蝶身躯居中，书叶恰似蝴蝶的两翼向两边张开，看去仿佛蝴蝶展翅飞翔，所以称为蝴蝶装。

蝴蝶装适应了印制书籍一版一叶的特点，并且文字朝里，版心集于书脊，有利于保护版框以内的文字。上下左三边朝外，则均是框外余幅，磨损了也不至于伤害框内文字，且也好修复。同时没有穿线针眼和纸捻订孔，散了重装也不至于损坏。正因它有这些优点，所以这种装帧形式在宋元两代，旁及北方的辽、西夏、金也流行了将近四百年。《明史·艺文志序》说，明朝秘阁所藏的典籍，都是宋元两代的遗籍，无不精美。它们"装用倒折，四周外向，虫鼠不能损"。这里所谓的"装用倒折，四周外向"，指的就是蝴蝶装，而且是"宋元所遗"，可见宋元时期，蝴蝶装确曾是盛行一时的典籍装帧形式。

纸书包背装

蝴蝶装的优点已如上述，但同任何其他事物一样，在充分显示其优点的同时，往往也就暴露了自身的弱点。蝴蝶装的书叶是反折的，两个半页的文字均相向朝里，这对保护框内文字固有好处，但这种装帧造成所有的书页都是单页，不但每看一版使人首先看到的都是无字的反面，而且很容易造成两个半页有文字的正面彼此相连，翻阅极为不便。并且，蝶装书脊全用浆糊粘连，作为藏书可以，若是经常翻阅，则容易脱落和散乱。针对蝴蝶装的这些弱点，又出现了一种既便于翻阅而又更加牢固的新的装帧形式，这就是包背装。

包背装的特点，是一反蝴蝶装倒折书叶的方法，而将印好的书叶正折，使两个半叶的文字相背朝外，版心则在折边朝左向外。书叶开口一边向右准备戳齐后形成书脊；然后在右边框外余幅上打眼，用纸捻穿订、砸平；裁齐右边余幅的边沿，形成平齐书脊；再用一张硬厚整纸比试书脊的厚度，双痕对折，作为封皮，用浆糊粘包书的脊背，再裁齐天头地脚及封面的左边，一册包背装的典籍就装帧完毕了。这种装帧，由于主要是包裹书背，所以称为包背装。

包背装大约出现在南宋后期，经元历明，一直到清朝末年，也流行了几百年。特别是明、清时期，政府的官书几乎都是包背装。其实古书的包背装，很像现代的平、精装书。所不同的是，古书包背装的书叶是单面印刷，合叶装订；现在的平精装书是双面印刷，折配装订。包背装是在书脊内侧竖订纸捻以固定书叶，平精装书则是在书脊上横向索线以固定书叶。但从外表看，两者没有多大区别。包背装解决了蝴蝶装开卷就是无字反面及装订不牢的弊病。但因这种装帧仍是以纸捻装订，包裹书背，因此也还只是便于收藏，仍经不起反复翻阅。若是经常翻阅，仍然很容易脱叶散乱。为了解决这个问题，一种新的装订形式又在慢慢出现并逐渐兴盛起来，这就是线装。

纸书线装

用线装订书籍始于何时，似难稽考。过去通常的说法，谓线装书籍的装帧形式出现在明朝中叶以后，这很值得研究。现藏于不列颠图书馆东方手稿部的中国敦煌遗书中，有几件是唐末五代时的遗籍，也有少数北宋初年的遗籍。这些遗籍的装订办法，有的在书脊上端用线横索书背；有的在书脊内侧上下端各打一个透眼，然后用线绳横索书背后，再连穿下端透眼横索书背，最后系扣打结；有的在书脊内侧上中下打三个透眼，然后逐一横索书背，竖向连穿，但穿孔犹存。

这样用线绳穿订的书籍是否就可以称为线装，学界有不同的意见，我认为虽然它们还不是后世线装书籍的概念，但它们毕竟是用线穿订了，说它们是线装书籍的早期起源，大家是应该认可的。至于唐末五代就已出现的这种缝缋之法，为什么以后又断绝而未能延续下来呢？这和北宋人指斥它的缺点有关。南宋初年张邦基在《墨庄漫录》卷四中有过解释："王洙原叔内翰常云：'作书册粘叶为上，久脱烂，苟不逸去，寻其次第，足可抄录。屡得逸书，以此获全。若缝缋，岁久断绝，即难次序。初得董氏《繁露》数册，错乱颠倒，伏读岁余，寻绎缀次，方复，乃缝缋之弊也。'"这段话是南宋初年张邦基借用北宋王洙的意见来品评书册采用粘连与缝缋优劣的。王洙字原叔，应天宋城(今属河南)人，是北宋嘉祐以前的人物，进士出身，官侍读学士兼侍学士。曾于北宋仁宗时参加撰集《集韵》的工作，又曾撰《地理新书》。虽一生为官，但多与书打交道。他生活的时代，离北宋开国仅有半个世纪左右。他以切身的经验体会，道出了典册缝缋的弊端及典册粘连的优越。足见他生活的时代，典册确曾流行过用线缝缋之法。可是经他们这类人物的品评褒贬之后，久有的缝缋之法则逐渐消失，而被蝶装取而代之。

到明朝中叶以后，社会文化更加发展。特别是伴随资本主义萌芽，市民阶层的精神文化生活也日益提高，书籍的流通翻阅也更加频繁，因此，典籍的装帧形式也必然要适应这种需要而作相应的改变。蝴蝶装不牢与不便之弊早已暴露，包背装同样承受不起经常的翻阅。所以，线装典册便又重行兴盛了起来。清初储大文《存研楼文集》卷十三有《蒋平川传》，《传》中谓："平川先生系蒋氏，名锡震，字岂潜，号平川渔者，故世称平川先生……先生年六岁，嬉于门，见他儿谒师，辄归索衣冠，亟欲往。家人怜其弱，止之不可。农师公讫从之。后游他塾，见他儿诵线装书，辄固请携归窃诵之。"蒋锡震（1662—1739），江苏宜兴人。康熙四十八年（1709）进士。清初人。他在儿时已见到其他书塾的孩子们诵读线装书，可知这种装帧形式大约在明代后期确已出现。

线装与包背装的折页没有任何区别。只是装订时，线装不先用纸捻固定书叶，也不用整纸包裹书背而作封面，而是将封皮裁成与书叶大小相一致的两张，前一张后一张，与书叶同时整齐，再将天头地脚及右边剪齐，用重物压稳固定，最后打眼穿线装订。明代中叶以后又流行起来的线装典册，其装帧形式不是唐末五代时线装形式的简单重复，而且在折叶、打眼、配封皮、装订等方面又有大胆的革新、发展和变化。现在仍能见到的大量的古籍线装书，都是四眼装订的形式。这种形式便是在明、清两代定型的。这种装帧形式，在我国典籍传统装帧技术史上是集大成的。它既便于翻阅，又不易破散；既有美观庄重的外形，又坚固耐用，所以它流行的时间也有几百年。直到今天，用毛边纸、宣纸影印古籍，其装帧还常常采用这种形式，显得庄重大方，古朴典雅。

纸书毛装

在现存古籍中，毛装不能算是一种独立的装帧形式。既考不清其悄悄出现的具体时代，也说不清其慢慢消逝的时间，但在实际中又确实存在着毛装这种形式。毛装形式的特点，在折叶和装订方法上与包背装没有任何区别，即仍然以版心为轴线，合叶折叠，集数叶为一叠，整齐书口，然后在书脊内侧打两眼或打四眼，用纸捻穿订，砸平。区别在于天头地脚及书脊毛茬自任，不用剪齐，也不用加封皮。这种毛茬参差而又纸捻粗装不要封皮的装帧形式称"毛装"，也称作"草装"。

现知毛装书通常在两种情况下出现：一种是官刻书，特别是清代内府武英殿刻的书，通常都要赠送给满族人的发祥地沈阳故宫及各王府、有功之臣或封疆大吏。因不知受书者怎么装潢，配什么质地的封面，所以就毛装发送。辽宁省图书馆现珍藏不少原沈阳故宫所得馈送之殿版书，其中不少就是当初清朝内府武英殿的毛装。宁波范氏天一阁，在《四库全书》编纂过程中因进书有功，乾隆皇帝为嘉奖天一阁范氏的献书赤诚，下令将雍正时内府用铜活字排印的《古今图书集成》一部赠送给天一阁。天一阁得此书后，专门做了几个大书橱，将此书庋藏在天一阁宝书楼上。直到今天，还能看到这部卷帙浩繁的大类书，它就是二百六十多年前清朝内府的毛装。

还有一种情况就是手稿，特别是草稿，作者写完一章一节，为不使其页码章节错乱，也常常自己把它装订起来。有用线订，也有用纸捻订。毛毛糙糙，边缘参差，所以也称为毛装。这种情况，在清代乃至民国以后，在文人学士中还常常出现，如章太炎、罗振玉、王国维、鲁迅、陈垣等人的稿本，也还不少采用这种毛装的形式。

礼与中国人文精神

彭 林

彭林，1949年10月生于江苏无锡市，清华大学人文学院历史系，任教授、博士生导师、中国古代史教研室主任、经学研究中心主任。1989年毕业于北京师范大学，获历史学博士学位，后留校工作，历任讲师、副教授、教授。兼任国际儒学联合会理事，中国社会科学院古代文明研究中心客座研究员，中国人民大学国学院学术委员会委员、兼职教授，京都大学文学部客座教授等。

主要从事中国古代史、学术思想史与儒家经典的研究。

著有《周礼主体思想与成书年代研究》、《中国礼学在古代朝鲜的播迁》、《中华传统礼仪概要》、《文物精品与文化中国十五讲》等，点校、整理的文献有《周礼正义》、《仪礼正义》、《礼经释例》、《观堂集林》等，主编《中国经学》。在国内外发表学术论文120余篇。曾获北京市级优秀教学成果一等奖、国家级教学成果二等奖、宝钢优秀教师奖、北京市教学名师、清华大学首届"十佳教师"等奖项。在清华大学主讲的《文物精品与文化中国》与《中国古代礼仪文明》等两门课程，均被教育部评为"国家级精品课程"。

21世纪是文化的世纪。在这个世纪里，东西方文化的碰撞、交流、博弈和汇通，将借助于强大的、无处不在的媒体，在前所未有的广度和深度上展开。这场博弈的本质，说到底，是中华民族能否向人类提供一种不同于西方文化的社会发展模式。为了成为一名清醒的参与者，我们需要了解中华本位文化的基本特质。

一、周公"制礼作乐"是中国进入民本主义时代的标志

东西方文化是不同体系的文明，是在各自的自然与人文背景下独立形成的。西方文化是宗教文化，上帝主宰万物。按照西方的宗教理论，人有"原罪"，每个人一生下来，灵魂里就有与生俱来的邪念，它是不学而有、不教而能的，因此，西方人认为人性本恶。如果灵魂得不到管束，人就会变成无恶不作的恶魔，最终被打入地狱，永世不得翻身。为了避免这一噩运，人要把灵魂交给上帝管束，必须每天祈祷，以求得上帝的保佑，做错了事要忏悔，只有用基督的血才能洗刷你罪恶的灵魂。中国文化恰恰相反，在中国人看来，世界上没有救世主，维系社会健康发展的是天理、正气、公道和良知。中国人相信："得道者多助，失道者寡助。寡助之至，亲戚畔之；多助之至，天下顺之。以天下之所顺，攻亲戚之所畔，故君子有不战，战必胜矣。"[①]中

①《孟子·公孙丑下》。

国人认为，人是万物的灵长，人性本善，人的灵魂是要靠自己来管束的，而且完全可以管好。管理人的灵魂的力量是道德。道德是抽象的范畴，就像空气一样，尽管看不见、摸不着、嗅之无味，却确实存在。但是，再好的理念，如果无法操作，就只能是四处张贴的标语口号，不可能对现实社会发生作用。为此，先贤把它转换成为一系列可以学习、操作、检查的典制与规范，而总称之为"礼乐"，或简称为"礼"。

认识中国礼文化的性质，周公"制礼作乐"是关键。近代学术泰斗王国维先生在他的代表作《殷周制度论》中指出："中国政治与文化之变革，莫剧于殷周之际。"殷、周之际是中国社会从神权时代走向民本主义时代的转捩点。

距今3000多年的商代，是中国农业文明与青铜文明的鼎盛期。遗憾的是，殷代是一个崇信鬼神的时代，《礼记·表记》说："殷人尊神，率民以事神，先鬼而后礼。"在殷墟考古遗址中，精美绝伦的青铜器与成千上万的卜用甲骨共存，表明在高度发达的殷代物质文明之上，耸立着的是一个事事占卜、迷信鬼神的精神世界。物质与精神严重失衡。殷人祭祀先祖，尽其所能，极之虔敬，有一次用三百头牛做供品的，还盛行人祭（用活人做祭品）、和人殉（用活人殉葬）。王室贵族自恃有天佑神助，过着酒池肉林、夜夜笙歌的糜烂生活，并用酷刑镇压民间的反抗，从而激起天怨人怒。

武王顺应民意，在商郊牧野与纣王决战，纣王调动七十万军队上阵，武王的队伍只有数万之众。这是一场不对称的战争，似乎不用开展，纣王已经稳操胜券。可是，决定战争胜负的关键，不是兵力的多少，而是人心的向背。纣王的军队在阵前起义，倒转矛头，直指纣王，显赫一世的商王朝像纸糊的房子，顷刻覆亡。"殷鉴不远，在夏后之世"。如何避免重蹈殷商的覆辙，成为周初政治家面临的重大课题。

周公从牧野之战中看到了民众的伟大力量，认识到人心向背决定政权存亡兴废的道理，他总结商亡的历史教训，认为根本原因是商王失德滥罚。为了周的长治久安，必须以民为本，重视民众的切身感受，注意调整执政者与下层民众的关系。周公提出了"明德慎罚"，即实行"德政"的政治纲领。反映在意识形态上，则是萌生了以民为本的民本主义思想。从《尚书》的《周书》各篇可以看到，周公反复告诫执政的贵族，制定政策一定要顺应民心，要求执政者"无于水监，当于民监"，不要把水当做镜鉴，而要把人民的反应作为镜鉴，时时对照、检点自己，反省为政的得失；又说"天聪明自我民聪明，天明畏（威）自我民明畏（威）"，认为天的闻见来自民众的闻见，民意是上天实行赏罚的依据。上述理念，实际上是把天意与民意等同起来，因而为政治国，要以民为本，要以道德为准绳。从此，民本思想成为儒家思想的主旋律被反复倡导，荀子说"君者、舟也，庶人者、水也；水则载舟，水则覆舟"①，就是对周公思想的进一步发挥。

武王克商，不是以暴易暴，原样复制殷商的政治体系，而是一场全新的革命，周公制定了一系列体现道德理性的典章制度，其主旨是要把道德作为立国的灵魂，史称"制礼作乐"。近代著名学者王国维高度评价周公制礼作乐，王先生指出，从表面上看，殷周代谢不过是政权更迭，都城西移；但是，这一次变革的本质，是"旧制度废而新制度兴"，古代中国任何一次改朝换代都无法与之比拟，是中国历史上里程碑式的重大事件，具有划时代的意义；周公制礼的谋虑，"乃出于万世治安之大计，其心术与规摹，迥非后世帝王所能梦见也"；"其旨则在纳上下于道德，而合天子、诸侯、卿、大夫、士、庶民以成一道德之团体"，"周代之制度典礼，实皆为道德而设"②。周公制礼作乐，奠定了中国礼乐文化的底蕴，其后经过孔子的提倡，用礼乐化民成俗，成为古代中国经邦治国的基本模式。

---

① 《荀子·王制》。
② 王国维：《观堂集林》卷十，《殷周制度论》，中华书局1959年版。

二、礼是中国文化之心

礼乐在中国文化中的地位之重要，传世文献与出土文献中有大量的论述，其集中的表述，是在《礼记》和《大戴礼记》两部典籍当中。根据《汉书·艺文志》的记载，《礼记》和《大戴礼记》是孔门七十子后学讨论礼乐文化的文集，从儒者的理想，到礼乐的功用，乃至生活细节中种种礼节，都有阐发。此外，荀子号称先秦礼学集大成的学者，撰有《礼论》、《乐论》两篇，专门论述礼乐对于修身、治国的重要意义。司马迁《史记》有"八书"记述治国制度，而以《礼书》、《乐书》为首，可见礼乐在他心目中的分量。《礼记·乐记》亟言礼乐的意义，屡屡喻之为天地，认为是治国之首务：

乐由天作，礼以地制。

大乐与天地同和，大礼与天地同节。

乐者，天地之和也。礼者，天地之序也。

故圣人作乐以应天，制礼以配地。礼乐明备，天地官矣。

王者功成作乐，治定制礼。其功大者其乐备，其治辨者其礼具。

礼节民心，乐和民声，政以行之，刑以防之。礼乐刑政，四达而不悖，则王道备矣。

上引《乐记》之说，并非无稽的虚言妄语。在当时学者中存在一种共识：礼是依据道德理性的要求制定出来的，《礼记·仲尼燕居》说："礼也者，理也。"认为礼就是理的体现。这里所说的理，不是局部的、阶段性的理，而是具有恒久价值的、不可移易的理，所以《礼记·乐记》："礼也者，理之不可易者也。"理无所不在，所以礼亦无所不在。理弥漫于天地之间，故礼亦无处不在。

古人的智慧之处在于，他们不是空喊道德理想，而是把它融化在社会生活的每个细节上，让民众在学习和践行礼的过程中体会和内化道德理念，涵养德性，变化气质。所以，古人认为行政管理与民众教育的途径都是礼，两者是合一的。欧阳修在他主持纂修的《新唐史》的《礼乐志》中开头便说：夏商周三代而上，治国治民之道没有一项不是出于礼，因而能做到"礼乐达于天下"。为政者用礼乐引导民众孝慈、友悌、忠信、仁义，让他们在居处、动作、衣服、饮食之间"朝夕从事"，"安习而行之"，使人们"迁善远罪而成俗"。秦始皇之后，礼乐废弛，执政者没有远大目光，苟且从事，每天关注的乃是簿书、狱讼、兵食之类，认为这才是治民的政务；而把礼乐理解成朝廷威仪、宗庙享祀、降登揖让、拜俯伏兴之类，所以交由职司来管理。于是，政务是一套，教育是另一套，彼此悬隔，成了两张皮，所以总是管理不好。欧阳修的论述很有代表性。

　　在近代学者中，对礼与中国文化关系的论述最为精辟的是著名史学大师钱穆先生。1983年7月，美国学者邓尔麟前往台北的素书楼拜访钱先生，讨论中国文化的特点以及中西文化的区别等。钱先生指出：礼是中国传统文化的核心。邓氏认为钱穆先生所论十分精彩，是为之上了"一堂中国文化课"，下面是钱先生在这篇谈话中的几个片段：

　　中国文化是由中国士人在许多世纪中培养起来的，而中国的士人是相当具有世界性的。与欧洲的文人不同的是，中国士人不管来自何方都有一个共同的文化。在西方人看来，文化与区域相连，各地的风俗和语言就标志着各种文化。但对中国人来说，文化是宇宙性的，所谓乡俗、风情和方言只代表某一地区。要理解这一区别必须理解"礼"这个概念。

　　在西方语言中没有"礼"的同义词。正因为西语中没有"礼"这个概念，西方只是用风俗之差异来区分文化，似乎文化只是其影响所及地区各种风俗习惯的总和。

礼是整个中国人世界里一切习俗行为的准则，标志着中国的特殊性。中国人之所以成为民族，因为"礼"为全中国人民树立了社会关系准则。

要了解中国文化必须站得更高来看到中国之心。中国的核心思想就是礼①。

中国幅员辽阔，人口众多，各地风俗差异很大，而数千年来，四方之民能够共处于同一个政治共同体之下，主要原因是"有一个共同的文化"，使得中国人能够成为具有很强凝聚力的民族，它"是整个中国人世界里一切习俗行为的准则"，它"为全中国人民树立了社会关系准则"。这一共同的文化就是"礼"，它"标志着中国的特殊性"，是"中国的核心思想"。钱先生关于礼与中国文化的论述非常精辟，不如此看问题，就无法从总体上把握中国文化的精神。

礼的内涵极为丰富，因此没有人可以用"一言以蔽之"的方法给"礼"下一个定义。已故著名礼学家钱玄先生说，礼的范围包括"天子侯国建制、疆域划分、政法文教、礼乐兵刑、赋役财用、冠昏丧祭、服饰膳食、宫室车马、农商医卜、天文律历、工艺制作，可谓应有尽有，无所不包。其范围之广，与今日'文化'之概念相比，或有过之而无不及。是以三礼之学，实即研究上古文化史之学"②，钱先生的看法很有见地。"文化"一词，究竟如何下定义，据说迄今已有不下两百种说法，无法定于一说。中国的"礼"，实际上是儒家文化体系的总称。

① 邓尔麟：《钱穆与七房桥世界》，社会科学文献出版社1995年版，第7页。
② 钱玄等著：《三礼辞典·自序》，江苏古籍出版社1998年版。

三、礼是中华文明的体现

人怎样定义自己，即人与其他动物的区别究竟何在？是一个具有永恒魅力的问题。为西方学者津津乐道的"斯芬克司之谜"，是古希腊人对"人"作出的一种界定。毋庸讳言，它是从生理状态的变化上来描述人，并没有涉及到人的本质。

近代以来，许多学科在继续探究"人"的定义。体质人类学家认为，人是一种能够直立行走的动物，世界上所有的动物，只有人能直立行走。因此，当今的历史教科书所记载的人类社会，都是从"直立人"开始的。考古学家显然不满意这样的界定，他们认为，人是一种能够使用工具的动物，惟其能使用工具，所以能开发自然，推进文明，这才是人区别于其他动物的根本标志。

为学术界很少关注的是，中国人比古希腊人更早讨论到了"人"的定义问题。在古代中国人看来，人与其他动物区别的根本标志在于，是否懂得礼义。《礼记·冠义》说："凡人之所以为人者，礼义也。"人是万物的灵长，所以懂得礼义，遵守礼义，按照礼义的要求来生活，而其他生物都做不得。《礼记·曲礼》对这一命题做了进一步的论述：

> 鹦鹉能言，不离飞鸟。猩猩能言，不离禽兽。今人而无礼，虽能言，不亦禽兽之心乎？夫唯禽兽无礼，故父子聚麀。是故圣人作，为礼以教人，知自别于禽兽。

从上述引文可知，有人把"能言"——即语言能力，作为人区别于禽兽的标志。可是，儒家举出反证说，鹦鹉和猩猩也能模仿人说话，可是人会把它们视为同类吗？它们依然是禽兽、飞鸟。有些人尽管体制上已经进化到了人的阶段，却不知礼义，尽管他有语言能力，他那颗心不还是停留在禽兽阶段吗？作者举例说，禽兽不知礼义，所以就出现了"父子聚麀"的现象。"麀"是雌鹿，"父子聚麀"，就是父子合用同一个性配偶，这是禽兽之行，这注定了它们永远是畜生。人懂得伦理，人有辈分，所以有婚姻嫁娶之礼，更不会乱伦，"知自别于禽兽"，有文化自觉，所以人类能够不断进化。唐人孔颖达说："人能有礼，然后可异于禽兽也。"

人是从动物进化而来的，这就决定了人身上或多或少地残留着动物的野性，如残暴、无序、自私、野蛮等。礼是人类从野性走向理性的重要标志，是用道德理性抑制自身野性的手段，旨在使社会变得文明、有序、公正、典雅。

礼又是文明民族与野蛮民族相区别的标志，相对于人区别于禽兽，这是更高一个层次的区别。孔子作《春秋》，旨在为万世之龟鉴。但是，《春秋》文字简略峻峭，骤然读之，不易得其深意。故后人对孔子做《春秋》的微旨多有探究，《史记·太史公自序》就记载有司马迁与上大夫壶遂对这一问题的讨论。到了唐朝，韩愈在他的名作《原道》中提出了一个著名的论断，他说：

孔子之作《春秋》也，诸侯用夷礼则夷之，进于中国则中国之。

在韩愈看来，一部《春秋》的主旨，就是严夷、夏之别；夷、夏之别的标志，则是一个"礼"字。春秋时期，礼崩乐坏，王纲界纽，周边文化相对落后的部族乘机进攻中原，有些部族甚至留在中原地区与华夏民族共居，由此引起文化的碰撞与交流。这一过程不是单向的，而是双向互动的。少数诸侯国不能保持既有的文化，"诸侯用夷礼"，而被蛮风陋俗所化，失去了中原先进文明的资格，对于这样的诸侯国，只配把它当作夷狄之邦看待。相反，有些夷狄之邦向慕中原文明，时时仿效，久而为之所化，已经"进于中国"，对于它们，不妨与中原诸侯等同视之。这中间没有种族歧视，而只看文化上是否达标。韩愈认为，春秋乱世，本质上是文明与野蛮的斗争，即"礼"者与"非礼"者，谁战胜谁的斗争。而历史的进步，应该是在文明战胜野蛮之后，这就是儒家的历史观。如果了解了《原道》的论述，再来读《左传》，看到书中的"君子"每每以"礼也"、"非礼也"作为评价人物与事件的是非得失的判词，就会觉得十分自然了。

韩愈《原道》上述的论断影响很大，朝鲜时代的学者读到之后非常感慨。朝鲜半岛虽然在地理上与中国接壤，但文化差别原本非常之大，中国属于汉藏语系，朝鲜属于阿尔泰语系；我们读《二十四史》的《朝鲜志》，可知他们的风俗也迥然不同于中国。朝鲜士人痛感不能让中原人视他们为夷狄，所以希望通过学习中原礼义，"进于中国"，跻身于汉文化的行列，让中原人对他们"中国之"。为此，朝野上下向慕中华、学习中原礼义蔚然成风，从朝廷典制到民生日用，处处以中华为榜样，经过几百年的浸润，成为除中国本土之外，儒家化最为彻底的地区，堪称用中华礼义移风易俗的典范。我们完全可以说，古代朝鲜儒家化的过程，就是一步一步学习中华礼仪的过程。不少乡民尽管一字不识，但他日常生活中的礼仪，已经是他烙上了中华文化的深深印记。

四、礼是经邦治国的大经大法

如何经邦治国，是古代学者热烈讨论的重大问题，学者意见纷呈，其中最主要的意见有两种，即法治与德治。孔子主张德治，认为法治只能安定于一时，德治方能长治久安，他说：

道之以政，齐之以刑，民免而无耻。道之以德，齐之以礼，有耻且格①。

文中的"道"当"导"讲。用行政手段来引导民众，民众有服从，也有不服从的，那么就用刑罚来整齐他们，使他们都服从，这样做的结果，是民众都远离了刑罚，但是他们的羞耻之心并没有树立起来。用道德理念来引导民众，民众有听，也有不听的，那么就用礼来整齐他们，使他们都服从，这样做的结果，是民众不但树立起了羞耻心，知道什么事情可以做，什么事情万万不可以做，能够自我约束，不仅能远离刑罚，而且有上进心。读者不要以辞害义，以为儒家只讲教育，反对用刑。儒家断然不会迂腐到这种程度。孔子这段话，是就治国的主要方针而言的，他反对不教而诛，而是主张德主刑辅，"礼用之于未然之先，法施之已然之后"。礼的作用是在教育，法的作用是在防范。礼是提振社会向上的引绳，法是维护社会安定的底线，两者不能偏废，尤其不能用底线来替代人格标准。秦二世而亡的历史证明，仅仅依靠法律手段，不可能根本解决社会矛盾，也不可能造就社会的真正和谐。

礼是为政者不可须臾或离的大经大法，这并非孔子的独创。我们读《左传》可知，早在孔子之前，它就已经成为许多社会贤达的共识：

礼，经国家、定社稷、序民人、利后嗣者也。（隐公十一年）

礼，国之干也。（僖公十一年）

（叔向云：）礼，政之舆也。（襄公二十一年）

（叔向云：）礼，王之大经也。（昭公十五年）

（孟献子云：）礼，身之干也。（成公十三年）

在社会生活中，礼为各种事物提供了衡量是非曲直的道德标准，堪称为诸事之本，《礼记·曲礼》说：

道德仁义，非礼不成。教训正俗，非礼不备。分争辨讼，非礼不

---

① 《论语·为政》。

决。君臣、上下、父子、兄弟，非礼不定。宦学事师，非礼不亲。班朝治军，涖官行法，非礼威严不行。祷祠祭祀，供给鬼神，非礼不诚不庄。

道德为万事之本，仁义为群行之大，人要施行道德仁义四事，不用礼则无由得成。要通过教人师法、训说义理，来端正其乡风民俗，不得其礼就不能备具。争讼之事，不用礼则难以决断。君臣、上下、父子、兄弟等等的上下、先后之位，也必须根据礼才能确定。从师学习仕官与六艺之事，没有礼就不能亲近。祷祠祭祀，供给鬼神，也只有依礼而行才能诚敬。

荀子是先秦最著名的学者之一，他的礼学思想吸收了法家的成分，主张让礼具有法律的地位，开创了以礼入法思想的先河。荀子对礼的论述最为丰富，名言名句尤多，如：

国无礼则不正。礼之所以正国也，譬之：犹衡之于轻重也，犹绳墨之于曲直也，犹规矩之于方圆也，既错之而人莫之能诬也。（《荀子·王霸》）

礼者，治辨之极也，强国之本也，威行之道也。（《荀子·议兵》）

礼者，法之大分，类之纲纪也。（《荀子·劝学》）

人无礼则不生，事无礼则不成，国家无礼则不宁。（《荀子·修身》）

为政不以礼，政不行矣。（《荀子·大略》）

礼义不行，教化不成。（《荀子·尧问》）

可见，先秦时代著名学者所说的礼，并非今人所认为的不过是磕头、作揖之类的礼节，而是统贯全局的治国大政。

◎ 五、礼引导人内外兼修 ◎

对于个体而言，礼的本质是引导人修身，所以《礼记·曲礼》说："修身践言，谓之善行。行修言道，礼之质也。"《荀子》有《修身》一篇，专谈礼与修身的关系，说"礼者，所以正身也"。儒家所说的修身，必须是内外兼具的。所谓内外兼修有两层意思，一是要把握礼的内涵与形式；二是要把握"质"与"文"的关系，做到形神兼备，内外一致。

先来说第一层意思。礼有内涵与形式两大要素。礼的形式，通常称为仪式，包括人物、宫室、服饰、器具、祭品、语言、程序等细目，它们是礼的物质形式，是为表达礼的内涵服务的；礼的内涵，是礼的灵魂，是制订仪式的依据。举行某个礼仪，为什么要在这样的场所、穿这样的服饰、用这样的器物、走这样的程序、说这样的语言？其背后都有深刻的寓意，而不是随心所欲的。礼的外在形式比较直观，容易引起注意；礼的内涵难以把握，容易为人忽略。礼一旦失去了内涵，仪式再完美，也没有实际意义。春秋乱世，纲纪颓败，弑篡成风，司马迁说："《春秋》之中，弑君三十六，亡国五十二，诸侯奔走不得保其社稷者不可胜数。"①这些篡位的君主丧心病狂，廉耻全无，但是，他们照样把各种仪式做得非常体面。孔子用反诘的语气质问道："礼云礼云，玉帛云乎哉！乐云乐云，钟鼓云乎哉！"②礼啊礼啊，难道就是供桌上的玉器与丝帛吗？乐啊乐啊，难道就是那些钟鼓之类的乐器吗？显然不是。《左传·昭公二十五年》记载了鲁昭公出访晋国的故事，发人深省。

①《史记·太史公自序》。
②《论语·阳货》。

古代各国都城外围的五十里处称为近郊，此处设有宾馆，供来访的贵客下榻。鲁昭公一行抵达近郊，晋侯已经委派官员在此迎候、慰劳，并安排他们休息，这一礼节称为"郊劳"，标志着双边外交礼仪的开始。之后是两国国君、随行人员之间的一系列会见、交谈、访问等活动，每一活动都有复杂的仪式。在全部行程结束后，客人一行准备回国，此时东道主要尽地主之谊，向客人赠送归途中所需要的各种食品，以及马匹吃的饲料等，这一礼节称为"赠贿"，标志着双边外交礼仪的结束。如此冗长的外交活动，鲁昭公步步为礼，居然没有做错一处，极为难得。晋侯大为叹服，说"鲁侯不亦善于礼乎！"认为昭公非常懂得礼。可是，一旁的晋国大夫女叔齐却说："鲁侯焉知礼！"晋侯奇怪地说："昭公从郊劳到赠贿，没有一处做错，你为何说他不知礼？"女叔齐说了一句非常经典的话："是仪也，非礼也！"说鲁昭公所行的不过是"仪"，而不是"礼"。女叔齐说，对于一个国君而言，礼是用来经邦治国、凝聚民心的工具，可是如今的鲁国，孟孙氏、叔孙氏、季孙氏等三家大夫僭越国政，把鲁昭公架空了，他却没有能力收回；国内有位名叫子家羁的贤能之士，他却不知任用；与大国结盟，他总想偷奸耍滑；与小国交往，他总想欺凌弱者；一个国家弄成这样，大难就要临头，他却还在处心积虑地学习各种仪式的细节，什么是礼的本、什么是礼的末，他都弄不清，你说他知礼，不是太过分了吗？女叔齐的这一番话，把礼区分成"仪"和"礼"来分析，说得头头是道，<u>丝丝入扣</u>，揭示了礼的本质，晋国人钦佩之极，都说女叔齐才是真正懂礼的人！因此，古人说礼，非常强调是否从内而外地把握了礼的真谛。

下面再来说第二层意思。礼要求我们内外兼修，也就是说，外在的礼节一定要与自己内在的品质一致。先秦贤哲认为，人的身上有"质"与"文"两个东西。"质"的本义，是指物质未经人为加工的固有属性，如玉、石、金、铁之类，各有各的属性，习称"质地"、"本质"。人是万物之灵，其本体内具有仁、义、礼、智等独人有的属性，这是其他动物所不具备的。生活中常有这样的现象，有些人一字不识，而周围人都说他本质好，因为他孝顺、勤劳、友善、真诚。这些是我们做人的底色，是人之所以为人的理由，万万不可抛弃。人是社会性的动物，人与人之间需要经常性的交流与合作。随着时代的进步，人际交流的方式日益文明典雅，丰富多彩，出现了成系列的表达方式，人们称之为"文"，实际上就是"礼"，所以古人经常把礼仪称为"礼文"。

对于人而言，"质"和"文"应该均衡发展，不得偏废。遗憾的是，它们在大多数人身上是不平衡的，甚至是极端的不平衡，不是"质胜文"，就是"文胜质"，这里的"胜"当胜过、打败、压倒讲。孔子说："质胜文则野，文胜质则史，文质彬彬，然后君子。"①只有质、没有文，不免显得粗野；只有文、没有质，让人感到虚假。只有做到文与质两者"彬彬然"，就是两者相得益彰，相辅相成，既有良好的做人的本质，又掌握文明人接人待物的方法，这才是君子的风范。用《礼记·乐记》的话来说，就是"德辉动于内，理发诸外"，礼正是理的体现。孔子提倡礼，但反对没有内涵的虚礼，尤其反对巧言、令色之徒，立场非常鲜明。

《论语·颜渊》中有一段记载可以帮助我们进一步认识孔子关于"文质彬彬"的深意。卫国的大夫棘子成说："君子质而已矣，何以文为？"一名君子，做到"质"就可以了，为什么还要"文"？子贡回答时巧妙地打了个比方，虎豹之所以令人赏心悦目，是因为它除了有健硕的身躯之外，还有美丽的花纹，而犬羊没有。如果你把虎豹皮上的花纹都剃掉了，那么，把它和犬羊的皮挂在一起，谁还能分辨得出来呢？君子之所以为君子，除了它内在的"质"之外，还有外在的"文"，通俗一点来说，文就是文彩，是人的教养；"文"可以更好地体现"质"，展现自身的人格魅力和君子风范。

---

① 《论语·雍也》。

孔子非常善于教育学生，擅长从宏观的角度把握学生的人生方向。孔子的得意弟子颜渊曾经感慨地说："夫子循循然善诱人，博我以文，约我以礼。"①一是"博我以文"，只有具备了丰富的学识，才能站在社会发展的最前沿；二是"约我以礼"，让自己的行为受到道德理性的约束，如此，从小的方面来说，可以少犯错误，从大的方面来说，就不至于离经叛道，所以孔子说："以约失之者，鲜矣！"②

六、礼的主旨是培养博爱之心

法国大革命提出了"平等、博爱、自由"的口号，其中的"博爱"两字，我国成书于两千多年前的《孝经》已经明确提出。

孔子的理想，是要实现"天下为公"的"大同社会"，这在《礼记·礼运》中有非常系统的论述。孔子并没有把"大同社会"当作虚无缥缈的海外仙境，而是把它作为可以逐步接近的奋斗目标。孔子认为，走向大同的途径，就是培养人类的普遍之爱。培养爱心的起点是孝，因为父母给予自己生命，时刻呵护自己成长，血缘加上亲情，所以子女孝敬父母最为自然。但是，儒家提倡的孝行，并非局限于一家一户的狭隘亲情，而是要从它出发，把爱心推广到天下人的父母身上，因为"四海之内皆兄弟也"。只要人人都能推己及人，把爱心加于四海，就可以达到天下大治的目的，所以孟子说的"老吾老以及人之老，幼吾幼以及人之幼，天下可运于掌上"③。

---

① 《论语·子罕》。
② 《论语·里仁》。
③ 《孟子·梁惠王上》。

中国人把人类的普遍之爱作为应知应会的常识，教给每个孩子。以培养儿童行为准则为主题的《弟子规》说："凡是人，皆须爱。天同覆，地同载。"我们生活在同一片蓝天下，彼此依存在同一块大地上，我们是同类，因此我们应该彼此敬爱。爱需要表达出来，并且能让对方感受到，这就要通过礼。礼的主旨是表达敬爱之心，《孝经》说："礼者，敬而已矣"。有没有爱心，懂不懂得通过礼来传递爱心，在孟子看来，是区别于君子与常人的主要标志：

君子所以异于人者，以其存心也。君子以仁存心，以礼存心。仁者爱人，有礼者敬人。爱人者，人恒爱之；敬人者，人恒敬之①。

君子之所以有别于常人，在于"存心"，就是把什么存放在心里。君子心里存放着两样东西，一是仁，二是礼。把仁放在心上，就会去爱人；把礼放在心上，就会去敬人。我以恭敬之心待人，同时也希望人以同样的心待我。人心是通的，你爱他人，他人就会"恒爱之"；你敬他人，他人就会"恒敬之"；这就是民间常说的："人敬我一尺，我敬人一丈。"中国人用这样的方式来树立博爱的社会风气，实现社会的和谐。

儒家所说的爱是大爱，认为每个人都有人格尊严，具有普世的意义。有些人生活贫穷、社会地位低下，但这不一定是由于它自己的原因，对于这些属于弱势群体的人，同样要怀有敬意，《礼记》说：

夫礼者，自卑而尊人。虽负贩者，必有尊也，而况富贵乎？富贵而知好礼，则不骄不淫；贫贱而知好礼，则志不慑②。

礼的原则是，对自己要自我谦卑，低调为人，但要尊重他人。即使是肩挑背负、沿街叫卖的小贩，也必定有尊严，都要以礼相待，何况富贵之人呢！富贵了而懂得好礼，就能做到不骄奢淫逸；贫贱而懂得好礼，心志就不会畏缩。

---

① 《孟子·离娄下》。
② 《礼记·曲礼》。

中国人的爱心，是以对方的存在为前提，并且多多少少怀有一些敬意的。这种敬意体现在日常生活的方方面面，体现在每一个细节上。例如丧事，古人重丧，以丧为礼之大端。人丧其亲，痛不欲生，哀毁无容。作为邻里、朋友，不应视而不见，我行我素，而应依礼助丧，并且怀有悲戚、恻隐之心。《礼记·曲礼》对此有很详细的规定，如："邻有丧，春不相；里有殡，不巷歌。"古人春米，喜欢唱送杵的号子，当邻里有殡丧之事时，应该默春，并不在巷中歌唱，以示同哀之心。"望柩不歌"，望见灵柩，哀伤顿生，自然不歌。"临丧不笑"，临丧事，宜有哀色，笑则伤孝子之心。"适墓不登垄"，进入墓区，切不可踩坟头，这样最无敬重之心。如此之类，不胜枚举，而其内核，无非是要表达爱心。

我们完全可以说：中华民族是世界上最有爱心的民族之一。

七、礼使人理性把握自己的情感

人是具有高级情感的动物。我们每天生活在喜怒哀乐之中，时时刻刻都被情感所左右。人类非常在意情感，一旦认为有必要，可以将生命置之度外。许多惊世骇俗的事件，常常是由情感引发的，著名的"马加爵事件"就是典型的例证。因此，人能否理性把握自己的情感，对于人生之途的影响极大。儒家对于如何把握人的心性，有非常深入的讨论，提出许多精辟的见解，其中最重要的理论成果要数子思撰作的《中庸》。《中庸》说：

> 天命之谓性，率性之谓道，修道之谓教。
> 喜怒哀乐之未发谓之中，发而皆中节谓之和。中也者，天下之大

本也。和也者，天下之达道也。致中和，天地位焉，万物育焉。

"天命之谓性"，是说自然赋予我们生命的情感叫做"性"。"率性之谓道"，"率"是沿着、遵循，遵循着人性去执政，庶几乎就是道了，因为人性得自于天，有其天然的合理性。但是，如果只谈人性，把人性无限拔高，那就和道家合流了。儒家认识到，人非圣贤，人不能无法做到何时何地都能自发地把自己的性情控制在恰到好处的境界，恰恰相反，我们的情感往往不是太过、就是不及，总是到不了"无过无不及"的程度。所以，人需要学习用理性来约束自己的情感，《中庸》的下一句"修道之谓教"非常关键，它强调这个"道"是要"修"的，朱熹《中庸章句》解释说："修，品节之也。性道虽同，而气禀或异，故不能无过、不及之差。圣人因人物之所当行者而品节之，以为法于天下，则谓之教，若礼、乐、刑、政之属是也。"修，就是"品节之"，目的是要使人"无过、不及"；为了便于大家掌握，圣人"为法于天下"，这就是"教"，此处的"法"不是法律，而是法则，它的主要形式有四个：礼、乐、刑、政。礼乐是"教"的内容；政，是推行教化的行政手段；刑，是对于不接受教化者的惩戒。可见，"修道之谓教"的意思，就是通过礼来约束人的心性，使人人都能达到"中"（无过、无不过）的程度。朱熹《论语集注》说："《诗》以理情性，《书》以道政事，《礼》以谨节文"正是这个意思。

适度把握性情，就是把握了礼的真谛。《礼记·檀弓下》有子与子游的问答之语，论述儒家之礼与戎狄之道的区别。子游明确地说："品节斯，斯之谓礼。"贾公彦疏："品，阶格也。节，制断也。"品是情感的层次，节是仪节的裁断，礼文是对于人的情感的合理限定①。

子思把"中"、"和"作为天下的"大本"和"达道"，以及宇宙间最普遍的原则。所谓道、礼，就是合于大本和达道的情性与行为，所以孔

---

① 相关的论述非常复杂，此文不便展开，请参阅拙作《始者近情，终者近义——子思学派对礼的理论诠释》，《中国史研究》2001年第3期。

子说："道之不行也，我知之矣，知者过之，愚者不及也。道之不明也，我知之矣，贤者过之，不肖者不及也。"（《中庸》)中庸之道，就是万物得其中、得心性之中。《性自命出》云："教，所以生德于中者也。"

孔子以《诗》教授弟子，其中大有深意。《诗序》说："发乎情，止乎礼义。发乎情，民之性也。止乎礼义，先王之泽也。"用心性论说解《诗》旨，认为《诗》教的作用，就是引导人的性情。《论语·八佾》说："子曰：'《关雎》乐而不淫，哀而不伤。'"朱子《集注》："淫者，乐之过而失其正者也。伤者哀之过而害于和者也。……有以识其性情之正也。""《诗》本性情，有邪有正。其为言既易知，而吟咏之间，抑扬反复，其感人又易入。故学者之初，所以兴起其好善恶恶之心而不能自已者，必于此而得之。"朱熹认为《诗》教之旨在导性情之正，即导心志之正，至确。

八、礼与"中国模式"

礼是文明民族的重要标志。世界上凡是进入文明时代的民族都有自己的礼仪，只有野蛮民族没有礼仪。中华是举世闻名的礼仪之邦，声教远播于古代朝鲜、日本、越南等地，对当地的文明进程产生过重要影响。礼标志着中华文明的特殊性，是古代中国社会的发展模式。

近代以来，由于特殊的历史背景，一些学者激于时变，全盘否定包括礼乐文化在内的中华传统文化，主张全盘西化。一个世纪过去，物换星移，天地翻覆，今日之中国已不再是昨日之中国。杨振宁先生说，在21世纪，人类历史上最伟大的事件将是中华的崛起。这是谁都无法否认的事实。

一个民族的复兴，最重要的是文化的复兴。如果只是经济上的强大，文化上不过是西方文明的附庸，那就表明我们民族的精神已经被西方征服，离开了西方文化，我们已经不会独立思考。因此，这种经济上的强大既不是严格意义上的民族复兴，也不可能持久。

　　中国正面临着百年不遇的发展机遇，而西方不会坐视中国的崛起，它们对中国发展的干扰是全方位的。其釜底抽薪的做法是：西方的社会发展模式具有普世价值，而中国文化不具备，所以中国应该皈依之。可是，事实证明，人类社会发展的发展模式并不是单一的，而是多元的。20世纪初，梁启超先生等中国知识分子一度认为，人类文明是一元的，西方文化的今天就是中国文化的明天。可是第一次世界大战暴露了西方文化的种种问题，于是梁先生等意识到，中国文化与西方文化是并行不悖的两种体系的文化，它们是各自独立形成的，还将各自存在下去。第二次世界大战爆发后，以钱穆先生为代表的中国学者进一步意识到，中国人不能亦步亦趋地追随西方文化，于是大力倡导中华本位文化的建设。

　　近年出现的金融风暴，根子出在美国文化上，这是国内外许多专家、学者业已批评了的。处在历史的重大发展关口，我们理应冷静思考中华崛起当中的文化问题，其核心则是"中国模式"问题。如果我们能向人类提供一种不同于西方文化的社会发展模式，并且用事实证明，不通过宗教，同样可以使社会走向和谐、博爱、正义，以及经济的繁荣。本文正是试图从学理的角度来寻找中国文化的特殊性，以期用它来与西方文明平等地对话，为"中国模式"的建立提供参考。

中国古代的法律体系：
形式与内容

刘笃才

刘笃才，1943年9月生，黑龙江省肇东县人。1981年毕业于中国社会科学院研究生院，获法学硕士学位。毕业后一直在辽宁大学任教，从事中国法制史、中国法律思想史的教学和研究工作，曾任辽宁大学法学院院长，教授，中国法律史学会常务理事。国务院津贴获得者（2003）。

主编有《走向法治之路——二十世纪的中国法制变革》、《二十世纪的中国法学》、《法制现代化与司法制度改革》、《中国古代地方法律文献甲乙编》。专著有《中国的法律与道德》、《极权与特权》、《历代例考》。

曾经在《中国社会科学》、《法学研究》、《中国法学》等学术杂志发表论文多篇。

中国古代的法律，从秦代到清代，有着一脉相承的关系，构成所谓"中华法系"。然而，每一个封建王朝的法律体系及组成这一体系的各种法律形式又各有特色。其间因革演替，情形非常纷繁。不过，我们可以透过纷繁的历史现象把握其演变的基本线索。中国古代法律的内容极其丰富，材料浩如烟海，但抓住主要矛盾，以简驭繁，也可以掌握其主要内容。以下分别论述。

一、从秦代到唐代：法律体系的变化

从秦律到唐律，是"中华法系"逐步走向完备的发展时期。从法律体系上看，这一时期的发展主要表现为三个方面：

第一，从"诸法分立"到"诸法合体"。

秦律是诸法分立的。我这里说的"诸法分立"指的是各种各样的法规都以独立的单行法规形式而存在。在出土的云梦秦简中，有《秦律十八种》，律名有《田律》、《厩苑律》、《仓律》、《金布律》、《工律》、《强律》、《置吏律》、《军爵律》、《传食律》以及《工人程》、《司空》、《内史杂》等。此外有《秦律杂抄》，标有律名的有《除吏律》、《游士律》《除弟子律》、《中劳律》、《茂律》、《捕盗律》等十一种，其中除了《捕盗律》是刑律外，其他律皆非刑律，我们这里给它立一个名，称之为"事律"。从文献记载看，秦有《刑律》。据说，商鞅变法，曾携《法经》入秦，并改法为律，以《法经》为兰本制定秦国的刑律，据此推论，则秦刑律当有《盗律》、《贼律》、《捕律》、《囚律》、《杂律》、《具律》六篇。这六篇在出土的秦简中除与《捕律》相近的《捕盗律》之外，其他没有发现，但从《法律答问》的内容可以推定它们是存在的。由此可知，秦律是刑律、事律公立，而在事律中也是一事一律的。

汉九章律走出了诸法合体的第一步。九章律为萧何所作，它以秦刑律六篇为基础，增加《户律》、《兴律》、《厩律》三篇，合为九篇。《汉书·刑法志》说："萧何攈摭秦法，取其宜于时者，作律九章。"新增的三篇就是取材于秦之事律。《晋书·刑法志》说："悝撰次诸国法，著法经，……所著六篇而已，然皆罪名之制也。商君受之以相秦。汉承秦制，萧何作律，……益事律兴、厩、户三篇，合为九篇。"文中的"事律"是我们前面命名事律的由来。按《晋志》的说法，《法经》六篇皆罪名之制，即属于纯粹的刑法典，九章律则将此刑法典与事律合编为九篇，这就初步形成了刑律与事律合体的的局面。

到了魏晋时期，立法者以制定一个无所不包的统一法典为目标，进一步使诸法合体。魏律十八篇，晋律二十篇，皆既有刑律，也有事律。魏晋律都以"刑名"一篇为总则，列为卷首。刑名可以看作是刑法的总则，因此，它与其后各篇的关系并不完全是一样的，对刑律各篇来说，它是总则与分则的关系，对事律各篇来说，则关系并不密切。这一点似乎已为晋人张斐所注意，他在《注晋律表》中说："刑名所以经略罪法之轻重，……其犯盗贼、诈伪、请求者，则求罪于此，作役、水火、畜养、守备之细事，皆求之作本名。"①这就是说，刑名作为刑法的总则，对规定犯罪的各分篇来说是纲与目的关系，而对作役、水火等事律来说则非纲与目的关系，前者可"求罪于此"，后者则"求之作本名"。这反映了在诸法合体过程中遇到的扦格难通的麻烦。

南北朝时期编律基本保持了魏晋的格局，不过是篇目的分合不同而已。至唐律编成，诸法合体的编纂方式便成了中华法系的特点之一。

唐律的篇章排列有序。从唐律的篇章结构中可以看出当时人的观念中还留存着区分刑律与事律的痕迹。第一篇名例是总则。第二篇至第五篇分别是卫禁、职制、户婚、厩库，即事律，四篇的顺次是按君、臣(官)、民(人)、畜(物)排下来的，其中隐含着君尊臣卑、官贵民贱、贵人贱畜、重人轻物的意识。第六篇至第十二篇是刑律，如果再细分，则擅兴、贼盗、斗讼、诈伪是各种犯罪的规定，这四篇的顺

---

① 《晋书·刑法志》。

次颇似以罪名的轻重排列。杂律不仅对四篇刑律而且也兼对四篇事律起着拾遗补阙的作用。而最后两篇捕亡与断狱则属于程序法，当然与现代的刑事诉讼法存在着很大区别。

从诸法分立到诸法合体，这一发展解决了律外有律的问题，使律成为统一的法典，并成为整个法律体系的主体。

第二，律令分开，以刑为主。这是从秦律到唐律发展的又一个方面。

严格地区分律与令的性质始于魏晋。晋杜预说："律以正罪名，令以存事制。"①律是制裁犯罪的刑法，令是处理各种事务的规则。

在秦汉时代还没有这种区分。秦简中的《秦律十八种》等等皆以律为名，但其内容却是处理各种事务的规则，是"以存事制"的，所以我们称之为"事律"。在汉代，律、令虽是分别计数，但概念不清。例如汉律六十篇中包括的傍章十八篇，据说就是叔孙通所撰"礼仪"，因"与律令同录，藏于理官"，②遂被视为汉律的一种，其内容当然是属于"存事制"，而非"正罪名"。汉令有令甲、令乙、令丙等三百余篇，甲、乙、丙等大概是"理官"保存（"录"、"藏"）时的分类归档，并不涉及令的性质。依照西汉杜周的说法："前主所是著为律，后主所是疏为令"，③律令的区别仅在于时间的先后，按汉末文颖的说法："天子诏所损益不在律上者为令"，④则令是律的补充。

到了魏晋时期，对律、令的区分不仅有了清晰的观念，而且还体现在立法实践中。魏代，在魏律十八篇之外另编定州郡令四十五篇，尚书官令、军中令合一百八十余篇。晋代，令的作用是"施行制度，以此设教"，"违令有罪则入律"，一些出于权宜的规定，也"不入律，悉

①《太平御览》卷681引《律序》。
②《汉书·礼乐志》。
③《汉书·杜周传》。
④《汉书·宣帝纪注》。

以为令。"①这样，律不仅在内容上与令有别，而且在形式上也可望保持稳定。

汉代还有科、比两种法律形式。比又称为决事比，是比照处理事情与案件的先例。科，则是律令中的刑法条文集合而成的科条。

到唐代，建立了由律、令、格、式四种法律形式组成的完整体系。"令者，尊贵卑贱之等数，国家之制度也；格者，百官有司之所常行之事也；式者，其所常守之法也。凡邦国之政，必从事于此三者。其有所违及人之为恶而入于罪戾者，一断以律。"②律成了定罪量刑的刑法典。

"以刑为主"与"诸法合体"不是矛盾的。"诸法合体"说的是律的内容。从现代人的眼光看，民法、经济法、行政法同刑法混编到了一起，这就叫"诸法合体。""以刑为主"说的是律的形式。在当时人看来，不管是违法还是犯罪，都要受到刑罚制裁，所以采用了刑法典的形式。

"以刑为主"和"诸法合体"其实是相辅相成的。律发展到了"诸法合体"的一步，客观上要求从"事律"中把"存事制"的那部分内容删除。严格区分律与令，在律外另编令典，仅把违令应加的制裁规定留存在律中，才会使"事律"与"刑律"在形式上相一致，才不致使"诸法合体"后的法典过于庞大。

唐代的律令格式是有机结合在一起的。违令的行为虽没有完全列入律，但杂律最后有一条是："诸违令者，笞五十(注：谓令有禁制而律无罪名者)。别式，减一等。"这就使得凡构成违令、违式的行为都可以从律中找到处罚的依据，使律对令、式起着保证作用。

第三，由科比滋繁而变得刑网简要。这是从秦律到唐律的又一进步。

秦律被汉人讥为"法繁于秋荼，而网密如凝脂。"③汉律后来也日趋

---

① 《晋书·刑法志》。
② 《新唐书·刑法志》。
③ 《盐铁论·刑德》。

繁密，"律令烦多，百有余万言，奇请它比，日以益滋"，①诸断罪当用者，合二万六千二百七十二条。"②晋律则为六百二十条，唐律则为五百零二条。可谓由繁返约矣！

秦律之所以繁，固然由于因事立法，事律繁多，也同其刑律立法技术简陋有关。出土的云梦秦简有《法律简问》，采用问答形式解释秦律，毫无疑问，这是官方的有效解释，可以用作判案依据的，否则主人就不会辛辛苦苦地记在竹简之上了。现举一例于下，以证其立法之简陋：

"律曰：'斗决人耳，耐。'今决耳故不穿，所决非珥所入也，可(何)论？律所谓，非必珥所入乃为决，裂男若女耳，皆当耐。"③

这里做为"律文"引证的应该是秦之刑律，律文规定"斗决人耳，耐"，意思是斗殴撕裂他人耳朵，应处耐刑。这样的刑事立法，具体则具体矣，而缺乏概括力。撕裂耳朵当处耐刑，那么，拔光人的胡须眉毛呢？咬断他人鼻子、手指、嘴唇呢？砍断他人的发髻呢？人们很自然要提出这类问题，果然，后面有几条就是回答这一问题的。这种立法方法，怎么会不繁？

汉律之所以繁也出于同样原因。《汉书·刑法志》说汉代"律令凡三百五十九章，大辟四百九条，千八百八十二事，死罪决事比万三千四百七十二事。"其中大辟四百零九条就是死刑的科条，"千八百八十二事"也是指科条，可能是指处耐刑的科条。《晋书·刑法志》载后汉陈宠之奏文，说"今律令，犯罪应死刑者六一十，耐罪千六百九十八。"这两个数字也是科条数。两志所说的死刑与耐刑之合数相近，当无大错。而据陈宠说的"今律令"云云可知科条是包括在律、令之中的。据上两则引文，汉代科条二千多，决事比数以万计，看来汉律之繁就繁在科

---

① 《汉书·刑法志》。
② 《晋书·刑法志》。
③ 《睡虎地秦墓竹简》第185页。

比滋繁上。而原因也在于立法技术简陋。

魏晋以后，法律学有长足的进步。三国时曹操重视法律，影响到全社会，史称"魏武好法术，天下贵刑名。"魏代汉之后，国家设"律博士"，从事法律学的研究讲授，有助于改变"轻贱"法律的社会风习。从魏晋开始，改变了过去个人作律(如萧何作九章律、张汤作越宫律、赵禹作朝律等)的做法，而采取集体编纂的形式，以便集思广益，这也是合于科学的。从时人的言论看，当时已颇识"以简驭繁"之理，如杜预认为，"法者盖绳墨之断例，非穷理尽性之书也，故文约而例直，听省而禁简。"①熊远认为："按法盖粗术，非妙道也，矫割物情，以成法耳。"②裴危认为："刑书之文有限，而 舛违之故无方。"③更重要的是，当时已初步掌握了"通例约文"的方法，如魏律序略就指出魏律因"免坐繁多"，而"总为免例，以省科文"。④张裴注晋律，为"故"、"失"等二十个"律义之较名"定义，显见这些言简意赅的概念已得到普遍的运用。魏律"集罪例以为刑名，冠于卷首"，使刑名具有了总则的意义，成为整个法典的通例，起到了"经略罪法之轻重，正加减之等差，明发众篇之多义，补其章条之不足，较举上下纲领"⑤的作用，更增加了法律以简驭繁的能力。

在此基础上，《唐律》以五百零二条律文，概括了社会各方面的违法犯罪，为"拾遗补阙"，又在杂律最后立"不应得为"之条，对"律令无条，理不可为"的行为也规定了处刑标准。这就使秦汉时期的"廷行事"、"决事比"被置于无用之地。

综上所述，唐律的立法成就是法律的进步结果，没有秦汉的比照，就看不出这些发展与进步。当然，没有秦汉的立法实践，没有魏

---

① 《晋书·杜预传》。
② 《晋书·刑法志》。
③ 《晋书·刑法志》。
④ 《晋书 刑法志》。
⑤ 《晋书·刑法志》。

晋以来的经验积累，也不会有唐律的发展和进步。

◀ 二、唐代之后法律体系的变化 ▶

唐律是我国封建社会一部具有代表性的封建法典，以唐律为主体而构成的唐代法律体系是我国封建法制的高峰。后来的宋元明清各代都深受其影响。

但唐律的出现并没有使封建法制定型，唐律以后，封建法制继续演变。对于这种演变如何看待？需要有一个基本观点。古代人受法古思想影响，在他们的观念中，历史的发展是一代不如一代的，再加上唐律确有它不可抹煞的成就，因此他们就把唐律做为最完备的典型，以唐律为标准衡量以后各代的法制，似乎只有照搬唐律才是好的法律，任何改动都是错的。有人把唐律看作是标准的美人，"乘之则过，除之则不及"，加一分，减一分都会影响其美。果然如此，唐之后法制的一切演变就只有退化而没有发展了。这个观点不对。历史本身是发展的，我们也应用发展的观点看待历史。就法律的内容来说，唐以后的法制，作为社会上层建筑，既有适应社会经济基础局部变化而变化的一面，又有阻碍社会经济基础根本变革的一面，后一方面从历史上看是起着反动的作用。然而，我们不能因此而否定抹煞前一方面。就法律的形式来说，统治阶级为了使法律发挥维护其统治的作用，就要依据自己的需要，参照前代的经验，寻求更适于表达自己统治意志的形式，这中间既会有失误，也可能有成功。因此，我们不能一概抹煞封建社会后期法制演变中的发展因素。

从这个基本观点出发，我们研究唐律以后的法制论变，可以归纳出以下三个方面的发展。

1．在法典编纂形式上有所突破。

唐律的编纂形式曾被当作是一个成功的模式。宋初编的宋代法典《宋刑统》，对《唐律》从篇章结构到科条文字乃至唐人的"疏议"都基本照抄，如果去掉律文所附的格敕，则无异于《唐律》的翻版，在宋初立法者的心目中，《唐律》大概是通行百代而不敝的。

但是很快就出现了新变化。"编敕"成了宋代法律的主要形式，编敕一本又一本地出，律"恒存"于编敕之外了。"恒存"二字实在是很贴切又很辛辣的讽刺，宋刑统或者说翻版的唐律是永存的，"终宋之世，用之不改"，但它却被编敕代替了，被排除在法律的主要形式之外而失去了应有的效力。这不是因为宋代子孙的不肖，而是因为急剧变化的现实。宋神宗一语道破了其中的秘密，那就是"律不足以周事情"。以唐宋两代相比，社会出现了谁也不能否认的巨大变化：门阀地主为庶族地主代替，府兵制被募兵制代替，部曲制被租佃制代替，均田制被土地自由买卖代替，租庸调制已成为历史的陈迹，纸币进入流通领域，在这些变化面前，法律能超时空地永存下去吗？编敕的出现原因盖在于此。敕的优点是适应变化，缺点是因多致乱。定期编定，删除重复，去其抵触，修成"编敕"，有助于消除混乱，但无法使其不再增多。这当然是宋代法制的一个缺点。但从历史的发展角度看，它比固守唐律更具合理性。

与宋并立和继后而起的辽、金、元，是少数民族建立的政权。它们各自的法律文化处于比汉民族相对落后的状态。大体上说，辽、金法制是越变越接近唐律，元朝则另立一新的格局。元代的法典有《至元新格》，《大元通制》，还有一部《元典章》，从性质上看都是法律条文的汇集。条文既多，次序亦乱，这是不可否认的缺点。但就是元代法律，也不是一无足称，它在汇编中采取的分类方法对明清的六部名律是有启发的。

到了明代，朱元璋确定"以律为常经"，是拨乱反正，回到唐律的传统。"以律为常经"有两点内容，其一是确定"律"在整个法律体系中的主体地位，其二是赋予"律"稳定的性质。就这两点来看，都是"拨"宋辽金元之"乱"，"反"唐律之"正"。

但是明律并没有照搬唐律，而是在编纂方法上另创体例，这就是以六部名律。明律分为七部分，第一篇是名例律，其下分为吏律，礼律、户律、兵律、刑律、工律，与当时国家行政机关吏、礼、户、兵、刑、工六部相应。如前所述，它可能受元律的启发。而继之而起的清朝，也沿用了这一编纂体例。至此千数百年的封建法典面目一变，突破了以唐律为代表的旧模式。

明律突破唐律的旧模式应该说是合理的。《唐明律合编》的作者薛允升指责朱元璋"私心自用"欲求胜于唐律。用帝王的主观意志解释历史，属于旧史学观点，完全可以不去说它，即使果真是如此，求胜于唐律也没有什么不对。编纂明律时，当时的丞相李善长曾提出"今制宜遵唐旧"的主张，而且也曾为朱元璋采纳，但编成的明律，不过是唐律的又一翻版，如果明律真步宋刑统后尘，它的命运也绝不会比宋刑统更好。所以，朱元璋重修明律，否定了这一方针，完全是从他要使明律成为"一代之定制"的目的出发的。至于采取六部名律的体例，诚然如沈家本所说，与明初废除丞相、提高六部的地位有关，但恐怕也不是主要原因，有元代的先例和清人的效法可以证明这一点。那么原因何在？简单回答是法律内容的变化要求采用与之适应的形式。至于具体因素，由于史料阙如，我们是不能凭空揣测的。

仅从法典的编纂体例上看，六部名律是否有进步意义呢？我个人的看法是，六部名律虽然没有彻底摆脱"诸法合体民刑不分"的编纂形式，但却显示了突破这一编纂形式的倾向，"孕育了"诸法分立的萌芽，例如它的吏律与后世的行政法、它的户律与后世的民法、它的刑律与后世的刑法，虽不能完全相当，但也相去不远，只不过是没有独立出来而已。

2．例成为法律的辅助形式。

例起于宋代。"法所不载，然后用例"，例是法律的辅充。宋代之例，似分为两种，一种是行政法中的事例，《宋史·刑法志》说："吏一切以例从事，法当，然而无例，则事皆泥而不行"，文中之例当指此而言；另一种是刑名断例，如《熙宁法寺断例》、《元符刑名断例》等等。

明代之例，从性质上看，是宋例的后一种。早在朱元璋当政时，已有例之存在，用例来辅律。朱元璋编定《大明律》后，不准后人"变乱成法"，于是，后来的统治者要表现自己的统治意志，便只有通过例了。所以明孝宋、世宗、神宗各个时期都纂修了《问刑条例》，与《大明律》并行，供法吏用为断案之依据。

到了明代后期，及至清代，则采取律例合编的形式，把律与例编在一起，所以清代之法典称之为《大清律例》。

宋、明、清三代史书之《刑法志》每言例之弊端，当时人也多对例加以非议，他们的观点当然不是没有一点道理。例往往导致法律的滋繁，而且以例破律，影响法典的稳定。然而正如有的法史论者指出的那样，"这是法律发展的必然趋势"，[1]律定在建国之初，而条文有限，它本身不能包括所有犯罪，更难以适应后来的发展需要，这就需要定例补充律的不足，用例修改已过时的律条。这种做法，比固守不合用的律或废掉全部律而重修，似乎更好一些。我们应当承认，律后附例，律例合编是一种灵活的，更能适应统治需要的法律形式。这样做，既可以不改变"祖宗成法"，保持律文的稳定性，又能根据不同的形势，因时制宜地修改、补充法律。法律的稳定从来就是相对的，绝对的稳定是不可能的。把法律的制定看成是一劳永逸的事，是一种刑

---

① 王侃：《中国法律制度史》第209页。

而上学的观点，从这个观点出发对例进行批评，表面上看不无道理，却经不起进一步的追究。

3．行政法典日趋完备。

中国古代行政法典的代表作一般认为是《唐六典》，其实《唐六典》很难算作是一部严格意义上的行政法典。它的内容主要是记述国家机关的组织、编制和职能，并侧重于追朔其历史沿革，因而，这部书有很高的学术价值，却并不具备法律的功效。

名符其实的行政法典是在唐以后出现的，它们是《元典章》、《明会典》和《清会典》，三部法典编纂水平有高低，但其内容却多涉及当时的法律、法令、条例，是当时的行政法规的汇集，这是同《唐六典》不同的。其中尤以《清会典》具有纯粹行政法典的性质。

《清会典》创修于康熙时期，其后，雍正、乾隆、嘉庆直至光绪当政时期皆曾重修，自乾隆时期开始，将会典分成两部分，一部分是会典正文，一部分是会典则例，前者揭明纲要，后者网罗事例，前者一般在百卷上下，后者则越积越多，竟达到千卷有余，可谓卷帙浩繁，它表明中国古代行政法规达到了极其完备的程度。

对于行政法典的完备应当采取分折的态度。首先，是卷帙如此浩繁，人怎么掌握呢？其实这不算什么问题。因为每个官吏只是受与之有关的部分约束，他只要掌握与自己有关的部分就可以，合而观之，卷数以千百计，分到每个官吏身上也不过数条而已。其次是，行政法规的作用问题，封建统治者之所以制定周密的行政法规，目的就是把上至"堂官"下至"书办"各级官吏都纳入成规的约束之中，使每个人都循规蹈矩，从而使整个国家机关有条不紊，这个目的基本上是达到了。但是，从反面看，它也束缚了人的主观能动性，助长了墨守成规、照章办事的官僚习气的蔓延，影响到行政效率。人与法的关系是个深刻的矛盾，这个矛盾是封建统治者无力解决的。

三、中国古代法津的内容

中国古代社会历数千年自非能保持一成不变。然其大变则在春秋战国之际。自兹以降，虽然王朝更替，而社会的基本制度始终维持。这一基本制度可分为三项，一曰君主制度，二曰官僚制度，三曰家庭制度。成文法于春秋时期问世，其内容虽甚庞杂，中心皆在维持以上三项基本制度。

（一）法律与君主制度的关系

中国古代社会的君主制度是君主拥有绝对权力的君主专制制度。皇帝有最高的权力，这种权力是不受限制的。

对于皇帝的权力，人们不是不想限制，而是无法限制。中国封建社会"奉天法古"和"谨遵祖制"的意识很浓厚。现在人们都说这是坏东西，因为它妨碍进步，阻挠变革。但也不是没有一点积极意义，那就是企图限制君权。天子是天的儿子，天的意志是必须遵从的。天虽不说话，但通过灾异警告皇帝，谴责皇帝，如果皇帝不改，那就要把天命转移给了另外的一姓了。传统也是不可违背的，古代的先王留下了不少治天下的好办法，都写在历史上，照着去办就天下太平，违背了它，就天下大乱。皇帝的天下是由祖宗传下来的，祖宗留下了不少规矩，祖宗说过的话办过的事是不能随便改变的。"奉天"、"法古"、"祖制"是三顶大帽子，有了这三顶帽子，臣子就可以说一些"臣子所不宜言"的话，与皇帝的胡作非为做一点抗争。这帽子不算小，但说话的人是跪着的，皇帝不愿戴，就很难给他戴上，绝大多数场合往往归于无效。

封建时代，没有一条法律是限制君主行为的。这是因为第一，君主掌握着立法权，他不愿用法律限制自己；第二，还因为法律要靠国家强制力保障实施，在"朕即国家"的政治体制下，即使有限制君权的法律，也是无法执行的。权大还是法大呢？在这个场合，权大于法。法因权而立，赖权而行，在政权的最高层次上，只能是权大于法。正因为如此，没有民主也就不会有真正意义的法治。

在中国古代社会，法律只是君主的工具。法律维护君主专制制度，表现为四个方面：第一，保证君主的地位不受侵犯；第二，保证君主的安全不受侵害；第三，保证君主的尊严不受触犯；第四，保证君主的意志贯彻执行。

1. 保证君主的地位不受侵害。

君主的地位至高无上，君临四海，任何人要推翻他的统治或摆脱他的统治就是反、逆、叛。谋反、谋大逆、谋叛是列入"十恶"大罪中的三项最严重犯罪，这三项犯罪不待付诸实行，只要是有此意图就可以成立，意图也不必一定见诸语言、文字，是可以推定的。商鞅被车裂，罪名就是"莫如商鞅反者"。[1]秦国已有谋反族诛的法律，故秦始皇出巡，项羽见了，说"彼可取而代之"，叔项梁急掩其口说："毋妄言，族矣"[2]汉代有"大逆无道"的罪名，《汉书·晁错传》记载 晁错被杀就是按"大逆无道"定罪，"父母妻子同产皆弃市"。《汉书·刑法志》说：高后元年，汉废三族之法，文帝时重申废除连坐之法，而"其后新桓平谋为逆，复行三族之诛。"可见对反逆的惩治最为严厉。《唐律》号称刑罚宽平，而对"诸谋反及大逆者"，规定本人斩，父、子(年十六以上)皆绞，祖孙、兄弟、母女妻妾、姐妹及子(年十五以下)没官。《明律》和《清律》更严厉，凡谋反及大逆者，不分首从，皆凌迟处死，其被诛连的亲属包括祖父、女、孙、兄弟、伯叔及侄，凡年十六岁以上一律

---

①《史记·商鞅列传》。
②《史记·项羽本纪》。

处斩，男十五以下及女姓家属则被没为奴婢。

2．保证君主的安全不受侵害。

皇帝的人身安全是绝对不可侵犯的。秦始皇时，"行所幸，有言其处者，罪死。"汉代有宫卫令，有犯跸罪，《晋律》创制"宫卫"一篇，至唐更名为"卫禁律"，其主要内容是保卫皇帝的安全。明清律将此项内容规定于兵律之"宫卫"中。皇帝所居之皇城、皇宫皆被列为禁地，严加守卫，皇帝的衣、食、住、行皆有专人负责，在这些方面，对皇帝的人身安全造成危害的行为，不得因过失而减罪。

3．保证皇帝的尊严不受触犯。

皇帝是天下的至尊，亵渎损害皇帝的尊严是"大不敬"，列为十恶大罪之一。皇帝是不能非议的，秦始皇时就规定了"以古非今者族"，汉代有"腹诽"之罪，肚子里对皇帝不满也要论罪。还把不敬的范围扩大到对皇帝的列祖列宗，"妄非议先帝宗庙寝园"，"弃市"。①晋张斐律注谓"亏礼废节谓之不敬"。②《唐律》的"大不敬"条目中，包括"盗大祀神御之物及乘舆服物"，"指斥乘舆"和"对捍制使而无人臣之礼"等等，不仅对皇帝的非议为大不敬，而且对皇帝所差遣的使者有所冒犯也以大不敬论处。明清律中的"大不敬"虽无此项内容，但在礼律"仪制"中同样规定了很多触犯君主尊严的条款。

4．保证君主的意志贯彻执行。

秦始皇建立皇帝制度，其中有一条规定是，皇帝的"命为制，令为诏"，这就把皇帝的意志表示赋予特殊的法律地位。汉代有"矫制"罪，"元鼎中，博士徐偃使行风俗，偃矫制，使胶东、鲁国鼓铸盐铁。……御史大夫张汤劾偃矫制大害，法至死。"③在封建社会里，一方面，君主的意志可随时上升为法律，"三尺之法安出哉？前主所是著为律，后

---

① 《汉书·韦玄成传》。
② 《晋书·刑法志》。
③ 《汉书·终军传》。

主所是疏为令。"①另一方面，君主又有超越法律专断的特权，所谓"非常之断，出法赏罚，唯人主专之，非奉职之臣所得拟议。"②既定的法律不能成为阻碍君主意志的理由，北宋徽宗时就下诏宣布，对皇帝的"特旨处分"，"如或以常法沮格不行，以大不恭论。"明代正德年间，大臣们为劝止皇帝南巡的决定，一百四十六人受廷杖，当场十一人毙于杖下。这些事实说明，君主的意志超越法律之上，封建法律不能限制君主的意志，而是保证君主意志的贯彻执行。

(二)法律与官僚制度的关系

官僚制度是中央集权制国家的产物。我国奴隶社会实行分封制，诸侯、大夫都有自己的封土，在这封土之上，"家国合一"，虽有官吏，其地位犹如家庭管事，这还不是严格的官僚制度。严格的官僚制度，官吏明确分职，随时任免，层次清楚，上下辖制，形成独立的系统。这是随着中央集权制的政治体制确立才逐步形成的。

官僚制度的建立是管理国家的需要。面对一个疆域辽阔人口众多的泱泱大国，封建皇帝不能靠个人之力加以治理，也不能只靠几个助手完成这一任务，而需要成千上万的官吏，形成一个严密的组织系统，对国家进行管理。为了使这一系统组织合理、运转正常，就要建立相应的制度，制定相应的法律。

官僚制度同时又是封建社会权力分配的一种形式。天下既非君主所独享，没有一定的社会力量支持，君主就会真的成为"孤家寡人"，它的统治一天也不能维持。在封建政权处于稳定时期，统治阶级内部的权力分配基本上是通过官僚制度进行的，即依照职位的高低，根据法律享有不同的特权。

在权力的共享方面，统治阶级内部一致；在权力的分配方面，统

---

① 《汉书·杜周传》。
② 《晋书·刑法志》。

治阶级内部存在着矛盾和斗争。一定的职位与相应的权力相联系，把人们对权力的欲望引向对职位的追求，有利于提高国家行政人员的素质，并减少非和平手段的争夺，但也造成了职位竞争的激烈，并由此导致官僚机构腐败，这是一个事物的两个方面。同时，职位的实质就是权力。权力和权利的平衡，会减少滥用权力攫取私人利益的发生，但不可能彻底防止其发生，不可抵制的贪欲会破坏两者的平衡，于是权力就成为攫取更多权利的手段。这也是官僚制度作为权力分配形式所具有的两重性。

官僚制度的上述内在矛盾需要借助于法律加以调整。

因此，封建法律和官僚制度的关系是极为复杂的。说封建法律是特权法，这当然不错。封建法律规定并保护各级官僚的特权。但除此以外，封建法律同时也对各级官僚的特权加以限制，并且还担负着打击各级官吏滥用权力疯狂追求法外特权的职能。而封建法律的一个主要职能则在于保证整个国家官僚机器的正常运转。这四个方面是相互联系密不可分的。

1．调整国家行政活动，保证官僚机器的正常运行。

秦律中有《置吏律》与《除吏律》两篇，对任用官吏的权限、担任官吏的条件，官吏的保举、升迁与罢免做了具体的规定。汉代根据董仲舒的建议，开始从民间"选举"孝廉到中央任职，对官吏实行定期考核的制度也略具规模。魏在魏律十八篇之外，编定"州郡令"和"尚书官令"，作为地方政府和中央行政机构的活动规则。唐的法律形式有律、令、格、式，"令者，尊卑贵贱之等数，国家之制度也；格者，百官司有司之所常守之法也。"①可见，格、式的全部和令的大部分属于行政法的范畴。而在刑法典《唐律》中也专设"职制"一篇，对官员署置过限，贡举非其人，以及官吏在执行公务中擅权、失职、延误公事等行

---

① 《新唐书·刑法志》。

为做出处罚规定。明律和清律都专辟吏律一编，分"职制"和"公式"两卷，对官吏的选举任免、职权及活动做了相当全面的规定，此外还有会典、则例，卷帙浩繁，不厌其详，完备周密地规定了国家各行政机关的组成、职能、活动方式和程序，显示了中国古代行政法律的发达。这些行政立法都旨在调整国家行政活动，保证国家机器的正常运行。

2．规定并保护官僚的种种特权。

封建官僚享有的法定特权包括经济、政治和法律等几方面的内容。

经济方面：各级官僚享有国家俸禄，一般都免除课役。在授田制下，他们比一般百姓多占土地。

政治方面：官僚子弟可以通过继承和恩荫等形式取得官职。

法律方面：官僚人身受到法律的特别保护，侵害官僚比一般人加重科刑。官僚犯罪，则可以享受议、清、减、赎和官当等特权。

这些都由国家法律、法令公开确认并明确规定。

此外在衣、住、行等方面官僚也依等级的不同而在服饰、宅第、车仗上以特殊的规格区别于一般老百姓。

3．对各级官僚特权的限制。

封建官僚依法律取得的特权是分为等级的，而在最高层官僚之上还有皇帝，因此，对官僚特权的法律规定具有双重意义，一方面是肯定特权享有人的权利，另一方面是限制特权享有人的权利，超过法定的界限，就构成"僭越"和"逾制"，要受到法律制裁。这是等级特权制本身的要求：只有限制低级官僚的特权，才能充分肯定高级官僚的特权，不然的话，高级官僚的特权也就不成为特权了。同样，只有高级官僚的特权也有一个不可逾越的界限，才能充分肯定皇帝至高无上的权利，不然的话，皇帝的权利也就不具有至高无上的性质了。

为了进一步说明这个问题，我们可以把官僚的法定特权的肯定表示形式化为否定表示形式，例如《唐律》规定的官僚在司法方面所享有的特权："八议"特权的肯定形式是职事官三品以上死罪享受八议之权，化为否定形式就是职事官四品以下死罪不享受八议之权。关于上请，五品官以上死罪可上请，换一种说法就是六品官以下死罪不得上请。再譬如关于服色，唐代规定："五品以上服紫，六品以下服朱。"①六品官可以穿红衣服，这是他区别于一般老百姓的特权，但他不能穿紫衣服，这是由于为充分肯定五品以上官的特权而对他的一个限制。五品官以上可以穿紫衣服，这是他的特权，但也受到限制，如果服用黄色，拟同皇帝，那就是"僭越"，要倒大霉了。所以封建法律对官僚特权的肯定和限制是一件事的两个方面，不可分割地联系在一起的。

4．打击不法官吏。

封建法律要靠官吏去执行，如果官吏不受法律约束，不认真执行法律，那么法律就会成为一张废纸，稍有些见识的统治者都懂得"治民必先治吏"的道理，从积极方面要求官吏严格按法律行事，从消极方面则以法律做为打击不法官吏的武器。

封建官吏的基本利益同封建国家利益一致，这是他们积极执行封建法律的基础。但每个封建官吏又有其独立的个人利益，而这种个人利益又总是处于不能充分满足的状态下，于是他们就利用手中的权力去攫取超过法定界限的权利，为此而歪曲、违背法律。其最通常的行为就是贪赃枉法。

历来的封建王朝都以法律手段打击贪赃枉法的行为。《法经》已有"丞相受金，左右伏诛"的规定。汉代，犯赃者永远不得为吏，赃吏子孙也要"禁锢三世"，即三代不得为官。北魏定律："义赃一匹，枉法无多少皆死。"唐代有"六赃"之名，其中四项(枉法赃、不枉法赃、受所监临赃、坐赃)是针对官吏的贪污行为拟制的。不仅枉法赃比一般窃盗赃

---

① 《唐律·杂律》引礼部式。

处刑加重，而且不枉法赃处刑也重于一般窃盗赃。受财枉法同杀人、反道缘坐等一起列为仅次于十恶的严重犯罪，不得享受"上请"特权，"虽会赦犹除名"。明、清律在刑律中都专设贪赃一章，规定有"官吏受财"、"坐赃致罪"、"事后受财"、"有事以财请求"、"在官求索借贷人财物"、"家人求索"、"风宪官司吏犯赃"、"因公擅科敛"等一系列罪名，惩治贪官污吏。

除了贪赃枉法之外，封建法律还惩治官吏擅权、失职及结党营私等行为。

应当指出，由于封建官吏受到司法特权的保护，特别是在实际政治生活中"官官相护"、"通同作弊"的保护，封建法律对于贪赃枉法的惩治并不总是被认真执行的。而且，即使真的执行了，也并不足以遏制乃至根绝贪赃枉法的行为，贪污始终是封建政治的一个痼疾。但是，法律的这方面规定还是不可忽视的。

（三）法律同家族制度的关系

由原始社会的氏族过渡到奴隶社会的宗族，再过渡到封建社会的家族，中国古代社会组织虽经几次蜕变，但其基本形式却保存下来了。这是由于自然经济的农业社会长期延续的缘故。

中国古代社会的家族制度，其主要内容是以男女、尊卑、长幼的区分，确定每个家庭成员的家内身份，维护男姓尊长的家长权。男女是性别的区分，尊卑是辈分的区分，长幼是年令的区分，都是由自然生成的，由于男性尊长的家长权建立在这一秩序基础之上，似乎是天然合理的，所以很难动摇。

在血统上同缘于一个祖先的各个家庭又依照亲疏远近而联结成为宗族，"族必有祠，宗必有谱"，对祖先的共同祭祀活动和家谱、宗谱的编定、续定活动，使宗族关系在合族而居的宗族制度破坏以后仍得以延续。宗族关系是家族制度的外部力量，家庭内部的不正常关系通常要受到来自宗族的干予，使其恢复正常。

封建国家在法律上维护宗法家庭制度，一方面是由于家庭是社会的细胞，封建国家进行聚敛是以家（户）为单位，家长制是君主专制主义的基础；另一方面是由于以宗族关系为网络结构的社会组织是巩固统治秩序和社会秩序的工具。

封建法律同家族制度的关系可分为以下四个方面：

1．法律维护家长支配下的同居共财的家庭财产所有制。

同居共财的家庭财产所有制是家族制度的经济基础。唐律、明律、清律皆禁止祖父父母在子孙别居异财，并规定卑幼私自用财有罚，从而在法律上肯定了作为一家尊长的家长对家庭财产的支配权。为保证这一家庭财产所有制的稳定，封建法律还规定：禁止收养异姓为养子，禁止寡妇带财产改嫁。

2．法律维护男姓为中心的婚姻家庭制度。

以聘娶为形式的婚姻实际上是把女子当作买卖的对象；在夫妻关系中，女子成为男人的附属品，没有独立的人格；一夫多妻制使女子陷入屈辱的地位；婚姻的解除几乎完全由男子掌握主动权；死去丈夫的寡妇没有继承财产的权利；对父母的遗产，女子没有继承的资格。即使没有兄弟，未出嫁的女子也不能正式继承父母的遗产，如此等等，表明封建的婚姻家庭制度是以男姓为中心的。封建法律维护这一婚姻家庭制度。在民事法规中，妇女没有独立的财产权，几乎没有婚姻自主权，人身自由权也被剥夺殆尽。在刑事法律中，妻的地位与卑幼相同，妻告丈夫与卑幼告尊长同罪，夫妻相犯按尊卑相犯的原则处理，妾的地位比妻更为低下，实际上等于奴婢。

3．法律维护尊卑长幼各有差等的家庭秩序。

在封建法律中，父母与子女处于绝对不平等的地位。不孝被列为十恶重罪。子女违背父母教令，不问是非，都要严惩。除谋反大逆谋叛之外，子女不得控告父母。骂詈、殴打、伤害、杀害祖父母、父母要受到最严厉的处罚，反过来，父母故杀子孙也只判徒刑，过失杀则无罪，伤害只要不造成极严重后果也不受处罚。在家庭和亲属的其他尊卑长幼之间，相互侵犯也以同样的原则处理，尊长侵犯卑幼减轻处罚，卑幼侵犯尊长则加重处罚。究其立法意图、就在于维持子女对于父母、卑幼对于尊长的绝对服从关系，以保证家庭的秩序。

4．家庭制度给封建刑法以深刻影响。

这种影响最主要的表现是家庭连坐，一人犯罪，株连全家，甚至株连九族。汉周勃、陈平论证族株的理由是"父母妻子同产相坐及收，所以累其心使重犯法也。"①据此可以说，家族连坐是利用人们头脑中家族观念以达到预防犯罪的目的，不过更主要的原因也许是统治者害怕报复，才斩草除根，不留余地。这反映了家族观念也有不利于封建统治一个方面。但这个方面是非本质的，所以封建国家总的倾向是加强人们的家族观念，为此甚至不惜使封建国家的利益受到局部损失。例如法律规定"同居相为隐"条，对包庇、藏匿犯罪者的家属、近亲属不科刑或减轻刑罚，以及对判死刑和徒流的罪犯以"权留养亲""权留承祀"的理由免刑或缓刑，都体现了这一点。

中国古代法律的内容当然不仅限于以上三大方面，还有许多。其中重要者，是对于人身安全与财产安全的一般保障之规定，所谓"杀人者死，伤人及盗抵罪"是也。汉高祖刘邦的这一"约法三章"，一直是封建法律的基本内容。自《法经》开始，以为"王者之政莫急于盗贼"，封建法律就把盗贼列为重点打击的犯罪。贼，在古代是指人身伤害罪；盗，是指侵犯财产罪。这两个概念包括了广泛的意义。那种认为史书上记载的"贼""盗"统统是农民反抗封建统治的斗争，是农民起义，乃至是农民革命的观点是一种形而上学的观点。实际上，宣布"杀人者死"，相对于任意杀死奴隶的奴隶制社会来，体现了封建法律的进步性；而对私有财产的保护，当然主要是保护地主阶级的财产，但也及

①《汉书·刑法志》。

于一般人民的私有财产。人身安全和财产安全，是一个社会公共秩序得以维护的基本因素，因此，除个别社会(例如奴隶制社会对于奴隶)外，任何社会的法律都有这类一般规定。中国古代也不例外。问题在于，有关人身安全保障和财产安全保障的一般规定，只有置于封建法律对君主制度、官僚制度和家庭制度的特别保障之下加以观察，我们才能认识中国古代法律的特质。例如同是杀人罪，因杀害的对象不同处刑有轻重，因杀人者与被杀者的关系不同处刑有轻重，伤害罪也是如此。即使是盗窃罪，虽然一般的原则是计赃论罪，但盗窃亲属财产却可以减等①，这是离开家族制度所无法理解的。

---

① 《唐律·贼盗律·盗缌麻小功亲财物》。

论中国古代教育思想的特点

郭齐家

郭齐家，男1938年生，湖北武汉人，中共党员。北京师范大学教授，博士生导师。1993年享受政府特殊津贴，2000年退休。兼任中华孔子学会副会长、国际儒学联合会理事会顾问。

长期从事中国传统文化教育的教学与研究。

专著有《中国教育思想史》、《中国古代学校》、《中国古代考试制度》。参编《中国教育魂——从毛泽东教育思想到邓小平教育理论》、《中国古代教育家》、《中国古代学校和书院》。合著《简明中国教育史》、《中国远古暨三代教育史》、《陆九渊教育思想研究》；主编《中外教育名著评价》、《中国小学各科教育史丛书》、《中华人民共和国教育法全书》、《中华人民共和国职业教育法实务全书》、《中国教育史研究·宋元分卷》、《中国教育传统与教育现代化基本问题研究》。

一、世界古代文明的四大系统

从人类文明发展史来看，世界古代文明主要有四大系统对人类的发展产生了经久的影响，那就是西欧、伊斯兰世界、印度和中国。而从教育来看，严格地说，也许只有西欧和中国才形成了一套复杂多样的教育系统。记住这个事实，对于我们深入研究西方教育史和中国教育史是很有意义的，我们之所以对西方教育史加以强调和研究，最主要的原因就是在19世纪以后，西方教育已成为世界很多民族、很多国家、很多地区教育发展的一个共性。从整个人类教育发展史来看，了解西方教育史也是对19世纪以后整个人类教育发展史的一种共性的认识。然而我们决不能因此而低估了中国传统教育的影响，特别是在当前西方在现代化过程中出现了一些问题，许多西方有识之士，把眼光转向了中国的传统文化和传统教育，希望从中寻找有价值的东西，以补救现代化过程中所出现的种种弊病。

二、中国传统教育的形成和演变

根据历史文献记载，中国教育的起源可以追溯到夏、商、周三代以前。商周时代，中国教育已有相当的积累，知识大体具备规模，这就为学校教育的兴盛发展创造了条件。西周时期已逐步形成了一个以"礼、乐、射、御、书、数"为主体的"六艺"教育体制。到了春秋战国时期，中华文明的果实成熟了，中国教育进入了"古典"时代，产生了私学和专门从事教育工作的教师群体，一大批对后世影响深远的教育家，如群星灿烂，各家学派教育思想竞相争辉。不仅《论语》、《墨子》、《孟子》、《荀子》、《礼记》、《管子》、《吕氏春秋》等典籍中记载了大量的教育资料，而且还出现了像《大学》、《学记》、《劝学》、《弟子职》、等这样的教育专著。这些教育专著是春秋战国时代丰富的教育经验和教育思想的总结，成为世界上最早出现的自成体系的教育学著作，奠定了中国传统教育的理论基础。

从历史上看先秦时期是中国传统教育的形成、奠基时期；秦汉至宋明时期是中国传统教育的发展、辉煌时期；清代开国直至近代，中国传统教育出现了衰微的倾向；本世纪以来，"重建教育"成为中国教育的重大课题。

中国传统教育是指中华民族长期形成的、已定型的教育遗产，是已经成为实际的教育历史实体，是中华民族文明进化过程的教育渊源。与中国传统教育略有不同，中国教育传统是指中华民族文明进化过程中形成的教育源流，是仍在不断丰富发展的还未完全定型的教育动态和教育发展趋势。

中国传统教育包含的内容十分广泛，大致包含：(1)中国儒家的传统教育；(2)中国道家的传统教育；(3)中国佛教的传统教育；(4)近代西方教育科学传入后形成的传统教育；(5)20世纪以来，特别是二三十年代中国众多的教育家和教育流派，通过教育实践和教育理论的创新形成的传统教育；(6)中国无产阶级的传统教育，包括马克思主义教育思想在中国的传播及老解放区的教育实践、1949年后社会主义教育实践形成的传统教育。

在古代，儒家教育思想体系构成了中国传统教育的主流，道家与佛教的教育思想起辅助作用。到了近代，随着西方教育科学的传人与引进，中国的教育面貌发生了一系列变化，一部中国近代教育史是中西教育全面接触、冲突、吸收和融合的教育史，是交织着被迫接受和主动探索的矛盾与痛苦的历史，近代的中国传统教育往往与民族救亡相联系。尽管如此，中国传统教育并没有完全丧失其意义和活力。意味深长的是，在今天，当西方社会和西方教育面临一系列新的难题时，他们把眼光又一次转向中国，我们就不能在中国古老的传统教育中重新获得灵感和启示吗？

◆ 三、中国传统教育的主要贡献 ◆ 及其特征

中国传统教育对于世界教育的贡献是多方面的。从世界范围来看，中国源远流长的传统教育是相当独特并富有创造性的。无论是在教育制度上，还是在教育思想和教育的价值取向上，中国都提供了一整套不同于世界其他国家、其他民族、其他地区的独创性的东西，这些至今仍然具有不衰的魅力。

以教育制度为例，中国古代有丰富的办官学、私学的经验，有按行政区设置教育网络、多渠道多层次办学的经验，有自学成才、自学考试的经验，古代还有博士制度，唐宋以后还有科举考试制度、书院制度以及推行社会教育、家庭教育的传统，这些不仅在当时的世界上占领先地位，而且其内容和形式也多有独到之处。

以教育思想和教育的价值取向为例，中国传统教育关于教育与政治、经济关系的认识，关于教育与法治关系的认识，关于德育与智育关系的认识，关于知识与才能关系的认识，关于教与学、教师与学生关系的认识，关于学校教育与社会教育、家庭教育关系的认识，以及

形成的一系列具有独特风格的道德教育与提升道德修养的手段，如立志有恒、克己内省、改过迁善、身体力行、潜移默化、防微杜渐等等，形成的一系列具有独特风格的知识教育与教学的手段，如格物致知、读书进学、温故知新、学思并重、循序渐进、由博返约、启发诱导、因材施教、长善救失、教学相长、言传身教、尊师爱生等等，这些不但是中国传统教育中的精华，也是对世界人类教育宝库和世界教育史上的主要贡献，对此我们应该批判地加以继承和弘扬，并使其在新的教育科学理论的基础上加以提高和发展。

中国传统教育究竟有哪些重要的特性或特征呢？现在学术界、教育理论界对此众说纷纭。有的是从中国传统教育哲学思想的整体构架上探讨了中国传统教育的基本特点：(1)天人合一；(2)政教统一；(3)文道结合；(4)师严道尊。(参阅黄济主编：《中国传统教育哲学思想概论》第398~408页)

有的是从中西教育的比较角度，提出了中国传统教育的基本特征：(1)重世俗而轻神性；(2)重道德而轻功利；(3)重政务而轻自然；(4)重和谐而轻竞争；(5)重整体而轻个体。

其实还不只是这几个特征，还有如重积累而轻发现、重趋善而轻求真、重综合而轻分析等等。当然这里所谓"重"与"轻"也是相对于西方教育而言的，而且是就其整体特征而言的，并不意味着绝对地偏向一方或忽视另一方。(参阅朱永新：《中华教育思想研究》第44~58页)

中国传统教育的主要贡献和基本精神，是其教育的价值观，中国传统教育的重要特性或基本特征，则是中华民族关于教育价值取向的反映。如果我们通过对中国传统教育的主要贡献和教育价值观的透视来探讨中国传统教育的基本特征，还可以从以下三个方面加以探讨：

一是综合观，即大教育观。中国传统教育认为教育这一系统是整个社会大系统中的一个子系统，许多教育问题实质上是社会问题，必须把它置于整个社会系统中加以考察和解决。而教育问题的解决，又必然促进整个社会的发展和进步。如孔子十分重视教育，把人口、财富、教育当作"立国"的三个要素，认为在发展生产使广大人民群众富裕之后，唯一的大事就是"教之"，即发展教育事业。他从"国之本在家"的思想出发，重视社会道德和家庭伦理——"孝悌忠信"的教育，孔子看到了教育对于治理国家、安定社会秩序所发挥的重大作用。这种把教育放在治国治民的首要地位的认识，把个人的道德修养和提高社会道德水准看成是治国安邦的基础的思想，是十分深刻的。《学记》则把教育的社会功能概括为16个字："建国君民，教学为先"、"化民成俗，其必由学"，认定教育的社会功能包含相互联系的两个方面：一是培养国家所需要的人才，一是形成社会的道德风尚，形成良风美俗。这可称得上是中国传统教育关于教育的社会功能的经典性的概括和总结，至今仍不失其借鉴意义。

二是辩证观，即对立统一观，中国传统教育强调把道德教育放在首要地位，但同时也不忽视知识教育的作用。如孔子说："君子怀德"，"君子务本，本立而道生"，"行有余力，则以学文"；同时孔子又说："好仁不好学，其蔽也愚"，"仁者安仁，智者利仁"，"未知，焉得仁?"董仲舒也说："仁而不智，则爱而不别也；智而不仁，则智而不为也。"这就是中国传统教育的德智统一观。首先是道德教育及其实践，其次才是知识教育，德育要通过智育来进行，智育主要也是为德育服务。德育与智育之间存在着相互依存、相互渗透、相互影响、对立统一的关系，知识与才能之间也存在既矛盾又统一的关系。唐人刘知几说，一个人如果有学问而无才能，好比拥有巨大的财富却不会经营它；如果有才能而无学问，则像本领高超的工匠，没有刀斧和木材，也无法建造宫室。长期以来，有一种观点是："鸳鸯绣出从君看，不把金针度与人。"明人徐光启反其语曰："金针度去从君用，未把鸳鸯绣与人。"徐光启强调培养才能的重要，认为教育不只是讲一些现成的知识，而是要培养人的能力和才干，特别是培养人的思考能力与习惯，进而掌握科学的方法。《学记》深刻地阐述了教与学之间的矛盾，并要求教与学辩证的统一，明确地指出了教与学之间相互依存、相互促进的关系，认为教与学是不断深入、不断发展的同一过程的两个方面。教因学而得益，学因教而日进。教能助长学，反过来，学也能助长教，这就叫做教学相长，中国传统教育认为教学相长不只意味着教与学之间对立统一的关系，还意味着教师与学生之间平等的相互促进的关系。中国传统教育中的这些深刻的辩证法，即在现代世界教育学专著中亦属罕见。

三是内在观，即强调启发人的内在道德自觉性，心性的内在道德功能观。中国传统教育的显著特点是启发人的内心自觉，教育人如何"做人"，如何在现实生活中实现其"治国平天下"理想的入世精神，强调的是对自身的肯定，人不仅与天地相参而且顶天立地，追求"同天人"、"合内外"（即殊相与共相统一、主观与客观统一）。在这种"天人合一"之中得到最高的理智的幸福。中国传统教育提出了"做人"的道理、"做人"的要求、"做人"的方法，并让人从中得到"做人"的乐趣，表现出人的崇高的精神境界。与西方教育不同，中国传统教育不是悲观型的，而是乐观型的；不是"罪感教育"，而是"乐感教育"；不是消极无为、逃避现世的，而是刚健有力、自强不息的；不是以个体为本位，而是以群体为本位的；不是要依靠宗教信仰和祈祷，不主张离开社会和家庭，而是加强在家庭、学校及日常生活之中积累道德行为，加强自我修养，即此岸即彼岸，"极高明而道中庸"；不用到上帝面前而是在自我心中寻找美丑善恶的标准，追求道德的"自律"，而不是"他律"。中国传统教育强调人内中具有一种价值自觉的能力，"为仁由己"，"自我修养"，"自省"，"自反"，"慎独"，直到"我完善"——自我求取在人伦秩序与宇宙秩序中的和谐。中国传统教育追求价值之源的努力是向内、向自身而不是向外、向上，不是听上帝的召唤，亦不是等待外在的指令，重视其内在的力量，重内过于重外，这是一个很值得我们注意的教育特色。

李瑞环同志在《关于弘扬民族优秀文化的若干问题》一文中指出："中华民族文化对于人类的进步和发展产生了广泛深远的影响。我国古代的四大发明对于人类文明的贡献自不待言，若干领域的学术思想成就也丰富了世界思想文化宝库。中国古代的辩证法、教育思想、军事理论等，在当今的世界上仍然具有不衰的魅力。"[1]这个肯定中国传统教育成就的论断是符合客观实际的。

四、中国传统教育与现代化社会

西方的现代化取得了很大的成功，西方的"民主"与"科学"取得了一系列成就，确实应该成为其他各国学习的范例。然而西方文化教育的内涵并不仅仅只限于"民主"与"科学"，还有很多现实问题，其中有过度发展的个人主义、漫天限制的利得精神、日益繁复的诉讼制度、轻老溺幼的社会风气、紧张冲突的心理状态等等，所有这些不但未必能适合于其他国家，而且也已引起西方人自己的深刻反省。[2]

现代社会中人的心性恶化膨胀的发展，用科学是克服不了的，甚至相反。不少罪行是利用现代科学进行的，要想从根本上治疗通病，如性猖獗、战争狂、极端利己的物欲权以及盲目破坏生态平衡等，依靠科学本身是不行的。

现在一些西方有识之士要求到中国来，对中国古老的传统文化教

---

① 《求是》，1990年第10期。
② 余英时：《从价值系统看中国的传统文化》，载《近四十年来孔子研究论文选编》，齐鲁书社1987年版。

育感兴趣，这是什么原因？难道是要走回头路、开倒车？他们要学习中国传统文化教育，而我们则要学习西方现代化的知识经验，这个现象，从整个人类历史来看，可以给我们一个启示，这就是东方与西方应该是相辅相成、相依相存，东方的人文教育道德理性恰好是西方所需要的，西方的科学技术管理知识恰好是东方所需要的，这是很自然的两极。从这个眼光来看，整个世界的教育是一个系统，这个系统中间有两类，一类是科技教育，一类是人文教育。人文教育假若没有科技，也有它的缺陷；科技教育缺少人文的价值，也有它的问题。从西方国家来看，现代化在某一阶段就需要重新调整人与物、人与人、人的自身与内心的关系，所以他们要向中国古老的传统文化教育——中国的儒、道、佛家学习，追求道德理性，追求和谐，追求人的价值，也就是说他们要从中国古老的传统文化教育中寻找能重新调整他们的社会关系、人际关系、人类与宇宙自然关系的方法原则，比如西方国家普遍存在子女与父母的沟通问题、青少年犯罪与道德教育问题、老年人的赡养和精神上的孤独问题、环境污染与生态失衡的问题等等，这些西方现代社会的焦点问题，他们觉得中国的一些社会伦理和家庭教育原则可能有用，他们从中国家庭伦理教育进而检讨到社会伦理教育和社会人际关系以及人与自然之间的关系。而当今的中国社会形成一个相反的潮流，当代中国青少年刚要肯定自我，从家庭里面走出来，提出参与社会现代化的要求，这种发展与西方刚好是一个相反的发展，一个是从东往西，一个是从西往东，时间在这里发生了错位。现在西方社会出现的后现代化的要求，这种后现代化的要求刚好就是中国传统文化和传统教育可以提供的；在中国社会里出现的现代化的要求，这种现代化的要求刚好就是西方文化和科技教育可以提供的。这是世界发展的一个很自然的趋势，虽然它是多源头的，但最后总要统合在一起的。也就是说从一个整体来看，要把一个现代化的要求与一个后现代化的要求整体化。当然这个整体化并不是说，因为西方人要学习中国的传统文化与传统教育，我们就马上回到中国的传统社会中去，而是说他们了解到中国传统教育的人文价值，启发我们也应该重视自己的人文教育的传统，对中国的传统教育作一番新的认识。

当代著名的英国历史学家汤因比说："自从人类在大自然中的地位，处于优势以来，人类的生存没有比今天再危险的时代了"，"不道德程度已近似悲剧，而且社会管理也很糟糕。"他认为中国传统文化教育，特别是儒家、墨家的仁爱学说，是解决现代社会伦理问题所急需的。他说儒家的仁爱"是今天社会之所必需"，"墨家主张的兼爱，过去只是指中国，而现在应作为世界性的理论去理解。"①

1988年西方一批自然科学家，包括76位诺贝尔奖金获得者在一次集会后发表的宣言中认为：如果人类要在21世纪继续生存下去，避免世界性的混乱，就必须回首2500多年前孔子的道德智慧。

1989年底联合国教科文组织在中国召开"面向21世纪教育国际研讨会"后发表了一篇《学会关心》的宣言，列举了当代道德教育的危机，提出"恢复具有早期时代特征的关心价值观已势在必须"，发出"关心家庭、朋友、同行、社会、国家、其他物种，乃至地球"的号召，这些正好是中国传统教育中如何"做人"的主要内涵和基本精神。

现代社会要关心人的问题，肯定人的生命生存的价值和意义，西方的"工具理性"不能完全代替"价值理性"，因此我们应深深挖掘中国传统文化和传统教育关于这方面的思想资源，这对于加强现代人文主义教育思潮和影响，遏制科学主义片面发展"工具理性"所造成的种种现代弊病，可以起到一定的积极作用，从这个意义上说，中国的传统教育，包括儒家、道家、佛教的教育并不是完全没有现实意义的，不只是博物馆中有观赏价值陈列品，而是可以给予现代人以相当重要的启迪。越是科技高度发达的现代化社会，中国传统教育的人文关切和

---

① 《展望二十一世纪——汤因比与池田大作对话录》，国际文化出版公司1985年版，第390、425—426页。

"天人合一"的理想对人类的启迪和警示作用则越大。[1]

20世纪即将过去，20世纪是人类社会大发展，物质文明和精神文明均以空前速度提高的时期；同时也是人类社会经受到各种各样困扰的时期。当前世界各国，不论其社会制度如何，不论其社会经济发展程度如何，都普遍认识到人类社会发展到21世纪必然会遇到几大难题：如能源大量需求、资源日益耗竭、环境加剧污染、不治之症不断出现、人口恶性膨胀、生态严重失衡、自然灾害频频发生、人与自然的同盟关系遭到严重破坏等等。这些难题如不及早重视解决，势必会给人类社会的生存带来极大的危害，如及早重视克服，将使人类社会及其赖以生存的自然环境，维持到21世纪以后的相当长的一个时期，得到和谐稳定的发展。分析产生这些难题的根本原因是，20世纪科学技术发展给人类社会带来了繁荣，同时也带来了这些难题，特别是高科技的发展模式基本上是建立在高温、高压、高能耗基础上的，如不改变这种高科技发展模式，依靠现有的科学技术不能根本解决这些难题。

如何改变科学发展模式，从根本上解决这些难题？1989年《温哥华宣言》已明确指出：为了改善21世纪科学、文化和人类生存发展，要更新思想、更新观念，要展示一个不受机械规律硬性制约的、具有持续创造力的宇宙形象。于是西方科学界又一次把眼光转向了中国，求助于东方古老的文化教育传统。"天人合一"、"天人相应"，这是最大的生命整体观。

中国传统教育追求的是人的身与心、人与人、人与社会、人与宇宙自然的统一与和谐。这对于21世纪完善人的性格、情操、行为和心态，净化心灵，净化社会；这对于促进现代科学技术中局部与总体、客体与主体、精神与物质、人与宇宙自然相沟通相统一的新的发展模

---

[1] 方克立：《展望儒学的未来前景必须重视的两个问题》，载《天津社会科学》1991年第1期。

式和方法论有重大意义。所以挖掘中国传统文化与传统教育的有价值的观念，对于促进人类、社会和生态得以协调发展，从根本上解决当代几大难题和现代化进程中的种种困惑，是很有帮助的。这已经成为时代的呼唤和历史发展的要求。

中国传统以教育为立国之本，教育不应片面地理解为科学技术知识的传递，还更应强调道德理性和人文精神的重建。中国传统教育的终极目的是培育民族精神，淳化代代人风，提高人的心灵素质，帮助人们修养身心，达到一种真善美统一和谐的人格境界。不管现代社会科技、商业如何发达，不管我们从事的现代职业如何先进、精密，人性的培育，心灵境界的提升，人们从实然的人向应然的人的超越，总是不可替代的。这对于人类、国家与人的自身来说，都是生命攸关的大问题。因此，人类现代化事业的一个重要的建设层面是人性的培育、道德境界的提升。从长远的观点来看，应当把人的心性建设放到一定的高度。对人类心性的关怀，才是最根本的关怀。

当21世纪宣告黎明时，中国不仅要在经济层面、物质层面，而且还要在教育领域、心性建设层面，为世人瞩目。我们应和世界各国人民一道，互相学习，互相支持，汲取各国优秀的传统文化和传统教育中有价值的观念，共同创建现代世界文明，维护世界和平和生态平衡，成为导引人类历史的动力。这是历史的期待！

中国科学传统及其世界意义

董光璧

董光璧，中国科学院自然科学史研究所研究员。1935年11月出生在河北丰润农家，在北京大学完成理科学业，长期从事自然科学史研究，旁涉科学哲学和科学文化。出版有《世界物理学史》等数十部著作，发表有《马赫为什么拒绝相对论》等数百篇论文。主要学术贡献可以概括为，发现了当代科学中孕育了的生成论的新科学研究纲领，论证了当代科学中滋长着的新科学范式的特征，阐明了当代科学思想三大转向与中国科学传统的契合，提出了社会发展的中轴转换原理。

中华文明经过夏、商、周三代的发展，在百家争鸣的春秋战国时期奠定了科学的理性基础。在君主专制的体制和儒道互补的思想背景下发展的中国科学技术，在秦汉时期形成自己的诸学科范式，其后经历了南北朝、北宋和晚明三次高峰期，在从农业文明向工业文明转变的过程中开始落伍。北宋以来沿着自己传统的科学近代化趋势，由于"靖康之变"、"甲申鼎革"和"虎门销烟"相继三次挫折而泯灭，最终通过移植西学而融入世界科学体系。在人类文明的广泛交流和融合过程中，中国科学的传播以及它作为中华文明接受外来文明的基础之一而成为世界科学技术史的一部分。

严格意义上的科学，即逻辑、数学和实验紧密结合的知识体系，诞生于近代之欧洲，追寻其历史而有古代科学之说。科学的源头被追溯到古代希腊文明，并因而有"古希腊科学"。在文明比较的意义上，人们也谈论"古阿拉伯科学"、"古印度科学"和"古中国科学"等诸多古代科学。可以这样谈论的理由在于，直到15世纪末，东方人和西方人大体一样，都各自企图解决同样性质的问题，而都没有很好领悟和自觉掌握我们今天所熟悉的科学的方法和精神。

　　按照英国科学史学家李约瑟（Joseph Needham, 1900—1995）的全球科学观及其"世界范围起源律"[①]，诞生在欧洲的近代科学是各古代科学汇流的结果。在公元前5世纪前后印度、中国和希腊三个文明中心率先产生了理性的科学文化。在古希腊科学繁荣和近代科学诞生之间的千余年间，希腊科学衰退而阿拉伯科学和中国科学兴旺发达，并且正是希腊科学传统和中国技术传统在阿拉伯汇合并渐次传往欧洲而促成了科学的诞生。

　　科学诞生后的继续发展是一个科学世界化的过程，各文明区的科学近代化都是这个科学世界化的总进程的一部分。各文明孕育的古代科学也是接受和发展世界化科学的基础，因为科学规律不因发现它的民族而异，差别主要在表达形式和自然观方面。中华悠久文明中的科学传统，其科学成就、科学方法和科学精神，不仅对科学诞生和成长做出了不可磨灭的贡献，而且又能对科学的未来发展提供启示。

① Joseph Needham,The Role of Europe and China in the Evolution of Oecumenical Science, Asvebcement of Science ,24(119):83(1967).

◆ 一、历史悠久的中华文明 ◆

中国地处欧亚大陆的东端，从青藏高原伸展到太平洋。4000万年前的青藏高原是一片海洋，1000万年前升起为陆地，在数百万年前才隆起成为高原，气候由温暖湿润变得干旱寒冷。发源于这里的黄河和长江分别蜿蜒而流入大海，自远古以来中华民族就繁衍在这两河流域。从中国全域看黄河流域的气候环境比长江流域严酷得多，从全球看东亚两河流域所要应付的自然环境的挑战要比西亚两河流域和北非尼罗河的挑战严重得多。而正是这天赐的"挑战"，给予了这里的人们发挥其潜在的创造才能的机遇，创造了灿烂的中华文明。

在当今中国领土范围内，已发现的古人类化石有：200多万年前的四川巫山人和湖北建始人、170多万年前的云南元谋人、115万年前的山西蓝田人、50万年前的北京人、35万年前的江苏南京人、30万年前的安徽和县人、20万年前的陕西大荔人和湖北长阳人、10万年前的山西丁村、3万年前的北京山顶洞人等①。约1万年前现今中国的广大地域已经进入了新石器时代，采集狩猎遗迹遍布中国的东北北部、内蒙古、新疆和青藏高原；畜牧、农作遍布华北、东北南部、华中和华

---

① 人类起源地可区分为人科起源和智人起源，对于人科起源于700—500万年前的非洲并在150万年前作为直立人离开非洲而走向世界各个角落无大异议，而关于现代人起源则有非洲起源说和多地区进化说，多数人类学家主张非洲是现代人的故乡，少数人类学家主张现代人在欧亚非各自起源。按非洲起源说，现代人的祖先可追溯到大约20万年前非洲的一个女人，约在10万年前她的后代们开始沿海路和陆路南北两条路线走出非洲。南线自北非经阿拉伯半岛沿海至印度并进而到达东亚和大洋洲，北线自北非经地中海东岸至近东并进而到达欧洲和东亚。北京人也可能不是当今中国人的祖先，我们的祖先或许是几万年前到来的非洲智人的后裔，他们从西北和西南进入中国境内，如青海柴达木盆地的小柴旦湖古人类遗址。

南；主要农作区在土质松软的黄河流域（种植粟米等作物）和长江流域（种植水稻等作物）。

中国境内的新石器文化遗址数以千计，迄今发现较早期的著名文化遗址，在黄河流域有中游的裴李岗文化（约公元前70—前49世纪）、仰韶文化（约元前50—前30世纪）和中下游的龙山文化（前29世纪—前20世纪），在长江流域有下游的跨湖桥文化（前60世纪）和河姆渡文化（前50世纪）。迄今已发现的文化遗址，黄河流域的多于长江流域的，并且与传说时代有所对应，如裴李岗文化之与伏羲时代、仰韶文化之与炎黄时代、龙山文化之与禹夏时代。

传说中的三皇五帝业绩大体上有了考古证据的支持，夏（前21世纪—前16世纪）、商（前16世纪—前11世纪）、周（前11世纪—前）三代的历史面目也越来越清楚了。自秦（前221—前206）统一中国以降，虽然有汉（公元前206—220）后的三国（220—280）、两晋（265—420）和南北朝（420—589）300多年的分裂以及隋（581—618）、唐（618—907）之后五代十国（907—960）的短期分裂，直到宋代（960—1279）、辽（947—1125）、西夏（1038—1227）、金（1115—1234）四元对恃并存，和接续的元（1271—1368）、明（1368—1644）、清（1644—1912）三朝，中国基本上是中央集权的君主制国家。这就是中国科学理性产生和发展的基本文化环境。

梁启超（1873—1929）在其《中国史叙论》（1901年）一文中，以时间和空间的结合论历史，把中国的历史划分为中国之中国、亚洲之中国和世界之中国三大时期。自黄帝以迄秦之统一是中国之中国，即中国民族自发达、自竞争之时代。自秦统一至清代乾隆末年是为亚洲之中国，即中国民族与亚洲各民族交涉频繁和竞争最烈之时代。自乾隆末年以至今日是为世界之中国，即中国民族会同全亚洲民族与西人交涉竞争之时代。这里的"中国民族"，在翌年发表的《论中国学术思想变迁之势》（1902年）一文中，代之以"中华民族"。"中华民族"的称谓，就源于梁启超的这一创造。

◆ 二、百家争鸣的理性之光 ◆

　　元谋人已经学会用火，蓝田人使用石英石打制的工具，北京人已能保存火种，丁村人已使用棱尖工具，山顶洞人已经人工取火。河姆渡遗址有木屋、水井、稻谷、陶猪和漆碗等，半坡村遗址有粟粒和彩陶。仰韶文化属于陶器时代，而龙山文化则属于早期铜器时代。山西陶寺有世界最早的古天文台遗址，安徽禹墟有规模宏大的祭坛。

　　公元前11世纪的殷周之际形成了"卦爻"体系，公元前8世纪的西周末年太史伯阳父提出"阴阳"和"五行"学说①。公元前6—前3世纪，东周(前770—前256)的春秋(前770—前476)末至战国(前475—前221)时期，殷周以来的思想观念在百家争鸣中经历一次理性的重建。信仰的"天命观"转了向理性的"天道观"，亦即人格神的"主宰之天"开始自然化和人文化。这种理性重建区分了"天道"和"人道"，"仰观天文，俯察地理"的观察精神通过《易传》的传播而得以发扬。春秋郑人子产(前？—前522)、春秋楚人老子(约前571—前471)和春秋鲁人孔子(前551—前479)先后倡导人道要遵循天道和顺应自然的"则天说"，战国鲁人子思(前483—前402)和战国鲁人孟子(前372—前289)相继阐明了人类要参与并帮助自然演化的"助天说"，战国赵人荀子(约前313—前238)则提出人类要依据自然规律驾驭自然的"制天说"。遂有"人性"和"物理"的

---

① 据《国语》记载，西周末年宣王和幽王时的太史伯阳父，以阴阳二气论地震"阳伏而不能出，阴迫阳而不能蒸，于是有地震。"(《国语·周语上》)，以五行论和实生物"故先王以土与金、木、水、火杂，以成百物。"(《国语·郑语》)。

分途而治，"生成论"①的变化观、"感应论"②运动观、"循环论"③的发展观等宇宙秩序原理亦被提出，为中国传统科学的产生和形成奠定了理性的基础。

三、传统科学范式的形成

秦(前221—前206)、汉(前206—220)时期的中国，不仅完成了诸如造纸、指南车、手摇纺车、织布机、水碓、龙骨水车、风扇车、独

---

① 成论主张万物都是从唯一的本原生成的，在《道德经》中表述为："道生一，一生二，二生三，三生万物。"在《易传·系辞上》中表述为："易有太极，是生两仪，两仪生四象，四象生八卦，八卦定吉凶，吉凶成大业。"这种连续生化的思想发展到北宋形成两种不同的生化模式，邵雍(1011—1077)的先天图和周敦颐(1017—1073)的太极图，由于朱熹(1130—1200)的阐释和推广，持续影响中国古代学术思想近千年。

② 感应论主张事物以气为中介相互关联。荀子的"水火有气而无生，草木有生而无知，禽兽有知而无义，人有气、有生、有知且有义，故为天下贵也"(《荀子·王制》)，为感应论建立了气论基础。《易传》提出感应原理的最初形式，《易传·咸卦·象》有"二气感应以相与……天地感而万物化生"，《易传·乾卦·文言》提出"同声相应，同气相求"，而《易传·系辞上》则给出"感而遂通天下之故"的概括。吕不韦(前？—前235)的《吕氏春秋》和刘安(前179—前122)的《淮南子》进一步将感应原理具体化，西汉董仲舒(前179—前104)的《春秋繁露·同类相动》对天人感应作了系统的论述。东汉王充(27—97)把感应论从"天人感应论"扭转向"自然感应论"，使感应原理成为自然研究的一条指导原理。由感应原理解释电磁现象、潮汐现象并建立时间医学。

③ 循环论主张一切自然过程都是终而返始的。对自然界的种种周期运动现象的这种概括，在阴阳概念的基础上升华为宇宙秩序的一个原理。《老子》将循环作为道的一种规律，用"反"和"复"刻画其"周行不殆"的运动特征，《周易》经、传用"无往不复"和"往来无穷"诸语强调循环思想，历代宏儒无不崇尚循环原理。以循环原理为指导对自然界中种种周期现象的观察和利用硕果累累，如对日月和行星视运动周期的精确观测以及协调这些周期而制定种种历法，又如依据循环原理所获得的关于人体经络和血气循行环路。

轮车、钻井机、浑天仪和候风地动仪等许多重大技术发明，以及秦始皇动用30万民工并历时10年而修筑绵延万里的长城。而且在以刘安（前179—前122）为代表的汉代新道家和以董仲舒（前179—前104）为代表的汉代新儒家思想的影响下，以阴阳五行学说和气论为哲学基础，数学、天学、地学、农学和医学五大学科各自形成了自己的科学范式，但并没有形成统一理解它们的"科学"概念。

约成书于西汉时期的《九章算术》，总结秦汉以前的数学成就并确立了中国数学的发展范式，成为汉代以降两千年之久数学之研究和创造的源泉。东汉张衡（78—139）著《灵宪》并制浑天仪，阐述宇宙如何从混沌的元气演化出浑天结构的物理过程，它作为主导范式一直指引着中国传统天文学的发展。东汉班固（32—92）所著《汉书·地理志》作为中国第一部以"地理"命名的著作，奠定了以沿革地理和疆域地理为主的中国传统地理学范式的基础。西汉末年氾胜之（生卒年不详）所著《氾胜之书》（具体成书时间不详）是现存中国最早的一部农书，它以总论和各论描述农作物栽培的范式，成为其后重要综合性农书所沿袭的写作体例。成书于西汉或东汉时期的《黄帝内经》，以藏象、经络和运气等范畴，建立了一种对生理、病理和治疗原理给以整体说明的模式，奠定中国两千年来传统医学理论范式。

在儒道互补推进的文化背景下，中国传统科学的继续发展，以三次高峰和三大特征展示其心路历程和行动轨迹。先后在南北朝、北宋和晚明时期出现的三次高峰，每次高峰期都是明星灿烂、巨著迭出，在百年左右的时期内出现数名杰出人物，他们在科学技术史上都有一定的地位。并且在其发展过程中所形成的科学思想特征，生成论的变化观、模型论的推理模式和信息论的实在观，与当代科学思想的三大转向契合。

◀ 四、科学创造力的迸发 ▶

　　以魏晋玄学为特征的新道学思想解放运动①，催生了5世纪中叶到6世纪中叶中国传统科学技术的第一次高峰。南宋(420—479)数学家祖冲之(429—500)计算圆周率π值在3.1415926和3.1415927之间，这一精度的记录保持近千年之久，直到1427年才有阿拉伯数学家阿尔·卡西(Al-kashi，约1380—1429)得到比之更精确的数值。北齐(550—577)天文学家张子信(生卒年不详)经30多年的观测发现了太阳和五星视运动的不均匀性(约565年)，为后世的太阳和五星运动研究开辟了新方向。北魏(386—534)地理学家郦道元(约470—527)的《水经注》(成书年代不详)开创以水道为纲综合描述地理的新形式。北魏农学家贾思勰(约479—544)的《齐民要术》(成于533—544年之间)标志着中国古代农学体系的形成。南齐(479—502)医药学家陶弘景(456—536)的《神农本草经集注》(494年)将人文原则的"三品"分类法改为依药物自然来源和属性的分类法，开辟了本草学的新理论体系。

---

① 玄学是对独尊儒术的一种反动，以魏王肃(195—256)注《易》为先导的儒家的道家转
　向，发展出来的一种新道学。以"越名教而任自然"(阮籍《与山巨源绝交书》)为口号，
　以《易经》与《老子》和《庄子》互释为理论特征(北齐人颜之推的《颜氏家训勉学》谓《庄》、
　《老》、《周易》为"三玄")。主要代表人物是何宴(207—249)、王弼(226—249)、阮籍
　(210—263)、嵇康(223-263)、向秀(约227—272)、郭象(约252—312)等人。

五、发现和发明的顶峰

　　以理学为旗帜的新儒学的理性精神①，在11世纪中叶到12世纪中叶的北宋时期，把中国传统科学技术推向顶峰。布衣毕昇(约970—1051)发明的胶泥活字开启了活字印刷时代的先河(约1045年)，军事著作家曾公亮(998—1078)和丁度(990—1053)主编的《武经总要》(1044年)记载了火药配方和水罗盘指南鱼的制造方法。数学家贾宪(生卒年不详)在其《黄帝九章算经细草》(约1050年)中所创造的开方作法本原和增乘开方法，600年后才有法国数学家帕斯卡(Blaise Pascal, 1623—1662)达到同一水平。天文学家苏颂(1020—1101)在其《新仪象法要》(1094年)中，描述了他与韩公廉(生卒年不详)等人合作创建的水运仪象台，其中有十几项属于世界首创的机械技术，包括领先世界800年的擒纵器。建筑学家李诫(1035—1110)著《营造法式》(1100年)，全面而准确地反映了当时中国建筑业的科学技术水平和管理经验，以其权威性作为建筑法规指导中国营造活动千年左右。医学家王惟一(987—1067)主持铸造针灸铜人，并著《铜人腧穴针灸图经》(1027年)，对针灸技术的发展起了巨大的推动作用。科学家和政治家沈括(1031—1095)晚年著《梦溪笔谈》(1086—1093年)，在数学、物理、天文、地理和工程技术诸多领域都有创造性的贡献，作为欧洲文艺复兴杰出代表列奥多·达芬

---

① 新儒学是儒家对隋唐以降释、道挑战的回应，以阐发儒家经典义理为主旨而称理学。其主要进展在于，确立了《论语》、《孟子》、《大学》、《中庸》四书的经学地位，通过吸收佛、老弥补儒家自然观的不足而进一步完善了儒学思想体系。由范仲淹(989—1052)、欧阳修(1007—1073)、胡瑗(993—1059)、孙复(992—1057)等人首倡，经周敦颐(1017—1073)、邵雍(1011—1077)、张载(1020—1077)、程颢(1032—1085)、程颐(1033—1107)等人发展，朱熹(1130—1200)集其大成。

奇(LeonardodaVinci，1452—1519)式的全才科学家享誉世界。

◈ 六、最后一道综合的光彩 ◈

在实学功利思想的影响下①，16世纪中叶到17世纪中叶的晚明时期，以综合为特征的一批专著展现了中国传统科学技术的最后一道光彩。医药学家李时珍(1518—1593)的《本草纲目》(1578年)提出了接近现代的本草学自然分类法，该书不仅为其后历代本草学家传习，并传到日本和欧洲诸国，被生物进化论创始人达尔文(Charles Robert Darwin，1809—1882)等现代科学家引用。音律学家、数学家和天文学家朱载堉(1536—1611)的《律学新说》(1584年)数学地解决了十二平均律的理论问题，领先法国数学家和音乐理论家梅森(Marin Mersenne，1588—1648)半个世纪，并受到德国物理学家亥姆霍兹(Hermannvon Helmholtz，1821—1894)的高度评价。天文学家、农学家徐光启(1562—1633)的《农政全书》(1639年)对农政和农业进行系统的论述，成为中国农学史上最为完备的一部集大成的总结性著作。县学教谕和科技著作家宋应星(1587—1666)的《天工开物》(1637年)简要而系统地记述了明代农业和手工业的技术成就，其中包括许多世界首创的技术

① 实学是经学的一种治学态度而不是理论体系，它的发展可以区分为理性实学、功利实学和实证实学三大阶段。实学的源头可以追溯到"实事求是"的提出，即班固赞刘德"修而好古，实事求是"。面对魏晋隋唐以来的儒学沉沦和释道盛行引起的儒道释合流趋势，宋儒强调经学为"实学"并理学延续儒学道统，因其理性批判精神而可称其为"理性实学"。实学思想发展到明中叶而表现为"功利实学"，它以"实功"和"实效"等"崇实"、"黜虚"思潮为主要特征表现自己。清中叶的朴学可以看作是实学发展的第三阶段——实证实学，乾嘉学派的考据学在儒流的"实事求是"精神和近代科学的经验方法之间架起了桥梁。

发明，从17世纪末就开始传往海外诸国，迄今仍为许多国内外学者所重视。旅行家和地理学家徐弘祖（1586—1641）的《徐霞客游记》（1640年）描述了百余种地貌形态，在喀斯特地貌的结构和特征的研究领域领先世界百余年。医学家吴又可（1582—1652）在其著作《瘟疫论》（1642年）中提出"戾气"说，认为温病乃天地间异气从口鼻入侵所致，与200年后法国化学家和微生物学家巴斯德（Louis Pasteur，1822—1895）的细菌学说颇多相似之处。

七、传统科技现代化受挫

中国传统科学也曾有过自己的现代化倾向，一是宋元之际科技数理化的尝试，二是晚明时期的科技社会化，三是清中叶的有限的科学革命，但所有这些努力都失败了。

在胡适（1891—1962）所称的"中国文艺复兴"的宋代（960—1279），《四书》作为儒学经典地位的确立，《孟子》的民本思想和《大学》格物致知思想的张扬，意味着追求民主和科学的动向。新儒学兼具对人和自然的双重兴趣，为科学和技术的发展提供了新的思想条件。在科学领域发生了由"术"向"学"转变，"数学"、"医学"和"声学"等科学术语出现；历表算法的公式化和名为"格术"①的几何光学尝试表现了自然科学数学化倾向。金兵攻陷宋都汴梁的"靖康之变"（1127年）中断了它的持续发展，宋元之际的秦（九韶）、李（治）、杨（辉）、朱（世杰）数学四

---

① 沈括在《梦溪笔谈·辩证一》中有："阳燧照物皆倒，中间有碍故也。算家谓之'格术'。"清邹伯奇（1819—1869）研读《梦溪笔谈》有得而著《格术补》（1844年），作为一部几何光学著作身后刊行（1874年）。

大家和金元刘(完素)、张(从正)、李(果)、朱(震亨)医学四学派，不过是宋代科技的强弩之末。由于蒙元王朝的种族压迫和朱明王朝文化专制，这"强弩之末"也随之泯灭殆尽。

伴随着经济史学家所称的"资本主义萌芽"，发生了传统科技现代再次萌动。明中叶的中国江南一些地区已经发展出资本经济，并形成"隆万盛世"的繁荣。以李贽(1527—1602)为代表的左派王学掀起的"解缆放船"式的思想解放运动，推动了中国传统科技的社会化。在城市、军队和工场中广泛地设立了医疗机构，明都顺天府(今北京)的"一体堂宅仁医会"(1568年)表明，医学的内在价值和医生的自主作用得到公认。数学在明中叶适应商业的繁荣而以其社会化为起点走向复兴，程大位(1533—1606)的《算法统宗》(1592年)"风行宇内"。在最具官方特色的历法天文学领域在明中叶也开始了社会化，徐光启(1562—1633)、李之藻(1566—1630)、李天经(1579—1654)等作为民间著名知历者出。宋应星(1587—1666)在其《天工开物》(1637年)序言中宣称，"丐大业文人，弃掷案头，此书与功名进取毫不相关也"，是科学和技术向儒学要求独立的宣言。农民起义和满清入主导致的"甲申鼎革"使这次科学现代化尝试夭折，进而统治者控制意识形态的文字狱又把知识分子的学术研究逼向比较安全的文献考据领域。

在世界性的从权势社会向经济社会转变关键时期中国开始落后于欧洲，以利玛窦(1552—1610)为代表的来华耶稣会传教士的科学传教活动，使中国读书人第一次感难受到西学东渐的冲击。受命督领修历的徐光启试图以"会通"中西而"超胜"西学，还设想了"度数旁通十事"的科学现代化"规划"。正当欧洲迅速近代化的时候，清政府自雍正朝(1722—1735)开始的"闭关自守"，使中国学者不得不在失去借鉴的条件下自己摸索。以考据学的形式复兴天文学和数学，几乎在科学现代化的同一起点上开始了同欧洲的"赛跑"。美国科学史家席文(Nathan Sivin, 1931—)称其为17世纪中国科学的一场有限的革命。但这第三次中国传统科学现代化的努力也未能继续下去，由于"虎门销烟"以来的西方殖民者的入侵，最终中国科学不得不以移植西学的方式走向现代化。

八、从格致到科学的转变

近代科学被中国知识界接受，是通过与儒学中的"格物穷理"之说的沟通而得以达成的。"格致学"是中国科学从传统到近代的桥梁，而它的兴起又是以朴学的成就为其基础的。在西学东渐的刺激下，乾嘉学派"实事求是"地整理古代典籍，不仅发掘了传统科学宝库，而且培育了可用于探察自然的实证精神，并为格致学同儒学的分离创造了条件。格致学作为学科独立于儒学，可以视为发生在中国的一场科学革命。理性主义、功利态度和实证精神的融会是这场革命的最重要的内在因素。而这些正是儒学传统中"实学"思想长期发展和积累的结晶。

至于"格致"为学，始于北宋署名赞宁（919—1001）的博物学[①]著作《格物麤谈》（约980年），其后有元朱震亨（1281—1358）将其医学著作定名《格致余论》（1388年），明曹昭（元末明初人）将自己的文物鉴定专著题名《格古要论》（1387年），明医药学家李时珍（1518—1593）将本草学

---

① 博物学是西晋张华（232—300）的《博物志》所示范的一种研究传统，分类记载异境奇物、古代琐闻杂事及神仙方术等。博物学是作为经学的流变和知识的积累在魏晋时期兴起的，它试图对名物学、地志学、农学、本草学、图学等学科给予统一的理解。虽然有南宋李石的《续博物志》、明游潜的《博物志补》和明末董斯张的《广博物志》等延续，但是在北宋以降儒家格物致知学说兴起的背景下似乎日益被纳入"格致学"。从当今的"自然博物馆"和"历史博物馆"就足以理解"博物"这个词汇自古以来的含义。其中的一部分可与西方知识传统中的"自然史"或"自然志"（natural history）对应，在这个意义上它与数理传统构成科学研究一对范式。

称作"格物之学"，明胡文焕（生卒年不详）将古今考证专著编辑成《格致丛书》（1593年）数百种，明熊明遇（1580—1650）将自己以西学之理考察中国传统自然知识的著作取名《格致草》（1620年）。自徐光启将传教士介绍来的自然哲学与中国的"格物穷理"之学对等（《几何原本序》及《泰西水法序》）以后，传教士们也逐渐用"格物"、"穷理"和"格致"指称有关自然的学问。意大利传教士高一志（Alphonse Vagnoni，1566—1640）的《空际格致》（1626年）介绍亚里士多德的四元素说，德国传教士汤若望（Jean Schall von Bell，1591—1666）的译著《坤舆格致》（1676年）是关于矿冶学的，比利时传教士南怀仁（Ferdinad Verbierst，1623—1688）上康熙帝的《穷理学》（1683年）60卷乃当时来华传教士所介绍的西学总汇。清陈元龙（1654—1736）的《格致镜原》（1735年）是一部百卷本的中国传统科学百科全书，清阮元（1764—1849）的《畴人传》（1795—1799）为儒流格物学者243人立传，他们以其著作表明并非一切科学都起源于西方。

洋务运动期间，"格致"被中外学者普遍使用。美国传教士丁伟良（W.A.P.Martin，1827—1916）编译了《格致入门》（1866年）。特别是英国传教士傅兰雅（John Fryer，1839—1928），他与徐寿（1818—1884）在上海创办"格致书院"（1874年），刊行《格致汇编》（1876—1890年），编译科学入门著作《格致须知》丛书27种（1882—1889年）和教学挂图《格物图说》丛书10种（ —1894年）。其他以"格致"为题名的著名自然科学通论著作还有，如美国传教士林乐知（Young John Allen，1836—1907）和郑昌棪合作的译著《格致启蒙》四卷（1875年）、英国传教士韦廉臣（Alexander Williamson，1829—1890）的《格物探原》6卷（1876年）、英国传教士慕维廉（William Muirhead，1819—1884）的《格致新机》（1897年）等。在西学引进不可逆转的形势下，清王仁俊（1866—1913）还编撰《格致古微》（1896年）专门介绍中国古籍中有关的科学知识。

"格致"的流传最终导致清政府在京师同人馆设"格物馆"（1888

年）、在京师大学堂设"格致学"（1898年），在《钦定学堂章程》（1902年）中规定"格致科"为分科大学的八科之一并将其细分为天文学、地质学、高等算学、化学、物理学、动植物学六目。至此，格致学已被规范化。梁启超的《格致学沿革考略》（《新民丛报》1902年第10号和第14号），把格致学的范围限于"形而下学"。在"格致"的名义下中西科学汇流，进而又从"格致"到"科学"，这是中国科学近代化的一大特点。

九、四大发明西传欧洲

文艺复兴时期的意大利历史学家维吉尔（Polydore Vergil，1470—1555）的著作《论发现》（De Inventoribus Rerum，1499年），对自古以来的重大发现和发明进行了一次盘点。佛罗伦萨画家施特拉丹乌斯（Johannes Stradanus or Giovanni Stradano or Jan van der Straet，1523—1605）的木刻画《新发现》（Nova Reperta，1580年）绘出9项发现和发明，美洲大陆图和磁罗盘分占中心的左右，火炮和印刷机分居中心的前后，左下方前为马镫后为机械钟，右下方前为治疗梅毒的热带木后为化学蒸馏器，左上方和右上方各一个手提丝线圈的人。

英国哲学家培根（Francis Bacon，1561—1626）在其《新工具》（Novum Organum，1620年）中说："发明的力量、效能和后果，总是会充分观察出来的，印刷术、火药和指南针，这三项古人所不知的新发明，表现得再明显不过了。因为这三项发明已改变了整个世界的面貌和事务的状态。第一项发明表现在学术方面，第二项在战争方面，而第三项在航海方面。从这里又引出无数变化，以致任何帝国、任何教派、任何显赫人物，对于人类生活的影响，似乎都不及这些机械发明有力量。"

　　培根不知其来源的这三项发明①，在200多年后由英国新教伦敦会传教士汉学家麦都思（Walter Henry Medhurst，1796—1857）②明确指出其中国来源。他在其著作《中国的现状和传教展望》（China，its State and Prospects，1838年）中写道："中国人的发明天才，很早就表现在多方面。中国人的三大发明（指南针，印刷术，火药），对欧洲文明的发展，提供异乎寻常的推动力"③。把"三大发明"扩大为"四大发明"者，乃英国新教伦敦会来华传教士艾约瑟（Joseph Edkins 1823—1905）④。他在其著作《中国的宗教》（Religion in China，1884年）中，在比较日本和中国时指出"我们必须永远记住，他们（指日本）没有如同印刷术、造纸、指南针和火药那种卓越的发明"。

---

① 早在培根之前约半个世纪，法国人文主义学者勒罗伊（Louis Le Roy，1510—1577）就在其著作《世界事物的变迁和差异》（De la vicissitude ou variété des choses en l'univers，1576年）中指出，三大发明就开辟了现今社会进步的道路，推动了整个人类社会的前进。并且也还有其他认为三大发明源于中国的人，如意大利数学家（Hieronymus Cardanus,Jerome ,Girolamo,or Geromino Candano，1501—1576）的《论自然现象》（De subtilitate rerum，1550年）、法国政治哲学家波丹（Jean Bodin，1530—1596）的《易于理解历史的方法》（1566年）、西班牙历史学家门多萨（Juan Gonzales de Mendoza，1545-1618)的《中华大帝国史》（1585年）。
② 麦都思（1796—1857），印刷学徒工出身的传教士，1816年被伦敦会派往马六甲，在那里开始学习中文。翌年在巴达维亚（今雅加达）建立印刷所，开始用雕版和石印法刊印中文书籍。1819年被任命为牧师，1835年被派赴中国广州，1843年到上海创立海墨书馆，1856年回英国不久就病逝伦敦。
③ 在麦都思之后四分之一个世纪，马克思（Karl Marx,1818—1883）仍不知三大发明的中国来源，甚至认为中国没有哲学和科学。当代中国读者所熟悉的马克思对三大发明的评价，"火药、指南针、印刷术是预告资产阶级社会到来的三大发明"，出在他写作《资本论》的第三部分经济学手稿（1861—1863年），在俄文《马克思恩格斯全集》第二版第47卷（1968年以后）中首次公开发表，而中文版第47卷的出版则是1979年。
④ 艾约瑟（1823—1905），出生在英国，卒于中国上海。1848年被伦敦布道会派来中国上海，协助麦都思创建海墨书馆并主持编辑出版工作，1860年应邀赴太平天国谈宗教问题，1863年迁任北京后与丁韪良创办《中西闻见录》月刊（1872年）。1875年获英国爱丁堡大学神学博士，1880年被中国总税务司赫德聘为海关翻译。

自美国汉学家卡特(Thomas Francis Carter, 1882—1925)出版他的著作《中国印刷术的发明和西传》(The Invention of Printing in China and Its Spread Weastwards, 1925年)以来，四大发明源流和西传研究的最力者，当推英国生物化学家出身的科学史家李约瑟(JosephNeedham, 1900—1995)。他在20世纪40年代的一些论文，《中国与西方的科学和农业》(1944年)、《中国对科学和技术的贡献》(1946年)、《中国古代的科学与社会》(1947年)，特别是1954年开始陆续出版的7卷本巨著《中国科学技术史》(Science and Civilisation in China)，包含有他对有关问题研究的丰硕成果。20世纪科学技术史研究成果表明，我们前面提到的施特拉丹乌斯的《新发现》所绘之9项，除发现美洲大陆和疗梅毒热木两项外，其余7项的优先权皆应归属中国。

四大发明西传是在和平贸易或战争掠夺的环境中实现的，西汉张骞(约公元前164—前114)出使西域所开辟的南北两条丝绸之路①为其重要通道，阿拉伯人在传递接力中扮演了重要角色。磁罗盘在12世纪传到欧洲，造纸术在13世纪传到欧洲，火药和火器在14世纪传到欧洲，印刷术在15世纪传到欧洲。造纸术西传的关键事件是发生在公元751年的大唐与阿拉伯帝国怛逻斯之战②，战败的唐军俘虏中造纸工匠成为传媒。磁罗盘西传的媒介尚不明朗，在中国曾公亮的《武经总要》(1044年)和欧洲最早记载之间，尚没有中间地域史料记载证据，而且

---

① "丝绸之路"之名首出德国地理学家李希霍芬(Ferdinand von Richthofen,1833—1905)的著作《中国游记》(China, Ergebnisse eigener Reisen,1877—1912)，它是张骞两次出使西域(前138年和前119年)所开辟的，或许还有大秦国王安敦(Marcus?Aurelius?Antoninus,121—180)遣使来中国(166年)而开辟的海上丝绸之路。

② 安西节度使高仙芝(？—755)公元751年率唐军赴塔什干平叛，在怛罗斯城败于阿拉伯帝国(黑衣大食)联军，千余名唐军战俘中包含有造纸工匠。遂有撒马尔罕(757年)、巴格达(793年)和大马士革(795年)三大造纸中心，1102年传到西班牙和西西里岛，1276年意大利法布里亚开设了造纸厂，1348年法国特洛依也开设了造纸厂。

③ 北宋朱彧的《萍洲可谈》(1119年)中有航海"阴晦观指南针"的记载。首次记载罗盘的欧洲文献是英国人奈坎姆(Alexander Neekam,1157—1217)的《论自然的本质》(约1190

还有水罗盘和旱罗盘、指南和指北的区别③。火药的西传有经由商人贸易活动的证据，而火器的西传则可能是以战争为媒介的，在蒙古骑兵西征(1219—1265年)约一个世纪后欧洲人才开始制造和使用火炮①。印刷术的西传的途径②，在毕昇发明胶泥活字(1045年)和古腾堡(Johannes Gutenberg，1400—1468)发明印刷机(1450年)之间，其中间环节或是俄罗斯人或是阿拉伯人。

十、欧洲启蒙时代的中国潮

以法国为中心的欧洲启蒙运动，乃科学革命精神向社会领域的扩

年)，其后有法国诗人吉奥特(Guyot de Provins，1150—)在其滑稽戏《圣经》(1205年)中描述水手们在罗马帝国皇帝腓特烈一世巴巴罗萨(Frederick I Barbarossa，1122—1190)的神圣命令下使用罗盘夜间航海导航，再后是1218年法国神学家德维特利(Jacques de Vitry，1160—1240)和1269年法国科学家皮里格里努斯(Petrus Peregrinus)的记载。

① 罗吉·尔培根(Ronger Bacon，1214—1294)自1267年以降多次提到火药，希腊人马克(Marcus Graecus, Mark the Greek)写过一本拉丁文的著作《焚敌火攻书》(Liber Ignium ad Comburendos Hostes，1280年)，但真正金属管枪出现在德米拉梅特(Walter de Milamete)的手稿《论国王的智慧和精明》(De nabilitatibus，sapientiset prudentiis regum，1327年)的两幅插图中。1313年德国人贝特霍尔德舍贝尔兹(Berthold Schwarz，Bertholdus Niger)制造枪炮用黑火药，1325年意大利佛罗伦萨出现铸铁炮和炮弹，1331年德国人在围攻意大利其维达列时使用了火器，1338年英军舰贝尔纳德茨尔号首次装配大炮，1344—1347年英国德罗尔德斯顿制成火药。

② 雕版印刷术出现在公元9世纪的唐代，现藏大英博物馆的《金刚般若婆罗密经》，标明的印刷年代是咸通九年四月十五日(868年)。伊尔汗国宰相、史学家拉施德丁(Rashid-al-Din Hamadani，1247—1318)的著作《史集》(Jami al-Tawarikh)记载有中国雕版印刷方法。王桢(1260—1330)的《造活字印书法》(1298年)，在介绍木活字的同时也谈到锡活字，"近世又铸锡作字，以铁条贯之，作行，嵌于盔内，界行印书，但上项字样，难以使墨，率多印坏，所以不能久行。"

展，是引发法国大革命的自然之火和理性之光。这个启蒙时代的助产士就是"中国潮"，即17世纪中叶至18世纪中叶欧洲人对中国事物(器物、制度和思想)的空前热情。这中国潮是商人和传教士无意中创造的，商人们贩运来的丝绸、瓷器、茶叶和漆器，传教士们介绍中国的几百部著作，比十字军东征(1096—)①、蒙古人的西征(1219—1260)②、郑和(1371—1433)使团下西洋(1405—1433)③，更能激发欧洲人的创造灵感。

《马可·波罗游记》(1298年)④第一次打开了欧洲人的眼界，引发了欧洲人此后几个世纪的东方情结。16世纪耶稣会传教士随葡萄牙和西班牙商船东进，17世纪荷兰、英国和意大利等欧洲国家亦相继而到。自葡萄牙人到广州(1574年)以降，耶稣会传教士渐次来华，直到因干预中国教民礼仪和介入清室内部斗争而遭禁(1723年)。传教士们

---

① 十字军东征是天主教发动的宗教战争，号召从伊斯兰手中夺回圣地耶路撒冷，每个战士都佩戴教皇钦赐的十字架。相继9次东征，与伊斯兰文明的这种接触也为欧洲文艺复兴开辟了道路。

② 蒙古人在建立中国疆域统治权(蒙古、西夏、西辽、金国、南宋、大理、吐蕃等)的同时，还相继三次西征将蒙古帝国扩大到地跨亚欧两洲。第一次(1219—1225)西征是成吉思汗(铁木真，1162—1227)攻打中亚的花剌子模国，大军直抵里海和黑海以北、伊拉克、伊朗、印度等地。第二次(1235—1242)西征的统帅是成吉思汗的孙子拔都(1207—1255)，攻下钦察、俄罗斯、匈牙利、波兰等国家和地区，建立了元朝西北第一个宗藩国钦察汗国。第三次(1252—1260)西征的统帅是成吉思汗孙子旭烈兀(1217—1265)，攻下叙利亚、埃及、伊拉克等国家或地区，在波斯地区建立了元朝西北的又一个宗藩国伊儿汗国。

③ 郑和(1371—1433)下西洋，他率领庞大的船队，先后七次(1406，1407—1409，1409—1411，1412—1415，1416—1419，1421—1422，1430—1433)远航，最远到达非洲东海岸，历经南太平洋和印度洋的30多个国家和地区，不仅打通了东西方海道，密切了中外往来，扩大了贸易，而且促进了东西方文化交流，再一次把东方文化传播到世界各地。

④ 意大利商人马可·波罗(Marco Polo,1254—1324)，17岁时随父亲和叔叔经四年多的长途跋涉到达蒙元帝国，在17年中从北到南游历了大半个中国。回到意大利以后，由他口述和鲁斯蒂谦(Rustichello da Pisa)笔录，于1299年完成《马可·波罗游记》(又名《马可·波罗行记》和《东方见闻录》)，后于1320年以拉丁文本首次出版。

作为文化交流的使者实乃全球化的先驱，他们把西方的科学技术带到了中国，同时也把中国的文化介绍给了欧洲人。

在16世纪有葡萄牙传教士克鲁斯（Gaspar da Cruz，1520—1570）的《中国志》（1570年）①、西班牙传教士拉达（Martin de Rada，1533—1578）的《中国札记》（1577年）②、西班牙传教士门多萨（Juan Gonzales de Mendoza，1545—1618）的《大中华帝国史》③（1585年）。在17世纪有法国传教士金尼阁（NicolasTrigault，1557—1628）编纂的《利玛窦中国札记》（1615年）④、意大利传教士卫匡国（Martino Martini，1614—1661）

---

① 克鲁兹（1520—1570），出生在葡萄牙埃沃拉，卒于葡萄牙里斯本。1548年到印度，1554年到马六甲，1555年到中国澳门，1557年返回马六甲，1560年返回印度，1569年返回里斯本，翌年死于鼠疫。他的《中国志》（Tractado emque se cõtam muito pol estéco as cous da China，1570年）是用葡萄牙文写成，在当时的欧洲没有受到应有的重视。

② 拉达（1533—1578），出生在西班牙的潘普洛纳，经过完整的正规教育，1565年赴菲律宾传教。1574年大明把总王望高追剿海盗林凤至菲岛，拉达趁机随王把总于1575年到中国。他在福建滞留了两个月零九天，返回菲岛后写了《中国札记》，其完整的书名为《菲律宾群岛奥斯定修道会神甫马丁·德·拉达与其同伴赫罗尼莫·马林以及与他们随行的士兵在中国观察与体验到的事物》（Las Cosasque los Padres Fr. Martin de Rada，Provincial de la Orden deS.Agustin en las Islas Filipinas，y su companero Fr. JeronimoMarin y Otros Soldudos que fueron con ellos vieron y entendieronen aquel Reino）。

③ 门多萨（1545—1618），出生在西班牙多来西亚，1562年去墨西哥修道，1671年回到西班牙。1583年去罗马拜见教皇乔治十三，得知教廷急需了解中国历史文化。于是门多萨应教皇之命，广泛收集资料，历时两年而于1585年刊行《大中华帝国史》，完整的书名为《依据中国典籍以及造访过中国的传教士和其他人士的记叙而写成的关于中华大帝国最负盛名的情事、礼仪和习俗的历史》（Historia de las Cosasmás Notables Ritos y Costambres del Gran Reyno de la China，Sabidas asi por los Libros de los Mismos Chinas，como por Rela-ciones de los Religiosos，y otros Personas que Han Estado en el Dicho Reyno）。

④ 利玛窦（1552—1610），出生在意大利，卒于中国北京。1582年利玛窦来到中国，直到1610年去世都生活在中国。《利玛窦中国札记》（De Christiana expeditione apud Sinas，1615年）的首版为拉丁文本，后有法、德、西、意、英等多种译本流行。该书是继《马可·波罗游记》之后的又一部介绍中国的名著。

⑤ 曾德昭（原汉名谢务禄，F.Alvarez Semedo，1585—1658），出生在葡萄牙尼萨，卒于中国广州。1602年加入耶稣会，1608年到达印度，1610年到达澳门，1613年到达中国南京，1616年南京教案后回澳门，1621年以曾德昭名字重新进入大陆。

的《鞑靼战记》(De Bello Tartarico, 1654年)和葡萄牙传教士曾德昭(lvaro Semedo, 1585—1658)的《大中国志》(Imperio de la China, 1642年)⑤、葡萄牙传教士安文思(Gabriel de Magalhães, 1609—1677)的《中国新志》(1668年)①。18世纪有法国历史学家杜赫德(Jean-Baptiste Du Halde, 1674—1743)编著的四卷本《中华帝国通志》(1735年)②、34册《耶稣会士中国书简集》(Lettres edifiantes et curieuses, 1702—1776年)和16册《北京传教士回忆录》(Memoires concernant l'histoire, les? sciences, les arts, les moeurs, les usages, ec.des chinois, 1776—1814年)。这些只不过是数百部有关中国著作的代表。

自马可·波罗以迄18世纪中叶,中国一直是欧洲各国羡慕仿效的对象。在法国,启蒙时代的杰出代表伏尔泰(Francois-Marie de Voltaire, 1694—1778)从中国找到其君主立宪理想的证据,启蒙思想家孟德斯鸠(Charles de Secondat, Baron de Montesquieu, 1689—1755)从中国找到他的三权鼎立理论的重要组成部分,重农学派领袖魁奈(Francois Quesmay, 1694—1774)从中国发现了他梦想的政治经济形态并影响到英国经济学家亚当·斯密(Adam Smith, 1723—1790)《富国论》(The Wealth of Nations, 1776年)的市场经济观,笛卡尔(Rene Descartes, 1596—1650)、帕斯卡(Blaise Pascal 1623—1662)、狄德罗(Denis Diderot, 1713—1784)和霍尔巴赫(P.H.D. Baron Holbach,

---

① 安文思(1609—1677),出生在葡萄牙科因布拉州,卒于中国北京。航海家麦哲伦(Fernando de Magallanes, 1480—1521)的后裔,1640年来华,1648年到北京,在华生活29年。他以善于制造机械而闻名,曾先后为张献忠和清廷制造过许多仪器,《中国十二特点》(1668年)是他用葡萄牙文写成的,后改名《中国新志》在巴黎印行。

② 杜赫德(1674—1743),法国神父,他从未到过中国,却编撰了影响深远的《中华帝国全志》,全名为《中华帝国及其所属鞑靼地区的地理、历史、编年纪、政治和博物》(Description géographique, historique, chronologique, politique, et physique de l'empire de la Chine et de la Tartarie chinoise, enrichie des cartes générales et particulieres de ces pays, de la carte générale et des cartes particulieres du Thibet, & de la Corée; & ornée d'un grand nombre de figures & de vignettes grav é es en tailledouce, 1736)

1723—1789)等思想家也都深受中国文化的影响。在德国，作为启蒙哲学的先导的莱布尼茨(Gottfried Wilhelm Leibniz，1646—1716)，曾经把他有关普遍语言的理想寄托于中国易学符号的改进。他的传人沃尔夫(Christian Wolff，1679—1754)比他更尊重和关注中国文化，并且传递到启蒙哲学家康德(Immanul Kant，1724—1804)，通过这位"格尼斯堡的中国人"进而影响到文学家赫尔德(Johann Gottfried von Herder，1744—1803)和歌德(Johann Wolfgang von Goethe，1749—1832)。

十一、历史记录的科学意义

虽然中国传统科学属于经验科学，没能为近代科学的诞生做出重要贡献，但丰富观测记录也有助于科学的成长。中国隔代修史传统保存的二十五史和数千种地方志，比较完整地记录了中国五千年文明。在"天人感应"观念影响下，中国人特别注意灾异现象的实录。正史和地方志补充以野史、笔记，形成了可观的自然史"信息库"，成为科学成长过程中新学说的证据库。

《易传·系辞》颂扬古人"仰观天文，俯察地理"，绝非子虚乌有的虚词。战国楚人甘德的《天文星占》和魏人石申《天文》合称《甘石星表》(也称《甘石星经》)，作为世界最早的天文著作记录了800个恒星的名字，测定了其中121颗恒星的方位，描述了五大行星的运动规律。唐代的涪陵石鱼和宋代的吴江水则碑是水文观测制度的证物，唐窦叔蒙的《海涛志》和北宋吕昌明的钱塘江《四时潮候图》(1056年)留下了系统的潮汐的实测记录。特别是天象观测留下了及其丰富的宝贵记录。

早在公元前24世纪的帝尧时代，中国古人就开始了有组织的天文观测活动。公元前5世纪以后逐渐形成了自己的天文体系，发展出以28宿和北极为基准的赤道天文坐标系统，创制了圭表、漏壶、浑仪、简仪和水运天像台等天文仪器，积累了丰富的、连续的观测记录。在三国时代就已编制了包括283个星座1465颗恒星的星表，史书中还保留有大量奇异天象记录，其中包括公元前687年的流星雨记录、公元前613年的哈雷慧星记录、公元前32年的极光记录、公元前28年的太阳黑子记录、公元134年的超新星记录。中国对"彗孛流陨"有全面和持续的记录，太阳黑子记录100多次，彗星记录600多次，日食记录1000多次，流星雨记录数千次。

中国自然史记录中的一些，已经作为新学说的证据，汇入科学的主流。18世纪法国数学家拉普拉斯（Pierre-Simon, marquisde de Laplace, 1749—1827）利用中国黄赤交角观测值支持他的天体力学理论（1796年），19世纪有德国地理学家洪堡（Alexander von Hunboldt, 1769—1859）援引中国古老的记录为其人与环境统一的地学思想作论据，以及进化论创始人英国博物学家达尔文（Charles Darwin, 1809—1882）引用中国历史资料支持他的生物进化论（1868年）。

20世纪以来，随着科学研究对自然演化的日益重视，人们越来越认识到中国历史记录的科学价值。在佘山天文台的法国传教士马德赉（Josephus de moidrey, 1852—1936）和中国神甫黄伯禄（1830—1909）合作整理出《中国古代太阳黑子观测》（1911年），发现太阳黑子活动有10.38年到11.28年周期性，这个结果接近平均为11年的周期。在佘山天文台的日本天文学家乔宾华（土桥八千太，Paulus Tsutsihashi, 1866—1965）和法国传教士蔡尚质（Stanislaus Chevaliev, 1852—1930）根据《仪象考成》（1754年）所列的3083颗恒星，绘出第一部现代形式的中国星表（1911年）。在徐家汇观象台的法国传教士田国柱（Henricus Gauthier）和黄伯禄共同完成的《中国地震总表》（1912年），整理出3700年中的6000多个地震记录，反映了3322个地震。

随着射电源与超新星爆发之关系的讨论，中国古新星表的研究被提到日程上来。瑞典天文学家伦德马克（Knut Lundmark，1889—1958）的《历史记录和近代子午观测所得的拟新星表》（1921年），将中国1054年观测到的天关附近的客星列入其中。1928年美国天文学家哈勃（Edwin Powell Hubble，1889—1953）确定其在蟹状星云旁边，1942年梅耶尔（N.V.Mayall）等确认这颗客星是超新星。1954年又发现蟹状星云中存在射电源，于是超新星爆发与蟹状星云及其射电源的关系问题一时成为天文学的中心话题之一，中国史籍所载天关客星在其中成为重要角色。席泽宗（1926—2008）的《古新星表》编成（1956年）并从而得以认证蟹状星云是天关客星这颗超新星爆发的遗迹，这一成果轰动天文学界。

天象记录的研究和应用引发了对灾异等其他历史记录研究和应用的热情。竺可桢（1890—1974）的《中国近五千年来气候变迁的初步研究》（1972年）推动了世界的历史气候学研究，《中国近五百年旱涝分布图》（1981年）是这方面研究的代表性成果。其他如《中国古代潮汐资料汇编》（1978年）和《中国地震历史资料汇编》（1983—1987）和《中国古代重大自然灾害和异常年表总集》（1992年）。中国历史记录研究已经进入系统化的发展阶段，正在形成方法论意义上的一门新学科——历史自然学，即对历史记录进行统计分析以达到某种程度的规律性认识。

十二、科学传统的未来机遇

科学诞生在近代欧洲而没有诞生在中国，而且科学世界化的潮流似乎已渐淹没了中国科学传统。但是这并不表明中国科学传统也失去了其未来的意义，中国文化传统中所保存的"内在而未诞生的最充分意义上的科学"①，正在以当代科学思想转向间接展现其形象。20世纪下半叶以来，当代科学思想的三大转向，即从物质论到信息论、从构成论到生成论和从公理论到模型论，与中国科学传统特征的契合②，昭示的是中国科学传统的未来意义。

"物质论"和"信息论"作为两种不同的实在观，前者主张最基本的实在是物质，而后者则主张最基本的实在是信息。按照物质、能量和信息作为世界基本要素的观点，自然科学研究不外是探索物质变化、能量转换和信息控制。长期以来的科学研究主要目标是物质及其运动规律，19世纪开始关注能量转换问题，20世纪才进入信息控制的阶段。源于通讯和计算机技术的信息概念，在20世纪下半叶进入生命科学和思维科学。基于核酸分子的遗传信息的编码和传递法则，基于大脑神经元的认知计算模型，实际上已经建立了生命科学和思维科学的信息基础。尽管物理科学寻找信息基础的努力尚未成功，而"万物源于比特"的计算主义确急于兴起，系统、守恒和进化三大科学原理也都面临挑战。

"构成论"和"生成论"是理解变化的两种不同的观点，构成论主张"变化"是不变要素之结合与分离，而生成论则主张"变化"是产生和湮灭或者转化。这两种观点在古代东方和西方都产生过，但是在东方生成论发展为主流观点，而在西方构成论发展为主流观点。西方以原子

---

① 李约瑟在其《中国科学技术史》第5卷第2分册序言中指出，中国文化传统中保存着"内在而未诞生的最充分意义上的科学"，并强调他并不把传统的中国科学视为近代科学的一个失败的原型。

② 关于中国科学传统特征的表述，读者可看我已发表的几篇文章的综合，包括《中国科学传统和成就及其现代意义》(《自然辩证法研究》，14卷第3期，1998年)、《中国科学传统的特征及其现代意义》(《科学新闻》，2002年第1期)、《为历史与未来阐述易科思维——贺朱伯崑先生八十寿辰》(载王博编《中国哲学与易学》，北京大学出版社2004年版)，《科学思想转向与文化战略选择》(任定成和周雁翎编《北大"赛先生"讲坛》，上海科技教育出版社2005年版)等。

论为形式的构成论获得了巨大的成功，成为现代科学思想的的基础之一。但放射性发现以来的微观世界研究揭示了构成论的困难，原子核自动发射的电子并不是原子核的组成成分，原子发射的光子也不是原子的组成成分，基本粒子碰撞中的粒子数变化更难以由构成论解释。面对这些困难物理学的变化观，不得不从构成论转向生成论，建立起基于产生和湮灭的量子场论。

"公理论"和"模型论"是构造理论的两种不同方式，公理论把理论看作是由公理和地理组成的演绎系统，而模型论则把理论看作与经验对应的模型的类比推理系统。这两种方式自古以来就是并存的，在西方以公理论为其主要特征，而在中国则是以模型论为其主要特征。由于欧几里得几何学和牛顿力学的典范，特别是经由德国数学家希尔伯特（David Hilbert，1862—1943）的提倡，自然科学家主流一直把公理化作为最高理想。哥德尔定理（1931年）和宇宙学理论实际上已经摧毁了这种理想，哥德尔（Kurt Godel，1906—1978）证明了任何形式体系的不完备性，宇宙学的对象决定其理论只能依据局部物理定律和宇宙学原理构造模型宇宙。而且科学哲学也倾向于认为模型论比公理论更接近和更适合现代科学的发展。

中国传统科学，其理论特征有别于西方现代科学，它不是物质论的、构成论的和公理论的，而是信息论的、生成论的和模型论的①。当代科学思想的三大转向，从构成论到生成论、从公理论到模型论、从物质论到信息论，恰与中国科学传统的特征契合。当今世界正处于原子时代向比特时代转变的历史关头，前者的思想源头是古希腊原子

---

① 产生在公元前十一世纪的"卦爻"体系实质上是一种信息生成系统，它作为科学形式系统的基础具有生成论的特征，而生成论和构成论的区别是东方和西方传统科学差异的总根源。因为生成论便于建立概念体系的功能模式，适合于由代数描述，而代数形式又易于发展类比推理，于是形成了中国传统科学的功能的、代数的、模型论的特征。因为构成论便于建立概念体系的结构模式，适合于几何描述，而几何形式又易于发展演绎推理，于是形成西方传统科学的结构的、几何的、公理论的特征。

论而后者的先驱是中国古老的《易经》。人类面对的是一个全球性缔造新文化的进程，如何向世界提供我们文明中的最佳遗惠，是时代赋予当代中国人的伟大使命。

中国古代科技与传统文化

王渝生

王渝生，中国科学院理学博士、教授、博士生导师，享受政府特殊津贴。曾任中国科学院自然科学史研究所副所长、研究员，中国科技馆馆长、技术委员会主任、研究员。十届全国政协委员、教科文卫体委员会委员。现为北京市科协副主席、科普工作委员会主任、科普作协副理事长，中国关爱协会副理事长兼秘书长，中国青少年科技辅导员协会副理事长。长期从事科学史研究和科普教育工作，发表论著30余种，学术论文80余篇，科普著作和文章百余种（篇）。所著《自然科学史导论》、《科学寻踪》、《科技百年》、《中国科学家群体的崛起》等荣获国家图书奖、中国图书奖、全国优秀科技著作暨科技进步奖、20世纪科普佳作奖。还荣获中国青少年社会教育"银杏奖"特别贡献奖、《国家中长期科学和技术发展规划纲要（2006—2020）》战略研究突出贡献奖。《全民科学素质行动计划纲要（2006—2010—2020）》起草组组长，《国家中长期教育改革和发展规划纲要（2010—2020）》战略研究专家组成员，国家教育咨询委员会委员。全国科普先进个人。

引 言

在人类文明的第一个形态——农业文明阶段，作为世界四大文明古国之一，中国传统文化孕育了中国古代"以农为本"的科学技术并促进了中国古代和中世纪科技的发展。

从先秦诸子《论语》、《中庸》的学、问、思、辨、行，《大学》的格物致知，《孟子》的民本和求故，《老子》的道法自然，到明清的实学，中国传统文化的世界观和方法论给中国古代科技提供了丰富的养分，促进了农、医、天、算四大传统科学体系的形成和以"四大发明"为标志的技术成就的产生，使中国古代科技在数千年的农业文明中居于世界前列。

只是到了近几百年以来，西方出现了文艺复兴、科学革命和技术革命，产生了工业经济的文明形态，才把在封建老路上蹒跚爬行的中国抛在了后面。然而，中国古代科技的西传对欧洲近代科学革命和资产阶级革命是产生了巨大推动作用的。

中国近代科学的发展经历了充满艰辛与屈辱、奋斗与辉煌的曲折历程。在知识经济和信息时代，中国传统科技基因，完全可以古为今用，促进当代科技发展和创新，实现中华民族的伟大复兴。

一、中华科技文明发展的兴衰

人类文明的第一个形态是农业文明。我们说中华文明上下五千年，实际上不止，浙江河姆渡出土的炭化稻谷有七千年。所以说在六七千年前，世界上有四大文明古国。当时的农业文明就有了一些科学知识的萌芽和原始技术的产生，因为农业文明需要对土壤、阳光、水分等自然条件有一定的认识，四大文明古国都产生于大江大河流域。如果说，六七千年前世界文明四分天下的话，中国有其一。

到了两三千年前，古埃及、古巴比伦、古印度文明相继衰亡，出现了中断现象，而古代中华文明还在持续发展，没有中断。这时在欧洲地中海沿岸，崛起了一个新的城邦奴隶制文明，那就是古希腊文明和其后的古罗马文明。可以说，在两千多年前，古代中华文明和古希腊罗马文明犹如两颗璀璨的明珠，在世界的东方和西方交相辉映。那时的世界文明两分天下，中国有其一。

到了一千多年前，即公元476年，日耳曼雇佣军攻占了罗马城，西罗马帝国灭亡，这标志着欧洲封建时代的开始。从那时到14—16世纪文艺复兴之前，大约一千年左右，欧洲是政教合一的封建时代，"科学成了神学的奴婢"（马克思语），宗教裁判所可以仅仅因为布鲁诺信奉哥白尼的日心说这样一个科学学说，而把他判处死刑，烧死在罗马繁花广场上。因此，欧洲中世纪的科技经济发展和社会进步都受到了极大的阻碍，史称"黑暗的中世纪"。而这一千年，中华封建文明在大踏步前进，独具特色的农学、中医药学、天文学和筹算数学这四大传统科学体系取得许多领先世界的光辉成就，以指南针、造纸术、印刷术、火药这四大发明为标志的传统技术更为世人所称道。正如英国著名科学史家李约瑟（J. Needham，1900—1995）在其7卷本34分册的巨著《中国科学技术史》中所说："（中国人）在许多重要方面有一些科学技术的发展，走在那些创造出著名的希腊奇迹的传奇式人物的前面，和拥有古代西方世界全部文化财富的阿拉伯人并驾齐驱，并在公元3—13世纪之间保持一个西方所望尘莫及的科学知识水平。"英国另外一位著名科学史家贝尔纳（J. Bernal，1901—1971）在为其《历史上的科学》中译本所写的序中说："中国许多世纪以来，一直是人类文明和科学的巨大中心之一。已经可以看出，在西方文艺复兴时期，从希腊的抽象数理科学转变为近代机械的、物理的科学的过程中，中国在技术上的贡献——指南针、火药、纸和印刷术——曾起了作用，而且也许是有决定意义的作用。我确信，中国过去对技术的这样伟大贡献，将为其将来的贡献所超过。"

因此，中华科技文明从六七千年前的世界四分天下有其一，到两三千年前占世界半壁江山，到一千多年前在世界上一枝独秀，在近三五百年前仍是独领风骚，可以说是一直居于世界前列。

但是，西方在16—17世纪爆发了近代科学革命，18—19世纪爆发了技术革命，从农业文明进入了工业文明时代，才以飞速的发展把中华封建帝国远远地抛在了后面。

二、中国传统文化对科学发展的积极意义

科学是理论化、系统化的知识体系，是人类对自然、社会和自身的本质和规律性的认识活动和实践活动。科学技术是生产力，是第一生产力，科学思想是巨大的、第一精神力量，科学还是一种文化，科学文化理所当然属于先进文化。如果说中国传统文化阻碍了中国古代科技的发展，那么中国古代科学技术的辉煌成就从何得来？上述李约瑟、贝尔纳等人对中国科技的评价岂不成了虚妄之辞吗？

事实上，中国传统文化早在两千多年前的春秋战国时期，已经有了百家争鸣、百花齐放的繁荣局面。儒学的开门祖师孔子，是开创"私学"的大教育家，他以"有教无类"和培养"博学通才之士"为方针和目

标，对学生进行礼、乐、书、数、御、射"六艺"教育。其中数即数学，乐和声学有关，御和力学有关，射和机械有关。儒家的"六艺"教育具体付诸于教材，即古代经典中，如《易》，"易道广大，无所不包，旁及天文、地理、乐律、兵法、韵学、算术，以逮方外之炉火"(《四库全书总目·易类小序》)；《诗经》包含有大量虫鱼、鸟兽、草木，以及天文、地理、农业生产等知识；《礼记》中有农业与季节相关的知识，《考工记》则是有关手工业技术的专门著作。

孙中山在1924年为广东大学(中山大学的前身)亲笔书写了十字校训："博学、审问、慎思、明辨、笃行"，现在中山大学的校歌中还有"博学审问，慎思不罔，明辨笃行，为国栋梁"的歌词。这十个字源自孔子之孙孔伋(子思)的《中庸》："博学之，审问之，慎思之，明辨之，笃行之。"学、问、思、辨、行，这完全符合认识过程和研究科学的方法，即获取信息、提出问题、逻辑推理、检验结果、躬身实践。

作为"孔子之言而曾子述之"的《大学》，有八目，即：格物、致知、诚意、正心、修身、齐家、治国、平天下。所谓"物格而后知至，知至而后意诚，意诚而后心正，心正而后身修，身修而后家齐，家齐而后国治，国治而后天下平"。这本来是古代知识分子中家喻户晓的话，可惜后人多引后半段"修身齐家，治国平天下"，而忽略了前半段"格物致知，诚意正心"。前半段指知识来源于实践，而又指导实践，"格物致知"为知之始，"诚意正心"为行之始，是为本。后半段是知行观的外推于家国和社会，是为末。在《大学》"经"之"传"中，引汤之《盘铭》曰："苟日新，日日新，又日新。"引《康诰》曰："做新民。"引《诗》曰："周虽旧邦，其命惟新。"真是充满了创新精神！

杨振宁于1995年在上海交通大学向学生谈治学经验时，强调了《孟子》对他的巨大影响。据我的理解，《孟子》是中国传统文化中最具科学精神和民主精神的一本书。请看："民为贵，社稷(国家)次之，君为轻。""君之视臣如土芥，则臣视君如寇仇。""君有大过则谏，反复之而不听，则易位。""闻诛一夫纣矣，未闻弑君也。""富贵不能淫，贫贱不能移，威武不能屈，此之为大丈夫。"把民本思想和民主精神应用到科学研究上，那就要求真、求故。孟子曰："天之高也，星辰之远也，苟求其故，千岁之日至(冬至、夏至)可坐而致也。"强调的是实事求是，实践出真知。

《论语》称："子绝四：毋意，毋必，毋固，毋我。"这就是说，孔子在讨论问题时不主观，不武断，不固执，不惟我独尊。"当仁不让于师"，即吾爱吾师，吾更爱真理。这种科学精神是十分可贵的。杨振宁在《近代科学进入中国的回顾与前瞻》一文中所说："儒家文化注重忠诚，注重家庭人伦关系，注重个人勤奋忍耐，重视子女教育。这些文化特征曾经而且将继续培养出一代又一代勤奋而有纪律的青年。"中国传统文化对科学发展是有积极意义的。杨振宁是受过西方教育的有大成就的科学家，他对中国传统文化中的科学精神和人文精神对他的培育如此感恩，那种轻视中国传统文化，认为中国传统文化妨碍科学发展的说法是站不住脚的。

◆ 三、中国古代科技的特点 ◆

在儒家崇尚务实和"经世致用"思想影响下，中国古代科技具有强烈的实用性。这种实用性以满足国家政治需要和满足人们日常生产生活需要二者兼顾为其特征。

中国古代以农为本，民以食为天，要使"黎民百姓不饥不寒"，国家兴旺，实施儒家的"王道"政治。在中国古代知识分子的心目中，农业这一行的社会地位仅次于官宦，"士农工商"、"农"排在第二位。因此，大官研习农学者大有人在，直至明末宰相徐光启，"雅负经济才，有志用世"，不仅有《治蝗疏》、《蕃薯疏》等农学专业的奏文进上，甚至在上海、天津等地建立试验园地，躬耕农桑，有视农业为政事的《农政全书》这样带有总结性的农学著作问世。至于"不仕则农"，亲自钻研农业生产技术，认真记录和总结农民生产经验的知识分子历代都有。这是中国农学取得高度成就的一个基本条件。

医术以治病救人为宗旨，与儒学的仁义道德一致，称为"仁术"。儒家还以为医家治病的道理与治国的道理相一致。韩愈《杂说》、顾炎武《日知录》都以医学之事比附天下政事。医学为儒家所看重，范仲淹说："不为良相，当为良医。"历代知识分子很多兼通医术，甚至有"十儒九医"之说。仅以宋代儒林为例，政治家王安石、文学家苏东坡、科学家沈括、理学大师朱熹等，皆通晓医学。他们使中医药学的望、闻、问、切"四诊"、脏腑学说、经络学说、针灸推拿、汤丸膏散等等，成为中国优秀民族文化遗产中的一座宝库。

至于天文算学，因"历法乃国家要务，关系匪轻"（康熙皇帝语），被视为历代王朝改正朔，易服色，"受命于天"的标志；而且"观象授时"，可以指导农业生产，所以受到统治者的重视。自汉以来，历代王朝政府机构中都设有大规模的皇家天文机构进行天文观测和历法制定，即使在大战乱的时代也没有中断过。所以，中国古代天象记录之丰富为世界之冠，历法也备臻精确。数学"夫推历、生律、制器、规圆、矩方、权重、衡平、准绳、嘉量，探赜索隐，钩深致远，莫不用焉"（《汉书·律历志》）。传统数学经典著作《九章算术》以方田、粟米、衰分、少广、商功、均输、盈不足、方程、勾股分类，列举246个数学应用问题求解，很有实用价值。南朝天文历法算学家祖冲之"不虚推古人"，"亲量圭尺，躬察仪漏，目尽毫厘，心穷筹策"，在同皇帝宠臣戴法兴的廷辩中，有两句名言："愿闻显据，以究理实"；"浮词虚贬，窃非所惧"，体现了大无畏的科学精神。他利用极限方法计算圆内接正多

边形的面积以逼近圆面积，得出了准确到小数点后7位的圆周率值 π =
3.1415926……，和巧妙的分数值 π = 113/355，在世界上领先了1000
年！

除了农、医、天、算这四大学科外，在地学方面，《汉书·地理
志》开创了按行政区划记述各地山川地形的地方志的先声，以后历朝历
代，都重视编修地方志，内容扩大到各地的物产、户口、贡赋、沿
革、古迹等，将自然地理和人文地理有机结合，其内容之广博，数量
之庞大，历史之悠久，也居世界之首位；而其动因，当然是为了社会
管理、发展生产和文化交流的需要。下面还将说到对世界文明进程有巨
大影响的"四大发明"，则更是国家和人们日用需要的直接和间接产物。

◀ 四、中国古代科技之西传 ▶

同中国古代辉煌的科技成就相比，中世纪的欧洲真是乏善可陈。
只是到了14—16世纪，欧洲出现了文艺复兴、宗教改革、科学革命三
大近代化运动，出现了思想启蒙运动、资产阶级革命和资本主义工业
生产方式，才把在封建老路上蹒跚爬行的中华大帝国远远抛在了后
面。但是，西方的近代科学和工业革命的发展，中国古代科技成就在
其中是产生了巨大推动作用的。

英国著名科学家弗朗西斯·培根（Francis Bacon, 1561—1626）在
其名著《新工具》(1620)中写道："发明的力量、效能和后果，是会充分
看得到的，这从古人所不知且来源不明的俨然是较近的三项发明中表
现得再明显不过了，这就是印刷术、火药和磁针。因为这三项发明已
经改变了整个世界的面貌和事物的状态。第一项发明表现在学术方

面，第二项在战争方面，第三项在航海方面，从这里又引起无数的变化，以致任何帝国、任何教派、任何名人对人类事务方面似乎都不及这些机械发明更有力量和影响。"

请注意，这是在17世纪初，弗朗西斯·培根并不知道印刷术、火药和磁针这些发明——当然还有造纸术，因为印刷离不开纸——来自中国的情况下所说的话，应该是非常客观的，它们"已经改变了整个世界的面貌和事物的状态"！

19世纪中叶，马克思（Karl Marx，1818—1883）在《机器·自然力和科学的应用》（1863）中进一步指出："火药、指南针、印刷术——这是预告资产阶级社会到来的三大发明。火药把骑士阶层炸得粉碎，指南针打开了世界市场并建立了殖民地，而印刷术则变成新教的工具，总的来说变成科学复兴的手段，变成对精神发展创造必要前提的最强大的杠杆。"

在这里，马克思从科学复兴、社会革命和文化传播的角度高度评价了中国的火药、指南针和印刷术的技术发明。

中国古代的技术发明和西传岂止仅仅是"三大发明"或"四大发明"！李约瑟在《中国科学技术史》中列举了26项：

(a)龙骨车，　　　　　(b)石碾并用水力驱动，　　(c)水力冶炼鼓风机，

(d)旋转风扇和扬谷机，(e)活塞风箱，　　　　　　(f)提花机，

(g)缫丝机，　　　　　(h)独轮手推车，　　　　　(i)帆车，

(j)磨车，　　　　　　(k)胸带和颈圈挽具，　　　(l)弩，

(m)风筝，　　　　　　(n)竹蜻蜓和走马灯，　　　(o)钻井术，

(p)铸铁，　　　　　　(q)"卡丹"挂环，　　　　　(r)拱桥，

(s)铁索吊桥，　　　　(t)运河闸门，　　　　　　(u)船舶和航运，

(v)船尾舵，　　　　　(w)火药和相关技术，　　　(x)罗盘针，

(y)纸和印刷书(雕版和活字)，(z)瓷器。

他写道："26个字母用完了，我该停下来了。但是还有很多例子，

甚至重要的例子，如有必要，也列得出来。"后来，他的助手和学生坦普尔列出了100项，出版了一本书《中国——发现和发明的国度》。

而在列举公元3—18世纪西方传入中国的技术发明时，李约瑟只找到了4项："(a)螺丝钉，(b)水泵，(c)曲轴，(d)发条装置。"

因此，我们在列举人类的技术发明时，切切不可只盯住西方、言必称希腊、言必称欧洲、而数典忘祖啊！

五、中华文明中科技元素的魅力

李约瑟还说过："直到17世纪中叶，中国和欧洲科学理论大约处于同等水平。仅仅在那段时间后，欧洲思想才开始迅速向前发展。"

说到思想，岂止是科学思想，中国传统文化和人文思想也对西方产生了巨大影响。美国1980年出版的《人民年鉴手册》曾列出世界十大思想家，孔子被推举为十大思想家之首。1582年，意大利传教士利玛窦来华，他为中国传统文化所折服，换上儒服，自称儒生，1594年出版了《四书》的拉丁文本，被称为"基督教的孔夫子"。德国哲学家和数学家莱布尼茨在获悉易图八卦后，惊讶地发现同他1678年发明的二进制理无二致，因此热烈地赞美儒学和中国传统文化。法国启蒙思想家伏尔泰在《哲学辞典》中列举了孔子的7句格言，慨叹："我们不能像中国人一样，这真是大不幸。"雅各宾派领袖罗伯斯庇尔在他起草的1793年《人权和公民权宣言》中写道："自由是属于所有的人做一切不损害他人权利之事的权利：其原则为自然，其规则为正义，其保障为法律，其道德界限则在孔子的格言中：己所不欲，勿施于人。"进化论的创立者、英国生物学家达尔文在其名著《物种起源》(1859)中大量引用了他称之为"中国百科全书"中关于遗传变异的记载，据查是出自北魏贾思勰《齐民要术》、明末李时珍《本草纲目》、宋应星《天工开物》中的内容。

北京2008奥运会开幕式文艺演出凸显了中国元素、中华文明元素，特别是中华科技文明的元素。一幅巨大的纸质画卷展现了五千年的中华文明。造纸术的发明被融汇于中华文化的"文房四宝"——纸、笔、墨、砚的艺术表现之中，充分体现了李政道的名言："科学与艺术是一枚硬币的两面。"印刷术的发明则同古老汉字的发明联系在一起，一个个活字模板上下运动，整板则跌宕起伏，一而再、再而三起涌现出"和"字图样，传达出中国先民关于人与人、人与社会、人与自然的最古老的人文理念："和谐。""和为贵。"与指南针的发明和应用有关的丝绸之路和郑和下西洋，则向世界昭示了中国人民热爱和平，对外开放。美轮美奂的五彩烟火，当然源自中国的火药发明。中国的传统文化、中国的科技文明，是最体现中国特色和优势的所在之处，也是今天吸引世人眼球、让世界了解中国最有力度的切入点。

六、继续发扬古代科技的优秀基因

作为美国皇家学会院士、在生物学领域有重大建树的李约瑟，在1937年37岁时通过赴英留学的鲁桂珍等中国人那里了解了一些中国古代科技成就，立即对中国传统文化有了一种信仰上的"皈依"，从而中止了他对科学前沿的研究，从学习汉字开始研究中国科技史，直至1995年去世，穷半个多世纪的时间，撰写《中国科学技术史》，其中一个目的就是摒弃欧洲中心论，"还中国以公道"。英国历史学家汤因比在上个世纪50年代就这样评价过李约瑟研究工作的意义："这是比外交承认更高一筹的对中国的承认。"

中国没有爆发近代科学革命，没有产生建立在观察和实验的基础上并同数学的逻辑推理相结合的近代科学。中国近代科学的发展经历了充满艰辛和屈辱、奋斗与辉煌的曲折历程。李约瑟提出了这样的问题：中国在古代取得了辉煌的科技成就，为什么没有产生近代科学革命？这被称之为"李约瑟难题(Needham Problem)"的问题引起了世界科技界、史学界乃至经济界、教育界、思想界、文化界等各方面人士的关注，中国学界常常把"李约瑟难题"理解为对于"中国近代科学为什么落后"这一历史现象的探索，这无疑是有现实意义的。

不过，"俱往矣，数风流人物，还看今朝。"我认为，历史上发生过的事情，自有它的道理；而历史上没有发生过的事情，成千上万，难以评说，况且在人们思考这类问题时，往往会与出于现实考虑的种种因素纠缠在一起，很难不失偏颇。因此，我主张：向前看！既然中国传统文化孕育了中国古代科技文明，今天，在以开放的心态学习西方近代科技、学习世界一切优秀文化的同时，把中国古代科技和传统文化中的优秀基因借鉴移植到当代21世纪科技前沿探索中。古为今用，继往开来，与时俱进，开拓创新。

例如，近代科学建立起了庞大的分析型学科体系，在很多方面精确地研究了自然界，取得了丰硕的成果。但是，近代科学有长处也有不足：重分析，轻综合；重结构，轻功能；长于线性研究，短于非线性研究；习惯于封闭系统研究，不善于开放系统研究。当然，这种说法只是相对而言的。事实上，客观自然界是局部与整体，结构与功能，线性与非线性，封闭与开放的统一。而中国传统的系统思维方式在当代和今后科技整体化中会起到越来越重要的作用。耗散结构论的创始人普利高津说："我们正向新的综合前进，向新的自然主义前进。这个新的自然主义将把西方传统连同它对实验的强调和定量的表述，同以自发的自组织世界的观点为中心的中国传统结合起来"，因为"中国传统的学术思想是着重于研究整体性和自发性，研究协调和协合，现代新科学的发展，近些年物理和数学的研究，如托姆的突变理论、重正化群、分支点理论等，都更符合中国的科学思想。"创建协同学的哈肯也指出："我认为协同学和中国古代思想在整体性观念上有深的联系。""事实上，对自然的整体理解是中国哲学的一个核心部分。在我看来，这一点西方文化中未获得足够的考虑。"

又如，在近现代科技发展中，特别是工业文明后期，人与自然是对立的，人对大自然着重征服、索取，而不注意保护，结果受到严厉报复：资源匮乏、能源枯竭、环境污染、生态破坏、全球气候变暖、珍稀物种灭绝、自然灾害频仍等。而中国传统文化、传统哲学、传统科技的核心是"天人合一"，中国的"天"，不是西方的"神"、"上帝"，而是自然界、客观规律。荀子曰："天行有常，不以尧存，不以桀亡。"中国古代的区域开发和经济发展，强调天时、地利、人和的三才学说，所谓"人与天地相参"，"仰观天文，俯察地理，内省自身"，强调生物界的和谐和"各得其养以成"，这对当代生态经济学、生态伦理学的发展有指导意义，有利于促进身心健康和生活质量的提高，有利于建设生态文明和可持续发展。日本人依据老子"道法自然"的思想，提出要以"自然农法"取代建立在工业文明基础上的所谓"科学农法"，经过实践，取得了巨大的成功。

我们常说"认识自然，利用自然，改造自然，征服自然"，但中国古代是充分认识自然，合理利用自然，从不改造而是有限地改善自然，更不征服而是强调尊重自然、尊重自然规律、按自然规律办事，同自然和谐相处、共生同荣。

在人地关系中，中国古人强调因地制宜，沿用几千年的"四时之禁"传统，目的是在保护生物资源再生基础上的持续发展。而与"四时之禁"不准违背时令砍伐木材、割草烧灰，捕捉鸟兽鱼虾相对比，中国古代很早就有了关于节制生育的思想。《韩非子·五蠹》篇曰："今人有五子不为多，子又有五子，大父未死而有二十五孙，是以人民众而货财寡，事力劳而供养薄，故民争，虽倍赏累罚而不免于乱。"这比马尔萨斯的人口论（1798年）早了两千多年。

中国传统文化强调和谐，强调人与人之间"和为贵"，"和"成为天人、人地、人人之间关系的准则。无论在哲学、人文社会科学领域还是自然科学技术领域，都有其深刻的含义和实用价值。

再如，中国传统科技方法创造了古代光辉的科技成就。吸收和应用传统科技基因，开发现代科技，往往可以有大的创新。

中国传统数学，不发展演绎几何学，但充分发展程序性算法，寓证于算，不证自明，在电子计算机出现后的今天，二者巧妙结合，若合符节，中国学者创造了几何定理的机器证明法，并崛起了崭新的机械化数学。我国著名数学家吴文俊说，"继续发扬中国古代传统数学的机械化特色，对数学各个不同领域探索实现机械化的途径，建立机械化的数学"，"使作为中国数学传统的机械化思想，光芒普照整个数学的各个角落"，"复兴而不仅是振兴中国数学，使自秦汉以迄宋元傲居世界舞台中央的中国数学重展昔日雄风于今日，应该是完全可能的"。这是何等的豪迈和气概！

中国古代铸造中的失腊法，在现代已形成精密铸造产业。当代电子计算机打孔程序控制技术是受到源自中国古代纺织中提花技术的启发而发明的。用现代科技原理和方法去研究龙洗、编钟、透光镜、"越王剑"等，已引发出若干有价值的科学前沿问题。

还有，天体演化、大地构造、地震预报、气候变迁、海平面升降、环境演替、生物进化等当代重大科学热点乃至社会热点，是与自然史和历史自然科学相关的问题。浩如烟海的中国古文献中有大量类型多、系列长、连续性好、地域覆盖广阔、综合性强的有关自然现象特别是异常现象的观察记录，这是中国古人几千年来留给今人、贡献给世界的一个自然史信息宝库，它已经在射电天文学、地震震中分布图和烈度区划图、5000年气候史重建、500年旱涝史重建及其隐含周期的发现中发挥了重要作用。黄河小浪底工程大坝高程设计是以黄河1843年洪水的复原研究为依据，长江三峡工程防洪设计是以1870年洪水时下游荆州大堤不决口为前提。大型工程设计论证早期有物理模型法、数学模型法，现在中国学者又创立了历史模型法，服务于科技和经济建设重大工程中长期规划的自然背景评估。

最近，全球气候变暖，自然灾害频仍。而依据我国古代留下来的丰富的气象、气候、物候、地理等资料，竺可桢于1961年和1972年先后发表《历史时代世界气候的波动》和《中国近五百年气候变迁初步研究》等学术论文。前一篇论文依据北冰洋海冰衰减、苏联冻土带南界北移、世界高山冰川后退、海面上升等有关文献资料记述的地理现象，证明了20世纪气候逐步转暖的事实，并预言了21世纪气候变化的趋势。后一篇论文则充分利用了我国古代典籍与方志的记载，以及考古的成果、物候观测和仪器记录资料，进行去粗取精、去伪存真的研究，得出了严谨缜密、令人信服的结论，是一项震动国内外的重大学术成就。至于2008年的汶川地震、2010年的舟曲泥石流灾害，其实在我国古代的历史记载中都有丰富的史料，可为灾区重建和认识灾害规律，防灾救灾提供一些科学的依据。

七、辩证看待中国传统文化

当然，我们在充分估计中国古代科学思想方法和传统文化的现代价值的同时，也要防止对其作牵强附会的解释，片面夸大其影响和作用，从而导致一些不科学的认识。《易经》的"天行健，君子以自强不息"鼓舞了多少人求新创新,《易经》中还包含了一些科学思想和数学结构等成分,能为近代科学研究提供创造性的思想模式。但是,对历史上衍生出来与易经有关的方术活动,如算命、相面、占星、堪舆之类,则要科学地、实事求是地认真分析其中的科学和迷信的成分,取其精华,弃其糟粕,这才是对继承发扬传统文化所应取的正确的扬弃态度。

以八卦与二进制的关系而论。相传我国古代周文王所著《周易》以阴爻(－－)和阳爻(——)两个符号排列组合成乾、坤、震、艮、离、坎、兑、巽共八卦。数学中一般有十进制和二进制两种表示方法,十进制逢十进位,二进制逢二进位。二进位数只用"0"和"1"两个符号,有简化四则这样的作用,而且便于以物理状态,如电路的开合启闭来表示它们,因此,近代电子计算机多采用二进制。如果把《周易》八卦中的阴阳二爻分别当作数码0和1,那么八卦便可视为二进制中相当于十进制的0到7这8个二进位数。

于是,有人便说八卦是世界上最早的二进制,或者说德国数学家莱布尼兹发明二进制算法是受了八卦的影响或启发。

事实上,《周易》中的八卦顺序并不是二进制的自然数列,从数学上任何一种进位制的要素来考虑,也缺乏进位法则和计算方法,因而不具备数学意义上的二进制特征。中国传统数学中很早就采用筹算记数法,建立了十进位值制的筹算体系,这种位值制一直沿用了下来,而在中国传统数学或其他计数系统中都没有采用过二进制。

至于说莱布尼兹曾经与当时在华的欧洲传教士闵明我、白晋、杜德美有过通信联系,知道了《周易》八卦易图,据笔者考证,那只是在莱布尼兹发明了二进制之后。

在德国汉诺威的莱布尼兹博物馆,笔者查到了莱布尼兹的著作手稿和其他文献,表明莱布尼兹从1666年开始即酝酿二进制算法,1679年3月15日所写的论文《二进制算术》已经对二进制算法进行了充分的讨论。1697年元旦，他设计了一个二进制纪念章图票，除列有二进制数与十进制数的对照表外，还有加法和乘法的实例。1701年2月15日，莱布尼兹在给白晋(1685年来华)的信中提供了他的二进制数表，并于2月26日将他的二进制论文《试论新数的科学》送交法国科学院。熟悉中国古籍的白晋立即看出了八卦同二进制在形式上类同的关系，并在1701年11月4日从北京发出的信中将这个发现告诉了莱布尼兹。这封信经由伦敦，迟至1703年4月1日才辗转送到身在柏林的莱布尼兹手中。莱布尼兹接到信后，于4月7日向法国科学院寄去了题为《关于仅用0和1两个符号的二进制算术的说明，并附其应用以及据此解释古代中国伏羲图的探讨》的论文，要求公开发表。自此，二进制公诸于世。

我们应该清醒地认识到，中国古老的八卦易图的确是一个潜藏着不少奥秘的符号系统，它具有某种数学结构，隐含有二进制的思想和表达方式，但易图并非就是数学，八卦并非就是二进制。正如近代科学的许多理论虽然都可以从古希腊甚至古代中国哲学中找到它们的胚胎和萌芽，但古希腊和古代中国的哲学并不等于近代科学一样。爱因斯坦说得好："真理必须一次又一次地为具有强有力的性格的人物重新加以刻勒，而且总是使之适应于雕像家为之工作的那个时代的需要；如果这种真理不总是不断地重新创造出来，它就会完全被我们遗忘掉。"今天，我们传承国学，包括中国古代的科学，就是要坚持实事求是的态度，正本清源，古为今用，继往开来，开拓创新，与时俱进！

天人之际：中国古代的天文学

孙小淳

孙小淳，中国科学院自然科学史研究所研究员。南京大学天文学系天体物理学专业学士（1984年）；中国科学院自然科学史研究所与荷兰皇家科学院分子与原子物理研究所中荷联合培养博士（1993年）；美国宾夕法尼亚大学科学史与科学社会学系博士（2007年）。现任中国科学院自然科学史研究所副所长；中国古天文联合研究中心主任；国际天文学联合会天文学史专业委员会组委。主要从事天文学史、科学史研究，著有《汉代中国星空》。

　　天文学是一门既简单又高深的学问。说它简单，就是说人人都可以懂天文。顾炎武说"三代以上，人人皆知天文"。古代的老百姓在日常生活当中就需要天文，事实上也很注意天文。现在我们的生活越来越脱离自然，天文离我们的生活似乎很遥远。其实，大家别忘了我们的生活还是离不开天文的。比如说时间，真正的时间不是电子表、计算机或者其他的什么钟表确定的，而是要通过天文观测来确定的。钟表上指示的中午12点并不是可靠的，只有太阳过子午线上端那一刻才是真正的中午12点。这里面就有天文。

　　天文学也很高深，人们可以把它与人类最崇高的理想联系起来。

黑格尔就说："一个民族有一些关注天空的人，他们才有希望；一个民族只关心脚下的事情，那是没有前途的。"中国古代把天文学看得更是高深，其影响和根基深入社会、文化、政治、思想的所有方面。要想深入理解中国古代的文化、思想和哲学，天文学是一个很好的切入点。天文学不光涉及到历法、观察星象等，实际上它还涉及到整个宇宙人生。

中国古代天文学，内容很多，范围也很广。我这一讲主要是介绍如何从天人关系的角度入手，理解和研究中国古代的天文学。

◀ 一、中国古代天文学的一些特点 ▶

中国古代天文学具有最长的、连续的天象记录，这是其他文明所没有的。为什么这样重视天象呢？古代皇帝都自认为是天子，是受天命而君临天下。做得好，天就会出现祥瑞嘉言之，做得不好，天就会出现灾异现象警告之。所以中国古代统治者特别重视天象。汉代的儒学家董仲舒提出一套"天人感应"的学说，就是这种思想的神学构建。他说："观天人之际，甚可畏也。"统治者似乎也对这种说法深信不疑，所以要求天文学家认真观测天象。在这种情况下，历代天文学家都不敢怠慢，认真观测，如果稍不留神就会受到惩罚。因此，中国古代有最长的、连续的天象记录。

这些记录，如日月食、新星（古代叫"客星"）、彗星、极光的记录，对现代天文学有什么科学用处呢？用处还是很多的。比如说日食，记录了它发生的时间，按照我们现在的方法，往回一推，发现跟古代观测记录有个时间差，这是什么原因造成的呢？研究地球物理学的人都知道，这是地球自转变慢造成的。由于地球自转在变慢，我们现在的一天比2000年之前的一天稍长一点。这个差本身是极小的，只有万分之几毫秒。但如果按现在的日长回推到2000年前某个时刻，就会造成一个累积的效果，比实际上当时的时刻就差了两三个小时。这两三个小时可是了不得的，在天文现象反映出来，效果就非常大。比如说一个日食，本来应该早晨9点钟发生的，但由于两三个小时的时间差，就会退回到早晨6、7点钟了，这样一来，就可能出现一种情况，就是太阳刚出来时就发生日食，好像太阳又回去了，再过一会儿，日食结束，好像太阳再次出来了。历史上所记载的"天再旦"现象，就是这样的日食。这样的日食记录，为我们现在研究地球自转的问题提供了极其重要的参数，可以用来确定上面所说的时间差。

另外，关于恒星，古代有客星即超新星。宋代1054年就有超新星爆发的记录。现在我们知道恒星演化到一定时候就会发生大爆炸，爆炸后就会留下痕迹。宋代1054年超新星爆炸留下的痕迹就是金牛座著名的"蟹状星云"。这个记录对天体物理学家来说很重要，为什么这么说呢？我们知道一千年之前爆炸的一个点，现在又看到有一定尺度的星云，研究物理的人马上就明白，从中可以得到一个关于爆炸速度的参数。这样的记录，对我们研究恒星演化特别重要。在其他国家没有这种数据，所以中国古代的天象记录，引起国际天文学界的高度注意。我们所的席泽宗院士，曾做过《古新星新表》的课题，就把历史上的新星和超新星都整理出来，这引起了国际天文学界的高度重视。

中国古代天文学的另一个特点，就是有众多的历法和历法改革。中国古代有100多部历法记录，实际上可能远不止100多部，因为有的历法提出来之后，历史上没记载。正式颁布的有80多部。为什么历法这么重要呢？当然，老百姓没有历法，就安排不了日常生活，连农民种地也需要历法，这是最基本的需要。但是更重要的一点是，历法是统治的象征，谁颁布历法，遵从谁的历法，就是意味着服从谁的统治。在古代，历法准确，执行得很好，就意味着统治也非常好，它是一种象征。所以，历代皇帝不管怎么说，都非常重视历法。每当改朝换代，每当换皇帝或者皇帝推崇改革、新上任的时候，都以改革历法为标志。比如，最早的记载，汉武帝时候司马迁、邓平等人提出"太初改历"。到了明末，崇祯年间，西方传教士进来之后，也有改历，希望引入西方历法体系。所以，我们讲在中国古代改历是特别多的。改历当然是技术问题，但更重要的恐怕还是政治问题。

李约瑟在《中国科学技术史》第三卷中提到，中国古代天文学有两大特点，即是天极系统和所谓的政治天文学。什么叫"天极"？中国古代的"极"的位置很重要，因为"极"是不动的，其他的星星都是围着它转，因此这种"极"的观点，在中国古代的天文学中特别重要。孔子说过"为政以德，譬如北辰，居其所而众星共之"，如果要用德行来治理天下，就像北极星一样，其他的东西都围绕着它转。有了极之后，就有赤道；有了赤道和极，就有了球面坐标。这样，任何天体的位置，都可以靠赤经和赤纬来决定。中国古代不叫赤经和赤纬，叫"去极度"，就是离"极"的距离之意。以赤经来说，现在是以春分点为起点，从0到360度。可是中国古代用28宿把天空分成28块，像桔子瓣式的。说某某星的位置，就说它进入某某宿多少度，然后累计下来就成为现在的赤道坐标系。这样一个系统，对于观测来讲非常有利。古人用浑天仪观测天体，只要把子午线定下来，测量天体过子午线时离开极的距离，纬度就可以测下来了。西方的天文学则不同，他们是用黄道坐标系。如果用黄道坐标系，则其基本圈在天上随时变动，所以测定的仪器没法固定，因此只好用占星盘来观测。这是中国古代天文学技术上的特点。

再说说中国古代天文学的政治特点。除李约瑟曾提过之外，还有很多人提过，如美国的席文，英国的古克礼，台湾的黄一农，上海交大的江晓原先生的《天学真原》是很有影响的一本书，强调中国古代天文学与政治、宗教、人神之间沟通的关系。我觉得这个问题可以更进一步深入地探讨。不要把政治与科学看作是一种冲突。实际上，古代所谓的科学和所谓的政治是融为一体，分不开的。大家一听到讲政治，就以为贬低它。其实科学什么时候不讲政治呢？过去讲政治，现在也讲政治，只不过讲的政治的内容和性质不一样罢了。任何科学都离不开政治。有些思想简单的科学家，鼓吹科学脱离政治的理想境界，实际上是不可能的，只不过是在鼓吹另一种科学与政治关系罢了。

现在我们回到理解中国古代天文学的一个切入点。还是要从董仲舒所说的"天人感应"开始。说起感应，我们现在可能要研究磁场之类，古人可能没有这些。但不管怎么说，这是一种信念。而这种信念怎么来的，确实值得去研究。这种信念是有一定的经验基础的，太阳的轨迹影响着四季变化，我们人类生活确实离不开太阳。月亮的变化，也对人体有些影响。古人是在这种经验的基础上，产生信念，构建理论。这种"天人感应"的思想，对学术本身或者天文学本身产生了非常深刻的影响。比如说关于中国古代天上恒星命名系统。现在我如果问大家天上有什么星，大家可能会脱口说出狮子座、猎户座之类。可是很多人都不知道，中国古代天上恒星名，除了牛郎、织女、北斗星这样少数几个星星之外，还有很多。其实，中国古代对天上恒星的命名有非常完整的体系。前面我讲到的北极星，它的附近有地星、太子、后宫、大臣、番臣，构成了"紫宫"，那就是天上的紫禁城。再往外围出去，有将军、各种行政机构、农民的生活等等，甚至还有厕所。实际上这是人间社会在天上的投影，天上和人间是非常接近的。因为有了这种对应的思想，建立这种对应的关系，就会对占星、天文产生影响。因为占星对天象进行解释的时候，必然有个背景，就像我们演戏一样，后面应该有背景和舞台，没有背景就构不成事件。天文也一样，天文的所有现象，都是要靠天人对应建立关系，这样占星的解释才得以展开。

怎么样来研究中国古代天文学？研究中国古代天文学史和研究科学史一样，如果把古代的科学看作是一种不成熟的现代科学，是粗糙的科学，那写出的科学史就要找古代史料中的科学内容，描绘一幅科学不断进步，直到现代科学的顶峰的图像。比如，我们看中国汉代的历法，观测回归年长度为365.25天，到后来《授时历》时为365.2425天了，越来越精确。从古代的天文记录里面，如发现彗星、新星、超新星(其实古人根本不理解什么叫超新星，认为是客星)，找到很多以我们现在科学角度来看是合理的、科学的、先进的东西。这是一种研究历史的方法，当然研究天文学的很多内容是可以这样来研究。比如，观测精度、所用仪器、宇宙模型等。古代宇宙论，如果离我们现在的日心说、地圆说越接近，就越是精华，否则就是糟粕。历史是可以这样写的，描绘一幅人之上升的图景没有什么不好。但仅仅用这种方式来描写古代科学，我认为是不够准确的。不但认识不够准确，甚至有时候可能歪曲了历史。所以我在这里建议换一个视角来思考中国古代天文学，即是以历史、社会、文化的视角来思考，比如古人为什么要天文观测与研究？他们是不是研究恒星的演化？肯定不是的，但是他们有他们的追求和目的。这种追求比我们现在科学所谓真理的追求，一点都不低下，说不定更高尚。比如说，司马迁说过"究天人之际，通古今之变"，我觉得没有学问，却能有这样高尚的理想是不可能的。天人之际，宇宙人生，古今变化，自然的、历史的、社会的都融为一体。所以我索性借用"天人之际"作为我这一讲的标题。那么，古人采用什么样的思维方法？他们的目的是什么？他们不同的理论与观测之间有什么关系？政治、宗教等因素在里面如何产生影响？换成这个视角，我们就会问出很多前一种理解不可能提出的问题，这样我们的学术就会向前迈出很大的一步。我们要对古人的思想和文化，更深入地、真正地了解，而不是用我们现在的尺度，随便对之加以是非价值判断。

❖ 二、制定历法 ❖

　　我们刚才谈到中国古代的天文学不外乎两方面：历法和天文。江晓原先生在《天学真原》中曾提过，中国古代没有天文，只有"天学"。我觉得，他这个观点，是为了纠偏提出来的，为的是纠正把古代天文学等同于现代天文学的看法。但"矫枉"往往会"过正"。其实如果以文献说话，中国古代没有所谓的"天学"，只有"天文"、"天象"这样的术语。所谓天学，按现在的理解方式，应该是讲宗教的，基督教那才叫天学。但不管怎么说，江先生的提法是有启发作用的，确实能启发从不同的角度看中国古代的天文学。制定历法，就是"观象授时"，那对统治者来说是最重要的事情。《尚书·尧典》里讲，尧帝派羲仲、羲叔、和仲、和叔四人到四方去观测太阳或者去太阳崇拜。"平秩东作"，就是太阳升起来的时候，去观测它的情况，为什么要观测呢？因为，观测太阳的方位，就会知道季节。冬至的时候太阳在东南方向，夏至的时候在东北方向，春秋分的时候正东方向出现。这就是日出日落方位的观测。还有一种观测就是中星观测。所谓中星观测就是观测星星经过子午线，即南方最高点。如果每天黄昏的时候去看，今天是这个星，明天就会稍微往东移一点，每天都会这样，一年下来刚好转一圈。因为太阳在恒星当中走了一圈，所以我们所看到的星星也走了一圈。由此，观测中天的恒星，就会知道太阳在恒星中的位置；知道太阳在恒星中的位置之后，就会知道季节。所以，中国古代也很明白昏旦中星观测的意义。《尚书·尧典》说"日中星鸟，以殷仲春"。日中，就是白天不长不短，也就是春分。在春分的时候，南方朱雀七宿星就出现在天空。以此类推，根据观测的星象，就可知夏至、秋分、冬至的时刻。还有一种观测的方法可以说就是"立竿见影"法。一个人每天中午站在太阳底下，量影子的长度，就知道季节了。如八尺高的人，夏至的时候，影子大概是一尺七；冬至的时候，影子大概是一丈三尺五，这样古人看影子长度就知道季节了。中国古代历法，安排日子，首先要确定一个起点，起点一般安排在冬至这一天，冬至这一天就是通过前面介绍的方法来确定的。概括一下"观象授时"的方法，即是观测日出日落，地平方位，圭表测日影和中星观测。这是中国古代确定季节、制定历法的最基本的方法。

说起日出方位的观测，在英国，新石器巨石阵遗迹里，不但有定季节的观测，而且也有预测日月食周期的观测。除了巨石阵之外，埃及的金字塔，美洲的摩轮，都有天文指向线，即通过天体和我们观测者之间连线的方位来确定天文历法或者预测其他天文现象。我们刚才说到《尚书·尧典》，有些考古的或者研究历史的学者可能会说，中国古代有些东西是不太可靠的，有的可能是后人伪造或者篡改的。这也许会有这样的情况，但我还是认为，不要轻易怀疑古人。他们做的东西，写下来的东西，一定有所根据，有所影子。前不久，山西陶寺的尧都古遗址发现了一片半圆形的城墙。只有留下夯土的地基，但可以明显看得出来，墙上自北而南有一系列的裂缝。半圆形的中心，也有夯土，是人立在那里观测的地方。从这一点看过去，那些缝就对着不同时节太阳从地平升起的方位，如夏至、冬至、春秋分。如果这真是古代观象台或者天象台的话，那就与《尚书·尧典》的记载有所吻合，这是距今4000多年以前的事。另外古文献中还有观日出方位的记载，如《山海经》就有"东海之外，有山名曰大言，日月所出"等等。整理出来之后，就会发现12条，这正好对应12个月的日月出入的规律。所以，观测太阳的出入来定季节是古代的传统，甚至专门有天文台之类的机构在做这些事情。

确定影长看来简单，实际也不容易。影子是个很模糊的东西，要确定最短的时候，即夏至的时候，是有困难的。研究数学分析的人就知道，函数到了极限就变化越来越少，导数变为零了，所以最短那一点还不那么容易定得准。办法之一就是加长表杆，这样影子也长了，相对误差可以小一些。元代郭守敬修建了一个观象台，使表杆实际高度达到40尺，是旧表的5倍，圭尺长相应增加到128尺，使相对误差大为减小。用这类的办法，确定冬夏至点。所以，郭守敬制订的《授时历》，一直被认为是古代制订的最准确的一部历法，从元代开始一直用到明崇祯年间。

说昏旦中星观测有必要提一下二十八宿。昏旦中星观测主要观测什么星？《吕氏春秋》有"孟春之月，日在营室，昏参中，旦尾中"、"仲春之月，日在奎，昏弧中，旦建星中"的记载，其中提到的，"营室"、"参"、"尾"、"奎"、"弧"、"建星"等，都是二十八宿中的星宿。二十八宿指的是"角、亢、氏、房、心、尾、箕、斗、牛、女、虚、危、室、壁、奎、娄、胃、昂、毕、觜、参、井、鬼、柳、星、张、翼、轸"。二十八这个数字怎么来的？有很多争议，大多数人认为，与月亮的运行有关。月亮正好用28天，天上转一圈。《吕氏春秋》里刚才提到的那些记载，就是这些星宿。

古代记录历法的文献一般叫"律历志"。先讲音律，然后再讲历法。因为古人认为数是从音律中生，宇宙间数的确定，由律来决定，这很像西方毕达哥拉斯的理论。人确实与自然存在着微妙的关系，而且是没办法解释的。宇宙是有机的和谐体制，是总的生命机理，包括天地万物的机理，也包括人的机理，音律就是典型的证据。历法是由数来构造，数又产生此律，所以律、历相通。历法的目标，就是把所有自然现象的周期性节律调和起来。所以，历法就是调和节律和周期，如一天的周期、一周的周期、一月的周期、一年的周期，也有日月食的周期、五行的周期、人本身生命的周期、社会变化的周期等等。中国古代的历法，理论上来讲，也很简单，就是发现各种周期，定各种常数，然后找一个最小公倍数。也就是定一个起点，从起点数下去就可。但这里有个追求暗含在里面，就是把自然的、人体的和社会的节律融为一体，包括历史、朝代的更替等社会现象。中国的律历分阴、阳历，阳历是根据太阳的运行来决定的。如春分、清明等等，是阳历决定的。阴历是根据月亮的运行来决定的，即朔望月来决定的。如大年初一、仲秋节等等，是阴历决定的。这样一来，天文学家面临着一个问题，人们都希望冬天过春节，但若阴历每年都是12个月的话，过不了几年，春节往后推，推到夏天了。在这样情况之下，阴历就采用了19年加7个闰月的办法，即"十九年七闰法"，这样阴、阳历的关系就调和了。又把天干、地支引进来，分配成六十甲子，如以甲子年、甲子月、甲子日、甲子时开始的周期，这样基本上确定了历法。我们刚才谈到冬至点的确定，《孟子》里就有"天之高也，星辰之远也，苟求其故，千岁之日至可坐而致也"。可见，中国古代对历法还是很有信心的。

说律历相生，就必须要提到中国古代一个很重要的概念，这就是"气"。历法中的二十四节气，说的就是气的状态。冬至到了，宇宙之气就到了那个时刻的状态。怎么才能测定这种状态？用测量音律的办法。《后汉书·律历志》中讲到一种专门测气的方法。九寸之长的管子，其音律对应的是黄钟。在管子之中放置些葭灰，一旦弹同样的音律，就会发生共鸣，灰就会飞起来。宇宙就是气，也有节律，到某个时候，就是某个时候的节律，对应于某个音律的管子里的灰就应该飞起来。所以，古人做这个试验的时候，"为室三重，户闭，涂衅必周，密布缇缦"，保证不受干扰。"室中以木为案，每律各一，内庳外高，从其方位，加律其上，以葭莩灰抑其内端，案历而候之"，到冬至时，黄钟之管中的灰就应飞起来，表明冬至已到。我们无法知道这种实验是否真做成了。但这至少是一种思想实验，与迈克尔逊·莫雷测宇宙以太的实验差不多。

节律也好，宇宙有机体也好，实际上是说，宇宙、社会、人体完全是一种感应的、共鸣的有机体，这是中国古代重要的哲学思想。比如《春秋繁露·治乱五行》里就有"人之身有四肢，每肢有三节，三四十二，十二节相持而形体立矣"的记载，就是说人体有四肢，每肢三节，共十二节。天也一样，也有四个季节，每个季节有三个月，共12个月，12个月称其为岁。用这些事实来证明，人体与宇宙之间的对应、统一的关系。再讲国家。古代讲天、人的时候，人，包括个人，也包括人的组织，即社会。比如讲人体的时候，《黄帝内经》里有十二经络体系，每个经络都具有国家某个机关的相同功能。中国古代把人体器官与这些联系在一起，成为一种功能体系。从科学认识上来讲，这种对应的关系成为相互比喻，即用人体器官来比喻社会的功能，如"首脑"一词，就是这样的比喻。再如古代人认为，社会有病了，人体也会有病；社会上瘟疫传播了，是社会的疾病，就是所谓的"灾异"。古代人认为，天和人、社会，这几个方面具有对应的关系，构成一个有机的体系，体系之中有气，所以能产生共鸣。中国古代有很多类似分类和对应的关系，如阴阳、五行、八卦等。这种联系和对应合不合理另当别论，但这里面有某种古人的经验基础，直觉或者说推论是可以肯定的。如阴阳、五行和方位的对应，木、火、土、金、水五行，各与东、南、中、西、北五个方位对应，春、夏、长夏、秋、冬季节对应肝、心、胃脾、肺、肾五个人体器官。为什么这样对应呢？不能说是毫无道理，它是有一定道理的，是在一定经验基础上的推理。我们现在科学研究同样需要这样的推理。

　　不光是相互对应，还相互感应，《庄子》就有这么一句话"同类相从，同声相应，固天之理也"，就是讲这种感应是理所当然的。中国古代的"气"的概念，可以讲是物质的东西，也可以讲是精神性的东西，也许用爱因斯坦的质能关系来表达中国的"气"更合适。

　　对应的办法有多种，最重要的要数五行。五行有相生说，就是金生水、水生木、木生火、火生土、土生金。还有一种是五行相克说，就是火克金、金克木、木克土、土克水、水克火。阴阳学说认为，阴阳是事物本身具有的正反两种对立和转化的力量，可用以说明事物发展变化的规律。五行学说认为万物皆由木、火、土、金、水五种元素组成，其间有相生和相克两大定律，可用以说明宇宙万物的起源和变化。邹衍综合二者，根据五行相生相克说，把五行的属性释为"五德"，创"五德终始说"，并以之作为历代王朝兴废的规律，为秦朝的大一统王朝的建立提供理论根据。按照这样的理论，秦始皇统一的时候，以"水德"来治理国家。到了汉朝时，土克水，以"土德"来治理国家。土的颜色是黄的，制定的历法要以数字5为基础。古代历法是皇帝统治的象征，所以改制就要改历。《史记·历书》说"王者易姓受命，必慎始初，改正朔，易服色，推本天元，顺承厥意"。大概意思是，新旧王朝的更替，通常会以改制历法的形式来表示应天命、顺民心。

接下来我要给大家介绍一下改历是怎么回事。我说的是中国历史上最早的一次有记录的改历。我要通过这个例子说明，历法改革不是那么简单的技术上的改革，还涉及到政治、礼仪方面的改革，甚至还可能涉及到人事改革。汉朝刚成立之时，可能还没来得及改革历法，过了几十年，到文帝时，贾谊提出来历法改革，《汉书·贾谊传》载："谊以为汉兴二十余年，天下和洽，宜当改正朔。"当时文帝特别器重贾谊，让贾谊放手改革。不过，贾谊因此得罪了周勃、灌婴、张相如等权贵旧臣。他们攻击他是"洛阳之人年少初学，专欲擅权，纷乱诸事"，致使他的改革以失败而告终。后又公孙臣上书说："始秦得水德，今汉受之，推终始传，则汉当土德。土德之应，黄龙现。宜改正朔，易服色，色上黄。"这是再次提改历。但当时也有一些弄虚作假的人，就像上世纪80年代的特异功能、气功师们一样，鱼龙混杂，真假都有。一个叫新垣平的人，自称善于"望气"，得以进见文帝。他说长安东北有神，结成五彩之气。于是文帝下令在渭阳修建五帝庙。

可是后来他被揭发弄虚作假而下狱，这也使相关的改历之议被搁置起来。到汉武帝继位之后，雄心勃勃地进行改历，然而当时的窦太后，好黄老之术，不接受儒术，结果那些跟着武帝要改革要改历的人又一次受到打击，主要人物赵绾、王臧等人即因之被赐死。等到窦太后去世之后，公孙弘、司马迁等人又提出改历，遂进行了改历，这就是历史有名的"太初改历"。刚才讲的这些例子表明，改历不仅仅是技术上的问题。技术上来讲，因为天文数字总是不太完整，用一段时间之后，自然就滞后或超前，肯定要改。就像我们现在用的历法，也有很多不合理之处，如2月份28天或29天，七八月连续有31天，很不合理。每年人大、政协开会的时候都有提案改革这样不合理的历法。但改历不是件容易的事情，不光涉及国计民生问题，还有政治问题；这不光是中国的事情，还牵涉到世界性的问题。所以，改历不仅仅是技术问题，也是政治问题。从汉朝的历法改革就可知道，改历活动是与权力斗争交织在一起。

改历与政治的密切关系可以从西汉末年的《三统历》更明显地体现出来。王莽要以禅让得天下，需要一种政治舆论。刘歆等人就利用五德终始说和改历，为他提供了这种理论根据。《三统历·世经》里对从古伏羲到汉朝的帝王排了个序，就是以五行相生之五德终始说排列的。按《太初历》以五行相克论为依据，具体的排列是，黄帝土德，夏木德，商金德，周火德，秦水德，到了汉代就是土德。但王莽自己想要土德，那怎么办？历史不得不重写，刘歆就以五行相生论来重写历史，而且把历史追溯到更久远，一直追溯到没影子的传说中的伏羲。这样重新排列的结果是，伏羲是木德开始，炎帝、黄帝、少昊帝、颛顼帝、帝喾、夏、商、周、秦、汉朝到王莽自己的新朝，这样算下来，汉朝应该是火，他自己顺理成章就属土德了。但这里面还有个问题，中间把秦朝没算进来，他们的理由是，秦这样的暴政、短命之朝应该不能算进去，不配称德，用个"闰水"配之即可。这样，按照相生理论，自然就不需要相克所代表的革命方式，顺理成章可以接受禅让，而成真命天子了。

◀ 三、天文 ▶

天文就是天上的纹路，就是天象。所有的象是主观与客观的统一，什么是空间和时间，为什么空间是三维空间？康德的《纯粹理性批判》里认为，时空是一种"直观的形式"。就是说要认识事物，没有这种直观的形式，则不可能认识或者观察现实，这两者是分不开的。我们以前讲，物质第一性，意识第二性；外观在我们脑子里产生影响，才产生知识，固然就某一阶段来讲，没错，但不可能完全是这样的。正是基于这样的哲学，后来的各种哲学如现象学、维德根斯坦等人的各种理论，基本上都是康德学说的一种发展。中国古代，所谓占星，就是天象和人世的关系，必须要有一个基础。怎么解释天象？必须天上和地下人间相对应，即天上的紫宫所发生的事情，一定对应人间发生的事情。还有分野说，把天划分成诸多块，与地下的各地对应起来。实际上，古代的皇帝，有时根据占星家的分析，就会知道周边发生的事情，甚至有时根据天文观测，直接出兵。董仲舒说："天人之际，甚可畏也。"就是把异常的天象都视为灾异，这种灾异又视为帝王政治得失的一种警告。董仲舒说："臣谨按《春秋》以观天人相与之际，甚可畏也。国家将有失道之败，而天乃先出灾害以谴告之。不知自省，又出怪异以惊恐之，尚不知变，而伤败乃至。"可见这种天人感应的学说，一方面为帝王君权的统治提供了合法性的依据，另一方面也对皇帝的权力有所限制。所以，历代对灾异现象观测得特别仔细。什么叫异常？就是非常，不是按照正常方法推到的现象。比如，从太阳从东方出来这一天象来判断天下有大战，没人相信。这算不上异常。观天象、观星宿，是基于历法对天象的认识，历法能推算的，可以算是正常了，与之不合的就是异常。所以历法与占星两者一定是相互促进的。另外，历法本身应该是精益求精的，并不一定非要像我们现在所说的为了科学真理而精益求精。为了探究天人关系，为了占星，同样也会有这样的精益求精的要求，而且一点也不逊色。到了后来，天文灾异不但限制皇权，同时在官僚之间斗争当中也用到这种天象。比如，宋代王安石变法之时，熙宁八年十一月，彗星出现。上下都很恐惧，权贵保守派借题发挥，认为都是新法惹的祸。王安石专门写文章驳斥这种附会。但神宗皇帝心里害怕，认定"天变不敢不惧"，并下诏命群臣可直言朝政阙失。所以，当年的大扫帚星，成王安石最终失意离朝的一个前导因素。这种天象在官僚之间斗争当中的利用，历史上很多。台湾的黄一农写《天文学史二十讲》里就讲过汉代翟方进宰相之事，就是因为这种天象有无等罪名而自杀。古人对天象深信不疑，这对政治产生了很大的影响。比如，每次发生日食的时候，皇帝都不上朝、避正殿、减御膳、罢朝贺等等，以示对天敬畏。万历三年四月初一日，发生日食。十三岁的万历皇帝有感于天象之变，在宫中自制牙牌，书十二事于牌上，即：谨天戒、任贤能、亲贤臣、远辟佞、明赏罚、谨出入、慎起居、节饮食、收放心、存敬畏、纳忠言、节财用等。

还有一种天象就是古代所谓的客星，也就是新星或超新星，有名的是上面提到的1054年的超新星爆发。其实更有名的是，1006年的超新星爆发，有"状如半月，有芒角，煌煌然可以鉴物"的记录。这样的情况之下，人们一定会重视并想方设法去解释。还有就是彗星，中国古代认为是"除旧布新"之象，即易王或者革新。另外也有流星雨，中国古代一般的解释就是看它进哪个星宿，到哪个位置，然后按照天人对应的关系来解释。还有恒星的天象，如"五星聚房，殷衰周昌，武王伐纣"，周武王伐纣灭殷的天象预兆，就是很好的例子。"太白经天，天下革，民更王，是为乱纪，人民流亡；昼见与日争明，强国弱，小国强，女主昌"都是兵象。还有一些现象，比如北极光的观测等等。古代军队打仗，一般都带有占星家，让其望气等等，如《武经总要》里面有很多占星的内容。

　　占星的解释并不是一成不变的，也会视政治需要而改变。前面提到的1006年的超新星爆发，古代属于"客星"之类。这种特别的客星又叫"周伯星"或"景星"。可是景星出现是吉是凶却没有定论。一种说法认为是吉星。客星有五：周伯、老子、王蓬絮、国星、温星。周伯星，大而黄，煌煌然。《宋史·天文》说："景星，德星也，一曰瑞星，如半月，生于晦朔，大而中空，其名各异。曰周伯，其色黄，煌煌然，所见之国大昌。"这是吉象。但也有的把它解释为凶象，如《宋史·天文》又说："周伯，大而黄，煌煌然，所见之国，兵丧，饥馑，民庶流亡。"这是凶星。是吉是凶不定，上下议论纷纷，这可不是什么好现象。此时有一个叫周克明的大臣，上奏皇上"臣在途闻中外之人颇惑其事"，"愿许文武称庆以安天下心"，让宋真宗明确其吉象，以安抚天下。宋真宗听其言，认定其为吉象。当时还有说有这种大吉的天象出现，说明真宗统治英明，文昌武备。还说真宗最近亲自出征，鸾驾凯旋而归。其实我们知道，当时是宋真宗于1004年不得已与敌国订了极其羞辱的城下之盟即"澶渊之盟"之后不久，现在却因"景星"被粉饰成了"凯旋而归"。这种怪象，是占星与政治交织的奇怪产物。但说来也巧，"澶渊之盟"和景星出现之后，宋代还真享受了近百年的太平。要说天意，还真是不可测。不可测，就会有人用尽办法妄测。占星术影响之大之久，就可想而知了。

四、宇宙论

前面提到的都是广泛意义上的宇宙论，关联思维、阴阳、五行、天人对应等等，包括宇宙、人生、哲学、社会的含义。这里要讲的宇宙是狭义的，即天地构造的理论。

盖天说是中国古代的一种宇宙学说。认为天像一个盖笠笼罩在大地之上，故名"盖天说"。大约汉代成书的《周髀算经》就是盖天说的代表作，其采用的原理就是勾股术，认定的基本数据，就是8尺之表，其中午日影长度千里差一寸。从这两点出发，盖天家们就推算出天地大小高度，昼夜长短，四季变化等。盖天说把冬夏之间日所行道分为七衡六间。天圆地方，天从里到外分成6间，太阳在最里一间的时候是冬季，在最外一间的时候是夏季。太阳光照有一定的范围，如舞台上的追灯，转到什么地方就是白天，之外就是黑夜。按照"一寸千里"的影长变化，可以推算出天高是8万里。这些都是《周髀算经》里面的记载。

浑天说是中国古代的另一种宇宙学说。浑天说的代表作是张衡的《浑天仪注》。书中说："浑天如鸡子。天体圆如弹丸，地如鸡子中黄，孤居于天内，天大而地小。天表里有水，天之包地，犹壳之裹黄。天地各乘气而立，载水而浮。""浑天"是相当于现在的天球，"地"是不是地球，现在还有争论，"地如鸡子中黄"说得很形象，像个圆的，可是"载水而浮"，好像陆地浮在水上，所以地球的概念不是很明确。但是有了浑天说，就有了"浑仪"，天文观测的技术与内容发生了很大的变化，从而进一步影响到历法科学。可以说，从盖天说到浑天说的转变，是中国天文学史上的科学革命，不妨称之为"浑盖革命"。

还有一种是宣夜说。宣夜说认为，天是无限而空虚的，星辰就悬浮在空虚之中，自由自在地运行着。现在只找到两条史籍中关于宣夜说的记载。这种说法与现代宇宙论颇有形似之处，所以往往在想象发挥之后，被认为是中国古代最先进的宇宙学说。然而，宣夜说认为日月星辰自由自在地运行，所以对它们的运行规律抱着一种不可知的态度，这对天文学的发展是不利的。这种对天体自由运行的夸大，使得宣夜说无只言片语谈到对天地结构的定量化描述。所以严格地讲，宣夜说还不能称作为一种宇宙学说。实际上，对中国古代的天文学影响最大的，还是盖天说和浑天说。

五、星官与星图

中国星空的最重要的特点就是把星空构建成了一个对应于人间社会的天上王国。这是天人对应学说的逻辑发展，也是占星术操作的需要。凡事件都要有背景，中国星官就是进行占星术演绎的布景。这在前面我已经提到了，下面给大家再介绍一点中国星官星图知识。

《史记·天官书》有："众星列布，体生于地，精成于天，列居错峙，各有所属，在野象物，在朝象官，在人象事。"这里面的"象"字，可以是名词，也可以是动词。"象"在中国古代哲学体系中是个非常重要的概念。说某某"象"什么，或说什么是某某之"象"，就已经蕴含着主观对事物的解释。中国古代的星官和占星，就是一种"象"的解释学。

敦煌经卷中发现的一幅古星图，为世界现存古星图中星数较多而又较古老的一幅。约绘制于唐中宗时期（公元705—710年）。其画法从十二月开始，按照每月太阳位置沿黄、赤道带分十二段，先把紫微垣以南诸星用类似墨卡托圆筒投影的方法画出，再将紫微垣画在以北极为中心的圆形平面投影上。全图按圆圈、黑点和圆圈涂黄三种方式绘出一千三百五十多颗星。

1987年在西安交大附小院内发现的汉代壁画墓中的二十八宿星图是汉代天文星象文物遗存中较为完整的一个，有二十八宿星官和图像。图像表达的意义与《史记·天官书》中的占星描述极为相似。

《史记·天官书》记载："中宫天极星，其一明者，太一常居也；旁三星三公，或曰子属。后句四星，末大星正妃，余三星后宫之属也。环之匡卫十二星，籓臣。皆曰紫宫。"说的是紫宫的周围，东南西北都有相应的星星，犹如皇帝的宫殿。然后天上还有天仓、天旗、天苑、天矢、天潢、天军等等星星。还有北斗星，北斗星很重要，其他星星都围绕着它转，《史记·天官书》就有"斗为帝车，运于中央，临制四乡。分阴阳，建四时，均五行，移节度，定诸纪，皆系于斗"的记载，可见北斗星的重要性。

最后，简单提一下中国古代的时空观。中国古代的时空观，是非常相对论的时空观，很像爱因斯坦的相对论，不像牛顿的绝对时空观，因为时间和空间统一体的不同方面而已。如中国古代，子丑寅卯辰巳午未既表示方位，又可表示时间。另外，古代志怪小说中有不少故事反映类似于同时相对性的想法。